진리가 너희를 자유케 하리라!

총괄기획 : 하예성 | 기획 : 이보람 | 개발 : 이보람,김명선,하누리,박현주,정보름,정현호
디자인총괄 : 김지혜 | 디자인진행 : 이진주,박명자 | 자문위원 : 김준희

" 좋은 나무에서 좋은 열매가 난다 "

사랑하는 다음세대 친구 여러분들!!
람보쌤과 빡공시대 선생님들이 사회2 강의와 교재를 만들 때
이 마음으로 시작했어요.
"좋은 나무에서 좋은 열매가 난다!!"
우리 다음세대들을 '좋은 나무'로 만들어야겠다^^

많은 학생들이 '좋은 열매'에 집중을 합니다.
그러나 좋은 열매를 맺기 위해서는 먼저 '좋은 나무'가 되어야 해요.
저는 이책으로 공부하는 모든 친구들이
좋은 나무가 되었으면 좋겠어요!!

그래서 우리 친구들에게 '사회 교과'적인 지식뿐만 아니라,
이 세상에서 꼭 필요한 사람으로 살 수 있도록!!
이 세상을 이롭게 하는 사람으로 살 수 있도록
'지혜'를 가르쳐야겠다는 생각을 했어요.

그렇게 탄생된 사회2 응가사회!!
우리 친구들을 '좋은 나무'로 성장시켜주는 씨앗이 될 것이랍니다!!

좋은 나무가 되세요^^
그래야 쉼이 필요한 사람들이 여러분들의 그늘 아래에서 쉴것이고!!
배고픈자는 여러분들이 맺은 열매로 배부를 것이며!!
보잘것없는 작은새들은 찾아와 둥지를 틀고 아름다운 노래를 부를 것이랍니다!!
알라뷰^^

빡공시대 람보쌤이

응가사회② 2학기 목차

이렇게 공부하면 사회 평생100점!

나랑 같이 해보자!

응가사회 친절사용설명서

★ 모델 : 김지혜 선생님

1 먼저 책을 펴고 람보쌤의 강의를 들어주세요!

🔍 **빡공시대 중3사회**

레알재밌다...!

-유튜브에서 '빡공시대 중3사회'를 검색하여 강의를 듣습니다(무료인데, 개꿀잼임!)

-강의중에 람보쌤이 알려주시는 핵심 '키워드'에 집중해서 들어주세요.

*문제풀이 강좌도 같이 올라가 있으니 눈여겨봐두기!0_0

2 강의를 들은 뒤 본문내용을 보며 스스로 정리하세요.

찾았다 핵심키워드!

-강의에서 선생님이 설명하신 내용들을 떠올리며 공부합니다.

-본문 내용에는 람보쌤이 강조하신 '키워드'들이 표시되어 있으니 반드시 외워줍니다.

(1) 키워드맵

1단계 기본 개념 파악하기

1. 회색 글씨의 중요 내용을 쓰면서 암기해보세요.(￣▽￣)/

> 지금 현재 세계 인구 문제는 인구가 폭발적으로 증가한다는 것입니다.＼(^▽^)／와우!
>
> **그렇다면 언제부터 인구가 폭발적으로 증가했을까요?**
> 그것은 바로 산업혁명 이후입니다!!
> 산업 혁명 이후 의학 기술의 발달과 생활 수준의 향상으로 평균 수명이 연장 되고 영아 사망률이 감소하면서 세계 인구는 폭발적으로 증가하게 되었어요!!

2단계 기본 개념 적용하기

2. 다음은 우리나라의 시기별 인구 문제이다.
서로 맞는 것끼리 연결하세용^ᵕ^

① 6.25 전쟁 이후 •　　• ㉠ 고령 사회 진입

② 1960년대~
1980년대 •　　• ㉡ 출생 성비 불균형,

③ 1990년대 이후 •　　• ㉢ ...실시,

④ 2000년대 이후 •

⑤ 오늘날

따라쓰고, 선긋고, OX퀴즈를 풀다보면 어느새 자동 암기 끝!
평소에 암기가 힘들었던 친구들도 키워드맵을 하면 끙끙대지 않아도 잘할 수 있어요!

- - - - - - - - - - - - - - - -

(2) 반복유형문제 + 실전고사문제 풀기

술술풀리는구나~

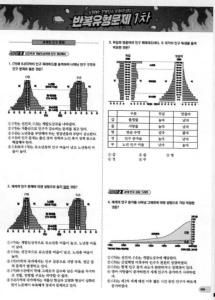

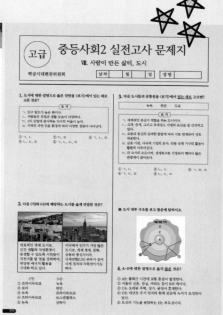

-가장 많이 나오는 문제를 유형별로 묶어 시험문제를 잘 풀수 있게 구성해 두었어요.
-대단원이 끝날때마다 실전고사를 통해 나의 최종실력을 점검할 수 있어요!

100점짜리 근육상승!

쉬는시간 100% 활용! 스트레스 1도 없이 재밌게 복습하는
차근차근 헬스장을 학교에 꼭! 가져가서 한쪽씩만
풀어보세요! 완벽한 사회2 몸짱이 될 것입니다!

그게 뭔데요? 다음페이지를 보세요 ▶

쉬는시간 7분! 하루에 한 장씩 푸는 복습비법서!
차근차근헬스장

매일!! 쉬는시간 7분!! 공부근육 빵빠라빵빵빵
차근차근헬스장

운동 1일차 [세계 인구 분포의 특징] 레그프레스

01. 세계 인구 분포의 특징

회색 글씨 따라쓰며 암기하기

(1-1) 세계 인구 분포는 특정 지역에 집중하여 분포한다.

(1-2) 반구별로 보았을 때, 세계 인구의 90% 이상이 북반구에 거주한다.

(1-3) 위도별로 보았을 때, 북위 20도~40도 지역이 인구 밀도가 높다. 반면, 적도 부근과 극지방은 인구 밀도가 낮다.

(1-4) 지형별로 보았을 때, 평야나 해안지역에 많이 거주한다.

(1-5) 대륙별로 보았을 때, 아시아에 가장 인구 수가 많고, 오세아니아에 인구 수가 가장 적다.

O/X 퀴즈 (·_·)

(2-1) 세계 전체에 인구가 고르게 분포한다.
──────── ( )

(2-2) 육지가 많은 북반구에 인구가 밀집한다.
──────── ( )

(2-3) 오세아니아는 인구 밀도

피자 조각 나누기 (
(3) 피자 한
따라 나
인구
①을
줄
②

우리
득근하자!

매일!! 쉬는시간 7분!! 공부근육 빵빠라빵빵빵
차근차근헬스장

운동 2일차 [인구 분포에 영향을 주는 요인] 레그프레스

01. 자연적 요인 VS 인문·사회적 요인

회색 글씨 따라쓰며 암기하기

(1-1) 자연적 요인은 기후, 지형, 식생, 토양 등을 의미하며 과거에 영향을 많이 끼쳤다.

(1-2) 인문·사회적 요인은 산업, 교통, 정치, 문화 등 산업화 이후에 영향력이 커졌다.

객관식 정복하기 (๑•̀ㅂ•́)

(2-1) 다음 중 인문·사회적 요인은?

① 토양   ② 정치

02. 인구 밀집 지역 VS 인구 희박 지역

회색 글씨 따라쓰며 암기하기

(1-1) 인구 밀집 지역의 자연적 요인은, 물이 많고 평야가 발달한 곳으로, 벼농사를 짓는 동남 및 남부아시아가 대표적이다.

(1-2) 인구 희박 지역의 자연적 요인은, 건조한 기후로서 농업이 불리한 곳으로, 사하라 사막이 대표적이다.

객관식 정복하기 (๑•̀ㅂ•́)

(2-1) 오늘 도라에몽 흥아는 '인구 희박 지역의 자연환경'과 관련한 영화를 보려고 한다. 다음 중 어느 영화 티켓을 예매해야 하는가?

①   ②

(2-2) 다음 중 인구 밀집 지역의 인문·사회적 특징은?

① 2,3차 산업 발달   ② 교통이 불편함

1 하루에 딱 한 페이지씩! 쉬는시간에 푸는 부담제로 학습지!

2 핵심내용이 정리되어 있어 시험기간용 교재로도 아주NICE!

차근차근 헬스장은 별책부록으로 수록되어 있어요. 지금 바로 확인!

절박한 순간에도,
다른 이의 손을 놓지 않았던
그 의로움을 기억합니다.

단원고등학교 2학년 2반 반장이었던 **양온유**는, 세월호 침몰 당시 갑판까지 나왔다가 친구들의 살려달라는 목소리를 따라 구조를 위해 다시 선실로 달려간 의인이었습니다.

단원고 재학 중 체육교사를 꿈꾸며 체대 진학을 준비하고 있었던 **정차웅**은, 세월호 침몰 사고 당시 친구에게 자기가 입고 있던 구명조끼를 벗어주고 물에 빠진 친구를 구하러 바다에 뛰어들어 친구를 구한 의인이었습니다.

참사 이후 1,129일만에 시신이 수습된 **허다윤** 양은 참사 당시 구조 헬기가 도착했을 때 늦게 온 친구를 자신보다 먼저 구조되도록 도왔던 마음착한 의인이었습니다.

숭고한 희생으로 생명을 살려낸
의로운 다음세대를 함께 기억해 주세요.

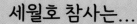
세월호 참사는...

2014년 4월 16일 인천에서 제주로 향하던 여객선 세월호가 진도 인근 해상에서 침몰하면서 승객 304명이 사망·실종된 대형 참사입니다. 희생자들의 대부분은 수학여행을 떠난 안산 단원고등학교 2학년 학생들이었습니다. 빡공시대는 꽃같은 다음세대들의 희생과 그 과정에서 피어난 의로움을 끝까지 기억하고 전하고자 합니다.

17 CHAPTER

1. 인구 분포

1. 세계의 인구 분포

(1) 세계 인구 분포의 특징 : 세계 인구 분포는 **특정 지역에 집중하여 분포함** 〔시험1타〕

반구별	• 세계 인구의 **90% 이상**이 **북반구**에 거주함
위도별	• **북위 20°~40°** 지역이 **인구 밀도가 높음** • **적도 부근**과 **극지방**은 **인구 밀도가 낮음**
지형별	• 평야나 해안 지역에 많이 거주 • 내륙 지역은 인구 희박
대륙별	• 아시아와 유럽의 인구 밀도가 높음 • **오세아니아**는 **인구 밀도가 적음**
국가별	• 중국과 인도에 전세계 인구의 3분의 1이상이 분포함

시험에 겁나 잘나오는 훼이크(ㅇ̀ώㅇ)

시험에 '전세계 인구는 고르게 분포한다!!'라고 나오면 무조건 틀리는 거얌!!٩(ㅇ̀ㅇ́ㅇ)و
인구는 특정 지역에 집중해서 나타나는 경향이 있어!!

📍 북반구에 육지가 많기 때문에 남반구보다는
북반구에 인구가 많아!!(^0^)

📍 북위 20°~40°지역은 따뜻한 온대 기후라서 인구가 드글드글한
것이란다!!ㅎㅎ(/^o^)/♡

이것도 알아둘것!! \(^▽^)/

[인구수가 가장 많은 대륙은? 아시아]
[인구수가 가장 적은 대륙은? 오세아니아]

[시험에 이런 문제 반드시 나온다!!]

Q. 세계 인구 분포의 특징으로 틀린 것은?
① 북위 20°~40°에 인구가 밀집하고 있다.
② 세계 전체에 인구가 고르게 분포한다.
③ 위도별로 보면 적도 부근이나 극지방의 인구 밀도가 낮다.
④ 오세아니아는 인구 밀도가 낮다.
⑤ 육지가 많은 북반구에 인구가 밀집한다.
• 정답: ②

(2) 인구 분포에 영향을 주는 요인

① 자연적 요인 VS 인문·사회적 요인

자연적 요인	• 기후, 지형, 식생, 토양 등 → 과거에 영향 많이 끼침
인문·사회적 요인	• 산업, 교통, 정치, 문화 등 → 산업화 이후 영향력이 커짐

② 인구 밀집 지역 VS 인구 희박 지역 〔시험1타〕

	자연적 요인	인문·사회적 요인
인구 밀집 지역	• **농경에 유리한 곳** : 물이 많고 평야 발달 예〉 계절풍 기후가 나타나 **벼농사**를 짓는 **동남 및 남부 아시아** 중국 동남부와 방글라데시가 대표적인 예로 시험에 잘나와!s(¯▽¯)v	• **산업이 발달한 곳** : **2·3차 산업 발달**, **일자리 풍부** 예〉 **서부 유럽**, **미국 북동부**, 일본의 태평양 연안
인구 희박 지역	• **건조 기후 지역** : 농업 불리 예〉 **사하라 사막** • 열대 기후 지역: **고온 다습**하고 **밀림**이 우거짐 예〉 **아마존강 유역** • **한대 기후 지역** : 연중 기온이 낮음 예〉 **캐나다 북부** • 험준한 산지: 예〉 알프스 산맥	• 교통이 불편한 곳, 일자리가 없는 곳 • 전쟁과 분쟁이 많이 일어나는 곳

오늘날에는 **과학 기술의 발달**로 **자연 환경의 제약**이 극복되어
거주지가 점점 확대 되고 있엉!!\(^0^*)/

시험문제 1타!! 인구 밀집 지역 VS 인구 희박 지역 자료 한판 (̄▽ ̄)/

★★실제 시험에 나오는 지도 문제

A 서부유럽
D 미국 북동부
C 동남 및 남부 아시아
E 아마존 열대 우림
B 사하라 사막

1점당 10만명

Q. 인구 밀집 지역과 **인구 희박 지역**을 서로 분간하라!!

• 인구 밀집 지역
 : A, C, D
• 인구 희박 지역
 : B, E

★★대륙별 인구 분포

북아메리카
남아메리카 6.6
오세아니아 0.5
6.9
유럽 10.1
아프리카 16.1
세계 인구 약 74억명
아시아 59.8(%)

[국제 연합, 2016]

[표풀이]
• 인구가 가장 많은 대륙은?
 《아시아》
• 인구가 가장 적은 대륙은?
 《오세아니아》

★★인구가 밀집되는 세 지역의 특징

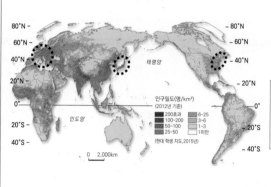

인구밀도(명/km²)
(2012년 기준)
200초과 / 6~25
100~200 / 3~6
50~100 / 1~3
25~50 / 1미만
(현대 학생 지도, 2015년)

0 2,000km

Q. 다음 ○표 친 세지역에 인구가 집중되는 이유를 고르시오.

ㄱ. 계절풍 기후
ㄴ. 편리한 교통
ㄷ. 유리한 농경
ㄹ. 2·3차 산업 발달

〈•정답: ㄴ, ㄹ〉

★★시험에 나오는 사례 [방글라데시 VS 그린란드]

〈방글라데시〉 〈그린란드〉

• 인구 밀집 사례 : **방글라데시**
 → 계절풍의 영향으로 벼농사 발달
• 인구 희박 사례 : **그린란드**
 → 한대 기후로 인해 인구 희박

2. 우리나라의 인구 분포

산업화 이전(1960년대 이전)	산업화 이후(1960년대 이후)
• 벼농사 중심의 **농업 사회** → **자연적 요인** 의 영향이 큼 ① 인구 밀집 지역 : 평야가 많은 **남서부 지역** ② 인구 희박 지역 : 산지가 많은 북동부 지역	• **산업 사회** → **인문 사회적 요인** 의 영향이 큼 → **이촌향도** 현상 ① 인구 밀집 지역 : **수도권**, 포항, 울산 광양, 여수 등 **남동 임해 공업단지** ② 인구 희박 지역 : 농어촌 지역, 산지 지역

의주
동해
황해
울릉도
독도
영일만
인구 밀도(명/km²)
300 이상
200~300
100~200
50~100
50미만
남해
0 100km (국제 조사 인구, 1940)

1940년 인구 분포

평야가 많은 **남서부**에 인구가 밀집한 것을 볼 수 있어! (̄▽ ̄)/

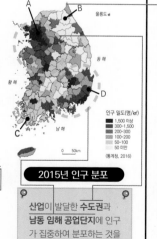

A
B
울릉도
동해
황해
D
C
남해
인구 밀도(명/㎢)
1,500 이상
300~1,500
200~300
100~200
50~100
50 미만
0 50km
(통계청, 2016)

2015년 인구 분포

산업이 발달한 **수도권**과 **남동 임해 공업단지**에 인구가 집중하여 분포하는 것을 볼 수 있어! s(̄▽ ̄)v

•A: 수도권-인구 밀집 지역(산업 발달) •B: 강원도-인구 희박 지역(산간 지대) •C: 전라도-인구 희박 지역(농촌 지역)
•D: 남동 임해 공업 단지(포항, 울산, 광양 등)-인구 밀집 지역(산업 발달)

훼이크 주의보!!

이 지도를 보여주면서 '**우리나라는 인구 분포가 고르게 분포한다**'라고 시험에 엄청 자주 출제돼!!
이것은 누가봐도 훼이크!! 예나 지금이나 우리나라의 인구는 특정 지역을 중심으로 집중하여 분포하는 특징을
가지고 있단다!! 그러므로 절대 이런 훼이크에 놀아나서는 안됨!! 알라뷰(/^o^)/♡

번외

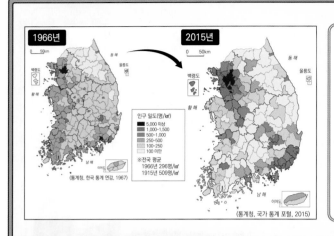

가끔 시험에 이렇게 변형이 돼서 나오기도 해s(¯▽¯)v
산업화 이전 지도 대신에 **1966년 지도**를 보여주고 문제를 내는데
너희들은 아리송할꺼야! **1966년이면 산업화 이전으로 봐야하나
아니면 산업화 이후로 봐야하나**?(•◠•)
결론은 산업화 이후지만 이제 막 산업화를 시작했기 때문에
산업화 이전과 같은 맥락으로 두고 문제를 풀면돼!!o(^-^)o
대표적인 예로 '**1966년의 인구 분포는 인문 환경의 영향을 크게
받았다**' → 이건 틀린 말이야!! 이제막 산업화를 시작했기 때문에
아직은 **자연 환경**의 영향을 많이 받았단다. 뒤에 문제 실어놨으니깐
꼭 반복 유형 문제 풀어보거라! 그러면 틀리지 않고 100점 맞을
수 있어!! 알긋지? 너희들은 잘 할 수 있엉! 파이팅! O(¯▽¯)o

시험기간 쫄?
암기 스트레스 날려! 쉽고 빠르게 같이 외워주는 단계별 키워드맵

17강 1. 인구 분포

1. 세계의 인구 분포

1단계 기본 개념 파악하기

1. 회색 글씨의 중요 내용을 쓰면서 암기해보세요.(￣▽￣)/

세계 인구 분포	
반구별	·세계 인구의 90% 이상이 북반구에 거주함
위도별	·북위 20°~40° 지역이 인구 밀도가 높음 ·적도 부근과 극지방은 인구 밀도가 낮음
지형별	·평야나 해안 지역에 많이 거주 ·내륙 지역은 인구 희박
대륙별	·아시아와 유럽의 인구 밀도가 높음 ·오세아니아는 인구 밀도가 적음
국가별	·중국과 인도에 전세계 인구의 3분의 1이상이 분포함

2단계 기본 개념 적용하기

2. 다음 **밑줄친** 틀린말을 바르게 고쳐보세요.

① 세계 인구는 **고르게 분포한다.**
　→
② 북위 **60°~90°** 지역에 인구 밀도가 높다.
　→
③ 적도 부근과 극지방은 일구 밀도가 **높다.**
　→
④ 인구는 평야나 **내륙**지역에 많이 거주한다.
　→
⑤ 인구 밀도는 **오세아니아**가 가장 높다.
　→
⑥ **유럽**은 인구 밀도가 가장 적은 대륙이다.
　→
⑦ 전세계에서 인구가 가장 많은 나라는 **인도**이다.
　→

• 정답 : 2. ①특정지역에 집중하여 분포한다, ②20°~40°, ③낮다, ④해안, ⑤아시아, ⑥오세아니아, ⑦중국

3. 다음 키워드를 보고 **자연적 요인**에는 '**자**', 인문·사회적 요인에는 '**인**'이라고 쓰세용＼(^▽^)／

기후	정치	지형	문화	산업	식생	교통	문화
①(　)	②(　)	③(　)	④(　)	⑤(　)	⑥(　)	⑦(　)	⑧(　)

• 정답 : 3. ①~⑤: 자인자인인/ ⑥~⑧: 자인인

1단계 기본 개념 파악하기

1. 회색 글씨의 중요 내용을 쓰면서 암기해보세요.(￣▽￣)/

	자연적 요인	인문·사회적 요인
인구 밀집 지역	·농경에 유리한 곳 : 물이 많고 평야 발달 예〉계절풍 기후가 나타나 벼농사를 짓는 　　동남 및 남부 아시아	·산업이 발달한 곳 : 2·3차 산업 발달, 일자리 풍부 예〉서부 유럽, 미국 북동부, 일본
인구 희박 지역	·건조 기후 지역: 예〉사하라 사막 ·열대 기후 지역: 고온 다습, 밀림 예〉아마존강 유역 ·한대 기후 지역: 예〉캐나다 북부	·교통이 불편한 곳,일자리가 없는 곳 ·전쟁과 분쟁이 많이 일어나는 곳

2. 다음 **맞는것**끼리 연결해보세용^u^

① 캐나다 북부	•	•	(a) 인구 희박: 고온다습하여 밀림이 우거져 있다.
② 서부 유럽	•	•	(b) 인구 희박: 연평균 기온이 낮아 농업이 어렵다.
③ 아마존 분지	•	•	(c) 인구 희박: 연 강수량이 적어 물을 구하기 힘들다.
④ 중국 동남부	•	•	(d) 인구 밀집: 일찍부터 산업이 발달하여 일자리 풍부
⑤ 사하라 사막	•	•	(e) 인구 밀집: 벼농사가 발달해 쌀 생산량이 많다.

• 정답 : 2. ①(b),②(d),③(a),④(e),⑤(c)

3. 시험에 잘나오는 표들을 차근 차근 암기해보자!!s(ˉ▽ˉ)v

1단계: 회색글씨위에 덧대어 쓰며 외우기

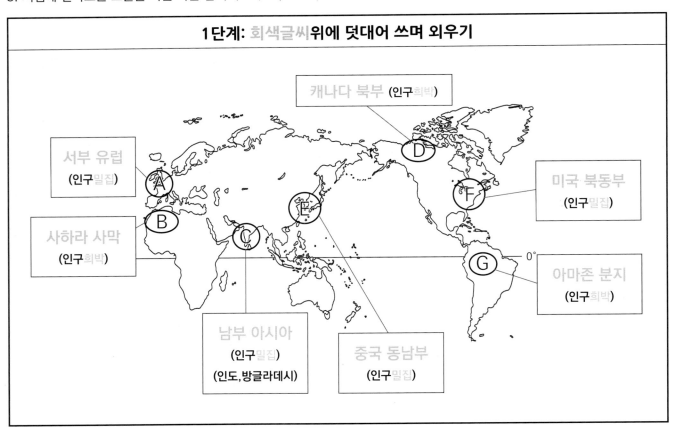

2단계: 혼자 써보기

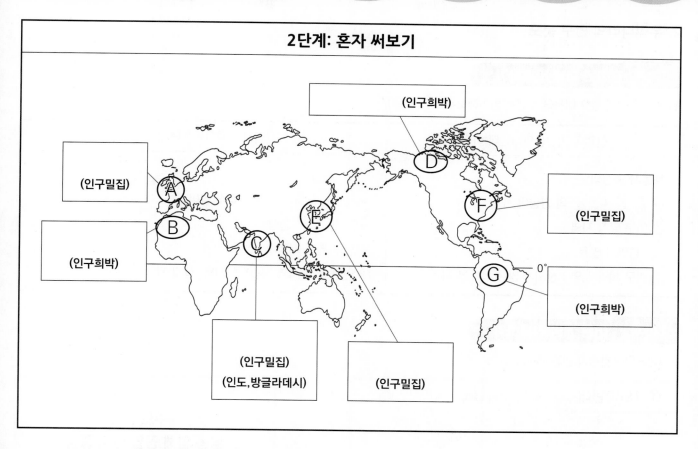

(인구희박)

(인구밀집)

(인구희박)

(인구밀집)

(인구밀집)
(인도,방글라데시)

(인구희박)

(인구밀집)

4. 다음 지도를 보고 람보쌤이 내리는 명령을 수행하라!!

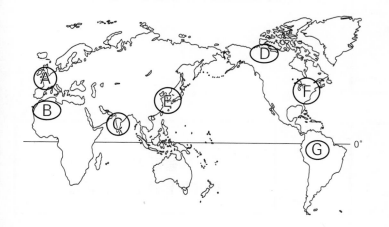

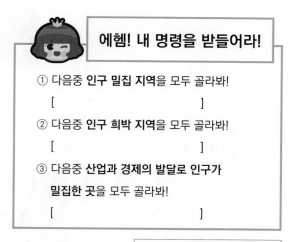

에헴! 내 명령을 받들어라!

① 다음중 **인구 밀집 지역**을 모두 골라봐!

[   ]

② 다음중 **인구 희박 지역**을 모두 골라봐!

[   ]

③ 다음중 **산업과 경제의 발달**로 인구가 밀집한 곳을 모두 골라봐!

[   ]

• 정답 : 4. ①A,C,E,F ②B,D,G ③A,F

5. 대륙별 인구 분포도입니다. A와 B에 알맞은 말을 넣으세요.(ˉ▽ˉ)/

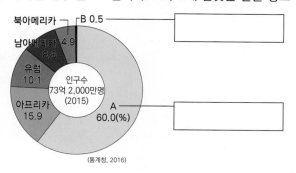

(통계청, 2016)

• 정답 : 5. A: 아시아
　　　　　　B: 오세아니아

2. 우리나라의 인구 분포

1단계 기본 개념 파악하기

1. 회색 글씨의 중요 내용을 쓰면서 암기해보세요.(ˉ▽ˉ)/

산업화 이전(1960년대 이전)	산업화 이후(1960년대 이후)
·벼농사 중심의 농업 사회 → 자연적 요인의 영향이 큼 ① 인구 밀집 지역 　: 평야가 많은 남서부 지역 ② 인구 희박 지역 : 산지가 많은 북동부 지역	·산업 사회 → 인문·사회적 요인의 영향이 큼 → 이촌향도 현상 ① 인구 밀집 지역: 수도권, 남동 임해 공업단지 ② 인구 희박 지역 : 농어촌 지역, 산지 지역

2단계 기본 개념 적용하기

2. 다음 **맞는것**끼리 연결하세용^ᴗ^

① 1940년대 　·　·

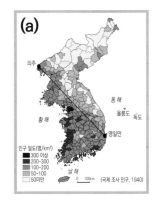

　·　·

Ⓐ
수도권,
남동 임해 공업 단지 중심

② 2015년대 　·　·

　·　·

Ⓑ
농업 사회,
평야가 많은 남서부 중심

• 정답 :2. ①(a),Ⓑ ②(b),Ⓐ

014

 람보쌤의 자세한 해설을 영상으로 보세요!

-------- 세계의 인구 분포 --------

유형 1 세계의 인구 분포 지도

1. 세계의 인구 분포를 나타낸 지도이다. 이에 대한 설명으로 옳지 <u>않은</u> 것은?

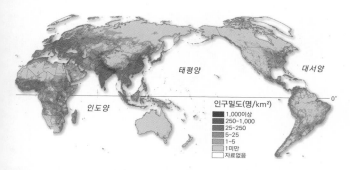

① 북위 20°~40°에 인구가 밀집하고 있다.
② 세계 전체에 인구가 고르게 분포하지 않는다.
③ 2, 3차 산업이 발달한 서부 유럽에는 인구가 많다.
④ 벼농사가 활발한 아시아 지역은 인구 밀도가 높다.
⑤ 산업이 발달하고 일자리가 풍부한 오스트레일리아의 인구 밀도가 높다.

유형 2 세계의 인구 분포 특징

2. 세계의 인구 분포에 대한 공부를 하면서 빈칸 넣기를 하였다. 가장 적절하지 <u>않은</u> 부분은?

주제 : 세계의 인구 분포	
반구별	세계 인구의 90% 이상이 육지가 많은 (①)에 거주
위도별	북위 (②)지역은 인구 밀도가 높음 (③)부근과 극지방은 인구 밀도가 낮음
지형별	해발 고도가 낮은 하천 주변의 (④)나 해안 지역은 인구 밀집
대륙별	아시아와 (⑤)에 인구가 밀집

① 북반구
② 20°~40°
③ 적도
④ 평야
⑤ 오세아니아

3. 세계 인구 분포의 특징에 대한 설명으로 옳지 <u>않은</u> 것은?

① 세계 인구의 90% 이상이 북반구에 살고 있다.
② 지구상에 고르게 분포하지 않고 특정 지역에 밀집해 있다.
③ 대륙별로는 아프리카와 오세아니아에 인구가 많이 분포한다.
④ 국가별로는 중국과 인도의 인구가 세계 인구의 1/3 이상을 차지한다.
⑤ 위도별로는 북위 20°~40°의 온화한 기후가 나타나는 지역의 인구 밀도가 높다.

유형 3 인구 밀집 지역 VS 인구 희박 지역

4. 다음은 세계의 인구 분포에 대한 수업 장면이다. 인구 분포의 원인에 대한 발표 내용이 옳지 <u>않은</u> 학생은?

> 교사 : 세계 각 지역의 인구 분포 원인에 대해 발표해 봅시다.
> 갑 : 서부 유럽 지역은 산업이 발달하여 인구가 밀집해 있습니다.
> 을 : 사하라 사막 지역은 연 강수량이 매우 적어 농업에 불리하기 때문에 인구가 희박합니다.
> 병 : 동아시아 지역은 계절풍의 영향으로 벼농사가 발달하여 인구가 밀집해 있습니다.
> 정 : 캐나다 북부 지역은 목축이 발달하고 경제 수준이 높아 인구 밀도가 높게 나타납니다.
> 무 : 아마존 강 유역은 연중 고온 다습한 환경으로 거주에 불리하여 인구 밀도가 낮게 나타납니다.

① 갑
② 을
③ 병
④ 정
⑤ 무

5. 인구 밀집 지역과 인구 희박 지역의 특징에 대한 설명으로 옳은 것은?

① C, E는 인구 희박 지역이다.
② A, B, D는 인구 밀집 지역이다.
③ C 지역은 고온 다습하여 인간 거주에 불리하다.
④ 북반구, 중위도, 내륙지역에 인구가 많이 분포한다.
⑤ D지역은 경제 수준이 높고, 교통 및 문화 시설을 잘 갖추고 있다.

6. (가), (나)에 해당하는 지역을 지도의 A~E에서 고르면?

> (가) 사막이 넓게 분포하며 연 강수량이 매우 적어 농업과 목축이 불리하여 인구가 희박하다.
> (나) 계절풍의 영향으로 강수량이 많아 벼농사가 발달하여 인구가 밀집해 있다.

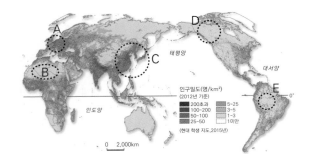

(가)	(나)		(가)	(나)
① B	C		② C	A
③ D	B		④ D	E
⑤ E	A			

7. ㉠, ㉡에 들어갈 내용을 옳게 연결한 것은?

> ·방글라데시는 기온이 높고 강수량이 풍부하여 평야가 발달하여 (㉠)에 유리하므로 인구 밀도가 높다.
> ·아이슬란드는 대부분의 지역에서 (㉡)기후가 나타나 일 년 내내 기온이 낮으므로 인구가 희박하다.

	㉠	㉡		㉠	㉡
①	밀농사	건조	②	벼농사	한대
③	벼농사	건조	④	벼농사	온대
⑤	밀농사	한대			

유형 4 인구 밀집 지역

8. A~G 지역 중 인구 밀집 지역만을 모두 골라 인구 분포에 영향을 미친 주요 요인이 같은 것끼리 바르게 구분한 것은?

	자연적 요인	인문·사회적 요인
①	B, D	G
②	C, E	A, F
③	B, C, E	A, F
④	C, E, F	A, G
⑤	B, C, D, E	A, G

서술형

9. 지역에 인구를 밀집 시킬 수 있는 (1)자연적 요인과 (2)인문적·사회적 요인을 각각 1가지씩 서술하시오

(1)

(2)

유형 5 인구 밀집-인문적 요인

10. 지도에 ○ 표시된 지역에서 공통적으로 나타나는 인구 분포의 특징으로 옳은 것은?

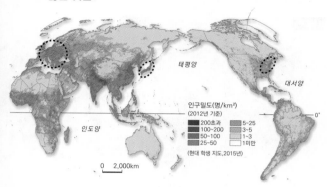

① 화산과 지진 활동이 잦아 인구가 적게 분포한다.
② 물이 풍부하고 평야가 넓어 인구가 많이 분포한다.
③ 높고 험한 산지 지형으로 인해 인구가 적게 분포한다.
④ 계절풍 기후가 나타나 벼농사가 활발하여 인구가 많이 분포한다.
⑤ 일자리가 풍부하고 교육, 문화 시설이 잘 갖추어져 인구가 많이 분포한다.

유형 6 자연 환경 vs 인문 환경

11. 인구 분포에 영향을 미치는 요인을 올바르게 분류한 것은?

	자연적 요인	인문적 요인
①	넓은 평야	건조 기후
②	높은 기온	편리한 교통
③	편리한 교통	산업시설 발달
④	산업시설 발달	산악 지형
⑤	국제 분쟁 발생	풍부한 자원

12. ㉠, ㉡에 대한 옳은 설명을 〈보기〉에서 있는 대로 고르면?

세계 인구는 북반구에 90% 이상이 살고 있으며 대륙별로 보면 아시아에 전체 인구의 60% 이상이 거주하고 있다. 이렇게 인구 분포에 지역 차이가 발생하는 원인은 ㉠자연환경과 ㉡인문 환경이 서로 다르기 때문이다.

─────〔 보 기 〕─────

ㄱ. ㉠에는 지형, 기후, 토양 등이 포함된다.
ㄴ. ㉡에는 산업, 문화, 경제 발달 정도 등이 포함된다.
ㄷ. 산업화 이후 세계의 인구 분포는 ㉠보다 ㉡의 영향을 더 크게 받고 있다.
ㄹ. 과학 기술이 발달하면서 ㉠이 인구 분포에 미치는 영향력은 더욱 커지고 있다.

① ㄱ, ㄷ 　　　　② ㄴ, ㄹ
③ ㄱ, ㄴ, ㄷ 　　 ④ ㄴ, ㄷ, ㄹ
⑤ ㄱ, ㄴ, ㄷ, ㄹ

우리나라의 인구 분포

유형 1 산업화 이전 인구 분포

13. 지도는 1940년 우리나라의 인구 분포를 나타낸 것이다. 이에 대한 설명으로 옳은 것은?

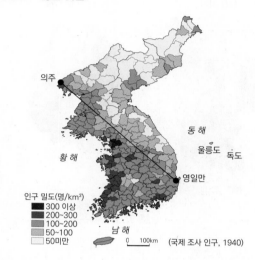

① 북부 지역의 인구 밀도가 높다.
② 이촌향도 현상의 영향을 크게 받았다.
③ 공업 도시 위주로 인구 밀집 지역이 형성되었다.
④ 벼농사에 유리한 지역에 인구가 많이 분포하였다.
⑤ 1940년의 인구 분포는 인문·사회적 요인의 영향을 크게 받았다.

유형 2 산업화 이후 인구 분포

14. 다음은 특정 시기 우리나라의 인구 분포를 나타낸 지도이다. 이에 대한 설명으로 옳은 것은?

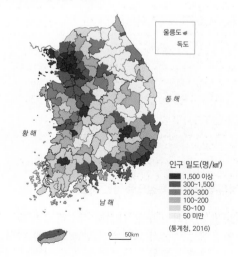

① 인구가 지역별로 고르게 분포한다.
② 농업에 유리한 지역에 인구가 집중되었다.
③ 기후 등 자연적 요인의 영향을 많이 받았다.
④ 산업이 발달한 도시 지역에 인구가 집중되었다.
⑤ 북동부 지역보다 남서부 지역에 인구가 집중되었다.

유형 3 시기별 인구 분포

15. 지도는 우리나라의 시기별 인구 분포를 나타낸 것이다. 이에 대한 설명으로 옳은 것을 〈보기〉에서 고른 것은?

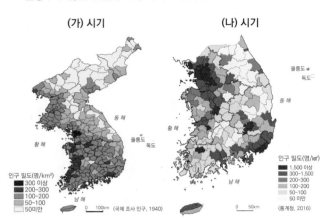

(가) 시기   (나) 시기

─── 보 기 ───

ㄱ. (가)시기에는 남서부 지역의 인구 밀도가 낮다.
ㄴ. (가)시기는 인구 분포가 기후와 지형 등 자연적 요인의 영향을 크게 받았다.
ㄷ. (나)시기에는 수도권과 남동 임해 공업 지역에 인구 밀도가 높다.
ㄹ. (나)보다 (가) 시기에 이촌향도 현상이 크게 나타났다.

① ㄱ, ㄴ   ② ㄱ, ㄹ   ③ ㄴ, ㄷ
④ ㄴ, ㄹ   ⑤ ㄷ, ㄹ

16. 우리나라의 인구 분포 특징으로 옳은 것은?

① 현재 수도권 지역의 인구는 급격히 감소하고 있다.
② 산업화 이전에는 인문적 요인의 영향을 크게 받았다.
③ 산업화 이전에는 북동부 지역보다 남서부 지역의 인구가 많았다.
④ 산업화가 진행되면서 울산, 포항, 광양, 여수 등의 인구는 감소하였다.
⑤ 산업화가 진행되면서 이촌향도 현상으로 농어촌 지역의 인구는 증가하였다.

유형 4 산업화 이후 세분화

17. 지도는 우리나라의 시기별 인구 분포를 나타낸 것이다. 이에 대한 설명으로 옳은 것은?

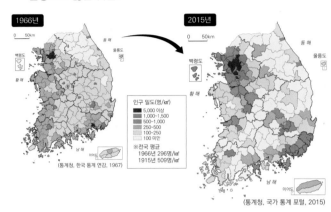

1966년   2015년

① 1966년의 인구 분포는 인문 환경의 영향을 크게 받았다.
② 1966년에는 평야가 발달한 북동부 지역에 인구가 밀집하였다.
③ 2015년의 인구 분포는 자연환경의 영향을 크게 받았다.
④ 2015년에는 우리나라 전체적으로 인구가 고르게 분포하고 있다.
⑤ 2015년에는 수도권과 대도시, 공업 도시를 중심으로 인구가 밀집해 있다.

18. 지도에 표시된 A~D 지역의 인구 분포 특징을 〈보기〉에서 고른 것은?

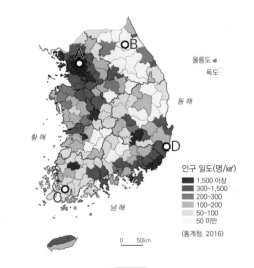

─── 보 기 ───

ㄱ. A는 우리나라의 정치·경제·문화의 중심지로 인구 밀도가 높다.
ㄴ. B는 전체 면적의 90% 이상이 산지로 인구 밀도가 낮다.
ㄷ. C는 산업화의 영향으로 성장한 도시로 인구 밀도가 높다.
ㄹ. D는 농업 활동이 활발한 지역으로 인구 밀도가 높다.

① ㄱ, ㄴ   ② ㄱ, ㄷ   ③ ㄴ, ㄷ
④ ㄴ, ㄹ   ⑤ ㄷ, ㄹ

18 CHAPTER

2. 인구 이동

1. 인구 이동

(1) 인구 이동: 사람들이 원래 살던 지역을 떠나 다른 지역으로 옮기는 것

(2) 원인 중요

흡인 요인	• 인구를 끌어들이는 요인 예〉 **높은 임금**, **풍부한 일자리**, **쾌적한 환경** **다양한 교육·문화·의료 시설**, 종교의 자유 등
배출 요인	• 인구를 다른 지역으로 밀어내는 요인 예〉 **낮은 임금**, **전쟁과 분쟁**, **열악한 환경** **교육·문화 시설의 부족**, 빈곤, 자연 재해, 종교 박해 등

실제 시험 문제

Q. 인구 이동의 **흡인 요인**을 〈보기〉에서 고르시오.

〈보기〉
ㄱ. 낮은 임금　　　ㄴ. 쾌적한 환경
ㄷ. 전쟁과 분쟁　　ㄹ. 풍부한 일자리
ㅁ. 열악한 주거환경
ㅂ. 좋은 교육·문화 시설

〈　　　　　〉

• 정답: ㄴ, ㄹ, ㅂ

시험 TIP **흡인요인과 배출요인을 섞어놓고 고르는 문제가 매우 잘나와! 잘 알아두도록 해(^0^)**

(3) 인구 이동의 유형

이동 범위에 따라	이동 의지에 따라	이동 기간에 따라	이동 목적에 따라
• 국제 이동, 국내 이동	• 자발적 이동, 강제적 이동	• 일시적 이동, 영구적 이동 (유학, 여행 등)	• 정치적 이동, 경제적 이동, 종교적 이동

2. 세계 인구의 국제 이동 시험100%출제

과거	① 경제적 이동	• 유럽인이 신항로 개척을 위해 아메리카로 이동
	② **강제적 이동**	• 노예 무역을 통해 **아프리카인**들이 **아메리카**로 **강제 이주**
	③ 종교적 이동	• 영국 청교도들이 아메리카로 이동
오늘날	① **경제적 이동**	• 주로 **개발도상국**에서 일자리를 찾아 **선진국으로 이동** 예〉 아시아·아프리카·라틴 아메리카인의 서부 유럽·앵글로 아메리카로의 이동
	② **정치적 이동**	• **내전**과 **분쟁**을 피한 **난민**의 이동

☆ **그림으로 출제되는 자료 한판!!** [시험에 겁나 잘 나오니 반드시 기억할것!!٩(๑•̀o•́๑)۶]

(가) 우리 아버지는 중국에서 태어나셨지만, 일자리를 구하기 위해 미국으로 오셨어요.

• 경제적 이동
• 자발적 이동

(나) 우리 조상은 18세기에 아프리카에서 미국으로 끌려와 노예 생활을 하였어요.

• 강제적 이동

(다) 나는 오스트레일리아에서 일하면서 인도에 사는 가족에게 생활비를 보내고 있어요.

• 경제적 이동
• 자발적 이동

(라) 나의 모국은 시리아지만, 분쟁이 발생하여 터키 난민촌에 살고 있어요.

• 정치적 이동
• 강제적 이동

그 외 시험에 나오는 자료 한판!! [이것도 겁나 중요!!<(•̀ ̫•́)>]

고도 숙련 근로자의 이주(유출) 비율(%, 2010년 11월 기준)
▮ 20 이상 ▮ 10~20 ▮ 5~10 ▮ 5 미만 ▮ 10~20 ▮ 20 이상 자료 없음
노동력 이동(만 명, 2001~2006년)
3~5 5~10 10~20 20 이상
(경제 협력 개발 기구, 2013/국제 서원 지리 자료, 2012)

오늘날 세계 인구의 국제 이동

람보쌤의 **시험1타! 지도TIP**

- 오늘날 세계 인구 이동의 대다수는
  개발도상국에서 → **선진국**으로 이동하는 **경제적 이동**이얌!!
  [흡입요인: 높은 임금, 좋은 일자리]
- 주로 라틴아메리카에서 앵글로아메리카로!!
  아시아에서 앵글로아메리카나 유럽으로!!
  이동하는 것을 볼 수 있어!!(¯▽¯)

그 외 예〉	
정치적·강제적 이동	• 예〉 탈레반 정권에 위협받던 **아프가니스탄인**들을 우리 정부가 구출하였어요!\(^(^▽^)/ • 예〉 우리 가족은 **내전** 때문에 **소말리아**에서 도망쳐 가까운 케냐 난민촌에 왔어요.ㅠㅠ
경제적·자발적 이동	• 예〉 1960년대 **우리나라 광부**와 **간호사**가 독일로 이주하여 우리나라 경제에 이바지했어요.(¯▽¯)/
강제적 이동	• 예〉 일제 시대 연해주에 살던 우리 민족을 **스탈린 정부**가 **중앙아시아**로 **강제 이주**시켰어요!! 이들을 **고려인**이라고 하는데 황무지를 개척하며 살았어요.(T^T)
일시적 이동	• 예〉 우리나라 학생들이 중국으로 방학을 이용하여 **어학 연수** 갔어요.\(^0^*)/

3. 세계 인구의 국내 이동

개발도상국	• 일자리를 찾아 도시로 이동 → 이촌향도
선진국	• 쾌적한 환경을 찾아 도시 인구가 도시 주변 촌락으로 이동 → 역도시화

미국내 인구 이동

현재 미국은 쾌적한 환경과 온화한 기후를 찾아 미국 서부와 남부로 인구가 이동하고 있어!!(^0^)

Q. 미국에서 옆 지도와 같은 **인구 이동**이 **일어나는 이유**는?
〈온화한 기후와 쾌적한 환경에 대한 필요 때문이다.〉

4. 인구 이동이 지역에 미치는 영향

인구 유입 지역	특징	• 산업 발달 , 일자리 풍부 → 주로 선진국
	긍정적 영향	• 노동력 유입으로 저임금 노동력 확보 → 경제 활성화 • 다양한 문화 교류
	부정적 영향	• 이주민과 현지인 간의 일자리 경쟁 심화 • 문화적 차이로 갈등 발생
인구 유출 지역	특징	• 임금이 낮고, 일자리 부족 → 주로 개발 도상국
	긍정적 영향	• 노동력 유출로 실업률 감소 → 이주민들이 본국으로 돈을 보내면서 **외화가 증가**하게 된단다.(o^^)o 끼웃 • 외화 증가 → 경제 활성화
	부정적 영향	• 고급 기술 인력의 유출로 산업 성장 둔화 → 노동력 부족 문제 발생 주로 청장년층 남성의 해외 유출로 • 성비 불균형 발생 → 성비 불균형이 발생해(づ'0')づ

모로코에서 프랑스로 이주하는 이주민

이주자 수(만 명) 10 50 100

☆ 시험 문제 1타 정리

1. **모로코**에서 **프랑스**로 인구가 이동하는 이유
   ① **풍부한 일자리**
   ② 식민 지배로 인한 언어 습득
   ③ 지리적으로 가까움

2. 이때 **프랑스**에서 **발생할 수 있는 문제점**
   [**크리스트교도**와 **이슬람교도** 사이에
   문화적 갈등이 발생한다.]

시험 문제 1타!! **모로코**에서 **프랑스**로 **인구가 이동하는 이유**는 '**경제적인 이유**' 때문에!! 즉, 모로코인이 프랑스의 **풍부한 일자리**와 높은 임금 때문에 프랑스로 이동하는거야!! 그런데 훼이크로 '**모로코인들이 프랑스로 이동하는 이유는 프랑스가 종교적 갈등이 적어서이다**'라는식으로 종교를 가지고 시험에 잘나와!! 이건 완전 틀린거!!ヾ(๑╹0╹)ﾉ 모로코인들이 프랑스에 가는 이유는 **순전히 경제적 이유 때문**이라는 것을 꼭 기억해!! 알겠지?(¯▽¯)/

5. 우리나라의 인구 이동

우리나라의 본격적인 국제 이동은 **일제강점기**때 부터야(ToT)
일본, 러시아, 중국으로 이동되었단다.ㅠㅠ

① 국내 이동	
일제 강점기	• 광공업이 발달한 북부 지방으로 인구 이동 • 만주, 연해주 이동
6·25 전쟁	• 북한에서 남부 지방으로 피난
1960 ~80년대	• 산업화에 따른 **이촌 향도** 발생 → 수도권과 대도시로 인구 집중
1990년대 이후	• 대도시 주변의 촌락으로 인구 일부 이동 (**역도시화 현상**) 쾌적한 환경을 위한 이동

중요

② 국제 이동	
1960 ~70년대	• 미국, **독일**, **서남아시아** 등지로 청장년층의 경제적 이동 증가
1990년대 이후	• 중국과 동남아시아에서 우리나라로 이주하는 외국인 증가 → 국내 다문화 가정 증가
최근	• 이민, 취업, 유학 등의 → 더 좋은 기회를 위한 이동 증가

중요	**독일**: 우리나라의 광부와 간호사들이 돈을 벌기 위해 간거야!! (ˉ▽ˉ)/ **서남아시아**: 주로 건설 노동자들이 돈을 벌기 위해 이주한 것이란다!! s(ˊoˋ)✔

훼이크주의보: 시험에 '**1990년대 이후 우리나라에서 중국과 동남아시아로 이주하였다.**'라고 훼이크로 잘나와!!^∪^
우리가 간게 아니라, **중국과 동남아시아**에서 **우리나라**로 외국인 노동자가 들어온것이란다!! 알라뷰(๑•ᴗ•๑)

⭐ 시험문제 1타 지도 자료!!

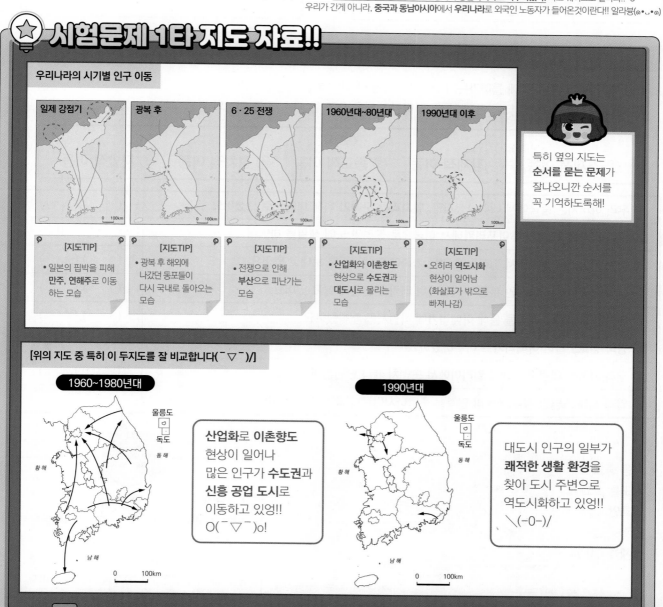

우리나라의 시기별 인구 이동

일제 강점기	광복 후	6·25 전쟁	1960년대~80년대	1990년대 이후

특히 옆의 지도는
순서를 묻는 문제가
잘나오니깐 순서를
꼭 기억하도록해!

[지도TIP]
• 일본의 핍박을 피해
만주, 연해주로 이동
하는 모습

[지도TIP]
• 광복 후 해외에
나갔던 동포들이
다시 국내로 돌아오는
모습

[지도TIP]
• 전쟁으로 인해
부산으로 피난가는
모습

[지도TIP]
• **산업화**와 **이촌향도**
현상으로 **수도권**과
대도시로 몰리는
모습

[지도TIP]
• 오히려 **역도시화**
현상이 일어남
(화살표가 밖으로
빠져나감)

[위의 지도 중 특히 이 두지도를 잘 비교합니다(ˉ▽ˉ)/]

1960~1980년대

산업화로 **이촌향도**
현상이 일어나
많은 인구가 **수도권**과
신흥 공업 도시로
이동하고 있엉!!
O(ˉ▽ˉ)o!

1990년대

대도시 인구의 일부가
쾌적한 생활 환경을
찾아 도시 주변으로
역도시화하고 있엉!!
＼(-0-)/

1. 인구 이동

1단계 **기본 개념 파악하기**

1. 회색 글씨의 중요 내용을 쓰면서 암기해보세요.(ㄱ▽ㄱ)/

흡인 요인	배출 요인
·높은 임금	·낮은 임금
·풍부한 일자리	·전쟁과 분쟁
·쾌적한 환경	·열악한 환경
·다양한 교육·문화· 의료 시설	·교육·문화 시설의 부족

2단계 **기본 개념 적용하기**

2. 다음 중 인구 이동의 **흡인** 요인에는 '**흡**', **배출** 요인에는 '**배**'라고 쓰세용.s(ㄱ▽ㄱ)v

높은 임금	낮은 임금	쾌적한 환경
① ( )	② ( )	③ ( )
종교의 자유	많은 일자리	열악한 환경
④ ( )	⑤ ( )	⑥ ( )
자연 재해	내전과 분쟁	좋은 교육 시설
⑦ ( )	⑧ ( )	⑨ ( )

• 정답 : 1. ①~⑤: 흡,배,흡,흡,흡/ ⑥~⑨: 배,배,배,흡

3단계 **시험 100% 출제!!**

3. 다음 **예시문**이 **어떤 이동**에 들어가는지 〈보기〉에서 **골라 써보세요**. 정말 중요!!(ง•_•)ง

(단, **한 개의 답**만 요구할 때는 **한 개**만, **두개 이상의 답**을 요구 할 때는 **두 개 이상의 답**을 찾아 써야합니다.)

〈보기〉
① **경제적 이동**　　② **강제적 이동**　　③ **종교적 이동**　　④ **정치적 이동**　　⑤ **자발적 이동**

(1) 우리 아버지는 중국에서 태어나셨지만, **일자리를 구하기 위해 미국으로** 오셨어요.	( ),( )
(2) 우리 조상은 18세기에 **아프리카에서 미국으로** 끌려와 **노예 생활**을 하였어요.	( )
(3) 나는 **미국에서 일하면서** 필리핀에 있는 가족에게 생활비를 보내고 있어요.	( ),( )
(4) 나의 모국은 시리아지만 **분쟁**이 발생하여 **터키 난민촌**에 살고 있어요.	( ),( )
(5) **유럽인**이 **신항로 개척**을 통해 **아메리카**에 식민지를 개척했어요.	( ),( )
(6) **영국 청교도**들이 **아메리카**로 이주하였어요.	( )
(7) 우리 가족은 **내전** 때문에 **소말리아**에서 도망쳐 **케냐 난민촌**에 왔어요.	( ),( )
(8) 일제 시대 **스탈린 정부**가 우리 민족을 중앙아시아로 강제 이주 시켰어요.	( )

4. 다음 중요 지도를 보고 괄호안에 알맞은 답을 쓰세용.(^0^)

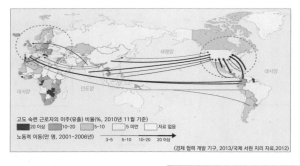

고도 숙련 근로자의 이주(유출) 비율(%, 2010년 11월 기준)
20 이상 / 10-20 / 5-10 / 5 미만 / 자료 없음
노동력 이동(만 명, 2001~2006년) 3-5 / 5-10 / 10-20 / 20 이상
(경제 협력 개발 기구, 2013/국제 서원 지리 자료,2012)

·오늘날 세계 인구 이동의 대다수는
개발도상국에서 → (   )으로 이동하는
(ㄱㅈㅈ)이동이얌!!
·왜냐하면 선진국에는
(높은 ㅇㄱ)과 (좋은 ㅇㅈㄹ)가 풍부하기 때문이지.

• 정답 : 3. (1)①,⑤ (2)② (3)①,⑤ (4)②,④ (5)①,⑤ (6)③ (7)②,④ (8)②/ 4. 선진국,경제적,임금,일자리

5. 다음 중요 지도를 보고 물음에 **답해보세용**↘(^▽^)↗

중부·북부
동북부
서부
애리조나
남부

현재 **미국**에서는 서부와 남부로
인구가 이동하고 있어요.
왜 그런걸까요?
두가지 이유를 **써보세용**∠(- o -)
[   ]

• 정답
쾌적한 환경과
온화한 기후에 대한
필요 때문이다.

2. 인구 이동이 지역에 미치는 영향

1단계 **기본 개념 파악하기**

1. 회색 글씨의 중요 내용을 쓰면서 암기해보세요.(¯▽¯)/

	특징	·주로 선진국
인구 **유입** 지역	긍정적 영향	·노동력 유입 (저임금 노동력 확보) ·다양한 문화 교류
	부정적 영향	·이주민과 현지인 간의 일자리 경쟁 ·문화적 차이로 갈등 발생
인구 **유출** 지역	특징	·주로 개발 도상국
	긍정적 영향	·실업률 감소 ·외화 증가
	부정적 영향	·고급 기술 인력의 유출 → 노동력 부족 문제 발생 ·성비 불균형 발생

2단계 **기본 개념 적용하기**

2. 다음 중 **인구 유입 지역**에서 발생하는 현상은
'**입**', 인구 유출 지역에서 발생하는 현상은
'**출**'이라고 **써보세용**(˘ ³˘)

다양한 노동력 확보	외화 수입 증가
① ( )	② ( )
남자 청장년층의 유출로 성비 불균형 발생	고급 기술 인력의 유출로 노동력 부족 발생
③ ( )	④ ( )
문화 갈등 발생	이주민과 현지인의 대립
⑤ ( )	⑥ ( )

• 정답 : 1. ①~⑤: 입,출,출,입/ ⑥: 입

3단계 **반드시 알고가자!!**

3. 다음 **중요 지도**를 보고 알맞은 답을 **고르세요**^▽^

0 500km
네덜란드
벨기에 독일
프랑스
에스파냐
이탈리아
모로코
이스라엘
이주자 수(만 명)
10 50 100

1. 다음 중 **모로코**에서 **프랑스**로
인구가 이동하는 이유가 아닌 것은?
① 풍부한 일자리
② 식민 지배로 인한
언어 습득
③ 종교의 자유를 찾아
③ 지리적으로 가까움

2. 모로코인의 이동으로 **프랑스**에서
발생하는 문제는?
① 크리스트교와 이슬람교도
사이에 문화적 갈등 발생
② 남녀 성비 불균형 발생

• 정답 : 3. ③,①

3. 우리나라의 인구 이동

1. 회색 글씨의 중요 내용을 쓰면서 암기해보세요.(¯▽·¯)/

① 국내 이동	
일제 강점기	·광공업이 발달한 북부 지방으로 인구 이동 ·만주,연해주 이동
6·25 전쟁	·북한에서 남부 지방으로 피난
1960~80년대	·산업화에 따른 이촌향도 발생 → 수도권과 대도시로 인구 집중
1990년대 이후	·대도시 주변의 촌락으로 인구 이동 (역도시화 현상)

② 국제 이동	
1960~70년대	·미국,독일,서남아시아 등지로 경제적 이동 증가 (독일: 광부,간호사 서남아시아: 건설 노동자)
1990년대 이후	·중국과 동남아시아에서 우리나라로 이주하는 외국인 증가
최근	·이민,취업,유학 등의 → 더 좋은 기회를 위한 이동 증가 → 국내 다문화 가정 증가

2. [우리나라의 국내 이동] 다음 알맞은 것끼리 **연결해보시오**.↘(^▽^)↗

① 일제 강점기　② 광복 후　③ 6·25 전쟁　④ 1960~80년대　⑤ 1990년대 이후

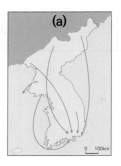
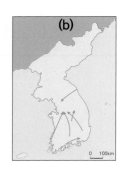

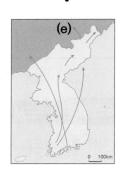

Ⓐ 산업화에 따른 이촌향도 현상으로
수도권과 신흥 공업 도시로
인구 집중

Ⓑ 쾌적한 환경을 쫓아
대도시 주변의 촌락으로 이동하는
역도시화 발생

• 정답 : 2. ①(e), ②(d), ③(a), ④(b)—Ⓐ, ⑤(c)—Ⓑ

3. [우리나라의 국제 이동] 다음 **밑줄 친** 틀린 말을 **바르게 고치시오**.\(^0^*)/

	정답
① 우리 나라의 본격적인 국제 이동은 **1980년대** 부터이다.	①
② 일제 강점기 때의 주된 이동은 **미국**,러시아,중국이다.	②
③ 1960년대~70년대에 미국, 독일, **동남아시아** 등지로 경제적 이동이 증가하였다.	③
④ 독일에 경제적 이동을 한 직업군은 광부와 **건설노동자**이다.	④
⑤ 1990년대 이후 **우리나라에서 중국과 동남아시아로** 이동하였다.	⑤

• 정답 : 3. ①일제강점기, ②일본, ③서남아시아, ④간호사, ⑤중국과 동남아시아에서 우리나라로

시험에는 반복되는 유형이 있다!
반복유형문제 1차

인구 이동의 요인과 유형

 람보쌤의 자세한 해설을 영상으로 보세요!

유형 1 인구 이동의 요인

1. 인구 흡인 요인에 해당하는 것만을 보기에서 있는 대로 고른 것은?

┌─── 보 기 ───┐

ㄱ. 내전과 범죄
ㄴ. 풍부한 일자리
ㄷ. 잦은 자연재해
ㄹ. 열악한 주거 환경
ㅁ. 좋은 교육, 의료, 문화 시설

└──────────┘

① ㄱ, ㄷ   ② ㄴ, ㅁ
③ ㄱ, ㄷ, ㄹ   ④ ㄴ, ㄹ, ㅁ
⑤ ㄴ, ㄷ, ㄹ, ㅁ

2. 인구 흡인 요인과 배출 요인을 〈보기〉에서 골라 바르게 짝지은 것은?

┌─── 보 기 ───┐

ㄱ. 종교 박해   ㄴ. 내전과 분쟁
ㄷ. 안전한 생활 환경   ㄹ. 풍부한 고용 기회

└──────────┘

	인구 흡인 요인	인구 배출 요인
①	ㄱ, ㄴ	ㄷ, ㄹ
②	ㄱ, ㄷ	ㄴ, ㄹ
③	ㄴ, ㄷ	ㄱ, ㄹ
④	ㄴ, ㄹ	ㄱ, ㄷ
⑤	ㄷ, ㄹ	ㄱ, ㄴ

유형 2 인구 이동의 유형

3. 다음 중 인구 이동에 대한 설명으로 옳은 것만 모두 고른 것은?

─── 보 기 ───

가. 이동 기간에 따라 국내 이동과 국제 이동으로 구분한다.
나. 이동 범위에 따라 일시적 이동과 영구적 이동으로 구분한다.
다. 이주자의 의지에 따라 자발적 이동과 강제적 이동으로 구분한다.
라. 이동 목적에 따라 경제적 이동, 정치적 이동, 종교적 이동 등으로 구분한다.
마. 풍부한 일자리와 좋은 교육 및 문화 시설, 쾌적한 환경 등은 인구 유출 지역에서 볼 수 있는 특징이다.

① 가, 나   ② 다, 라
③ 가, 나, 다   ④ 나, 다, 라
⑤ 다, 라, 마

---

5. 인구 이동 사례를 이동 원인에 따라 분류 시, '경제적 이동'에 해당하는 것으로 옳은 것을 〈보기〉에서 고른 것은?

─── 보 기 ───

(가) 우리 아버지는 중국에서 태어나셨지만, 일자리를 구하기 위해 미국으로 오셨어요.

(나) 우리 조상은 18세기에 아프리카에서 미국으로 끌려와 노예 생활을 하였어요.

(다) 나는 오스트레일리아에서 일하면서 인도에 사는 가족에게 생활비를 보내고 있어요.

(라) 나의 모국은 시리아이지만, 분쟁이 발생하여 터키 난민촌에 살고 있어요.

① (가), (나)   ② (가), (다)
③ (나), (다)   ④ (나), (라)
⑤ (다), (라)

------- 세계의 인구 이동 -------

유형 1 경제적 이동

4. 세계의 경제적 인구 이동에 대한 설명으로 옳은 것을 〈보기〉에서 고른 것은?

─── 보 기 ───

ㄱ. 대부분 개발도상국에서 선진국으로 이동한다.
ㄴ. 우리나라는 중국, 베트남 등 아시아 국가로 인구 유출이 활발하다.
ㄷ. 높은 임금이나 풍부한 일자리, 쾌적한 환경 등이 배출 요인으로 작용하기 때문에 생긴다.
ㄹ. 서부 유럽과 미국은 각각 주변국 또는 다양한 지역으로부터 이민을 받아들이는 대표적인 나라이다.

① ㄱ, ㄴ   ② ㄱ, ㄹ   ③ ㄴ, ㄷ
④ ㄴ, ㄹ   ⑤ ㄷ, ㄹ

유형 2 · 인구의 국제적 이동 지도 문제

6. 지도는 인구의 국제적 이동을 나타낸 것이다. 이러한 인구 이동에 대한 설명으로 옳지 <u>않은</u> 것은?

고도 숙련 근로자의 이주(유출) 비율(%, 2010년 11월 기준)
20 이상 / 10-20 / 5-10 / 5 미만 / 자료 없음
노동력 이동(만 명, 2001~2006년) 3-5 / 5-10 / 10-20 / 20 이상

(경제 협력 개발 기구, 2013/국제 서원 지리 자료,2012)

① 인구 이동은 대부분 개발도상국에서 선진국으로 향하고 있다.
② 미국으로의 이주자 중 라틴 아메리카 출신 이주자의 비중이 높다.
③ 선진국의 풍부한 일자리, 높은 임금 등은 흡인 요인으로 작용한다.
④ 미국은 다양한 지역으로부터 이민을 받아들이는 대표적인 나라이다.
⑤ 내전과 분쟁이 자주 발생하는 정치적 불안정에 의한 정치적 이동이다.

유형 3 · 정치적 이동

7. 뉴스 기사의 일부이다. 아프가니스탄인의 이동 유형으로 적절한 것을 〈보기〉에서 고르면?

한국 정부의 현지 재건 사업에 협력했던 아프가니스탄인과 가족 378명이 26일 오후 인천공항에 도착했다. 이날 오후 아프간 현지인 직원 및 가족이 탑승한 공중 급유수송기 KC-330이 인천공항에 착륙했다. 이들은 주아프간 한국대사관, 바그람 미군기지 내 한국 병원 등에서 일했던 조력자 및 가족들이다.
정부는 난민이 아닌 특별 공로자로 이들을 수용한다. 구출 대상자에는 신생아 3명과 5세 미만 영유아가 100여명 포함됐다. -이하 생략-

보 기

ㄱ. 국제적 이동	ㄴ. 국내적 이동
ㄷ. 정치적 이동	ㄹ. 경제적 이동

① ㄱ, ㄷ   ② ㄱ, ㄹ   ③ ㄴ, ㄷ
④ ㄴ, ㄹ   ⑤ ㄷ, ㄹ

유형 4 · 인구 이동 복합

8. 인구 이동의 유형과 사례를 옳게 연결한 것은?

㉠ 나의 모국은 시리아지만 분쟁이 발생하여 터키 난민촌에 살고 있어요.
㉡ 영국 청교도들이 종교의 자유를 찾아서 아메리카 대륙으로 이동했어요.
㉢ 우리 아버지는 중국에서 태어나셨지만, 일자리를 구하기 위해 대한민국으로 오셨어요.

	㉠	㉡	㉢
①	정치적 이동	국내 이동	강제적 이동
②	정치적 이동	국제 이동	자발적 이동
③	경제적 이동	국제 이동	강제적 이동
④	경제적 이동	국내 이동	자발적 이동
⑤	경제적 이동	정치적 이동	자발적 이동

9. A~C에 들어갈 사례를 바르게 연결한 것을 2개 고르면?

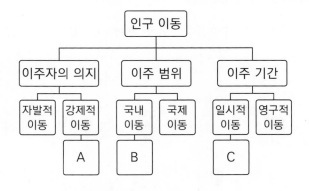

① A : 일자리가 풍부하고 임금이 높은 곳을 찾아 개발도상국에서 선진국으로 이동하였다.
② A : 식민지 개척을 위해 많은 유럽인들이 유럽에서 아메리카 대륙으로 이주하였다.
③ B : 1960년 이후 산업화가 진행되면서 농촌의 인구가 도시로 이동하였다.
④ B : 농장의 부족한 노동력을 보충하기 위해 유럽인들이 아프리카의 흑인들을 아메리카로 이주시켰다.
⑤ C : 여름 휴가철을 맞아 기후가 따뜻하고 고대 유적이 풍부한 지중해로 여행을 떠났다.

10. 인구 이동에 대한 사례로 옳은 것만을 〈보기〉에서 있는 대로 고른 것은?

┌─ 보 기 ─┐

ㄱ. 국내 이동 - 경기도에서 서울시로 이사 왔어요.
ㄴ. 영구적 이동 - 여름이면 프랑스 남부로 여행을 떠나요.
ㄷ. 자발적 이동 - 내전 때문에 도망쳐 다른 나라로 왔어요.
ㄹ. 국제 이동 - 베트남보다 임금이 높은 대한민국으로 왔어요.
ㅁ. 경제적 이동 - 멕시코를 떠나 미국의 오렌지 농장으로 일자리를 구하러 왔어요.

① ㄴ, ㄷ　　　　　　② ㄴ, ㅁ
③ ㄷ, ㅁ　　　　　　④ ㄱ, ㄴ, ㄹ
⑤ ㄱ, ㄹ, ㅁ

유형 5 　미국의 국내 이동

11. 다음과 같은 인구 이동이 나타나게 된 이유로 가장 적절한 것은?

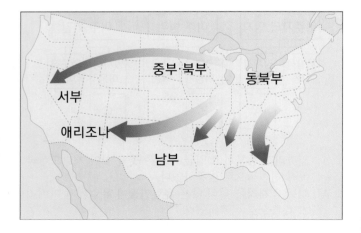

① 따뜻한 기후와 쾌적한 환경에 대한 필요 증가
② 종교적 차이로 인한 문화 충돌과 내전의 발생
③ 차별로 인한 갈등 해소와 통합 정책의 추진
④ 지역 개발에 따른 강제 이주 정책의 실시
⑤ 자연 재해로 인한 피해와 기후 난민의 증가

유형 6 　자발적 이동

12. 인구 이동의 유형 중 국제 이동과 자발적 이동을 동시에 만족하는 것만을 〈보기〉에서 고르면?

┌─ 보 기 ─┐

㉠ 영국에 사는 우리 가족은 여름이면 프랑스 남부로 여행을 다녀와요.
㉡ 우리 아빠는 경남 합천에서 서울 잠실에 있는 중학교에 일하러 왔어요.
㉢ 우리 부모님은 오래전에 멕시코를 떠나 미국의 오렌지 농장으로 일자리를 구하러 왔어요.
㉣ 우리 가족은 내전 때문에 살던 곳을 잃어버리고 어쩔 수 없이 소말리아에서 도망쳐 나왔어요.

① ㉠, ㉡　　　　　　② ㉠, ㉢
③ ㉡, ㉢　　　　　　④ ㉡, ㉣
⑤ ㉢, ㉣

──────── 인구 이동에 따른 지역 변화 ────────

유형 1 　모로코-프랑스

13. 모로코에서 프랑스로 인구가 이동하는 이유로 옳은 것은?

┌─ 보 기 ─┐

ㄱ. 풍부한 일자리
ㄴ. 식민지배로 인한 언어 습득
ㄷ. EU 가입으로 인한 국경 개방
ㄹ. 히스패닉에 대한 개방 정책 추진

① ㄱ, ㄴ　　　② ㄱ, ㄹ　　　③ ㄴ, ㄷ
④ ㄴ, ㄹ　　　⑤ ㄷ, ㄹ

유형 2 인구 이동에 의한 지역 변화-복합

14. 지도에 나타난 인구 이동의 원인을 옳게 설명한 학생을 고른 것은?

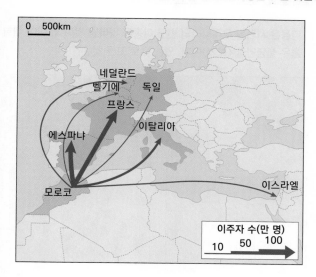

① 경호 : 국가 간 종교 차이 때문이야.
② 선호 : 국가 간 임금 차이인 것 같은데.
③ 민호 : 모로코에서 내전이 발생한 것 같아.
④ 재호 : 유럽의 온화한 대륙성 기후 조건 때문이야.
⑤ 지호 : 유럽의 통합이 더 넓은 지역으로 확대되고 있어서야.

15. 인구 유입이 활발한 지역에 대한 설명으로 옳은 것을 〈보기〉에서 고른 것은?

보 기

ㄱ. 저임금의 노동력을 확보할 수 있다.
ㄴ. 인구 유입국으로의 이동은 경제적 목적이 대부분이다.
ㄷ. 선진국에서 개발도상국으로 인구가 가장 많이 이동한다.
ㄹ. 청장년층 인구와 고급 기술 인력이 줄어드는 문제점이 나타난다.
ㅁ. 원주민과 이주민 간의 문화적 차이로 인한 갈등이 발생하기도 한다.

---

① ㄱ, ㄴ, ㄷ   ② ㄱ, ㄴ, ㅁ
③ ㄱ, ㄷ, ㄹ   ④ ㄴ, ㄷ, ㄹ
⑤ ㄷ, ㄹ, ㅁ

유형 3 인구 유입 지역

16. 지도에 표시된 인구 이동의 패턴으로 볼 때 유럽에서 나타날 수 있는 문제점으로 옳은 것은?

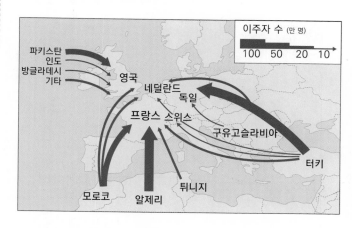

① 노동력이 부족해질 것이다.
② 일자리 경쟁이 완화될 것이다.
③ 종교적 갈등이 나타날 수 있을 것이다.
④ 외국인에 대한 복지비용이 감소할 것이다.
⑤ 남성의 유출로 성비 불균형이 심해질 것이다.

17. 지도는 2015년의 모로코 출신 이주자의 도착 국가를 나타낸 것이다. 2015년 이후 모로코에서 나타날 변화로 적절한 것은?

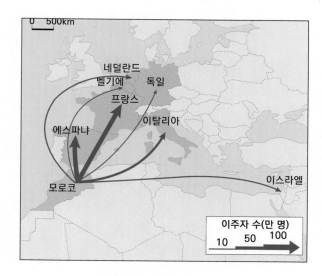

① 모로코 내의 노동력이 풍부해진다.
② 사회 통합 문제와 인종 차별 문제가 발생한다.
③ 새로운 문화가 유입되어 문화적 다양성이 증가한다.
④ 모로코의 노년층이 지속적으로 유출되어 경제 성장이 어렵다.
⑤ 모로코로 송금되는 외화가 늘어나 경제가 일시적으로 활성화된다.

유형 4 인구 유출 지역

18. 지도는 모로코 출신 이주자의 도착 국가를 나타낸 것이다. 이들이 도착한 국가에서 나타나는 현상을 〈보기〉에서 옳게 고른 것은?

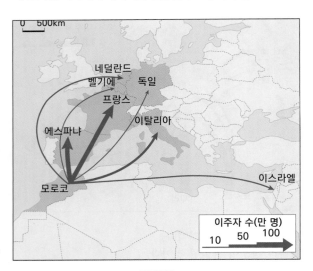

━━━ **보 기** ━━━

ㄱ. 노동력 부족
ㄴ. 문화의 다양성 증가
ㄷ. 종교 및 인종 갈등 심화
ㄹ. 외화 증가로 인한 경제 활성화

① ㄱ, ㄴ   ② ㄱ, ㄹ   ③ ㄴ, ㄷ
④ ㄴ, ㄹ   ⑤ ㄷ, ㄹ

우리 나라의 인구 이동

유형 1 우리나라 시기별 인구 이동 지도

19. 다음은 시기별 우리나라의 인구 이동을 나타낸 것이다. 이에 대한 옳은 설명만을 〈보기〉에서 있는 대로 고른 것은?

━━━ **보 기** ━━━

ㄱ. 시기순으로 나열하면 (가)-(라)-(나)-(다) 순이다.
ㄴ. (가)는 지하자원 개발과 신흥 공업의 노동력 확보를 위해 북부 지방으로 이동하였다.
ㄷ. (나)는 피란민들의 부산 집중이 두드러진 시기이다.
ㄹ. (다)는 대도시의 인구가 신도시 주변 지역으로 일부 분산되는 역도시화 현상이 일어났다.
ㅁ. (라)는 촌락의 인구가 도시로 이동하는 이촌향도 현상이 뚜렷하게 나타난다.

① ㄱ, ㄴ   ② ㄴ, ㄷ
③ ㄱ, ㄴ, ㄷ   ④ ㄴ, ㄷ, ㄹ
⑤ ㄱ, ㄴ, ㄷ, ㄹ, ㅁ

20. 다음은 우리나라의 시기별 인구 이동을 나타낸 것이다. (가), (나)의 인구 이동에 대한 설명으로 옳지 않은 것은?

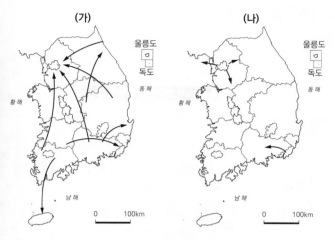

① (가)는 1960~1980년대의 인구 이동이다.
② (가)시기에는 산업화에 따른 이촌향도 현상이 집중적으로 나타났다.
③ (나)는 1990년대의 인구 이동이다.
④ (나)시기에는 수도권과 신흥 공업 도시로의 인구 유입이 많았다.
⑤ (나)는 대도시 인구의 일부분이 쾌적한 생활 환경을 찾아 도시 주변 지역으로 이동하는 것이다.

유형 2 우리나라 인구의 국제 이동

21. 우리나라의 인구 이동에 대한 설명으로 옳은 것을 〈보기〉에서 고른 것은?

─── 보 기 ───

ㄱ. 국제 이동은 일제 강점기에 본격 시작되었다.
ㄴ. 1990년대 이후 쾌적한 생활 환경을 찾아 도시로 이동하는 현상이 나타났다.
ㄷ. 1960~1970년대에는 일자리를 찾아 독일과 미국, 서남아시아 등지로 떠난 청장년층 인구가 많았다.
ㄹ. 1990년대부터는 취업이나 결혼을 위해 우리나라에서 중국이나 동남아로 떠나는 사람들이 많아졌다.

① ㄱ, ㄴ   ② ㄱ, ㄷ   ③ ㄴ, ㄷ
④ ㄴ, ㄹ   ⑤ ㄷ, ㄹ

유형 3 복합

22. (가), (나)에 나타난 우리나라 인구의 국제 이동에 대한 옳은 설명을 〈보기〉에서 고른 것은?

(가) 영화 「국제시장」의 주인공 덕수는 가족의 생계를 책임지기 위해 독일의 광부 인력 모집 공고에 지원하여 독일로 떠난다. 그곳에서 파독 간호사로 일하는 영자를 만나 결혼하게 된다. 실제로 우리나라에서 1963년 독일의 광부 인력 모집 공고가 난 뒤 광부 8천여 명이 독일로 이동하였다.
(나) 영화 「방가방가」의 주인공 방태식은 취업난 속에 부탄인으로 위장하여 안산의 의자 공장에 위장 취업하게 된다. 영화는 공장에서 외국인 근로자들과 함께 생활하면서 벌어지는 내용을 다루고 있다. 영화의 배경인 경기도 안산시 원곡동은 대규모 산업 단지가 조성되어 1990년대 초 많은 외국인 근로자가 유입된 곳이다.

─── 보 기 ───

ㄱ. (가)로 인해 유입된 외화는 당시 우리나라 경제 발전에 이바지하였다.
ㄴ. (가)시기에는 우리나라 인구의 외국 유학이나 고급 인력의 해외 취업이 많았다.
ㄷ. (나)에서와 같이 유입된 외국인 근로자는 주로 노동 집약적 업종에 종사하였다.
ㄹ. (나)는 중동 건설 붐으로 인한 우리나라 건설 기술자들의 이동이 이루어진 시기와 같다.

① ㄱ, ㄴ   ② ㄱ, ㄷ   ③ ㄴ, ㄷ
④ ㄴ, ㄹ   ⑤ ㄷ, ㄹ

19 CHAPTER

3. 인구 문제

1. 세계의 인구 문제

(1) 세계 인구의 성장: 산업혁명 이후 의학 기술의 발달 과 생활 수준 향상

→ 평균 수명 연장 , 영아 사망률 감소

→ 세계 인구의 폭발적 증가 !!

(2) 세계의 지역별 인구 변화

	인구 급증 계기	현재
선진국	산업혁명	• 출생률 과 사망률 모두 낮음 → 인구 증가 속도가 완만 하거나 정체
개발 도상국	제2차 세계대전	• 출생률 이 높고 , 사망률 이 낮음 → 인구의 폭발적 증가 → 세계 인구 성장을 주도함

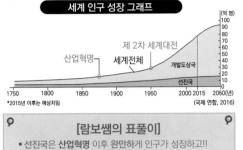

세계 인구 성장 그래프

제 2차 세계대전
산업혁명 세계전체
개발도상국
선진국

1750 1800 1850 1900 1950 2000 2015 2050(년)
*2015년 이후는 예상치임 (국제 연합, 2016)

[람보쌤의 표풀이]
• 선진국은 산업혁명 이후 완만하게 인구가 성장하고!!
• 개발도상국은 제2차 세계대전 이후
급격히 인구가 성장하는 것을 알 수 있어!!(o^^)o
→ 이렇듯 인구 변화는 지역마다 차이가 크단다.(^^)

(3) 개발도상국과 선진국의 인구 문제 시험1타

① 개발 도상국의 인구 문제		
인구 급증	문제점	• 낮은 인구 부양력 → 식량 부족, 기아, 빈곤 발생
	대책	• 출산 억제 정책 실시 =가족 계획 • 인구 부양력을 높이기 위한 농업의 기계화 및 산업화 정책 등 • 외화벌이를 위해 노동력의 해외 진출
도시 과밀화	원인	• 이촌향도에 따른 도시 인구 급증
	문제점	• 주택 부족, 교통 혼잡, 환경 오염 등
	대책	• 촌락의 생활 환경 개선 • 인구의 지방 분산 정책 추진
출생 성비 불균형	원인	• 중국 , 인도 등 일부 아시아 국가의 → 남아선호사상
	문제점	• 결혼 적령기 여성 부족
	대책	• 여성의 지위 향상 • 양성 평등 문화 정착

② 선진국의 인구 문제		
저 출 산	원인	• 여성의 사회 진출 증가 • 결혼과 출산에 대한 가치관 변화 • 육아에 대한 경제적 부담 증가
	대책	• 출산 장려 정책 시행 • 육아 지원 강화
고 령 화	원인	• 의학 기술의 발달 • 생활 수준의 향상 → 평균 수명 연장
	대책	• 노인 복지 정책 강화 ┌노인의 재취업 기회 제공 ├정년 연장 └연금 제도(주택 연금 등) 개선

저출산·고령화 문제점

• 생산 가능 인구 감소 : 노동력 부족
→ 외국인 노동자 유입에 따른 갈등
• 청장년층의 노인 부양 부담 증가
→ 노인 빈곤과 노인 소외 문제 등 발생

성비는 여성 100명당 남성의 숫자로 보통 103~107이 정상인데, 남아선호사상이 강한 중국의 경우 성비가 높을때는 120까지도 나왔었어. 온통 고추밭이네 ㅠㅠ

• 사회책에서 말하는 노인은 '65세 이상'의 인구를 말해(^O^)
→ 이때, 65세 이상 인구의 비율이 7% 이상이면, 고령화 사회!!
14% 이상이면, 고령 사회!!
20% 이상이면, 초고령 사회!! 라고 한단다!! 꼭 기억해!\(−0−)/

시험에 무조건 나오는 개발도상국과 선진국의 인구 문제 한판 정리!!〈(˙˛˙)〉

★★선진국 VS 개발도상국 인구 피라미드

개발도상국 / 선진국

노년층 (65세 이상)
청장년층 (15~64세)
유소년층 (14세 이하)

- 개발도상국은!! 유소년층의 인구가 폭발적으로 증가하는 것을 볼 수 있어. ⟩ **인구 급증 문제** 발생
- 선진국은!! 개발도상국에 비해 출산율이 낮고, 노년층의 비율이 높은 것을 볼 수 있지. ⟩ **저출산·고령화** 발생

★★합계 출산율

합계 출산율이란? 한 여성이 평생 낳을 것으로 예상되는 평균 자녀의 수야!! 보통 2명 이하면 저출산 국가야! 선진국은 1명대가 많으니 극심한 저출산이로구나.. ㅠㅠ

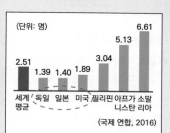
(단위: 명)
세계 평균 2.51 / 독일 1.39 / 일본 1.40 / 미국 1.89 / 필리핀 3.04 / 아프가니스탄 5.13 / 소말리아 6.61
(국제 연합, 2016)
주요 국가 합계 출산율

[람보쌤의 중요 표풀이]

전반적으로 독일, 일본, 미국과 같은 선진국의 **합계 출산율**이 매우 낮은 것을 볼 수 있어!!(••)
즉, 선진국이 지금 겪고 있는 인구 문제는!! 저출산이라는 것을 알 수 있단다!!(^0^)
- 합계 출산율을 통해 선진국에서 발생하는 문제를 파악한다면!!
  → 그것은 바로 저출산입니다!! 알라뷰(/^o^)/♡

★★고령화

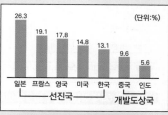
(단위:%)
일본 26.3 / 프랑스 19.1 / 영국 17.8 / 미국 14.8 / 한국 13.1 / 중국 9.6 / 인도 5.6
─선진국─ / 개발도상국
주요 국가의 65세 인구 비율

개발도상국에 비해 주로 선진국들의 노인 인구 비중이 높은 것을 볼 수 있어! 이 말은!! 선진국들이 고령화 문제를 겪고 있다는 뜻이란다!!

[시험에 나오는 서술형]

Q. '고령화 사회', '고령 사회', '초고령 사회'가 무엇인지 서술하시오.
[   ]
- 정답: 65세 이상 인구 비율이 전체 인구의 **7% 이상**이면 **고령화 사회**,
- 65세 이상 인구 비율이 전체 인구의 **14% 이상**이면 **고령 사회**,
- 65세 이상 인구 비율이 전체 인구의 **20% 이상**이면 **초고령 사회**이다.

★★시험에 나오는 서술형

서술형에서는 **각 인구 문제에 대한 대책**을 묻는 문제가 시험에 겁나 잘나와!! 그럼 함께 연습해 볼까? 고고O(¯▽¯)o

Q. **개발도상국의 인구 급증**에 대한 **대책**을 서술하시오.
[   ]
- 정답: 가족 계획과 같은 출산 억제 정책을 실시하고 농업의 기계화 및 산업화 정책을 통해 인구 부양력을 높인다.

Q. **선진국의 저출산 문제**에 대한 **대책**을 서술하시오.
[   ]
- 정답: 출산 장려 정책을 실시하고 육아 지원을 강화한다.

Q. **선진국의 고령화 문제**에 대한 **대책**을 서술하시오.
[   ]
- 정답: 노인 복지 정책을 강화하여 노인 일자리를 늘리고 정년을 연장한다. 실버 산업을 육성한다.

Q-1. 다음중 **저출산**에 대한 **대책**이 **아닌 것**에 동그라미 치세요.
- 출산 장려금 지급   • 출산 억제 정책
- 남성의 육아 참여를 위한 정책 실시

Q-2. 다음중 **고령화**에 대한 **대책**이 **아닌 것**에 동그라미 치세요.
- 정년 연장   • 노인 복지 제도 강화   • 연금 제도 개선
- 노인 일자리 증가   • 정부 지원 축소

- 정답: Q-1.출산 억제 정책, Q-2.정부 지원 축소

2. 우리나라의 인구 문제

(1) 시기별 인구 문제와 인구 정책

6.25 전쟁 이후	• 사회 안정화 → 인구 급증
1960~80년대 중요	• **출산 억제 정책 실시** → **가족 계획** 실시
1990년대 이후	• 출생 성비 불균형 발생 • **저출산, 고령화 문제** 발생
2000년대 이후	• 고령화 사회 진입
오늘날	• 고령 사회 진입

참고: 시기별 표어

연대	표어
1960년대	• 덮어놓고 낳다보면 거지꼴을 못 벗는다
1970년대	• 딸·아들 구별 말고 둘만 낳아 잘 기르자
1980년대	• 한 가정 사랑가득 한 아이 건강가득 • 하나씩만 낳아도 삼천리는 초만원
1990년대	• 아들바람 부모세대 짝꿍 없는 우리세대 • 잘 키운 딸 하나 열 아들 안부럽다
2000년대	• 엄마 아빠 혼자는 싫어요 • 한 자녀 보다는 둘, 둘보단 셋이 더 행복하다.

시험 TIP 가끔 순서 묻는 문제가 셤에 나와용o(^-^)o

(2) 우리나라의 인구 문제 (저출산·고령화) 시험1타

	저출산	**고령화**
원인	• **여성의 사회 참여** • 결혼 연령 상승 • 결혼 및 가족에 대한 가치관 변화 • 양육비 부담	• 생활 수준의 향상 • 의학 기술의 발달 → 평균 수명 연장
문제점	• **생산 가능 인구의 감소** (노동력 부족) → 세금 감소 → 경제 성장 둔화 • 외국인 근로자와의 문화적 갈등 발생 • 청장년층의 노년층 부양 부담 증가 → 연금과 보험 비용 증가 • 노년층의 질병·빈곤·소외 문제 발생	
대책	• **출산 장려 정책 실시** • 남성의 육아 참여 확대 • 청장년층의 일자리 창출 및 고용 확대 • 육아 지원 강화	• 노인 복지 시설 확충 • 실버 산업 육성 • 정년 연장 및 노인 일자리 개발 • 연금 제도(주택 연금) 개선

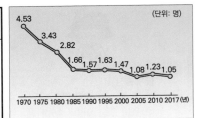

우리나라의 합계 출산율

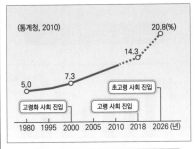

우리나라 65세 이상의 인구 비율의 변화

시험에는 우리나라 **저출산·고령화**에 대한 **대책**이 **서술형**으로 나오기도 해!(ˉ▽ˉ)/
뒤에 **키워드맵**에서 함께 연습해보장!!
그리고 **헷갈리기 쉬운 지문**을 키워드맵에서 연습하여 시험에 대비할 수 있도록 준비해놓았으니깐
키워드맵 놓치지 않고 열심히하기!! 알긋지!! 알라븅(/^o^)/♡

19강 3. 인구 문제

1. 인구 문제

1단계 기본 개념 파악하기

1. 회색 글씨의 중요 내용을 쓰면서 암기해보세요.(¯▽¯)/

지금 현재 **세계 인구 문제**는 인구가 폭발적으로 증가한다는 것입니다. ＼(^▽^)／와우!
그렇다면 언제부터 인구가 폭발적으로 증가했을까요?
그것은 바로 산업혁명 이후입니다!!
산업 혁명 이후 의학 기술의 발달과 생활 수준의 향상으로 평균 수명이 연장 되고 영아 사망률이 감소하면서 세계 인구는 폭발적으로 증가하게 되었어요!!

	인구 급증 계기	현재
선진국	산업혁명	·출생률과 사망률 모두 낮음 → 인구의 증가가 완만 하거나 정체
개발도상국	제2차 세계대전	·출생률이 높고, 사망률이 낮음 → 인구의 폭발적 증가

① 개발 도상국의 인구 문제		
인구 급증	문제점	·낮은 인구 부양력 → 기아,빈곤 발생
	대책	·출산 억제 정책 실시 ·인구 부양력을 높이기 위한 농업의 기계화 및 산업화 정책 등
도시 과밀화	원인	·이촌향도에 따른 도시 인구 급증
출생 성비 불균형	원인	·중국,인도 등 일부 아시아 국가의 → 남아선호사상

2단계 기본 개념 적용하기

2. (가),(나),A,B에 알맞은 말을 **적으세요.**

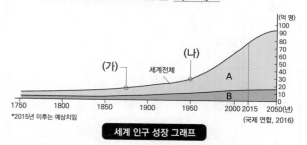

세계 인구 성장 그래프

〈정답〉
·(가):　　　　　·(나):
·A:　　　　　·B:

3. 다음중 **선진국** 인구 피라미드는?

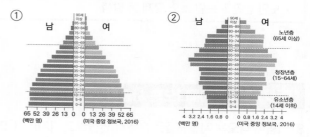

4. **선진국의 인구 문제는?**
① 인구 급증　　② 저출산·고령화

5. **개발도상국의 인구 문제는?**
① 인구 급증　　② 저출산·고령화

• 정답 : 2.(가): 산업혁명,(나)제2차세계대전
A: 개발도상국, B: 선진국
3.②, 4.②, 5.①

② 선진국의 인구 문제		
저출산	원인	·여성의 사회 진출 증가 ·결혼과 출산에 대한 가치관 변화 ·육아에 대한 경제적 부담 증가
	대책	·출산 장려 정책 시행 ·육아 지원 강화
고령화	원인	·의학 기술의 발달 ·생활 수준의 향상 → 평균 수명 연장
	대책	·노인 복지 정책 강화 –노인의 재취업 기회 제공 –정년 연장 –연금 제도(주택 연금 등) 개선

저출산·고령화 문제점

·생산 가능 인구 감소 : 노동력 부족

·청장년층의 노인 부양 부담 증가

→ 노인 빈곤과 노인 소외 문제 등 발생

6. 맞는것에 O표, 틀린것에 X표 하시오.o(^-^)o

> ① 개발도상국은 유소년층의 비율이 **높고**, 노년층의 비율은 **낮다.** ( )
> ② 선진국에서는 인구 급증으로 인한 **식량 부족**, 빈곤 등의 문제가 발생하고 있다. ( )
> ③ 저출산,고령화 사회에서는 노동력 부족 문제가 발생한다. ( )
> ④ 선진국에서는 생산 가능 인구의 외국 이민을 **장려**하여 **본국**으로의 송금을 유도해야한다. ( )
> ⑤ 여성의 사회 활동이 활발해지면서 **저출산** 문제가 발생 하게되었다. ( )
> ⑥ 개발도상국은 산업 혁명 이후부터 인구가 **천천히** 성장 하였다.( )

7. 인구 문제에 대한 대책이다. **선진국의 대책은 '선'** 개발도상국의 대책은 '개'라고 쓰세용٩(•‿•)

출산 장려 정책	가족 계획 실시
①( )	②( )
식량 확보	노인 복지 사업 실시
③( )	④( )

• 정답 : 6. ①~⑤: OXOXO, ⑥X/ 7.①~④: 선,개,개,선

3단계 시험에 나오는 서술형

8. 시험에 나오는 서술형들은 모조리 **연습하고 가자!!** ＼(^O^*)/

(1) 1단계: 회색 글씨**위에 덧대어 쓰며 외우기!!**

Q. '고령화 사회', '고령 사회', '초고령 사회'가 무엇인지 **서술하시오.**

[65세 이상 인구 비율이 전체 인구의 7% 이상이면 고령화 사회,

65세 이상 인구 비율이 전체 인구의 14% 이상이면 고령 사회,

65세 이상 인구 비율이 전체 인구의 20% 이상이면 초고령 사회이다.]

2단계: 스스로 써보기!!

Q. '고령화 사회', '고령 사회', '초고령 사회'가 무엇인지 **서술하시오.**

(2) 1단계: 회색 글씨**위에 덧대어 쓰며 외우기!!**

Q. 선진국의 저출산 문제에 대한 **대책**을 서술하시오.

[출산 장려 정책을 실시하고 육아 지원을 강화한다.]

2단계: 스스로 써보기!!

Q. 선진국의 저출산 문제에 대한 **대책**을 서술하시오.

(3) 1단계: 회색 글씨 위에 덧대어 쓰며 외우기!!
Q. 개발도상국의 인구 급증에 대한 **대책**을 서술하시오.   [가족 계획과 같은 출산 억제 정책을 실시하고   농업의 기계화 및 산업화 정책을 통해   인구 부양력을 높인다.]

2단계: 스스로 써보기!!
Q. 개발도상국의 인구 급증에 대한 **대책**을 서술하시오.

(4) 1단계: 회색 글씨 위에 덧대어 쓰며 외우기!!
Q. 선진국의 고령화 문제에 대한 **대책**을 서술하시오.   [노인 복지 정책을 **강화**하여 노인 일자리를 늘리고   정년을 연장한다. 실버 산업을 육성한다.]

2단계: 스스로 써보기!!
Q. 선진국의 고령화 문제에 대한 **대책**을 서술하시오.

2. 우리나라의 인구 문제

1단계 **기본 개념 파악하기**

1. 회색 글씨의 중요 내용을 쓰면서 암기해보세요.(̄▽ ̄)/

① 우리나라의 시기별 인구 문제

6.25 전쟁 이후	·인구 급증
1960 ~80년대	·출산 억제 정책 실시 → 가족 계획 실시
1990년대 이후	·출생 성비 불균형 발생 ·저출산,고령화 문제 발생
2000년대 이후	·고령화 사회 진입
오늘날	·고령 사회 진입

② 우리나라의 인구 문제

	저출산	고령화
원인	·여성의 사회 참여 ·결혼 연령 상승 ·결혼 및 가족에 대한 가치관 변화 ·양육비 부담	·생활 수준의 향상 ·의학 기술의 발달 → 평균 수명 연장
문제점	·생산 가능 인구의 감소 (노동력 부족) → 세금 감소 → 경제 성장 둔화 ·외국인 근로자와의 문화적 갈등 발생 ·청장년층의 노년층 부양 부담 증가 ·노년층의 질병·빈곤·소외 문제 발생	
대책	·출산 장려 정책 실시 ·남성의 육아 참여 확대 ·청장년층의 고용 확대 ·육아 지원 강화	·노인 복지 시설 확충 ·실버 산업 육성 ·정년 연장 및 노인 일자리 개발 ·연금 제도 개선

2. 다음은 **우리나라의 시기별 인구 문제**이다.
   서로 **맞는 것끼리 연결하세요**^∪^

① 6.25 전쟁 이후 •

② 1960년대~
   1980년대 •

③ 1990년대 이후 •

④ 2000년대 이후 •

⑤ 오늘날 •

• ㉠ **고령 사회** 진입

• ㉡ **출생 성비 불균형,
   저출산·고령화 문제** 발생

• ㉢ **출산 억제 정책** 실시,
   가족 계획 실시

• ㉣ **사회 안정으로 인구 급증**

• ㉤ **고령화 사회** 진입

3. 다음 표어를 **순서대로 맞춰보세요**^▽^

> ① 딸·아들 구별 말고 둘만 낳아 잘 기르자.
> ② 덮어놓고 낳다보면 거지꼴을 못 벗는다.
> ③ 잘 키운 딸 하나 열 아들 안부럽다.
> ④ 엄마 아빠 혼자는 싫어요.
> ⑤ 하나씩만 낳아도 삼천리는 초만원

[   ]

· 정답: 2.①㉣,②㉢,③㉡,④㉤,⑤㉠ / 3.②-①-⑤-③-④

4. **객관식 문제**들을 통해 시험에 헷갈리는 내용들을 **마지막으로 최종 점검하고 가즈아**!!○(¯▽¯)○

① 우리나라의 저출산

Q. **저출산**의 원인이 **아닌 것은?**
① 여성의 사회 참여
② 결혼 연령 상승
③ 의학 기술의 발달

② 우리나라의 고령화

Q. **고령화**의 원인이 **아닌 것은?**
① 생활 수준의 향상
② 결혼 및 가족에 대한 가치관 변화
③ 의학 기술의 발달

③ 우리나라 저출산·고령화 문제점

Q. **저출산·고령화**의 문제점이 **아닌 것은?**
① 식량 부족
② 노동력 부족으로 인한 경제 성장 둔화
③ 외국인 근로자와의 문화적 갈등 발생

④ 우리나라 저출산 대책

Q. **저출산**의 대책이 **아닌 것은?**
① 정년 연장
② 청장년층의 일자리 창출 및 고용 확대
③ 출산 장려금 지급

⑤ 우리나라 고령화 대책

Q. **고령화**의 대책이 **아닌 것은?**
① 노인 일자리 개발
② 육아 지원 강화
③ 연금 제도 개선

⑥ 우리나라의 인구 문제

Q. **우리나라**가 겪는 인구 문제가 **아닌 것은?**
① 저출산·고령화 문제
② 인구 급증 문제

· 정답: 4.①~⑤: ③②①①②, ⑥:②

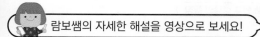
람보쌤의 자세한 해설을 영상으로 보세요!

세계의 인구 문제

유형 1 선진국과 개발도상국의 인구 피라미드

1. (가)와 (나)지역의 인구 피라미드를 분석하여 나타난 인구 구조와 인구 문제로 옳은 것은?

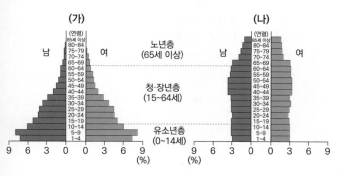

① (가)는 선진국, (나)는 개발도상국을 나타낸다.
② (가)는 저출산으로 인구가 감소하는 문제를 겪고 있다.
③ (나)는 노년층을 부양해야 하는 청장년층의 부담이 감소한다.
④ (나)의 인구 문제는 출산 장려 정책과 노인 복지 정책 등으로 해결해야 한다.
⑤ (나)보다 (가)는 유소년층의 인구 비율이 낮고 노년층의 비율이 높다.

2. 세계의 인구 문제에 대한 설명으로 옳지 않은 것은?

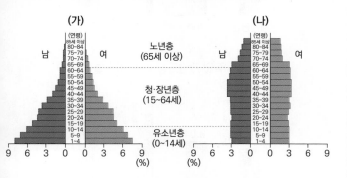

① (가)는 개발도상국으로 유소년층 비율이 높고, 노년층 비율이 낮다.
② (나)는 선진국으로 유소년층 비율이 낮고, 노년층 비율이 높다.
③ (가)지역의 국가에서는 인구 급증으로 식량 부족, 빈곤 등의 문제가 발생하고 있다.
④ (가)와 (나)에서 막대 그래프가 길수록 낮은 비율을 차지하고 성별, 연령별 구조는 파악할 수 없다.
⑤ (나)지역의 국가에서는 저출산 현상과 고령화 현상이 심화되면서 노동력이 부족해져 경제가 침체되고 있다.

3. 독일과 앙골라의 인구 피라미드이다. 두 국가의 인구 특성을 옳게 비교한 것은?

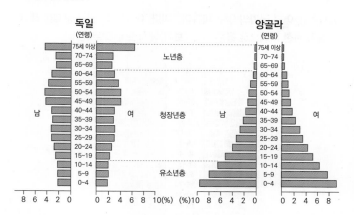

	구분	독일	앙골라
갑	출생률	높다	낮다
을	사망률	높다	낮다
병	평균 수명	길다	짧다
정	인구 증가율	높다	낮다
무	노년 인구 비율	낮다	높다

① 갑   ② 을   ③ 병
④ 정   ⑤ 무

유형 2 세계 인구 성장 그래프

4. 세계의 인구 증가를 나타낸 그래프에 대한 설명으로 가장 적절한 것은?

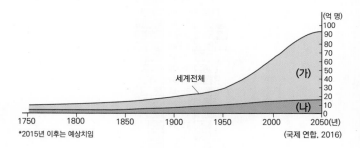

① (가)는 선진국, (나)는 개발도상국에 해당된다.
② (가)는 산업혁명 이후부터 인구가 천천히 성장하였다.
③ (나)는 현재 인구 증가 속도가 완만하거나 정체되어 있다.
④ 영아 사망률이 증가하면서 세계 인구가 증가하기 시작하였다.
⑤ (나)는 제2차 세계 대전 이후 짧은 시간 동안 인구가 빠르게 증가하였다.

유형 3 선진국의 인구 피라미드

5. 다음은 어떤 국가의 인구 피라미드이다. 이 국가의 인구 문제를 해결하기 위한 대책으로 옳은 것을 〈보기〉에서 모두 고르면?

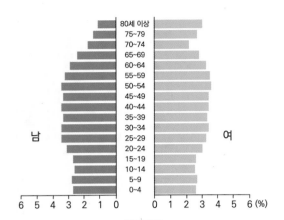

보 기

ㄱ. 출산율을 높이고자 출산 장려금을 지급한다.
ㄴ. 인구 증가를 막고자 출산 억제 정책을 시행한다.
ㄷ. 정년을 연장하거나 다양한 노인 복지 제도를 도입한다.
ㄹ. 인구 부양력을 높이기 위해 경제 성장 정책과 식량 증산 정책을 시행한다.

① ㄱ, ㄷ　　　　　② ㄱ, ㄹ　　　　　③ ㄴ, ㄷ
④ ㄴ, ㄹ　　　　　⑤ ㄷ, ㄹ

6. 다음과 같은 인구 구조를 보이는 국가에서 실시해야 할 정책으로 옳은 것은?

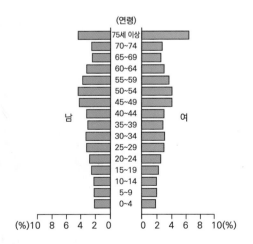

① 인구 부양력을 증대한다.
② 출산 억제 정책을 실시한다.
③ 노인 복지를 위한 재정 지출을 축소한다.
④ 남성의 육아 참여를 위한 정책을 확대한다.
⑤ 외화벌이를 위해 노동력의 해외 진출을 확대한다.

유형 4 세계 인구 성장의 특징

7. 세계의 인구 증가에 관한 내용으로 적절한 것을 〈보기〉에서 고른 것은?

보 기

ㄱ. 선진국의 인구는 산업 혁명 이후 급격하게 증가하였다.
ㄴ. 개발도상국의 인구는 제2차 세계 대전 이후부터 완만하게 증가하고 있다.
ㄷ. 세계의 인구 증가 시기와 과정은 경제 발전 수준에 따라 지역별로 차이가 크게 난다.
ㄹ. 의학 기술의 발전 및 생활 수준의 향상으로 평균 수명이 연장되어 세계 인구가 증가하기 시작하였다.

① ㄱ, ㄴ　　　　　② ㄱ, ㄷ　　　　　③ ㄴ, ㄷ
④ ㄴ, ㄹ　　　　　⑤ ㄷ, ㄹ

유형 5 합계 출산율 그래프

8. 아래의 자료와 관련한 설명으로 옳은 것은?

[자료1] 주요 선진국의 합계 출산율

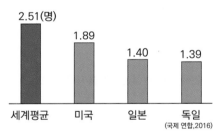

[자료2] 주요 개발도상국의 합계 출산율

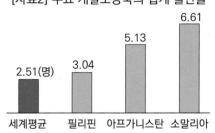

① [자료 1]에 비해 [자료 2]의 나라들은 합계 출산율이 낮다.
② [자료 2]는 개발도상국의 고령화 문제를 보여주고 있다.
③ [자료 2]의 나라들은 인구 부양력이 높아 인구가 지속적으로 증가하고 있다.
④ [자료 1]에 나타나는 문제점을 해결하기 위해 식량 확보와 경제 발전을 위한 정책이 필요하다.
⑤ [자료 1]의 나라들은 생산 가능 인구가 감소하여 경제 성장이 둔화되는 문제가 나타날 수 있다.

유형 6 인구 문제 해결 대책

9. 각 나라의 인구 문제 해결 방법이다. 이에 대한 분석으로 옳은 것만을 〈보기〉에서 있는 대로 고른 것은?

Ⓐ 중국 : 남녀평등 사상을 학교에서부터 지속적으로 교육하고 있습니다.
Ⓑ 일본 : 노인들이 퇴직 후에도 경제적으로 안정적인 삶을 유지할 수 있도록 연금 제도를 개선·확대하고 있습니다.
Ⓒ 나이지리아 : 인구 성장 속도를 조절하기 위하여 정부 차원에서 출산을 억제하는 표어와 포스터로 홍보하고 있습니다.
Ⓓ 프랑스 : 출산을 장려하기 위해 자녀의 출산, 양육, 교육에 드는 비용을 지원하고 보육 시설을 확대해 왔습니다.

〈 보 기 〉

ㄱ. 중국의 인구 문제는 성비 불균형이다.
ㄴ. 일본의 인구 문제는 고령화 현상으로 인한 노인 빈곤 문제이다.
ㄷ. 나이지리아의 인구 문제는 인구 급감으로 인한 낮은 인구 부양력이다.
ㄹ. 프랑스의 인구 문제는 저출산 문제이다.
ㅁ. 일본과 프랑스와 같은 선진국은 급증하는 인구에 대한 부양력을 증대시키는 일에 힘을 쏟아야 한다.

---

① ㄱ, ㄴ 　　　　　　 ② ㄱ, ㄷ
③ ㄱ, ㄴ, ㄹ 　　　　　 ④ ㄴ, ㄷ, ㅁ
⑤ ㄴ, ㄷ, ㄹ, ㅁ

유형 7 고령화

▌ 서술형

10. 다음 표를 참고하여 '고령화 사회'와 '초고령화 사회'의 정의를 서술하시오. (반드시 <u>연령</u>과 <u>%(비율)</u>를 포함하여 서술할 것.)

〈고령화의 의미〉

	구분	비율
1)	고령화 사회	
	고령사회	14%
2)	초고령 사회	

1) 고령화 사회 의미

2) 초고령 사회 의미

11. 다음 글은 고령화 사회를 구분하여 쓴 설명이다. (가)~(다)에 들어갈 내용으로 옳은 것은?

65세 이상 인구의 비율이 전체 인구의 7%를 넘으면 (가)사회, 14%를 넘으면 (나)사회, 20%를 넘으면 (다)사회로 구분한다.

	(가)	(나)	(다)
①	고령	고령화	초고령
②	고령	초고령	고령화
③	고령화	고령	초고령
④	고령화	초고령	고령
⑤	초고령	고령화	고령

유형 8 서술형

▌ 서술형

12. 인도의 인구 문제에 관한 글이다. 인도의 인구 문제를 해결하기 위한 정책을 2가지로 서술하시오.

현재 인도의 인구는 13억7천만 명입니다. 중국의 13억 9천만 명보다 적습니다. 하지만 출산율이 중국보다 훨씬 높습니다. 이 때문에 조만간 중국 인구를 추월하는 것은 물론 오는 2030년이면 중국보다 1억명 이상 많아질 것으로 전망됩니다. 많은 인구로 인도는 빈곤, 식량 부족, 일자리 부족 등의 문제가 발생하고 있습니다.

우리나라의 인구 문제

유형 1 저출산 고령화 복합

13. 다음은 사회 비대면 수업 장면이다. 교사의 질문에 옳은 내용을 답변한 학생을 고른 것은?

[2015년 숫자로 알아보는 우리나라의 인구 현상]

1.24명
세계 최저 수준의 합계 출산율
1970년 😊😊😊😊😊 4.53명
1980년 😊😊😊 2.82명
1990년 😊😊 1.57명

32.2세
높아지는 산모의 평균 출산 연령
29.0세 2000년
30.4세 2006년
32.0세 2014년

13.1%
증가하는 노년층 인구
3.7% 1960년
5.0% 1990년
7.3% 2000년

8년
고령 사회 진입에서부터 초고령 사회로의 진입까지 예상 소요 연수
일본 12년
미국 16년
프랑스 40년

0.38%
점차 감소하는 인구 성장률
0.84% 2000년
0.01% 2030년
-1.00% 2060년

41.2세
중위 연령 40대 진입
32.0세 1960년
35.0세 1990년
38.2세 2000년

교사 : 아래 자료를 보고 우리나라의 인구 문제에 대해 발표해 볼까요?
ㄴ 갑 : 결혼 연령 상승으로 저출산 현상이 뚜렷하게 나타나요.
ㄴ 을 : 2000년 이후 우리나라의 총인구는 줄어들고 있어요.
ㄴ 병 : 저출산과 고령화로 사회 복지 비용이 증가할 수 있어요.
ㄴ 정 : 초고령 사회로의 진입은 다른 선진국에 비해 늦은 편이에요.

① 갑, 병　　　② 갑, 정　　　③ 을, 병
④ 을, 정　　　⑤ 병, 정

14. 그림은 우리나라의 1960년, 2015년의 연령별 인구 비율 변화이다. 이에 대한 옳은 설명을 〈보기〉에서 고른 것은?

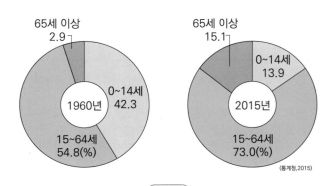

65세 이상 2.9
0~14세 42.3
1960년
15~64세 54.8(%)

65세 이상 15.1
0~14세 13.9
2015년
15~64세 73.0(%)
(통계청,2015)

─── 보 기 ───

ㄱ. 미래에 노동력 부족 문제가 나타날 수 있다.
ㄴ. 노인 소외, 노인 인구 부양비 증가 문제가 나타난다.
ㄷ. 인구가 증가해 식량, 일자리 부족 문제가 발생할 수 있다.
ㄹ. 장기적으로 인구가 증가해 출산 억제 정책의 필요성이 크다.

① ㄱ, ㄴ　　　② ㄱ, ㄷ　　　③ ㄴ, ㄷ
④ ㄴ, ㄹ　　　⑤ ㄷ, ㄹ

유형 2 저출산 대책

15. 우리나라의 합계 출산율 그래프와 관련된 설명으로 가장 적절하지 않은 것은?

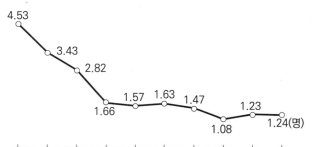

4.53
3.43
2.82
1.66
1.57
1.63
1.47
1.08
1.23
1.24(명)
1970 1975 1980 1985 1990 1995 2000 2005 2010 2015 (년)
(통계청,2016)

① 가족 계획을 실시하여 인구 증가를 억제하는 정책을 펼쳐야 한다.
② 양육비와 보육료를 지원하고 영·유아 보육 시설을 확대해야 한다.
③ 남성의 육아 참여 확대, 결혼 및 가족에 대한 인식 변화 등이 필요하다.
④ 총인구 감소와 더불어 노동력 부족, 경기 침체 등의 문제가 야기될 수 있다.
⑤ 자녀 양육비 부담, 결혼 연령 상승 및 미혼 인구 증가 등이 원인이 되어 나타난 현상이다.

16. 그래프에 나타난 우리나라의 인구 문제를 해결하기 위한 대책으로 옳은 것은?

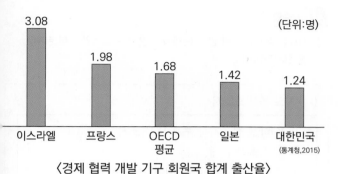

(단위:명)

〈경제 협력 개발 기구 회원국 합계 출산율〉

① 출산 억제 정책을 실시한다.
② 여성의 사회 참여를 억제한다.
③ 부모의 육아 휴직을 확대한다.
④ 식량 증산을 통해 인구 부양력을 높인다.
⑤ 의료 기술의 발전을 통해 평균 수명을 연장한다.

유형 3 저출산 원인

17. 다음은 우리나라의 합계 출산율의 변화에 대한 그래프이다. 이를 토대로 나타난 우리나라 인구 문제의 원인으로 옳은 것을 〈보기〉에서 고른 것은?

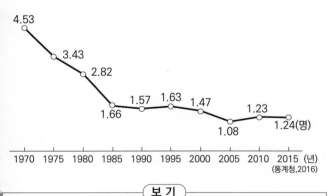

─── 보 기 ───
ㄱ. 의학 기술의 발달
ㄴ. 자녀 양육 부담의 감소
ㄷ. 여성의 사회 진출 증가
ㄹ. 자녀에 대한 가치관 변화

① ㄱ, ㄴ   ② ㄱ, ㄷ   ③ ㄱ, ㄹ
④ ㄴ, ㄷ   ⑤ ㄷ, ㄹ

유형 4 고령화

18. 우리나라의 65세 이상 인구 비율의 변화를 나타낸 그래프이다. 이러한 변화로 인해 나타나는 문제를 해결하기 위한 대책으로 알맞지 않은 것은?

*2015년 이후는 예상치임.   (통계청,2016)

① 정년 연장
② 재정 지출 축소
③ 노인 복지 시설의 확충
④ 안정적 생활을 위한 연금 확대
⑤ 노인 직업 훈련 기회 및 일자리 제공

19. 그래프는 우리나라의 65세 이상 인구 비율의 변화를 나타낸 것이다. 이에 대한 설명으로 옳은 것만을 〈보기〉에서 고른 것은?

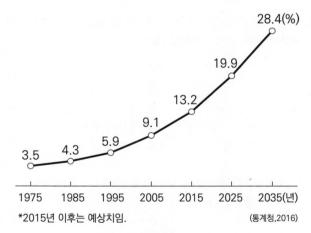

*2015년 이후는 예상치임.   (통계청,2016)

─── 보 기 ───
ㄱ. 2005년에 초고령 사회로 진입하였다.
ㄴ. 정년 연장과 주택 연금 확대 등이 필요하다.
ㄷ. 노년층에 대한 인구 부양 비용이 증가할 것이다.
ㄹ. 생산 가능 인구가 증가하여 경제가 성장할 것이다.

① ㄱ, ㄴ   ② ㄱ, ㄷ   ③ ㄴ, ㄷ
④ ㄴ, ㄹ   ⑤ ㄷ, ㄹ

유형 5 시기별 인구 문제

20. 우리나라 시대별 가족 계획 표어를 시대순으로 나열한 것은?

━━━ 보 기 ━━━

ㄱ. 잘 키운 딸 하나 열 아들 안 부럽다.
ㄴ. 덮어놓고 낳다보면 거지꼴 못 면한다.
ㄷ. 딸 아들 구별 말고 둘만 낳아 잘 기르자.
ㄹ. 한 자녀보다는 둘, 둘보단 셋이 더 행복하다.

① ㄱ - ㄴ - ㄷ - ㄹ
② ㄴ - ㄱ - ㄹ - ㄷ
③ ㄴ - ㄷ - ㄱ - ㄹ
④ ㄷ - ㄴ - ㄹ - ㄱ
⑤ ㄹ - ㄷ - ㄱ - ㄴ

21. 우리나라 인구 현상에 대한 OX퀴즈를 푼 학생의 답안지이다. 이 학생의 점수는?(단, 1문제당 1점씩)

문항	내용	답안
1	우리나라는 6.25전쟁 이후 지금까지 출생률은 높아지고 사망률은 낮아지고 있다.	X
2	1960년대부터 인구 증가율을 낮추기 위한 산아 제한 정책을 추진한다.	X
3	1990년대 이후 사교육비 증가, 개인주의 가치관의 확산 등으로 저출산 현상이 뚜렷해지고 있다.	O
4	우리나라는 2000년대에 고령화 사회에 진입했다.	O

① 0점   ② 1점   ③ 2점
④ 3점   ⑤ 4점

유형 6 서술형

▎ 서술형

22. 자료는 우리나라의 인구 문제와 관련한 보고서의 일부분이다. 물음에 답하시오.

(가) 자료 조사 보고서

* 이○○학생 신문기사 주요 내용 조사
-주제 : 저출산 문제
·초등학교 학생 수는 이전 해에 비해 줄었다.

(나) 자료 조사 보고서

* 김○○학생 신문기사 주요 내용 조사
-주제 : 고령화
·유소년 인구는 줄어들고 고령인구가 늘어나면서 인구 구조는 '종형'을 지나 '방추형' 인구 피라미드 형태이다.

1) (가)의 원인에 대한 이유를 3가지 서술하시오.

2) (나)과 같은 현상으로 인해 발생하는 문제점에 대한 대책을 2가지 서술하시오.

1. 지도는 세계의 인구 분포를 나타낸 것이다. 이에 대한 설명으로 옳지 않은 것은?

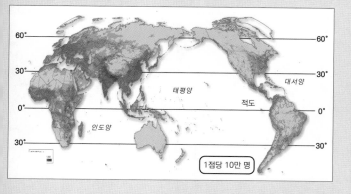

① 모든 지역에 고르게 분포하고 있지 않다.
② 아시아 대륙에 많은 인구가 분포하고 있다.
③ 적도 부근이나 극지방, 내륙의 사막 지역에는 인구가 많다.
④ 위도상으로는 북위 약 20°~40°의 온화한 기후 지역의 인구 밀도가 높다.
⑤ 육지 면적이 넓은 북반구에 90% 이상이 살고, 남반구에 거주하는 인구가 적다.

2. 세계의 인구 분포에 대한 설명으로 ㉠~㉣중 옳은 것을 있는대로 고르면?

> 세계의 인구는 지구상에 고르게 분포하지 않고, 특정 지역에 집중되어 있다. ㉠육지 면적이 좁은 남반구보다 육지 면적이 넓은 북반구에 인구가 많다. 대륙별로는 중위도에 위치하여 기후가 온화한 ㉡유럽에 세계 인구의 절반 이상이 집중되어 있다. 또한 ㉢해안 지역보다 외부와의 교류에 유리한 내륙 지역에 인구가 많다. ㉣오늘날 인구 분포에는 자연적 요인보다 인문·사회적 요인의 영향력이 더 커지고 있다.

① ㉠, ㉡   ② ㉠, ㉣   ③ ㉡, ㉢
④ ㉠, ㉡, ㉣   ⑤ ㉡, ㉢, ㉣

3. 지도에 나타난 세계 인구 분포에 대한 설명으로 옳은 것을 〈보기〉에서 고른 것은?

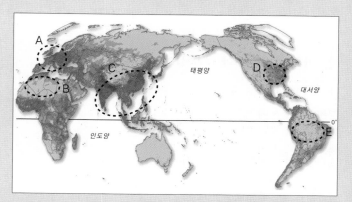

─〔 보 기 〕─

ㄱ. A는 연 강수량이 매우 적어 농업과 목축업이 불리하여 인구가 희박하다.
ㄴ. B는 연중 기온이 낮아 농업이 불리하여 인구가 희박하다.
ㄷ. C는 혼합 농업과 공업 서비스업이 발달하여 인구가 밀집해 있다.
ㄹ. D는 2, 3차 산업이 발달하여 일자리가 풍부하고 교통이 편리하며 교육과 문화 시설이 잘 갖추어진 인구 밀집 지역이다.
ㅁ. E는 연중 고온 다습하고 빽빽한 밀림이 있어 거주에 불리하여 인구가 희박하다.

① ㄱ, ㄴ   ② ㄴ, ㄷ   ③ ㄴ, ㅁ
④ ㄷ, ㄹ   ⑤ ㄹ, ㅁ

※세계 인구 분포 지도를 보고 답하시오.

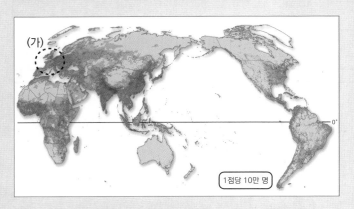

1점당 10만 명

4. (가)지역의 인구에 대한 설명으로 옳은 것은?

① 더운 날씨로 인구가 많다.
② 벼농사 재배로 인구가 많다.
③ 산업이 발달하여 인구가 많다.
④ 강수량이 적어 인구가 희박하다.
⑤ 계절풍의 영향으로 인구가 많다.

5. 우리나라의 인구 분포를 나타낸 지도이다. 이에 대한 설명으로 옳지 않은 것은? (2개)

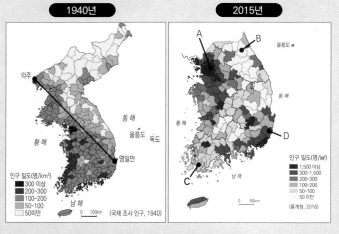

① 자연적 요인의 영향이 갈수록 커지고 있다.
② 과거에는 남서부 평야 지역을 중심으로 인구가 밀집하였다.
③ 1940년대는 2·3차 산업의 발달로 도시화율이 급격히 상승했다.
④ 산업화가 진전됨에 따라 이촌 향도 현상이 뚜렷하게 나타나고 있다.
⑤ 2015년에는 대도시, 남동 임해 공업 지역과 같이 산업이 발달한 지역에 인구가 밀집했다.

6. 인구 이동의 흡인 요인을 〈보기〉에서 있는 대로 고른 것은?

> **보 기**
>
> ㄱ. 낮은 임금   ㄴ. 종교의 자유
> ㄷ. 내전과 분쟁   ㄹ. 풍부한 일자리
> ㅁ. 열악한 주거 환경

① ㄱ, ㄴ   ② ㄴ, ㄹ   ③ ㄹ, ㅁ
④ ㄱ, ㄷ, ㅁ   ⑤ ㄷ, ㄹ, ㅁ

7. 뉴스에 나온 인구 이동의 유형으로 옳은 것은?

아프가니스탄 남동부 칸다하르주 국경지점인 '차만스핀 볼닥'은 아프간에서 가장 혼잡한 국경 지역이다. 매일 수천 명의 무역업자와 여행객들이 이 먼지투성이 사막지대를 통과했다. 그러나 최근에는 탈레반의 박해를 피하기 위해 수천 명의 난민이 이곳을 통과하고 있다. 새벽부터 해질녘까지 수많은 사람들이 쏟아져 들어온다. 어깨에 짐을 짊어진 남성들, 부르카를 입고 남편을 따라 바쁘게 걸어오는 여성, 엄마에게 매달려 온 아이들. 이들은 찌는 듯한 더위에 지쳐 있으며, 환자들은 심지어 손수레에 실린 채 이동하고 있다. 소수민족 하자라 출신의 여성 비비(56, 가명)를 만났을 때 그는 파키스탄 국경을 막 통과한 상태였다. 하자라 공동체는 과거 탈레반에게 핍박을 받았고, 최근 일부 하자라 남성들에 대한 무자비한 테러가 발생함에 따라 탈레반 정권에 대한 두려움이 다시 증폭되고 있다. 이에 따라 수많은 사람들이 이동해 난민이 발생하고 있다.

① 국내 이동   ② 강제적 이동
③ 경제적 이동   ④ 정치적 이동
⑤ 종교적 이동

8. 표는 인구 이동의 유형을 정리한 것이다. ㉠~㉢에 들어갈 인구 이동의 유형으로 옳은 것은?

구분	사례
㉠	분쟁 지역의 난민 이동
㉡	중국인들의 동남아시아 이주
㉢	청교도의 아메리카 이주

	㉠	㉡	㉢
①	경제적 이동	종교적 이동	정치적 이동
②	정치적 이동	경제적 이동	종교적 이동
③	경제적 이동	정치적 이동	종교적 이동
④	정치적 이동	종교적 이동	경제적 이동
⑤	정치적 이동	강제적 이동	경제적 이동

9. 지도에 나타난 모로코에서 프랑스로 인구가 이동하는 까닭으로 옳지 <u>않은</u> 것은?

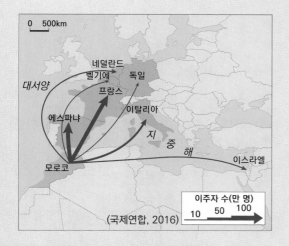

① 프랑스는 모로코보다 소득 수준이 높다.
② 프랑스는 모로코보다 일자리가 풍부하다.
③ 프랑스는 모로코보다 차별 및 종교적 갈등이 적다.
④ 모로코는 프랑스의 오랜 식민 지배를 받아 프랑스어를 구사하는 사람이 많다.
⑤ 지리적으로도 프랑스와 가까우므로 모로코의 청장년층이 프랑스로 많이 이동한다.

10. 우리나라의 시기별 인구 이동을 나타낸 다음 지도에서 시대 순으로 바르게 나열한 것을 고르면?

(가) (나) (다) (라)

① (가) - (나) - (다) - (라)
② (가) - (다) - (나) - (라)
③ (나) - (다) - (가) - (라)
④ (나) - (다) - (라) - (가)
⑤ (다) - (라) - (가) - (나)

11. 개발도상국과 선진국의 인구 문제를 바르게 연결한 것은?

	개발도상국	선진국
①	고령화	저출산
②	저출산	성비 불균형
③	저출산	고령화
④	성비 불균형	저출산
⑤	성비 불균형	기아와 빈곤

12. 편지를 쓴 지역에서 나타날 수 있는 문제점으로 옳은 것을 〈보기〉에서 있는 대로 고르면?

> 얘들아 안녕? 나는 알제리에 사는 OO야. 요즘 우리나라 사람들이 하나둘씩 프랑스로 떠나가고 있어. 알제리에는 석유가 생산되지만 일자리가 많지 않고, 임금도 높지 않거든. 우리 가족도 언젠가 프랑스로 가서 더 편하게 지낼 수 있으면 좋겠어.

─ 보 기 ─

ㄱ. 노동력이 부족해진다.
ㄴ. 일자리 경쟁이 심해진다.
ㄷ. 문화 간 충돌이 발생한다.
ㄹ. 성비 불균형 현상이 발생할 수 있다.

① ㄱ, ㄴ   ② ㄱ, ㄷ   ③ ㄱ, ㄹ
④ ㄴ, ㄹ   ⑤ ㄷ, ㄹ

13. 다음과 같은 인구 구조를 나타내는 국가에 대한 설명으로 가장 적절한 것은?

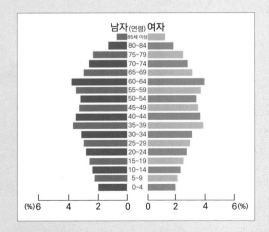

① 노년층 인구 비율이 높다.
② 유소년층 인구 비율이 높다.
③ 높은 출생률로 인구가 증가하고 있다.
④ 생산 가능 인구 비율이 증가하고 있다.
⑤ 인구 증가 억제 정책을 도입해야 한다.

14. (A)에 들어갈 용어로 옳은 것은?

> 우리나라 전체 인구에서 65세 이상 노인이 차지하는 비율이 세계 평균 (9%)보다 훨씬 높은 15%에 이른 것으로 나타났다. 이는 세계 45위로 우리나라는 이미 (A)로 진입하였다.

① 고령사회   ② 노화 사회   ③ 고령화 사회
④ 초고령 사회   ⑤ 초노화 사회

15. 우리나라의 저출산·고령화 문제를 해결하기 위한 방안을 〈보기〉에서 모두 고른 것은?

─ 보 기 ─

ㄱ. 공공 교육 서비스의 제공을 늘린다.
ㄴ. 각종 교육비 지원을 늘려 사교육비에 대한 부담을 줄인다.
ㄷ. 정년을 줄이고 국민 연금을 줄여 부담을 덜 수 있도록 한다.
ㄹ. 부모가 사회 활동과 육아를 함께 할 수 있도록 보육시설을 확충한다.

① ㄱ, ㄴ   ② ㄴ, ㄷ   ③ ㄷ, ㄹ
④ ㄱ, ㄴ, ㄹ   ⑤ ㄱ, ㄷ, ㄹ

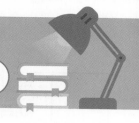

1. 도시

(1) **의미:** 인구가 밀집한 곳으로 인간 활동의 중심지

(2) **특징:** 높은 인구 밀도

→ 세계 인구의 절반 가량이 도시에 거주

좋아(3) **도시와 촌락의 비교** 시험TIP: 도시와 촌락을 비교하는 것은 특히 섬에 잘나와!

	도시	촌락
인구	• **높은** 인구 밀도	• **낮은** 인구 밀도
산업	• **2·3차 산업** 중심	• **1차 산업** 중심
주민 직업	• 다양한 직업 구성	• 단순한 직업 구성
토지 이용	• **집약적** 이용 / **고층 건물** 발달	• **조방적** 이용
경관	• **인문 경관** 발달	• **자연 경관** 발달
기능	• **재화와 서비스**를 주변지역에 공급 • 주변 지역의 **중심지** 역할	• 농수산물 공급 휴양 공간 공급

(4) 도시의 형성과 발달

	도시
고대 도시	• **농업**에 유리한 → **문명의 발상지**에 도시 발달 인류 **최초의 도시**는 이런 특징을 가지고 있었단다:)
중세 도시	• 교환과 교역에 유리한 → **상업 도시** 발달
근대 도시	• **산업 혁명** 이후 **석탄 산지** 중심으로 **산업 도시** 발달
현대 도시	• 첨단 산업·서비스업·교육·문화 등의 **다양한 기능**을 수행하는 복합 도시 발달

시험 TIP ↑ 여기서는 종종 **순서를 묻는** 문제가 출제되기도 해!^ㅅ^

▶ **조방적:** 토지를 넓게 사용한다는 뜻이란다!!~(~˘▾˘)~

2. 세계의 주요 도시

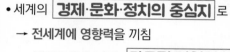

시험1타 **세계 도시**	• 세계의 **경제·문화·정치의 중심지**로 → 전세계에 영향력을 끼침 → 세계적 금융 기관, **다국적 기업의 본사**, **국제 기구의 본부** 등이 입지하고 활발히 활동 → 자본과 정보가 집중 됨 → 교통과 통신이 발달함에 따라 상호 작용 활발 예> **뉴욕**, **런던**, **도쿄** 등 세계 3대 도시

☞ **여기서 좀 더 자세히 알고가야 하는 도시**

• **뉴욕**
　국제 연합(UN)의 본부가 위치함
　→ 세계 경제·문화·금융의 중심지
　└ 랜드마크: 자유의 여신상 ─

→ 뉴욕은 **네덜란드**가 이 지역을 점령하면서 네덜란드에 의해 붙여진 이름이야!^u^

역사· 문화 도시	• **역사**와 **문화 유적**이 많은 도시 예> **이스탄불**(터키), 아테네(그리스), 로마(이탈리아) 등

☞ **여기서 좀 더 자세히 알고가야 하는 도시**

• **이스탄불**
　┌ 유럽과 아시아에 걸쳐있음
　└ **동서양 교역의 중심지** → 동서양의 문화가 어우러짐

세계 도시

실제 시험에는 이렇게 나온다!!(੭ˊ_><ˋ)੭

다국적 기업의 본사가 많고 **자본과 정보가 집중**하여 주변 국가와 도시들에 미치는 **영향력이 매우 큰 도시**로 세계의 경제 중심지 역할을 하고 있다.

〈 　　　　 〉

• **정답:** 세계도시

자유의 여신상 (뉴욕)

환경·생태 도시	• 자연과 인간의 공존이 잘 어우러진 도시 예> **프라이부르크** (독일), **쿠리치바** (브라질) ☞ 여기서 좀 더 자세히 알고가야 하는 도시 **프라이부르크** ┌ 대표적인 생태 도시 ──► 친환경 에너지 └ **태양광 에너지 활용**, **자전거 이용** • 쿠리치바: 친환경 교통 수단(굴절 버스 등)
그 외	• [관광] 아름다운 항구 도시: **시드니** (오스트레일리아) → 남태평양의 중심 도시 • [관광] 아름다운 **오로라** 감상: **옐로나이프**(캐나다) • 독특한 **건축물**로 유명한 도시: **바르셀로나** (에스파냐) → 세계적인 건축가 **가우디**의 건축물 관람 가능 대표: 사그라다 파밀리아 성당 등 • 고산 도시: ┌ **키토** (에콰도르) → 연중 **봄**과 같은 기후 └ 쿠스코(페루) → 잉카 문명 • 브뤼셀(벨기에): 유럽 연합(EU)의 본부가 있음

태양광 주택 (프라이부르크)

굴절 버스 (쿠리치바)

오페라 하우스 (시드니)

구세주상 (리우데자네이루)

이 파트에서 주의 할것은!!
이부분은 특히 학교 교과서를 잘 읽어봐야돼! 왜냐하면 교과서마다 중요시하는 도시가 다 다르거든!! s(￣▽￣)v
교과서나 학교 선생님께서 알려주신 도시들을 잘 기억하는 것이 이 파트에서 승리하는 비법이야!! ╲(^▽^)╱

중요

시험에 나오는 지역들을 지도에 모은거야!! ╮(º▽º)╭
옆의 도시들은 위치를 잘 알아둬야돼! ^▽^
왜냐하면 이 파트에서는 **옆의 지도 문제**가 아주 잘 나오거든!! (￣▽￣)/

실제 시험에 나온 지문들을 통해 감을 잡아보자!! "Q. 다음은 어떤 도시들인가?!!" 풀어보세용(/^o^)/♡

Q-1	Q-2	Q-3	Q-4
세계 경제, 문화, 금융의 **중심지**이다. **국제연합(UN)** 본부가 있어 국제 정치의 각축장이기도 하다.	**대표적인 생태 도시**로, 인간 생활과 자연환경이 공생할 수 있도록 시민들이 **자전거를 탈 것**을 장려하며, **태양광 에너지 활용**을 극대화하고 있다.	북위 60°가 넘는 고위도에 위치한 이 도시는 오로라 관측 성공률이 높아 **오로라를 보기 위해** 많은 관광객들이 찾는다.	벨기에의 정치·경제·문화·교통의 중심지로, **북대서양 조약 기구(NATO)**와 **유럽 연합(EU) 본부**가 있다.
⟨　　　⟩	⟨　　　⟩	⟨　　　⟩	⟨　　　⟩

• 정답: 1.뉴욕, 2.프라이 브루크, 3.옐로 나이프, 4.브뤼셀

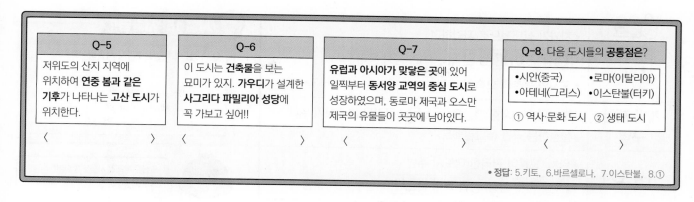

Q-5	Q-6	Q-7	Q-8. 다음 도시들의 공통점은?
저위도의 산지 지역에 위치하여 연중 봄과 같은 기후가 나타나는 고산 도시가 위치한다.	이 도시는 건축물을 보는 묘미가 있지. 가우디가 설계한 사그리다 파밀리아 성당에 꼭 가보고 싶어!!	유럽과 아시아가 맞닿은 곳에 있어 일찍부터 동서양 교역의 중심 도시로 성장하였으며, 동로마 제국과 오스만 제국의 유물들이 곳곳에 남아있다.	• 시안(중국)　• 로마(이탈리아) • 아테네(그리스)　• 이스탄불(터키) ① 역사·문화 도시　② 생태 도시
〈　　　　　〉	〈　　　　　〉	〈　　　　　　　〉	〈　　　　〉

• 정답: 5.키토, 6.바르셀로나, 7.이스탄불, 8.①

3. 도시의 다양한 경관

(1) 도시 경관: 눈으로 파악할 수 있는 도시의 겉모습

　　→ 도시 중심부에서 주변 지역으로 갈수록 건물의 높이가 낮아지고 아파트가 많아짐

　　→ 도시 규모가 커지면, 같은 종류의 기능은 모이고!! 다른 종류의 기능은 분리됨!!

(2) 도시 내부의 지역 분화

의미		• 도시 규모가 커지면서 → 중심 업무 지역, 상업 지역, 공업 지역, 주거 지역 으로 나뉘는 현상
원인		• 접근성 과 지가(땅값)의 차이 때문에 발생 시험1타
과정	집심 현상	• 비싼 땅값을 지급하고도 이익을 낼 수 있는 중심 업무 및 상업 기능은 도시 중심부로 집중된다. 예> 기업 본사, 은행 본점, 관공서, 백화점 등
	이심 현상	• 비싼 땅값을 지급 할 수 없거나 넓은 부지를 필요로 하는 주거 및 공업 기능은 주변 지역으로 향한다. 예> 주택, 학교, 공장 등

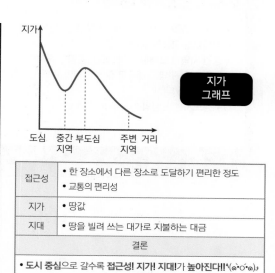

지가 그래프

접근성	• 한 장소에서 다른 장소로 도달하기 편리한 정도 • 교통의 편리성
지가	• 땅값
지대	• 땅을 빌려 쓰는 대가로 지불하는 대금
결론	
• 도시 중심으로 갈수록 접근성! 지가! 지대!가 높아진다!!٩(๑´0`๑)۶	

(3) 도시 내부 구조 시험1타

	특징
출요 도심	• 접근성 과 지가 가 가장 높음 → 집약적 토지 이용 (고층 빌딩 밀집) • 중심 업무 지구 형성 → 대기업 본사, 백화점, 관공서 밀집 → 상업·금융·서비스 기능 집중 • 인구 공동화 현상 발생
부도심	• 도심과 주변 지역을 연결하는 교통의 요지 에 위치 • 기능: 도심 의 기능 분담 (상업·업무 기능 분담)
중간 지역	• 도심과 주변 지역 사이에 오래된 주택, 상가, 공장 등이 혼재 되어 분포

→주간에는 사람들이 일하러 도심에 몰려들었다가 야간이 되면 집이 있는 주변 지역으로 사람들이 몰리면서 야간에 도심의 상주인구가 줄어드는 현상을 인구 공동화 현상 이라고 한다!!o(^-^)o

중요　개발 제한 구역
집심 현상　주변 지역　이심 현상
중간 지역
도심 (CBD)
부도심
위성 도시

도시 내부 구조

시험 TIP

옆의 도표는 그냥 닥치고 암기!! 시험 거의 100% 출제야!! (^^) 알긋지?

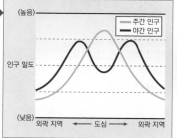

인구 공동화 현상

중요 주변 지역	• 지가가 상대적으로 저렴하여 **대규모 아파트 단지**, 학교, 공장 등이 입지 • 도시와 농촌의 모습이 혼재 곳곳에 녹지가 조성되어 있어~(•﹏•)
개발 제한 구역	• 도시의 무질서한 팽창을 막고 녹지 공간을 보존하기 위해 설정하는 공간 (=그린벨트)
위성 도시	• 위치: 교통이 편리한 대도시 주변 • 기능: 주거, 행정, 공업 등 **대도시**의 일부 기능 분담

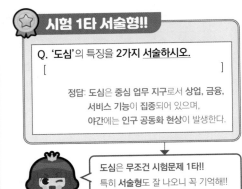

시험 1타 서술형!!

Q. '도심'의 특징을 2가지 서술하시오.
[   ]

정답: 도심은 중심 업무 지구로서 상업, 금융, 서비스 기능이 집중되어 있으며, 야간에는 인구 공동화 현상이 발생한다.

도심은 무조건 시험문제 1타!!
특히 서술형도 잘 나오니 꼭 기억해!!

참고   뿐만 아니라 **도심**에는 학생 수가 매우 적은 **미니 학교**가 생겨나기도 한단다!(^O^) 이유는 사람들이 실제 거주는 땅값이 싼 **주변지역**에서 하기 때문이야!! 그래서 도심에서 학교를 다니는 학생들이 줄어든거지. 이렇게 도심속 미니 학교는 땅값이 싼 곳으로 떠나는 **이심 현상**에 의해 발생한것이란다.o(^-^)o

시험에 미친 듯이 잘나오는 '도시 내부 구조'!! O,X 문제를 통해 감을 잡자!!◁(^▽^)↗

Q. 맞는 것에 ○표, 틀린것에 ✕표를 하세요.

① 도심은 출퇴근 시간에 **교통 혼잡**이 일어난다. (   )
② 부도심은 교통의 요지에 입지한다. (   )
③ 중간 지역은 오래된 주택, 상가, 공장이 혼재한다. (   )
④ 개발 제한 구역은 대규모 주거 단지와 함께 곳곳에 녹지가 조성되어 있다. (   )
⑤ 위성도시는 도심의 기능을 분담한다. (   )

⑥ 주변 지역은 행정기관, 금융기관, 기업의 본사, 백화점 등이 모여 있는 곳이다. (   )
⑦ 도심은 야간이 되면 인구가 빠져나가는 인구 공동화 현상이 일어난다. (   )
⑧ 개발 제한 구역은 도시의 무질서한 팽창을 막기 위해 지정된 곳이다. (   )
⑨ 부도심은 대도시의 주거, 공업, 행정 등과 같은 기능을 분담한다. (   )
⑩ 도시 내부의 지역 분화가 나타나는 원인은 **지가**와 **접근성** 때문이다. (   )

• 정답: ①~⑤: ○○○✕(주변지역에 대한 설명)✕(부도심에 대한 설명), ⑥~⑩: ✕(도심에 대한 설명)○○✕(위성 도시에 대한 설명)○

1. 도시

1단계 기본 개념 파악하기

1. 회색 글씨의 중요 내용을 쓰면서 암기해보세요.(¯▽¯)/

	도시	촌락
인구	·높은 인구 밀도	·낮은 인구 밀도
산업	·2·3차 산업 중심	·1차 산업 중심
주민 직업	·다양한 직업 구성	·단순한 직업 구성
토지 이용	·집약적 이용 (고층 건물 발달)	·조방적 이용
경관	·인문 경관 발달	·자연 경관 발달
기능	·재화와 서비스를 주변 지역에 공급 ·주변 지역의 중심지 역할	·농수산물 공급 ·휴양 공간 공급

2단계 기본 개념 적용하기

2. 도시에 대한 설명은 '도', 촌락에 대한 설명은 '촌'이라고 쓰세용.＼(^▽^)／

낮은 인구 밀도	높은 인구 밀도
① ( )	② ( )
집약적 토지 이용	2,3차 산업 발달
③ ( )	④ ( )
고층 건물 많음	1차 산업 발달
⑤ ( )	⑥ ( )
재화와 서비스 공급	조방적 토지 이용
⑦ ( )	⑧ ( )
다양한 직업	단순한 직업
⑨ ( )	⑩ ( )

• 정답 : 2. ①~⑤: 촌도도도도/ ⑥~⑩: 촌도촌도촌

3. 다음 도시들을 탄생한 순서대로 배열해보세요.^u^

① 농업 도시(문명의 발상지에 발달)　　② 산업 도시(석탄산지에 발달)

③ 상업 도시　　④ 복합 도시(다양한 기능 수행)

〈　　→　　→　　→　　〉

• 정답 : 3. ①→③→②→④

2. 세계의 주요 도시

1단계 기본 개념 파악하기

1. 회색 글씨의 중요 내용을 쓰면서 암기해보세요.(¯▽¯)/

세계 도시	·세계의 경제·문화·정치의 중심지로 → 전세계에 영향력을 끼침 → 세계적 금융 기관, 다국적 기업의 본사, 국제 기구의 본부 등이 입지	예〉 뉴욕, 런던, 도쿄 등 ·뉴욕 : 국제 연합(UN)의 본부가 위치함 → 세계 경제·문화·금융의 중심지 → 랜드마크: 자유의 여신상

역사·문화 도시	·역사와 문화 유적이 많은 도시 예〉 이스탄불(터키), 아테네, 로마 등	·예〉 이스탄불 : 유럽과 아시아에 걸쳐있음 → 동서양 교역의 중심지
환경·생태 도시	·자연과 인간의 공존이 잘 어우러진 도시 예〉 프라이부르크(독일), 쿠리치바(브라질)	·프라이부르크 －태양광 에너지 활용, 자전거 이용 ·쿠리치바: 친환경 교통 수단(굴절 버스 등)
그 외	·[관광] 아름다운 항구 도시: 시드니(오스트레일리아) ·[관광] 아름다운 오로라 감상: 옐로나이프(캐나다) ·독특한 건축물로 유명한 도시: 바르셀로나(에스파냐) → 세계적인 건축가 가우디의 건축물 관람 가능 ·고산 도시: －키토(에콰도르) → 연중 봄과 같은 기후 　　　　　　－쿠스코(페루) → 잉카 문명 ·브뤼셀(벨기에): 유럽 연합(EU)의 본부가 있음	

2단계 **기본 개념 적용하기**

2. 다음 중 맞는 것끼리 **연결**하세요. ＼(^▽^)／

① 세계 도시	② 역사·문화 도시	③ 생태 도시	④ 고산 도시	⑤ 건축물 도시
(a) 이스탄불	(b) 프라이부르크	(c) 키토	(d) 뉴욕	(e) 바르셀로나
ⓐ 국제 연합(UN)의 본부 위치	ⓑ 태양광 에너지, 자전거 이용	ⓒ 가우디의 독특한 건축물	ⓓ 동서양 교역의 중심지	ⓔ 연중 봄과 같은 날씨

Ⓐ

Ⓑ

· 정답 : 2. ①－(d)－ⓐ－Ⓐ, ②－(a)－ⓓ, ③－(b)－ⓑ－Ⓑ, ④－(c)－ⓔ, ⑤－(e)－ⓒ

3. 회색 글씨를 따라쓰며 외워보고, 아래 빈 지도에 혼자 쓰며 완전히 암기하세요!!퐈이팅!٩(๑•̀ o •́๑)۶

회색 글씨 위에 덧대어 쓰면서 외워보자!!

이번엔 스스로 한번 써보자!! 화이팅!!

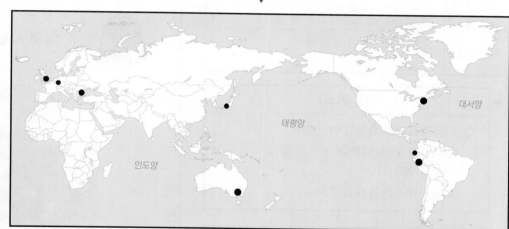

3. 도시의 다양한 경관

1단계 기본 개념 파악하기

1. 회색 글씨의 중요 내용을 쓰면서 암기해보세요.(￣▽￣)/

도시 내부가 지역 분화 되는 원인은 접근성과 지가 **때문이야.**^▽^

이때 **중심 업무 및 상업 기능**과 같이 비싼 땅값을 주고서라도 이익을 낼 수 있는 기능들은

도시 중심부로 집중되는데, 이것을 집심 현상 **이라고 해!!**(~˘ ▾ ˘)~

그러니깐 집심 현상이란? 도심으로 모여드는 현상이야!

반대로 주거 및 공업 기능과 같이 넓은 부지를 필요로 하는데 비싼 땅값을 지급할 수 없는 기능들은

주변 지역으로 빠져 나가지!슝(づ￣ ³￣)づ~♡ **이것을 우리는** 이심 현상 **이라고해!! 알긋지??**ヽ(^▽^)ﾉ

	특징
도심	·**접근성**과 **지가**가 가장 높음 → **집약적** 토지 이용(고층 빌딩 밀집) ·**중심 업무 지구** 형성 ·**인구 공동화 현상** 발생
부도심	·도심과 주변 지역을 연결하는 **교통의 요지**에 위치 ·기능: **도심**의 기능 분담
중간 지역	·도심과 주변 지역 사이에 오래된 주택, 상가, 공장 등이 혼재 되어 분포
주변 지역	·**대규모 아파트 단지, 학교, 공장** 등이 입지 ·도시와 농촌의 모습이 혼재
개발 제한 구역	·도시의 무질서한 팽창을 막고 녹지 공간을 보존하기 위해 설정
위성 도시	·기능: 주거,행정,공업 등 **대도시**의 일부 기능 분담

적용 퀴즈1

Q. 다음중 **도심의 특징**이 <u>아닌 것은?</u>
① 대기업 본사, 백화점, 관공서 밀집
② 중심 업무 지구
③ 도시와 농촌의 모습 혼재

적용 퀴즈2

Q. 다음 도표의 현상이 일어나는 곳은?

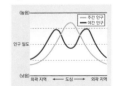

① 도심
② 부도심

적용 퀴즈3

Q. 다음중 **주변지역의 특징**이 <u>아닌 것은?</u>
① 도시의 무질서한 팽창을 막기 위해 설치
② 도시와 농촌의 모습 혼재
③ 대규모 아파트 단지,학교,공장 등이 입지

•정답 : ③①①

---

2. 시험에 나오는 중요 도표 암기해보자!!슝~(づ'0')づ

회색 글씨 **위에 덧대어 쓰기**

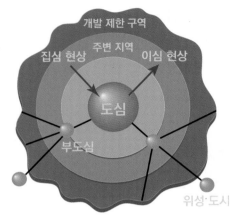

↓

실제 시험 문제 풀어보기!!

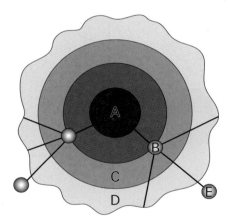

-정답-
·A: ·B: ·C: ·D: ·E:

•정답 : 2. A: 도심
B: 부도심
C: 주변 지역
D: 개발 제한 구역
E: 위성 도시

  람보쌤의 자세한 해설을 영상으로 보세요!

---------------- **도시의 의미와 형성** ----------------

유형 1 | 도시 VS 촌락

1. 도시와 촌락의 특징을 비교한 내용으로 옳지 않은 것의 기호를 고른 것은?

기호	구분	도시	촌락
ㄱ	주요 경관	인문경관	자연경관
ㄴ	중심 산업	2·3차 산업	1차 산업
ㄷ	인구 밀도	높음	낮음
ㄹ	건물 고도	높음	낮음
ㅁ	재화· 서비스	주변 지역에서 공급받음	주변 지역으로 공급함

① ㄱ   ② ㄴ   ③ ㄷ
④ ㄹ   ⑤ ㅁ

유형 2 | 도시의 특징

2. 도시의 특징으로 적절하지 않은 것은?

① 각종 기능이 발달하여 주변 지역의 중심지 역할을 한다.
② 촌락에 비해 많은 사람들이 모여 살기 때문에 인구 밀도가 높다.
③ 생산과 소비, 판매와 같은 다양하고 복잡한 인간 활동이 일어난다.
④ 병원, 상가, 관공서 등의 생활 편의 시설과 각종 기능이 집중되어 있다.
⑤ 주로 1차 산업에 종사하는 사람들이 많아 토지 이용이 집약적으로 나타난다.

3. 도시의 특징에 대한 설명으로 옳은 것만을 〈보기〉에서 있는 대로 고른 것은?

> **보 기**
> ㄱ. 인구 밀도가 낮다.
> ㄴ. 고층 건물이 많은 편이다.
> ㄷ. 토지를 집약적으로 이용한다.
> ㄹ. 인문 환경보다 자연 환경의 영향을 크게 받는다.
> ㅁ. 2·3차 산업에 종사하는 사람들이 많은 편이다.

① ㄱ, ㄴ   ② ㄱ, ㄹ
③ ㄴ, ㄹ   ④ ㄴ, ㄷ, ㄹ
⑤ ㄴ, ㄷ, ㅁ

유형 3 | 도시 형성의 역사

4. 도시의 형성과 발달에 대한 옳은 설명을 〈보기〉에서 고른 것은?

> **보 기**
> ㄱ. 최초의 도시는 기원전 3,500년경 공업에 유리했던 문명의 발상지에서 발달하였다.
> ㄴ. 중세의 도시는 상업이 발달하면서, 교역이 발달한 시장을 중심으로 상업 도시가 발달하였다.
> ㄷ. 근대의 도시는 18세기 후반 산업 혁명이 전개되면서, 석탄 산지를 중심으로 공업 도시가 발달하였다.
> ㄹ. 현대의 도시는 공업 기능을 배제하고 정보·통신, 서비스업, 교육, 문화 등의 여러 기능을 수행하는 도시가 발달하였다.

① ㄱ, ㄴ   ② ㄱ, ㄷ   ③ ㄴ, ㄷ
④ ㄴ, ㄹ   ⑤ ㄷ, ㄹ

---------------- **세계의 주요 도시** ----------------

유형 1 | 세계 주요 도시의 기능적 구분

5. 세계의 도시들과 그 특징을 옳게 연결한 것은?

① 아테네, 로마 – 항구 도시
② 나폴리, 시드니 – 문화 축제 도시
③ 뉴욕, 런던, 도쿄 – 역사 유적 도시
④ 프라이부르크, 쿠리치바 – 생태 환경 도시
⑤ 바르셀로나, 리우데자네이루 – 국제 금융 중심 도시

6. 다음 도시들의 공통점은?

> · 시안(중국)   · 로마(이탈리아)
> · 아테네(그리스)   · 이스탄불(터키)

① 각국의 수도이다.
② 역사가 오래된 도시이다.
③ 생태 도시로 명성이 높다.
④ 항구를 끼고 발달한 도시이다.
⑤ 해발 고도가 높은 곳에 있는 고산 도시이다.

유형 2 도시 비교

7. 세계적인 도시의 위치와 특징에 대한 설명으로 옳은 것을 〈보기〉에서 고른 것은?

─ 보 기 ─

ㄱ. 뉴욕 : 북대서양 조약 기구(NATO)와 유럽 연합(EU)본부가 있다.

ㄴ. 상파울루 : 커피 재배 및 커피 거래로 성장한 남아메리카 경제의 중심지이다.

ㄷ. 카이로 : 나일강 하류에 위치하고 천 년이 넘는 역사를 간직한 아프리카 최대의 도시이다.

ㄹ. 도쿄 : 증권 거래소를 비롯한 각종 금융 기관이 밀집하여 아시아 최대의 금융 중심지이다.

ㅁ. 브뤼셀 : 국제 연합(UN)본부가 있으며 정치·경제·문화 등 여러 분야에서 세계적으로 큰 영향을 끼치고 있다.

① ㄱ, ㄴ, ㄹ
② ㄱ, ㄴ, ㅁ
③ ㄱ, ㄷ, ㅁ
④ ㄴ, ㄷ, ㄹ
⑤ ㄷ, ㄹ, ㅁ

8. 다음 지도를 보고 세계 여러 도시에 관한 설명으로 옳은 것만을 〈보기〉에서 있는 대로 고른 것은?

─ 보 기 ─

ㄱ. ㉠은 케이프타운으로, 테이블처럼 편평한 산과 그 아래로 펼쳐진 도심과 푸른 바다로 유명하다.

ㄴ. ㉡는 세계적인 중계 무역의 중심지로, 화려한 야경이 매력적인 홍콩이다.

ㄷ. ㉢은 동서양의 역사, 종교 등이 어우러져 있으며, 유럽과 아시아에 걸쳐 있는 이스탄불이다.

ㄹ. ㉣는 오로라 관측 성공률이 높은 고위도에 위치한 오로라의 수도 옐로나이프이다.

ㅁ. ㉤는 잉카 문명의 중심지로 세계 유산에 등재되어 보호받는 쿠스코이다.

① ㄴ, ㄷ
② ㄴ, ㅁ
③ ㄹ, ㅁ
④ ㄱ, ㄴ, ㄷ
⑤ ㄱ, ㄹ, ㅁ

유형 3 세계 도시

9. 다음 도시들의 공통점을 모두 고른 것은?

─ 보 기 ─

ㄱ. 세계 경제, 문화, 정치의 중심지이다.

ㄴ. 다른 도시들과 서로 연계되어 상호 작용을 하고 있다.

ㄷ. 세계적 영향력을 가진 금융 기관, 다국적 기업의 본사 등의 활동이 적다.

ㄹ. 오늘날 다양한 도시들의 성장으로 다른 도시에 미치는 영향력은 줄어들었다.

① ㄱ, ㄴ
② ㄱ, ㄷ
③ ㄴ, ㄷ
④ ㄴ, ㄹ
⑤ ㄷ, ㄹ

10. 다음 글이 설명하는 것은?

세계 경제, 문화, 정치의 중심지로 세계적 영향력을 가진 금융 기관, 다국적 기업의 본사, 각종 국제기구의 활동이 활발히 이루어지는 도시이다. 대표적인 예로는 뉴욕, 런던, 도쿄 등이 있다.

① 세계 도시
② 수위 도시
③ 위성 도시
④ 생태 도시
⑤ 공업 도시

유형 4 개별 도시

11. 다음 설명에 해당하는 도시로 옳은 것은?

세계 경제, 문화, 금융의 중심지이다.
국제 연합(UN)본부가 있어 국제 정치의 각축장이기도 하다.

① 뉴욕
② 워싱턴
③ 보스턴
④ 샌프란시스코
⑤ 로스앤젤레스

12. 다음 자료의 ㉠도시에 대한 설명으로 옳은 것은?

〈㉠도시의 대표적인 랜드마크〉

애니메이션 영화 '니모를 찾아서'는 OO 퀸즐랜드주의 대보초 지역에서 시작한다. 니모가 ㉠(으)로 잡혀 가면서, 니모의 아버지 멀린과 멀린의 친구 도리는 니모를 찾기 위하여 해류를 타고 아름다운 항구도시 ㉡(으)로 향한다.

① 화산재가 쌓인 평야에 발달한 도시이다.
② 섬이 많아 수상 교통이 발달한 도시이다.
③ 적도 부근의 고원에 위치하여 기후가 연중 온화하다.
④ 대서양과 인도양이 만나는 대륙의 남쪽 끝에 위치한다.
⑤ 유럽인이 건설한 도시로, 남태평양의 중요한 무역 중심지이다.

13. 지도의 A~E 중 다음 글에 해당하는 도시로 가장 적절한 것은?

저위도의 산지 지역에 위치하여 연중 봄과 같은 기후가 나타나는 고산 도시가 위치한다.

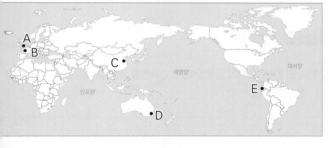

① A   ② B   ③ C
④ D   ⑤ E

14. 그림은 어떤 도시의 스카이라인인가?

① 런던   ② 뉴욕   ③ 파리
④ 두바이   ⑤ 리우데자네이루

15. (가), (나)에서 설명하는 도시를 바르게 짝지은 것은?

(가) 유럽과 아시아가 맞닿은 곳에 있어 일찍부터 동서양 교역의 중심 도시로 성장하였으며, 동로마 제국과 오스만 제국의 유물들이 곳곳에 남아 유네스코가 세계 문화유산으로 지정하였다.
(나) 세계적인 건축가 가우디의 건축물을 볼 수 있는 곳으로, 사그라다 파밀리아 성당, 구엘 공원 등이 유명하다.

	(가)	(나)
①	리스본	싱가포르
②	리스본	암스테르담
③	싱가포르	바르셀로나
④	이스탄불	암스테르담
⑤	이스탄불	바르셀로나

도시 내부의 다양한 경관

유형 1 도시 내부 구조 모식도

※ 다음은 도시 내부 구조를 나타낸 것이다. 이를 보고 물음에 답하시오.

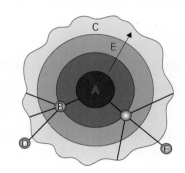

16. A~E에 대한 설명으로 옳은 것은?

① A는 주택과 학교, 공장 등이 섞여 나타난다.
② B는 대도시의 주거, 공업, 행정 등과 같은 기능을 분담한다.
③ C는 도시의 무질서한 팽창을 막기 위해 개발 제한 구역으로 지정되기도 한다.
④ D는 기업의 본사, 백화점 등이 모여 중심 업무 지구를 형성한다.
⑤ E는 업무와 상업 기능의 집심 현상을 나타낸다.

17. 그래프에서 ㉠이 나타내는 지역을 위의 그림에서 고르면?

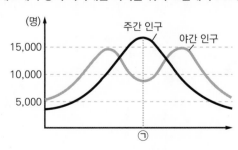

① A   ② B   ③ C
④ D   ⑤ F

※ 다음 도시 내부 구조의 모식도를 보고 물음에 답하시오.

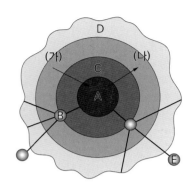

18. A~E 지역에 대한 설명으로 옳은 것은?

① A - 접근성이 좋아서 지가가 가장 높다.
② B - 도시와 농촌의 모습이 함께 나타난다.
③ C - 개발 제한 구역이 지정되기도 한다.
④ D - 대도시의 기능을 분담하고 있다.
⑤ E - 도심과 주변 지역을 연결하는 교통의 요지이다.

19. (가)와 (나) 현상에 대한 설명으로 옳은 것을 〈보기〉에서 모두 고른 것은?

〈 보 기 〉

ㄱ. (가)는 상업 기능이 내부로 집중되는 현상이다.
ㄴ. (가)는 주택, 학교, 공장 등이 넓은 토지를 찾아 떠나는 현상이다.
ㄷ. (나)는 학교의 학생 수가 적은 도심 속 미니학교의 등장과 관련이 있다.
ㄹ. (가)는 이심 현상, (나)는 집심 현상이라고 한다.

① ㄱ, ㄴ   ② ㄱ, ㄷ
③ ㄴ, ㄹ   ④ ㄱ, ㄷ, ㄹ
⑤ ㄴ, ㄷ, ㄹ

유형 2 지가 그래프

20. 그래프는 토지 이용별 지가를 나타낸 것이다. A~D에 대한 설명으로 옳은 것만을 〈보기〉에서 고른 것은?

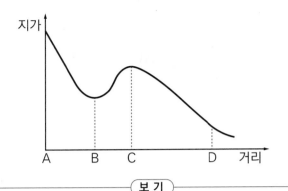

〈 보 기 〉

ㄱ. A는 인구의 공동화 현상이 나타난다.
ㄴ. B는 A의 기능을 분담한다.
ㄷ. C는 A와 D를 연결하는 교통의 요지에 형성된다.
ㄹ. D는 C보다 접근성이 낮은 곳으로 고층 빌딩이 밀집한다.

① ㄱ, ㄴ   ② ㄱ, ㄷ   ③ ㄴ, ㄷ
④ ㄴ, ㄹ   ⑤ ㄷ, ㄹ

유형 3 사회 용어

21. 사회 단어 사전의 일부분이다. ㉠~㉢에 들어갈 내용을 바르게 연결한 것은?

• (㉠) : 어느 한 장소에서 다른 장소까지 도달하기 쉬운 정도를 말한다.
• (㉡) : 건물이나 토지를 이용하여 얻을 수 있는 수익 또는 건물이나 토지를 빌린 대가로 지급하는 비용을 말한다.
• (㉢) 현상 : 주간에 업무나 쇼핑 때문에 도심에서 활동하던 사람들이 야간에 외곽의 주거 지역으로 귀가하면서 도심의 사람들이 급격히 줄어드는 현상을 말한다.

	㉠	㉡	㉢
①	편리성	이자	인구공동화
②	편의성	이자	산업공동화
③	접근성	지대	인구공동화
④	편리성	지대	역도시화
⑤	접근성	임대료	역도시화

유형 4 지역 분화

22. 도시 내부 지역의 특징에 대한 설명으로 옳은 것은?

① 도심에서 주변 지역으로 나갈수록 대체로 건물의 높이가 높아진다.

② 땅값이 비싼 지역일수록 상업 기능이 약화되고 주거 기능이 강화된다.

③ 지역 분화의 원인은 지역의 접근성이 다르고 이에 따라 땅값도 달라지기 때문이다.

④ 인구가 증가하고 산업이 발달하여 도시가 성장하면 상업, 주거, 업무 기능이 도시 중심에 섞여 있게 된다.

⑤ 도시의 무분별한 팽창을 막고 주변 지역과의 조화로운 발전을 위해 도시 주변에 중심 업무 지구를 설정하기도 한다.

23. 도시 내부의 지역 분화 현상에 영향을 미치는 요소를 〈보기〉에서 모두 고른 것은?

─ 보 기 ─

ㄱ. 지가

ㄴ. 접근성

ㄷ. 토양의 비옥도

ㄹ. 지역의 역사와 문화

ㅁ. 쾌적한 기후와 평탄한 지형

① ㄱ, ㄴ 　② ㄱ, ㅁ 　③ ㄴ, ㄷ

④ ㄴ, ㅁ 　⑤ ㄹ, ㅁ

유형 5 서술형

서술형

24. 도시 내부 구조를 나타낸 것이다. 물음에 답하시오.

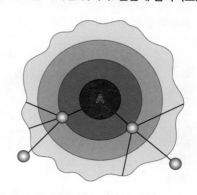

(1) A에 해당하는 내부 구조(명칭)를 쓰시오.

(2) A의 경관(특징)에 대해 두 가지 서술하시오.

1. 도시화   시험TIP: 도시화는 보통 **산업화**와 동시에 진행돼!!(^O^)

의미	• 도시의 수가 증가하거나, 도시에 거주하는 인구 비율이 높아지고, 도시적 생활 양식이 확산되는 과정

시험1타 **도시화** **과정**	**초기 단계**	• **산업화 이전** 농업 사회 • 대부분의 인구가 **촌락에 분포** • **1차 산업** 중심
	🔥출요 **가속화** **단계**	• **산업화**에 따른 → **2·3차 산업** 발달 = 제조업과 서비스업 • **이촌향도 현상** 발생 → **도시화율 급격히 상승** • 인구의 도시 집중 → 각종 도시 문제 발생
	종착 단계	• 도시화율이 80% 넘음 → 도시 인구의 증가 속도가 점차 느려짐 • 주로 도시에서 도시로 인구 이동 • 일부 지역에서는 **역도시화** 현상 발생

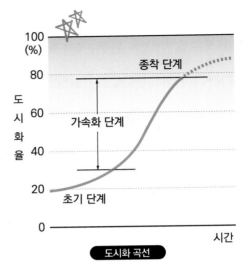

도시화 곡선

[람보쌤의 표풀이]

• 도시화 곡선은 S자 모양으로 나타납니다. (ˉ▽ˉ)/
• 기울기가 급할수록 도시화가 빠르게 진행되는 거예요!!

2. 선진국과 개발도상국의 도시화와 도시 문제

(1) 선진국과 개발도상국 도시화 ⭐시험100%출제

	선진국	개발도상국
시기	• 18세기 **산업 혁명** 이후	• **20세기** 중반 **제2차 세계대전** 이후 시작
과정	• **200여년**에 걸쳐 **점진적**으로 진행 → 안정적 도시화 • 도시 인구 증가 원인: **이촌향도**	• **30~40년**에 걸쳐 **단기간**에 급속히 진행 → 불안정적 도시화 청장년층을 중심으로 이동했기 때문에 자연 증가가 증가했엉(/^o^)/♡ • 도시 인구 증가 원인: **이촌향도** + **자연증가**
현재	• 대다수 **종착 단계** → 도시화율의 완만한 증가 또는 정체 → **역도시화** 발생	• 대다수 **가속화 단계** → 산업 기반을 갖추지 못한 상태로 [1]수위 도시로 인구가 집중하여 [2]과도시화 현상 발생
도시 문제	= 불량 주거 지역 • **시설 노후화** 및 **도심**에 **슬럼** 형성 • 도심 과밀화에 따른 **땅값 상승** → 주거 비용 상승에 따른 <u>인구 감소</u> 도시 활력이 약화됨 • 제조업 쇠퇴로 실업률 상승	• 짧은 시간 내 도시화로 선진국보다 도시 문제 심각 • **인구 급증**에 따른 ▶대표적인 예: **도시 기반 시설** 및 **일자리 부족** 상하수도 시설, 도로 등 • 불량 주거 지역 형성 (무허가 주택, 빈민촌 등 형성) • 각종 환경문제, 위생 문제, 실업, 범죄 문제 등 발생
해결 노력	• 도시 재개발 및 도심 재활성화 추진 • 산업 구조 개편을 통한 도시 내 일자리 창출	• 도시 기반 시설 확충 • 주거 환경 개선 • 일자리 창출

1. **수위도시**: 인구가 가장 많은 도시로 개발도상국에서는 보통 수도인 경우가 많아 ˋ(°▽°)ˊ
2. **과도시화**: 도시에 지나치게 많은 인구들이 몰리는 현상을 말해!! '윽 너무 빽빽해 사람살려'~(>Ω<)

여기서 잠깐!! 시험에 나오는 스타일로 확실하게 잡고가자!!(ง•̀_•́)ง

★★도시화

Q. 다음 중요 질문들을 통해 **꼭 알아야 하는 개념들**을 점검하고 가자!!

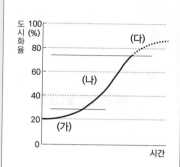

① **농촌에 사는 사람의 비율이 가장 높은 구간**은 (가), (나), (다)중 어디죠? (　　)
② 인구가 **전 국토에 걸쳐 고르게 분포**하는 구간은 (가), (나), (다) 중 어디죠? (　　)
③ **이촌향도 현상**이 가장 활발히 일어나는 구간은 (가), (나), (다)중 어디죠? (　　)
④ **도시화율이 가장 급격하게 증가**하는 구간은 (가), (나), (다) 중 어디죠? (　　)
⑤ (나) 단계가 **도시화 속도가 가장 빠른 구간** 맞나요? 맞으면 ○표,틀리면 ✕표하세요. (　　)
⑥ **역도시화 현상**이 일어나는 구간은 (가), (나), (다) 중 어디죠? (　　)
⑦ (다) 시기에 **도시화율의 증가세가 둔화**되나요? 맞으면 ○표,틀리면 ✕표하세요. (　　)
⑧ **도시화율이 가장 높은 시기**는 (가), (나), (다) 중 어디죠? (　　)
⑨ 지금 **선진국의 도시화 단계**는 (가), (나), (다) 중 어디죠? (　　)
⑩ 지금 **개발도상국의 도시화 단계**는 (가), (나), (다) 중 어디죠? (　　)

• 정답: ①~⑤: (가)(가)(나)(나)○, ⑥~⑩: (다)○(다)(다)(나)

중요 서술형	① (가), (나), (다) 단계 이름을 쓰시오. [(가):　　　　　(나):　　　　　(다):　　　　　] ② (나) 단계의 특징 한가지를 서술하시오. [　　　　　　　　　　　　　　　] ③ (다) 단계의 특징 한가지를 서술하시오. [　　　　　　　　　　　　　　　]	• 정답 ① (가) 초기 단계, (나) 가속화 단계, (다) 종착 단계 ② 이촌 향도 현상으로 도시화 속도가 매우 빠르다. ③ 역도시화 현상이 나타나 인구가 주변 지역으로 유출된다.

★★선진국과 개발도상국의 도시화 그래프 비교

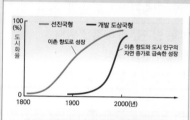

개발도상국과 선진국의 도시화

[람보쌤의 표풀이]
• **선진국의 도시화**는 오랜기간에 걸친 안정적 도시화로 <u>기울기가 완만</u>합니다.
• **개발도상국의 도시화**는 단기간 내의 도시화로 <u>기울기가 급</u>합니다.

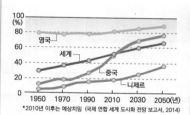
*2010년 이후는 예상치임 (국제 연합 세계 도시화 전망 보고서, 2014)

영국·중국·니제르의 도시화

[2024년 현재]
• 영국: 종착 단계
• 중국: 가속화 단계
• 니제르: 초기 단계

[중요 개념 점검] 다음 중 **맞는 것에 ○표, 틀린것에 ✕표**를 하시오.

① 선진국의 도시화는 산업 혁명 이후에 진행되었다. (　　)
② 선진국의 도시화는 주로 촌락에서 도시로 인구가 이동하면서 도시화율도 높아졌다. (　　)
③ 개발도상국의 도시화는 오랜기간에 걸쳐 안정적으로 진행되었다. (　　)
④ 개발도상국의 도시화는 이촌향도 분만 아니라 청장년층 중심의 이동으로 자연적 증가가 더해진 도시화의 결과이다. (　　)
⑤ 선진국의 도시화 곡선은 개발도상국의 도시화 곡선에 비해 기울기가 급하다. (　　)
⑥ 선진국의 도시화는 오랜 도시화 과정을 통해 대도시와 중소도시 간의 균형적인 성장이 가능하였다. (　　)
⑦ 개발도상국은 대도시 위주의 빠른 경제 성장과 인구 집중으로 각종 도시 문제가 발생하였다. (　　)
⑧ 개발도상국의 도시화는 제2차세계대전 이후 급격한 산업화로 빠르게 진행되었다. (　　)
⑨ 개발도상국에서는 전반적으로 지금 현재 역도시화 현상이 나타나고 있다. (　　)

• 정답: ①~⑤: ○○✕○✕, ⑥~⑨: ○○○✕

★★ 선진국과 개발도상국의 도시 문제	Q. 맞는것에 ○표, 틀리면 ✕표를 하시오. ① 선진국의 도심 지역에는 불량 주거 지역이 형성되기도 한다. (　　) ② 선진국은 도심의 주거 기능이 약해지면서 도시화 초기 단계에 지어진 오래된 건물 등을 중심으로 슬럼이 형성된다. (　　) ③ 선진국은 주택 보급률이 낮아 무허가 주택이나 불량 주거 지역이 대규모로 형성되기도 한다. (　　) ④ 선진국은 도심 과밀화에 따른 과도한 땅값 상승, 낡고 오래된 기반 시설 등의 도시 문제를 안고 있다. (　　) ⑤ 개발도상국은 도로 정비 불량으로 교통 혼잡 발생 및 생활 환경이 열악하다. (　　) • 정답: ①~⑤: ○○✕○○

(2) 우리나라의 도시화
시험TIP: 참고로 우리나라의 도시화는 1960년대의 산업화를 기점으로 시작되었어!!(-0-) 1960년대!! 중요하니깐 잊지마!!(´ヮ`)

	특징	구분
1960년대 이전	• 대부분 인구가 촌락에 거주 → 농업 사회	초기 단계
중요 1960년대	• **산업화** 에 따른 **이촌향도** → 도시 인구 급증 • **서울**, **부산** 등 대도시와 공업 도시를 중심으로 진행	**가속화** 단계
1970년대	• 우리나라 인구 절반이 도시에 거주	
1990년대	• 대도시 주변에 위성 도시 발달	**종착** 단계
현대	• 전체 인구의 **90%이상** 이 도시에 거주하는 **종착 단계**	

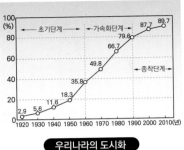

우리나라의 도시화

3. 살기 좋은 도시
(1) 도시 문제의 발생

원인	• 인구와 기능의 도시 집중	
해결 방법	**주택 문제**	• 도시 재생 사업 추진 • 신도시 개발
	교통 문제	• 도로 환경 개선 • 대중 교통 이용 장려
	환경 문제	• 쓰레기 분리 수거 • 친환경 에너지 사용
	지역 격차	• 지역 균형 발전 정책 추진

중요 (2) 도시 문제의 해결로 살기 좋은 도시가 된 도시들

쿠리치바 (브라질)	• 굴절 버스, 버스 전용차로 등의 도입으로 교통 혼잡 문제 완화
그라츠 (오스트리아)	• 동·서 지역간 교류 확대 및 격차 완화를 위해 다리, 인공섬, 미술관 등 건립
빌바오 (에스파냐)	• 철강 산업 쇠퇴 → 구겐하임 미술관 유치로 관광 도시로 발전
벵갈루루 (인도)	• 일자리 부족, 빈곤문제 해결을 위해 → 소프트웨어 산업 육성 → 세계 IT산업의 중심 도시로 성장

[쿠리치바]
쿠리치바는 인구가 증가하면서 교통 혼잡이 심각해졌다. 이에 많은 시민이 이용할 수 있는 **굴절 버스, 원통형 버스 정류장, 버스 전용 차선** 등을 도입하여 시민들의 대중교통 문제를 해소하였다.

[그라츠]
오스트리아의 그라츠는 동쪽은 **소득이 높고 서쪽은 소득이 낮은** 사람들이 주로 거주하고 있다. 시는 강을 가로지르는 다리를 건설하여 **동서 지역을 잇고**, **서쪽 지역에 미술관을 건립**하여 두 지역 간의 교류를 확대하였다.

[빌바오]
에스파냐 빌바오는 과거 **철강 산업**이 발달한 공업 도시였으나, 산업의 쇠퇴로 지역 경제가 어려워졌다. 그러나 **구겐하임 미술관**을 유치하면서 연 100만명 이상의 관광객이 찾는 **예술과 관광의 도시가** 되었다.

[벵갈루루]
벵갈루루는 일자리 부족과 **빈곤 문제가 심각**하였다. 그러나 **정부는 소프트웨어 산업** 육성 정책을 실시하였다. 그 결과 이 지역은 인도분 아니라 **세계 IT산업의 중심 도시가** 되었다.

(a) 살기 좋은 도시의 조건

• 사회적 조건: 정치적 안정과 낮은 범죄율
• 경제적 조건: 높은 소득 수준, 풍부한 일자리
• 쾌적한 생활 환경 ┌ 깨끗한 자연 환경,
　　　　　　　　　 └ 교육·의료·행정 등의 서비스가 잘 갖춰짐

(b) 살기 좋은 도시의 예

• **순천** (우리나라): **순천만 정원** 이 있는 대표적인 **생태 도시**

시험에 잘 나오는 예> 순천만

눈부신 **갯벌**과 갈대, **철새**가 찾는 생명의 땅 순천이 한국을 대표하는 **생태도시**로 자리매김했다.
유네스코 생물권 보전 지역으로 등재된 이곳은 아름다운 생태 문화유산이 잘 보존돼있는 곳이다.
때 묻지 않은 갯벌과 논, 염전, 239종의 철새와 336종의 식물이 살고 있다.
순천이 **세계적인 생태도시**로 자리 잡을 수 있었던 것은 **지방 자치 단체**와 **시민의 노력**이 있어서 가능했다.

순천은 ↑위의 지문처럼 순천을 설명하는 글과 시험에 잘 나오니깐 잘 봐두록!! s(ˉ▽ˉ)v

훼이크주의보!! 살기 좋은 도시의 조건

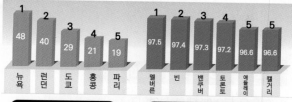

1	2	3	4	5
48	40	29	21	19
뉴욕	런던	도쿄	홍콩	파리

세계 도시 경제 순위

1	2	3	4	5	5
97.5	97.4	97.3	97.2	96.6	96.6
멜버른	빈	밴쿠버	토론토	애들레이	캘거리

세계의 살기 좋은 도시 순위

살기 좋은 도시는 교육, 안정성, 기반 시설, 문화 및 환경 등을 고려하여 100점 만점으로 도시를 평가해! 즉, **경제적인것만 평가하는 것은 아니야!**(ง •̀_•́)ง 그런데 시험에서는 '**경제적인 만족도가 곧 살기 좋은 도시이다**'!!라고 잘나오거든!! 그러면 이건 무조건 훼이크!! 왜냐하면 살기좋은 도시는 경제적 만족도와 같은 **객관적 지표** 뿐만 아니라 **개인의 행복감**이나 **삶의 질**과 같은 **주관적인 지표**도 매우 중요하기 때문이야!!(̄▽ ̄)/

[실제 시험에 나오는 훼이크 지문]

① 살기 좋은 도시의 **절대적 기준**을 정하는 것은 **쉽다.** → X, 절대적 기준을 정하는 것은 어렵다.

② 살기 좋은 도시는 주관적인 지표인 삶의 질과 개인의 행복감 보다 객관적인 지표가 중요하다. →X, 둘다 중요하다.

③ 살기 좋은 도시가 되기 위해서는 삶의 질보다 소득을 높일 수 있도록 경제 성장에 주력해야한다. →X, 둘다 중요하다.

④ 객관적이고 절대적인 기준으로 살기 좋은 도시를 평가한다. →X, 살기 좋은 도시의 절대적 기준을 정하는 것은 어렵다.

1. 도시화

1단계 기본 개념 파악하기

1. 회색 글씨의 중요 내용을 쓰면서 암기해보세요.(̄▽ ̄)/

도시화 과정	초기 단계	• **산업화 이전** 농업 사회 • 대부분의 인구가 **촌락**에 분포 • **1차 산업** 중심
	가속화 단계	• **산업화**에 따른 → **2·3차 산업** 발달 • **이촌향도 현상** 발생 → **도시화율 급격히 상승** • 인구의 도시 집중 → 각종 도시 문제 발생
	종착 단계	• 도시 인구의 증가 속도가 점차 느려짐 • 주로 도시에서 도시로 인구 이동 • 일부 지역에서는 **역도시화** 현상 발생

2단계 기본 개념 적용하기

2. 다음은 무엇에 대한 설명인가?

> 도시에 사는 사람의 비율이 증가하고 **도시적**
> **생활 양식**이 확대되는 현상을 부르는 명칭

① 도시화   ② 도시락

3. 도시화 과정 중 **초기** 단계는 '초', **가속화** 단계는 '가', **종착** 단계는 '종'이라고 쓰시오.

도시화율 급격히 상승	2·3차 산업 중심
① ( )	② ( )
1차 산업 중심	산업화 이전
③ ( )	④ ( )
역도시화	산업화 시작
⑤ ( )	⑥ ( )

• 정답: 2. ① 3. ①~⑤: 가가초초종/ ⑥: 가

3단계 시험에 나오는 서술형 연습

4. 시험에 나오는 서술형을 연습하자!! s(̄▽ ̄)v

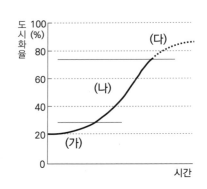

1단계: 회색 글씨 **위에 덧대어 쓰며 외우기!!**

① **(가), (나), (다)** 단계 이름을 쓰시오.
  [(가): 초기 단계 (나): 가속화 단계 (다): 종착 단계]
② **(나)** 단계의 특징 **한가지**를 서술하시오.
  [이촌향도 현상으로 도시화 속도가 매우 빠르다.]
③ **(다)** 단계의 특징 **한가지**를 서술하시오.
  [역도시화 현상이 나타나 인구가 주변 지역으로 유출된다.]

2단계: (   )안에 알맞은 말 넣으며 외우기!!

① **(가), (나), (다)** 단계 이름을 쓰시오.
  [(가): (   )단계 (나): (   ) 단계 (다): (   ) 단계]
② **(나)** 단계의 특징 **한가지**를 서술하시오.
  [(   ) 현상으로 (   ) 속도가 매우 (   ).]
③ **(다)** 단계의 특징 **한가지**를 서술하시오.
  [(   ) 현상이 나타나 인구가 (   ) 지역으로 (   )된다.]

3단계: 스스로 써보기!!

① **(나)** 단계의 특징 **한가지**를 서술하라.

② **(다)** 단계의 특징 **한가지**를 서술하라.

2. 선진국과 개발도상국의 도시화와 도시 문제

1단계 **기본 개념 파악하기**

1. 회색 글씨의 중요 내용을 쓰면서 암기해보세요.(¯▽¯)/

	① 선진국	② 개발도상국
시기	•18세기 산업 혁명 이후	•20세기 중반 제2차 세계대전 이후 시작
과정	•200여년에 걸쳐 점진적으로 진행 → 안정적 도시화 •도시 인구 증가 원인: 이촌향도	•30~40년에 걸쳐 단기간에 급속히 진행 → 불안정적 도시화 •도시 인구 증가 원인: 이촌향도 + 자연증가
현재	•대다수 종착 단계 → 역도시화 발생	•대다수 가속화 단계 → 산업 기반을 갖추지 못한 상태로 과도시화 현상 발생
도시 문제	•시설 노후화 및 도심에 슬럼 형성 •도심 과밀화에 따른 땅값 상승 → 주거 비용 상승에 따른 인구 감소 •제조업 쇠퇴로 실업률 상승	•짧은 시간 내 도시화로 선진국보다 도시 문제 심각 •인구 급증에 따른 도시 기반 시설 및 일자리 부족 •불량 주거 지역 형성 •각종 환경 문제, 위생 문제, 실업, 범죄 문제 등 발생
해결 노력	•도시 재개발 및 도심 재활성화 추진	•도시 기반 시설 확충 •주거 환경 개선

③ 우리나라의 도시화			
시기	특징		구분
1960년대 이전	•대부분 인구가 촌락에 거주 → 농업 사회		초기 단계
1960년대	•산업화에 따른 이촌향도 → 도시 인구 급증 •서울, 부산 등 대도시를 중심으로 진행		가속화 단계
1970년대	•우리나라 인구 절반이 도시에 거주		
1990년대	•대도시 주변에 위성 도시 발달		종착 단계
현대	•전체 인구의 90%이상이 도시에 거주하는 종착 단계		

2단계 **기본 개념 적용하기**

2. 다음 선진국의 도시화는 '선', 개발도상국의 도시화는 '개'라고 써보세요!! 왈왈!!＼(^▽^)／

200여년에 걸친 도시화	제2차 세계대전 이후 도시화 시작	청장년층의 이동으로 이촌향도와 자연증가 동시에 진행	20세기 중반 이후에 도시화 시작
① ( )	② ( )	③ ( )	④ ( )

역도시화 현상 발생	지금 현재 종착 단계	점진적 진행	단기간 내 진행
⑤ ( )	⑥ ( )	⑦ ( )	⑧ ( )
지금 현재 **가속화 단계**	도시화 곡선 기울기가 **완만**	도시화 곡선 기울기가 **급함**	**18세기 이후** 도시화 시작
⑨ ( )	⑩ ( )	⑪ ( )	⑫ ( )

• 정답: 2. ①~④: 선개개개/ ⑤~⑧: 선선선개/ ⑨~⑫: 개선개선

3. 다음 시민들의 민원을 듣고, **선진국**과 **개발도상국** 중 어느 곳의 시민인지 분간해보세용.(^O^)

(1)
> 내가 사는 도시는 지은지
> 너무 **오래되어서 모든 시설이**
> **노후화** 되었어ㅜㅜ

① 선진국 　② 개발도상국

(2)
> 나는 사람들이 빠져나간
> **도심 불량 주거 지역**(슬럼)
> 에서 살고 있다규~

① 선진국 　② 개발도상국

(3)
> 으악!! 갑자기 인구가 몰리는
> 바람에 **상하수도 시설**이
> **부족**해!! 똥이 넘친다!!

① 선진국 　② 개발도상국

(4)
> 나는 **뭄바이의 인도인**!!
> **무허가 주택**과 **빈민촌**에서
> 살고 있어~ 파리는 내친구

① 선진국 　② 개발도상국

(5)
> 사람들이 빠져나가니
> **도시가 활력이 없군** ㅜㅜ

① 선진국 　② 개발도상국

(6)
> **도로가 엉망**이라 늘 교통이
> 혼잡해!
> ㅜㅜ 엄마 살려줘요!

① 선진국 　② 개발도상국

• 정답: 3. (1)~(3): ①①②/ (4)~(6): ②①②

4. 다음은 **우리나라**의 도시화에 대한 설명입니다. 알맞은 것을 **서로 연결하세요**!!s(ˉ▽ˉ)v

① 1960년대 이전 •

② 1960년대 •

③ 1970년대 •

④ 1990년대 •

⑤ 현대 •

• (a) 전체 인구의 **90% 이상**이 도시에 거주하는 **종착 단계**

• (b) 대부분 인구가 **촌락에 거주**

• (c) **산업화**에 따른 **이촌향도 시작**

• (d) 우리나라 **인구 절반**이 도시에 거주

• (e) 대도시 주변에 **위성 도시** 발달

• Ⓐ 초기 단계

• Ⓑ 가속화 단계

• Ⓒ 종착 단계

• 정답: 4. ①(b)Ⓐ/ ②(c)Ⓑ/ ③(d)/ ④(e)/ ⑤(a)Ⓒ

5. 다음 두 도표를 보고 〈보기〉에서 알맞은 말을 써넣으세요.

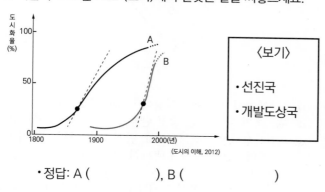

(도시의 이해, 2012)

〈보기〉
• 선진국
• 개발도상국

• 정답: A (   ), B (   )

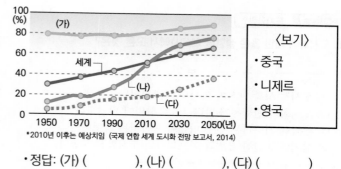

*2010년 이후는 예상치임 (국제 연합 세계 도시화 전망 보고서, 2014)

〈보기〉
• 중국
• 니제르
• 영국

• 정답: (가) (   ), (나) (   ), (다) (   )

• 정답: 5. ① A: 선진국 B: 개발도상국 ② (가)영국, (나)중국, (다)니제르

3. 살기 좋은 도시

1. 회색 글씨의 중요 내용을 쓰면서 암기해보세요.(¯▽¯)/

도시 문제 해결로 살기 좋은 도시가 된 예			
쿠리치바 (브라질)	그라츠 (오스트리아)	빌바오 (에스파냐)	벵갈루루 (인도)
• 굴절 버스, 버스 전용차로 등의 도입으로 교통 혼잡 문제 완화	• 동·서 지역간 교류 확대 및 격차 완화를 위해 다리, 인공섬, 미술관 등 건립	• 철강 산업 쇠퇴 → 구겐하임 미술관 유치로 관광 도시로 발전	• 일자리 부족, 빈곤문제 해결을 위해 → 소프트웨어 산업 육성

2. 다음 도시에 대한 설명을 보고 **알맞은 도시**를 **연결하세요**.ヾ(^0^)ツ

① **동서 지역 격차**를 다리, 인공섬, 미술관 등을 지어 **동서의 교류**를 활발히 하여 해소했어요.

② **일자리가 부족**하고 빈곤 문제가 심각한 지역을 **소프트웨어 산업**을 육성시켜 지금은 세계적인 IT도시가 되었어요.

③ **철강 산업**이 **쇠퇴**하자, **구겐하임 미술관**을 유치하여 예술과 관광의 도시가 되었어요.

④ 급속한 **인구의 증가**로 교통이 혼잡하자 **굴절버스**, **버스 전용 차로** 등을 도입하여 시민들의 **대중교통 문제**를 **해결**하였어요.

(a)
그라츠

(b)
빌바오

(c)
쿠리치바

(d)
벵갈루루

• 정답: 2. ①-(a), ②-(d), ③-(b), ④-(c)

람보쌤의 자세한 해설을 영상으로 보세요!

---------- 도시화의 의미와 과정 ----------

유형1 도시화란?

1. 도시화에 대한 옳은 설명을 〈보기〉에서 고른 것은?

─── 보 기 ───

ㄱ. 도시적 생활 양식이 확산되는 과정이다.
ㄴ. 도시화가 진행됨에 따라 2,3차 산업이 발달한다.
ㄷ. 촌락에 거주하는 인구 비율이 높아지는 과정이다.
ㄹ. 산업이 발달한 유럽과 아프리카의 도시화율은 높다.

① ㄱ, ㄴ   ② ㄱ, ㄷ   ③ ㄴ, ㄷ
④ ㄴ, ㄹ   ⑤ ㄷ, ㄹ

2. 다음 중 도시화의 특징에 대한 설명으로 옳지 않은 것은?

① 도시화 곡선은 S자 형태로 나타난다.
② 도시적 생활양식이 확산되는 현상을 도시화라고 한다.
③ 도시화율은 전체 인구 중 도시에 거주하는 인구의 비율을 말한다.
④ 도시화가 진행되면 2, 3차 산업에 종사하는 인구 비율이 증가한다.
⑤ 도시화 과정은 초기 단계, 종착 단계, 가속화 단계의 순서로 진행된다.

유형2 도시화 그래프

3. 도시화 곡선이다. 다음 그래프에 관한 설명으로 옳은 것은?

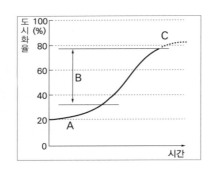

① 선진국의 경우 B단계에 해당하는 나라가 많다.
② A단계에서는 역도시화 현상이 나타나기도 한다.
③ C단계에서는 이촌향도 현상이 활발하게 나타난다.
④ 개발도상국은 도시화가 200여 년에 걸쳐서 천천히 진행되었다.
⑤ A에서 C단계로 갈수록 1차 산업에 종사하는 인구 비율은 감소한다.

4. 그래프에 대한 설명으로 옳은 것은?

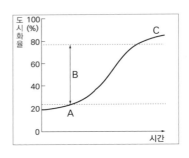

① A단계에서 역도시화 현상이 나타나기도 한다.
② A는 초기 단계, B는 종착 단계, C는 가속화 단계이다.
③ 개발도상국은 선진국보다 B 단계를 더 일찍 경험하였다.
④ B단계에서는 산업화가 빠르게 진행되어 이촌향도 현상이 발생한다.
⑤ 선진국의 B단계 곡선은 개발도상국의 곡선보다 기울기가 더 급하다.

5. 다음은 도시화 곡선을 나타낸 것이다. 물음에 답하시오.

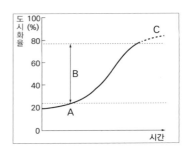

1) A, B, C단계 이름을 쓰시오.

2) B단계의 특징 한 가지를 서술하시오.

---------- 선진국과 개발도상국의 도시화와 도시 문제 ----------

유형1 선진국과 개발도상국의 도시화 그래프

※다음은 경제 발전 정도가 다른 두 국가의 도시화 곡선을 나타낸 그래프이다. 물음에 답하시오.

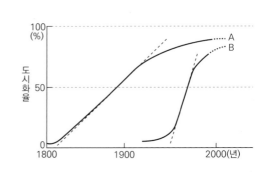

6. A, B에 대한 옳은 설명을 〈보기〉에서 고른 것은?

─────── 보 기 ───────

ㄱ. A는 선진국, B는 개발도상국의 도시화 곡선이다.
ㄴ. A는 20세기 중반 이후 급속하게 진행되었다.
ㄷ. B는 18세기 후반 산업 혁명 이후 점진적으로 진행되었다.
ㄹ. B의 가속화 단계에서는 이촌향도 분만 아니라 인구의 자연
   증가도 함께 이루어졌다.

① ㄱ, ㄴ   ② ㄱ, ㄹ   ③ ㄴ, ㄷ   ④ ㄴ, ㄹ   ⑤ ㄷ, ㄹ

유형2 영국, 중국, 니제르 도시화율 그래프

7. 아래의 그래프는 (가)~(다) 국가의 도시화 과정을 나타내고 있다. 이에 대한 설명으로 옳은 것은?

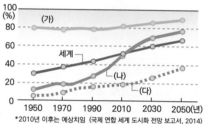

*2010년 이후는 예상치임 (국제 연합 세계 도시화 전망 보고서, 2014)

① (나) 국가의 도시화율이 가장 높다.
② (가) 국가의 주된 산업 형태는 1차 산업이다.
③ (나) 국가는 선진국, (다) 국가는 개발도상국이다.
④ (다) 국가의 인구 절반 이상이 도시에 거주하고 있다.
⑤ (가) 국가에서는 도시의 인구가 쾌적한 거주 환경을 찾아
   도시 주변으로 이주하기도 한다.

8. 국가별 도시화율 변화 그래프이다. 자료에 대한 분석으로 옳은 것은?

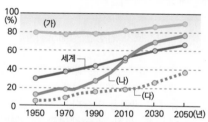

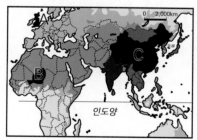

① (가)에 해당하는 국가는 C이다.
② (나)에 해당하는 국가는 B이다.
③ (다)에 해당하는 국가는 A이다.
④ (가)는 현재 도시화의 종착 단계에 해당한다.
⑤ (나)는 산업혁명 이후 급격한 도시화가 진행되어 현재는
   가속화 단계이다.

유형3 선진국과 개발도상국의 도시 문제

9. 다음 그림과 관련하여 도시 문제에 대한 설명으로 옳지 않은 것은?

(가) 인도뭄바이   (나) 미국 뉴욕

① (가)는 짧은 기간에 도시 인구가 증가하여 도시 문제가
   심각하다.
② (가)는 주택 보급률이 낮아 무허가 주택이나 불량 주거
   지역이 대규모로 형성되기도 한다.
③ (나)는 특정 도시로 인구가 집중하면서 주택, 상하수도
   시설 등과 같은 도시 기반 시설이 부족하다.
④ (나)는 도심 과밀화에 따른 과도한 땅값 상승, 낡고 오래된
   기반 시설 등의 도시 문제를 안고 있다.
⑤ (나)는 도심의 주거 기능이 약해지면서 도시화 초기 단계에
   지어진 낡고 오래된 건물 등을 중심으로 슬럼이 형성된다.

10. 다음 중 개발도상국의 도시 문제에 해당하지 않는 것은?

① 불량한 도로 상태
② 상하수도 시설 부족
③ 무허가 불량 주택 문제
④ 급속한 산업화로 인한 환경 문제
⑤ 도심 지역에 불량 주거 지역 형성

11. 선진국의 도시 문제에 대한 설명으로 옳지 않은 것은?

① 땅값이 과도하게 상승한다.
② 주택, 상하수도 등 기반 시설이 노후화된다.
③ 도심 재개발 사업 중 주민과의 갈등이 발생하기도 한다.
④ 도심의 주거기능 약화로 낡은 건물을 중심으로 슬럼이
   형성된다.
⑤ 짧은 기간 내에 도시 인구가 급증하여 개발도상국보다
   도시 문제가 더욱 심각하게 나타난다.

12. 우리나라의 도시화율 변화를 나타낸 것이다. 이에 대한 설명으로 옳은 것은? (2개)

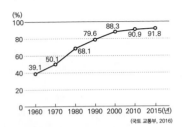

(국토 교통부, 2016)

① 우리나라는 현재 도시화의 가속화 단계에 해당한다.
② 1960년대 이후 산업 발달로 도시화가 가속화 되었다.
③ 1970년대부터는 우리나라 인구 절반 이상이 도시에서 살게 되었다.
④ 서비스업 종사자 비율은 1960년대 이전에 가장 높게 나타날 것이다.
⑤ 1960년에 비해 2015년 우리나라의 농경지, 삼림 면적은 증가했을 것이다.

※ 그래프를 보고 물음에 답하시오.

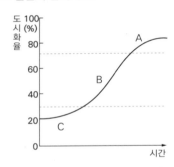

13. 우리나라의 도시화 과정에 대한 설명으로 옳은 것은?

① 현재 A단계에 조금 못 미치고 있다.
② 600년 이상 오랜 기간에 걸쳐 진행되었다.
③ 1960년대 이전까지 C단계에 머물러 있었다.
④ 일제 강점기는 일본에 의한 산업화로 B단계에 해당한다.
⑤ 급격한 산업화로 B단계를 건너뛰어 A단계에 도달했다.

-------- **살기 좋은 도시** --------

유형 1 국가별 도시 문제 해결을 위한 노력

14. 도시 문제를 극복한 사례 중 옳은 내용을 〈보기〉에서 고른 것은?

보 기

ㄱ. 쿠리치바 - 굴절 버스 도입으로 교통 문제 해결
ㄴ. 빌바오 - 세계적인 미술관 유치로 침체한 지역 경제 문제 해결
ㄷ. 그라츠 - 소프트웨어 산업 육성 정책을 시행하여 일자리 부족 해결
ㄹ. 벵갈루루 - 동서 지역을 잇는 인공 섬을 건설하여 지역 간 분리 문제 해결

① ㄱ, ㄴ   ② ㄱ, ㄷ   ③ ㄴ, ㄷ
④ ㄴ, ㄹ   ⑤ ㄷ, ㄹ

15. (가), (나)에 해당하는 도시를 바르게 연결한 것은?

보 기

(가) 일자리 부족과 빈곤 문제가 심각하였지만 정부의 소프트웨어 산업 육성 정책으로 세계 IT 산업의 중심 도시로 성장하였다.
(나) 철강 산업의 쇠퇴로 지역 경제가 어려워졌으나 구겐하임 미술관을 유치하고 문화와 예술이 살아 있는 공간으로 탈바꿈한 결과 예술과 관광 도시로 발전하였다.

	(가)	(나)
①	그라츠	빌바오
②	그라츠	벵갈루루
③	벵갈루루	그라츠
④	벵갈루루	빌바오
⑤	쿠리치바	그라츠

유형 2 도시 문제 해결을 위한 노력

16. 도시 문제와 그 해결 방안으로 옳지 않은 것은?

① 쓰레기 문제 - 분리수거와 재활용 정책
② 특정 지역으로의 밀집 - 지역 균형 발전 정책
③ 제조업의 쇠퇴 - 공장 증설을 통한 생산성 향상
④ 교통 혼잡 문제 - 대중교통과 자전거 이용 장려
⑤ 환경 오염 - 화석연료 대신 바이오 에너지 사용

유형 3 살기 좋은 도시의 예

17. 다음 글의 ㉠에 들어갈 도시는?

〈유네스코가 인정한 생태도시〉

눈부신 갯벌과 갈대, 철새가 찾는 생명의 땅 (㉠)이/가 한국을 대표하는 생태도시로 자리매김했다. 유네스코 생물권 보전 지역으로 등재된 이곳은 아름다운 생태 문화유산이 잘 보존돼있는 곳이다. 때 묻지 않은 갯벌과 논, 염전, 구릉에 239종의 철새와 336종의 식물이 살고 있는 곳이다. 또한 이곳은 2015년 전국 229개 시·군·구 중 삶의 질이 가장 높은 도시로 선정되었다. 이와 같이 생태도시로 자리 잡고 시민의 삶의 질이 높아질 수 있었던 것은 지방 자치 단체와 시민의 노력이 있어서 가능했다.

(㉠)은/는 생물권 보전 지역에 최종 승인됨에 따라 생태 보전을 위해 생물권 보전 지역 관리 조례 제정을 추진할 계획이다. 관계자는 "생물권 보전 지역 등재로 브랜드 가치를 높이고 생물 다양성 보전과 삶의 질 향상, 지역 소득 증대 등도 기대된다."라고 말했다.

① 수원시   ② 천안시   ③ 순천시
④ 울산광역시   ⑤ 부산광역시

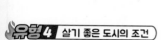 유형 4 살기 좋은 도시의 조건

18. 살기 좋은 도시를 만들기 위한 노력으로 옳지 않은 학생은?

① 미선 : 지역의 개성을 살릴 수 있는 정책을 마련하겠어.
② 지혜 : 합리적이고 효율적인 정책을 만들어 시행할거야.
③ 효선 : 노약자나 여성 등 사회적 소외계층이 생활하기
　　　　편리한 도시를 만들었으면 해.
④ 예은 : 시민으로서 정책이 실현될 수 있도록 적극적으로
　　　　노력할 거야.
⑤ 희은 : 삶의 질보다 소득을 높일 수 있도록 경제 성장에
　　　　주력해야 한다고 생각해.

19. 살기 좋은 도시의 조건으로 적절한 것을 〈보기〉에서 고른 것은?

보 기

ㄱ. 일자리가 풍부하다.
ㄴ. 전쟁과 테러의 위험이 크다.
ㄷ. 문화 및 의료 시설을 잘 갖추었다.
ㄹ. 녹지 공간이 적고 건물과 도로가 많다.

① ㄱ, ㄴ　　　　② ㄱ, ㄷ　　　　③ ㄴ, ㄷ
④ ㄴ, ㄹ　　　　⑤ ㄷ, ㄹ

1. 도시에 대한 설명으로 옳은 것만을 〈보기〉에서 있는 대로 고른 것은?

―――――― 보 기 ――――――
ㄱ. 인구 밀도가 높은 편이다.
ㄴ. 사람들의 직업과 생활 모습이 다양하다.
ㄷ. 1차 산업에 종사하는 인구의 비율이 높다.
ㄹ. 지역의 자연·인문 환경에 따라 다양한 경관이 나타난다.

① ㄱ, ㄴ　　　　② ㄷ, ㄹ　　　　③ ㄱ, ㄴ, ㄹ
④ ㄴ, ㄷ, ㄹ　　　⑤ ㄱ, ㄴ, ㄷ, ㄹ

2. 다음 (가)와 (나)에 해당하는 도시를 옳게 연결한 것은?

| 대표적인 생태 도시로, 인간 생활과 자연환경이 공생할 수 있도록 시민들이 자전거를 탈 것을 장려하며, 태양광 에너지 활용을 극대화 하고 있다. | 미국에서 인구가 가장 많은 도시로, 세계 경제, 문화, 금융의 중심지이다. 국제연합(UN) 본부가 있어 국제 정치의 각축장이기도 하다. |

	(가)	(나)
①	프라이부르크	뉴욕
②	로마	런던
③	뉴욕	프라이부르크
④	프라이부르크	로스엔젤레스
⑤	뉴욕	상하이

3. 다음 도시들의 공통점을 〈보기〉에서 있는 대로 고르면?

| 뉴욕　　　런던　　　도쿄 |

―――――― 보 기 ――――――
ㄱ. 세계적인 중심지 역할을 하는 도시이다.
ㄴ. 고대, 중세, 그리고 르네상스 시대의 유산을 잘 간직하고 있다.
ㄷ. 교통과 통신의 급격한 발달에 따라 서로 연계되어 상호 작용한다.
ㄹ. 금융 기관, 다국적 기업의 본사, 각종 국제 기구의 활동이 활발히 이루어진다.
ㅁ. 각 국가의 수도이며, 경제특구로 지정되어 해마다 많은 관광객이 찾아온다.

① ㄱ, ㄴ　　　　② ㄴ, ㄷ　　　　③ ㄱ, ㄹ, ㅁ
④ ㄱ, ㄷ, ㄹ　　　⑤ ㄴ, ㄷ, ㅁ

※ 도시 내부 구조를 보고 물음에 답하시오.

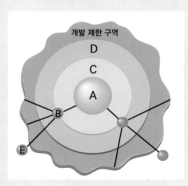

4. A~E에 대한 설명으로 옳지 않은 것은?

① A는 출퇴근 시간에 교통 혼잡이 발생한다.
② 서울의 신촌, 잠실, 여의도 등이 B의 예이다.
③ C는 오래된 주택, 상가, 공장이 혼재한다.
④ D는 대규모 주거 단지와 함께 곳곳에 녹지가 조성되어 있다.
⑤ 도심의 기능을 분담하는 E는 부도심이다.

5. 도시 내부지역에 대한 설명이다. 가장 적절한 것은?

	지역	특징
㉠	도심	행정, 금융기관, 백화점, 대기업의 본사 등이 모여 있어 출퇴근 시간에 교통 혼잡 문제가 발생한다.
㉡	부도심	도심의 무질서한 팽창을 막고 녹지 공간을 확보하기 위해 설정하였다.
㉢	중간지역	대도시 인근에 있으면서 주거, 공업, 행정과 같은 대도시의 일부 기능을 분담한다.
㉣	주변지역	교통이 편리하여 고층 건물이 밀집되어 있다.
㉤	개발제한구역	주로 주거 단지와 함께 곳곳에 녹지가 조성되어 있으며 낮과 밤의 인구밀도 차이가 크다.

① ㉠   ② ㉡   ③ ㉢
④ ㉣   ⑤ ㉤

6. 도시화에 대한 설명으로 옳은 것은?

① 선진국의 도시화는 그 진행 속도가 상당히 빠르다.
② 도시화가 진행되면 1차 산업 종사자 인구 비율이 증가한다.
③ 개발도상국의 도시화는 산업혁명 이후 본격적으로 진행되었다.
④ 도시화 초기에는 도시에서 농촌으로 이동하는 역도시화 현상이 나타난다.
⑤ 도시 생활 양식의 확산과 도시 인구 비율의 증가 현상을 도시화라고 한다.

7. 그래프의 A, B단계에 대한 설명으로 옳지 않은 것은?

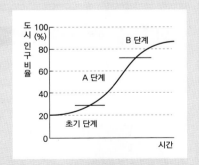

① A단계는 도시화 속도가 느리게 나타난다.
② A단계는 산업화로 인한 이촌향도 현상이 나타난다.
③ B단계는 도시 인구 증가율이 점차 둔화된다.
④ B단계는 교외화 및 역도시화 현상이 나타난다.
⑤ B단계는 농촌 거주 인구보다 도시 거주 인구가 많다.

8. 선진국과 개발도상국의 도시 문제이다. 옳지 않은 것은?

① 선진국은 도심 지역에 노후화된 불량주택이 나타난다.
② 개발도상국은 불량한 도로 상태로 교통문제가 발생한다.
③ 선진국의 대도시에서는 인구 감소와 시설 노후화 등으로 도시의 활력이 줄어든다.
④ 개발도상국은 무허가 주택과 빈민촌이 형성되는 등 생활 환경이 열악하다.
⑤ 선진국의 급속한 산업화는 환경문제, 실업, 범죄 문제를 유발시키고 있다.

9. 다음 설명에서 (A)에 해당하는 도시는?

> (A)은/는 인도 남서부의 휴양 도시로, 일자리 부족과 빈곤 문제가 심각하였다. 그러나 1980년대 중반 정부는 소프트웨어 산업 육성 정책을 시행하여 글로벌 기업 유치와 인재 양성을 위해 노력하였다.

① 그라츠   ② 빌바오   ③ 스톡홀름
④ 벵갈루루   ⑤ 리우데자네이루

10. 살기 좋은 도시를 만들기 위한 노력으로 적절한 것은?

① 일자리 부족과 빈곤을 해결하기 위해 생태 복원 사업을 한다.
② 지역 간 빈부 격차를 극복하기 위해 버스 전용 차선을 도입한다.
③ 지역 기반 산업의 쇠퇴로 인한 경제 침체는 친환경 에너지 사용 정책을 통해 극복한다.
④ 인구 증가로 인한 교통 및 환경 문제를 개선하기 위해 대중교통 이용률을 높일 수 있는 정책을 시행한다.
⑤ 친환경 생태 도시를 만들기 위해 지역 사회와 시민의 노력보다는 정부 및 자치 단체의 주도 하에 정책이 결정되어야 한다.

1. 농업 생산의 기업화와 세계화

이 파트는 정말 어디를 봐도 어려운 부분이 없어. 흐음(*ˊ ‿ ˋ*)
그래서 중요 포인트!! 이 파트는 막~ 암기하려 하기보다는 **전체적인 흐름을 파악**하는 것이 중요해!
그래서 또 중요 포인트!! 뒤에 **키워드맵**에서 흐름을 잘 파악할 수 있도록 정성껏 준비했으니깐
반드시 키워드맵을 할 수 있도록 해! 소중한 너희들을 위해 준비했다규! 알라븅 ㄷ(^0^)ㅈ

1. 농업 생산의 세계화와 기업화

(1) 농업 생산의 변화 [시험1탄]

	과거: **자급적 농업** ➡	현재: **상업적 농업**
목적	• 생산자가 직접 먹기 위해	• **시장에 판매할 목적**
방법	• 다품종 소량 생산 → 가족 노동력 사용	• **소품종 대량 생산** → **농기계** 사용 = 농업의 기계화
예	• 전통적인 곡물 농업 (쌀,밀 등)	• **낙농업**, **원예 농업**, **기업적 곡물 농업**, **기업적 목축**, **기호 작물** 등 → 농업 생산의 **다각화**

(2) 농업 생산의 **세계화**

의미	• 전세계를 대상으로 농산물의 생산과 판매가 이루어지는 것
배경	• **교통·통신의 발달** 로 **지역간 교류 증가** • 자유 무역 확대 ┌ 세계 무역 기구 (WTO) 출범 　　　　　　　　└ 자유 무역 협정 (FTA) 체결 • **다국적 농업 기업** 의 등장 • 농업 기술의 발달 냉동 및 냉장 기술 발달, 품종 개량 등 • 다양한 농산물에 대한 수요 증가 • **생활 수준 향상**

세계적 농업 회사 D회사의 생산과 판매 시스템

○ 농장　▲ 가공 공장　■ 항만 시설　■ 유통 창고 및 영업 지점　○ 본사　▨ 제품을 판매하는 국가
태평양　인도양　대서양

• 다국적 농업 기업인 D회사는 세계 각지의 농장에서 과일을 생산하고 자신의 공장에서 가공 처리한 후에 냉장 운반 시스템을 통해 세계 곳곳에 열대 과일을 제공한단다.냠냠(~˘ ▼ ˘)

(3) 농업 생산의 **기업화**

의미	• 기업이 막대한 자본과 기술을 들여 대량으로 농장을 운영하는 현상
배경	• 농업 생산의 세계화와 상업적 농업 발달
특징	• 다국적 농업 기업이 농작물의 생산·가공·상품화의 전 과정을 담당함 　→ 세계 농산물의 가격과 생산 구조 및 소비에 영향을 끼침 • **대량 생산** : 대형 농기계 및 화학 비료 사용 　　　　　　→ 생산량 증대, 가격 경쟁력 확보
지역	• **기업적 곡물 농업** 및 **목축** : 농기계를 이용하여 대규모 생산 　예〉 미국, 캐나다, 오스트레일리아 등 (주로 선진국) • 플랜테이션 농장: 다국적 기업이 운영함 　예〉 아시아와 아프리카의 열대 기후 지역 (주로 개발도상국)

시험엔 이런식으로 나온다!! ٩(๑´ㅇ`๑)۶

Q. 그림의 제목으로 가장 적절한 것은?

제품명:콤비네이션 피자
원료명:밀가루-미국산,캐나다산
　　　피자치즈-미국산
　　　돼지고기-국내산
　　　닭고기-국내산
　　　양송이 버섯-중국산
　　　블랙 올리브-이탈리아산
　　　양파,피망,새송이버섯
　　　-국내산

① 농업의 세계화
② 자급 자족 농업의 발달
③ 음식 문화의 동서 융합

• 정답: ①

2. 농업 생산의 세계화 및 기업화에 따른 변화

(1) 농업 생산 구조의 변화 : 곡물 메이저의 영향력 확대 (세계의 곡물 시장 주도)

(2) 토지 이용의 변화 👍중요

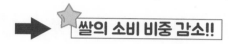

= 기호 식품

상품 작물 재배 면적 증가	• 곡물을 재배하던 농경지가 → 상품성이 높은 **상품 작물** 재배지로 변화 개발도상국(열대 기후)의 노동력 + → **플랜테이션** 형태 → 선진국 다국적 기업의 자본과 기술 • 예〉 **필리핀** 의 **바나나** , **베트남** 의 **커피** , **인도네시아** 의 **기름야자** (= 팜유)
사료 작물 재배 면적 증가	• 세계적으로 육류 소비 증가 → **가축의 사료 작물** (옥수수,콩) 재배 면적 증가 • 예〉 기업적 밀 재배지가 옥수수·콩 재배로, **남아메리카 열대림** 이 **목초지** 로 변화

(3) 농작물 소비 특성의 변화

- 채소·과일 및 육류 소비량 증가
- 패스트 푸드 소비량 증가

➡ ⭐ **쌀의 소비 비중 감소!!**

(4) 농업 생산의 기업화와 세계화의 영향

	생산지	소비지
긍정적 변화	• 기호 작물 재배로 인한 경제 활성화	• 농작물을 저렴하게 구매 가능
부정적 변화	• 소규모 자영농 감소 (소득 증가) • 단일 작물 대규모 재배 → 생태계 교란 • 과도한 비료 사용 → 환경 문제 발생 • 열대림 파괴	• 농산물 수입 의존도가 높아짐 → **식량 자급률 하락** → 안정적 식량 확보가 어려워짐 • 과도한 방부제 사용 → 농산물의 안전성 문제 발생 • 국내 농산물 소비 감소 → 국내 농민들의 어려움 발생

베트남,인도네시아,필리핀 등은
세계적인 쌀 생산지 였지만,
쌀보다는 커피,기름야자,바나나 등
기호 작물 생산에 주력한 결과
정작 **식량 부족**문제가 발생하고 있단다ㅠㅠ

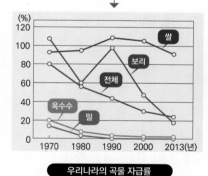

우리나라의 곡물 자급률

우리나라는 쌀을 제외하고는 옥수수, 밀 등의 곡물 자급률이 매우 낮단다.ㅠㅠ
쌀만 자급이 가능해 ㅠㅠ

훼이크 주의보: 시험에 '우리나라는 쌀은 수입에 의존한다.'라고 겁나 훼이크로 나와!! 완존 틀려!!
우리나라는 **쌀만큼은 자급이 된다는 사실**을 꼭 기억해! ㅎㅎ밥묵자!(>ᴗ<)

오늘은 바로 바로 쓰면서 암기하고 바로 바로 적용하면서 외워봅시다!! 준비됐나?렛츠고!!＼(^▽^)／

1단계: 회색글씨 위에 덧대어 쓰면서 암기해보자 (^0^)

오늘은 **전세계의 농업 방식**에 대해 알아볼꺼야!!(✪○✪)

옛날 옛날 과거에는 자급적 농업을 했단다. 자급적 농업이 뭘까?

그건 자기가 먹을건 자기가 생산한다는 말이야!! 그래서 이때는 온가족이

함께 모여 농사를 지었고, 어쨌든 사서 먹는게 없으니깐 필요한건 무조건 스스로

생산해야 했어!! 그래서 무,배추,고추,상추 등등 다품종을 소량으로 생산 했단다.

ㅜㅜ 어휴 겁나 겁나 빡셔!(>ㅁ<)

그러면 오늘날에는 어떤 농업을 할까?? (˘ ⌣ ˘)

그것은 바로!! 상업적 농업!! 상업적 농업이란 쉽게 말해 남한테 팔기 위해

농사를 짓는거야!! 이게 좀 돈이 되지 으흐흐(˘◡˘)

그래서 돈이 되는 농작물만 집중적으로 겁나 많이

생산하기 때문에 소품종 대량 생산이 되는거지!

그리고 이렇게 대량 생산을 하려면 최신식 기계는

당연하니깐 농업의 기계화는 필수적으로 따라와!!

대표적인 상업적 농업에는!

열심히 농사지어 플렉스하자!

낙농업, 원예 농업, 기업적 곡물 농업, 기업적 목축, 기호 작물

등이 있어!! 잘 외워둬!! ＼(-0-)／

소비자가 원하는 것!! 즉, 돈이 되는 농작물은 무조건 다~ 생산해!!

그래서 농업 생산의 다각화를 이뤄냈지!!ㅎㅎ(>ㅗ<)

[농업의 세계화]

너네들 바나나 좋아해?!! ㅎㅎ

나 겁나 좋아해! 매일 바나나 모양 응가를 하고 있어!부직○(-"-)○

그거 알아? 옛날에는 바나나가 겁나 비쌌어! 그런데 오늘날 바나나는 과일 중에

가장 싸지!! 어떻게 이렇게 바나나가 싸졌지??

그건, 농작물의 세계화가 일어났기 때문이야!!

교통·통신이 발달하면서 지역간의 교류가 겁나 활발해졌어!

게다가 다국적 농업 기업들이 바나나 농장 사업에 뛰어들어 바나나를 생산·

판매 하기 시작했고, 세계 무역 기구 (WTO), 자유 무역 협정 (FTA)과

같은 자유 무역의 확대는 더더욱 농작물들이 세계적으로 교류되는데

한몫을 했단다.(^▽^)

그런데 바나나가 멀리서 이동하다가 썩어버리면 어떡하지??(づ_ど)

걱정하지마!! 왜냐하면 냉동 및 냉장 기술이 발달해 오랫동안 썩지 않고

이동할 수 있으니깐!!슝~ ㄴ(¯▽¯ ∞)ㄱ =33

2단계: 바로 적용하자!

(1) 다음중 **자급적 농업**의
    특징이 아닌 것은?
  ① 과거에 시행
  ② 시장 판매 목적
  ③ 다품종 소량 생산
  ④ 전통적인 곡물 농업

(2) 다음중 **상업적 농업**의
    특징이 **아닌** 것은?
  ① 오늘날 시행
  ② 시장 판매 목적
  ③ 소품종 대량 생산
  ④ 가족 노동력 사용
  ⑤ 원예 농업, 낙농업

(3) 농업의 세계화의 **배경**이
    아닌 것은?
  ① 교통의 발달
  ② 다국적 기업의 등장
  ③ 세계 무역 기구의 출범
  ④ 지역간 교류 감소
  ⑤ 과학 기술의 발달

• 정답: (1)② (2)④ (3)④

[농업 생산의 기업화]

기업화?? 이게 무슨 뜻인가 하면!!(˘⌣˘)

농부들이 짓던 농사에 기업 이 뛰어들어 주도하기 시작했다는 뜻이야!

왜?? 돈이 되니까!!ㅎㅎ

특히 기업중에서도 다국적 기업 이 뛰어들었는데,

다국적 기업은 농작물의 생산뿐만 아니라

가공·판매·상품화까지 전과정을 담당한단다!오호!(˘ ⌣ ˘)

그러다 보니 대량 생산 이 가능해졌고

소비자는 값싼 가격 에 농작물을 먹는 이로움이 생겼지만,

그에 따르는 부작용도 만만치 않아 ㅠ

주로 선진국 에서는 기업적 곡물 농업 과 기업적 목축 을 하는데

대표적인 곳에는 미국, 캐나다, 오스트레일리아 등이 있어.(o^^)o

개발도상국 인 아시아 와 아프리카 의 열대 기후 지역에서는

플랜테이션 농장이 운영된단다.^▽^

나도 다국적 기업 출신이야!

[농업 생산의 세계화 및 기업화에 따른 변화]

자, 이렇게 농업 생산의 세계화와 기업화가 이루어지자,

전세계의 농업은 어떻게변화되었을까?

먼저는 토지 이용이 바뀌었어.(¯▽¯)/

과거에는 곡물을 재배하던 재배지가 이제는 돈이 되는 상품성이 높은

상품 작물 재배지로 바뀌었단다.

상품 작물이 기호 작물 이라고도 하는거 알지??ㅎㅎ 이건 겁나 상식!!(>⌣<)

대표적으로 필리핀 의 바나나 농장, 베트남 의 커피 농장, 인도네시아 의

기름야자 농장이 있어!!

이 상품 작물들은 모두 플랜테이션 의 형태로

재배가 돼!

플랜테이션은 개발도상국의 열대 기후 지역에서

선진국 다국적 기업의 자본 과 기술 을 바탕으로

이뤄지는 거야.٩(•‿•)

또한 육류 섭취가 늘어나면서 동물의 사료 를

재배하는 재배지가 늘어나고 있어,

과거 밀 을 생산하는 지역을 사료 작물인 옥수수 재배지로 바꾸거나,

동물을 기르기 위해 남아메리카 는 아마존강의 주변의 열대림을 밀어버리고

목초지로 바꾸고 있단다. ㅠㅠ

이렇게 농업 생산의 세계화와 기업화가 되면서 소비자들 또한 입맛이 많이 바뀌었는데 일
단 채소, 과일, 육류 의 소비량이 증가하였고

인도네시아는 기름야자 농장!!
람보쌤 머리는 그냥 기름 촬촬~

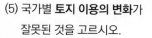

(4) 다음중 농업 생산의 **기업화**와 **세계화**에 대한 설명으로 **틀린 것을 모두** 골라보세요.

① 곡물, 채소, 과일, 원예 작물 등을 생산하여 판매한다.

② 플랜테이션은 차, 커피, 카카오 등 기호품을 얻기 위한 농업 형태이다.

③ 플랜테이션 농장은 주로 선진국에 위치한다.

④ 기업화된 농업은 미국과 캐나다, 오스트레일리아 등 넓은 농업 지역에서 주로 이루어진다.

⑤ 다국적 기업이 농업에 미치는 영향력이 커지고 있다.

⑥ 원예 작물, 기호 작물 등 농업 생산의 다각화가 이루어지고 있다.

(5) 국가별 **토지 이용의 변화**가 잘못된 것을 고르시오.

① 베트남: 벼농사 → 커피 농장

② 인도네시아: 화전 농업 → 바나나 농장

③ 필리핀: 벼농사 → 바나나 농장

④ 남아메리카: 열대림 → 목초지

빨리 먹을 수 있는 패스트푸드의 소비가 증가하면서 쌀의 소비는 감소하고 말았어!!
(ʘ‿ʘ) 쌀의 소비가 감소한 것은 매우 중요하니 꼭 기억해!!(~.^)

[농업 생산의 기업화와 세계화의 영향]
농업 생산의 기업화와 세계화는 **생산지**와 **소비지**에 각각 긍정적 영향과

부정적 영향을 끼쳤단다!!(๑•̀ㅂ•́)و

먼저 생산지에 미친 **긍정적 영향**은 아무래도 돈이 되는 농작물을 집중 생산하니
원주민들의 소득이 상승하는 등 경제의 활성화를 가져왔어! 오호(o^^)o

그러나 **부정적 영향도** 만만치 않아.(•̀ᴗ•́)

일단 기존의 소규모 자영농들이 사라지면서 식량 부족 문제가 나타나게 되었지.

이게 무슨 말인가 하면!? 필리핀을 예로 들어 알려줄께!^▽^

필리핀은 과거 벼농사 지역을 바나나 농장으로 바꿔버렸어!

이렇게 돈이 되는 상품 작물에만 집중한 결과 오히려 주식인 쌀은 다른 나라에서 수입해서
먹어야 하는 지경에 이르른거야!!(T^T)

그런 결과 식량 부족 문제가 생겨버렸어...

또한 단일 작물만 대규모로 생산하게 되면서

생태계가 교란되고 과도한 비료를 사용한 결과

수질 오염, 토양 오염 등등 여러 환경 문제가

발생하였단다.(•̑‿•̑) 지구한테 민폐!!

게다가 과도한 플랜테이션 농장과 목초지를 개발하는 바람에

소중한 열대림 역시 파괴되고 말았지.. ㅠㅠ

> 바나나로 밥을 해먹을수는 없을까?

그러면 소비지에는 어떤일이 벌어졌을까?(o^^)o

다국적 기업이 세계 농업에 뛰어들면서 소비자들은 농작물을 저렴하게
구매하는 것이 가능해졌지만, 이는 반대로 농산물에 대한 수입 의존도가
높아져 식량 자급률이 하락하는 효과를 가져왔지.

우리나라 또한 쌀은 자급이 가능하지만 옥수수, 밀 등은 전면 수입에 의존하고

있어!(ㅎ_ㅎ) 그리고 이러한 농산물들은 오랜 저장을 위해 과도한 방부제를

사용했기 때문에 이 농산물이 과연 안전한지의 여부도 문제가 된단다!! 헉! :~~

자, 사랑하는 친구들아!! 이렇게 한번 정리해보니깐 어때??

너무 너무 좋지?!!(•ᴗ•)

그럼 뒤에 가서 유형별 문제를 통해

실제 시험에 대한 감을 익혀봐!!

너희들은 충분히 할 수 있어!! We can do it!!

알라뷰(/^o^)/♡

---

(6) 다음중 **소비가 감소**하고
있는 **식량은**?

① 옥수수

② 쌀

③ 육류

(7) 다음중 농산물 **생산 지역**의
변화가 **아닌 것**을 고르시오.

① 지역 경제 활성화

② 농업 소득 감소

③ 비료와 농약 사용으로 인한
환경 파괴

④ 생태계 교란

⑤ 열대 우림 파괴

(8) 다음중 농산물 **소비 지역**의
변화가 **아닌 것**을 고르시오.

① 식량 자급률 하락

② 국제 곡물 가격에 민감

③ 전통 농업 쇠퇴

④ 농가 소득 증가

⑤ 과도한 방부제 사용에 따른
안전성 문제 발생

• 정답: (6)② (7)② (8)④

람보쌤의 자세한 해설을 영상으로 보세요!

세계화에 따른 농업 생산의 변화

유형 1 자급적 농업 vs 상업적 농업

1. (가), (나) 농업에 대한 설명으로 적절한 것은?

> (가) 곡물을 소규모로 재배하여 농가에서 직접 소비하는 형태의 농업
> (나) 시장에 판매할 목적으로 작물을 재배하거나 가축을 기르는 농업

① (가)는 상업적 농업, (나)는 자급적 농업을 말한다.
② (가) 농업의 대표적인 예로 미국의 기업적 목축이 있다.
③ (나) 농업의 대표적인 예로 낙농업, 원예농업, 기업적 곡물 농업을 들 수 있다.
④ 경제활동의 세계화가 진행되고 상업적 농업이 발달하면서 (가) 농업이 확대되고 있다.
⑤ 교통과 통신의 발달로 지역 간 교류가 증가하면서 (나)에서 (가) 농업의 형태로 변화하고 있다.

유형 2 기업화

2. 다음에서 농업 생산의 기업화에 대한 설명으로 옳지 않은 것은?

> ㉠농업 생산의 기업화는 농작물의 국제 교역량을 늘려 전 세계 농업 생산 구조에 큰 영향을 준다. ㉡과거 전통적 농업은 자급적 농업의 형태로 재배하였다. 하지만, 산업화의 도시화로 도시 인구가 증가하면서 곡물을 비롯하여 여러 농산물을 생산하여 판매하는 ㉢상업적 농업이 발달하고 있다. 한편, ㉣기호 작물의 수요량이 증가하여 열대 지방에서는 이를 재배하기 위한 ㉤플랜테이션 농업이 확대되고 있다. 세계적인 농업 기업은 저개발국에 진출하여 곡물 생산지를 상품 작물 재배지로 바꾸고 있다.

① ㉠ : 농업 선진국들은 정보통신기술(ICT)을 통해 생산 효율성을 향상시키고 있다.
② ㉡ : 가족 노동력을 중심으로 쌀, 밀과 같은 작물을 생산한다.
③ ㉢ : 곡물, 채소, 과일, 원예 작물 등을 생산하여 판매한다.
④ ㉣ : 차, 커피, 카카오 등 기호품을 얻기 위해서 재배하는 작물이다.
⑤ ㉤ : 원주민의 자본과 기술을 중심으로 대규모 농장으로 운영된다.

3. 제시된 단어 카드 중 기업적 농업을 설명하기 위해 필요한 단어 카드를 있는 대로 고르면 몇 개일까?

| 소규모 | 대규모 | 농기계와 화학비료 | 경제활동의 세계화 | 가격 경쟁력 확보 |

① 1개
② 2개
③ 3개
④ 4개
⑤ 5개

유형 3 상업적 농업의 발달 배경

4. 농업 생산의 세계화의 배경으로 옳지 않은 것은?

① 자유무역이 확대되었다.
② 다국적 농업 기업이 등장하였다.
③ 세계무역기구(WTO)체제가 출범하였다.
④ 교통과 통신의 변화로 지역 간 교류가 감소하였다.
⑤ 생활 수준 향상으로 다양한 농산물 수요가 증가하였다.

유형 4 세계 농업의 특징

※ 세계적인 농업 회사의 생산과 판매시스템을 나타낸 자료이다. 물음에 답하시오.

▲D농업 회사의 글로벌 네트워크와 제품 판매

> • 고도의 재배 기술을 가지고 생산되고 있다.
> • 온두라스, 콜롬비아, 에콰도르, 필리핀 등에 농장이 있다.
> • 냉장 운반 시스템을 통해 전 세계로 운반, 판매되고 있다.

5. 자료와 관련된 설명으로 거리가 먼 것은?
① 농업의 세계화가 진행되고 있다.
② 상업적 농업이 더욱 발달하게 되었다.
③ 원예 작물, 기호 작물 등 농업 생산의 다각화가 이루어지고 있다.
④ 곡물을 소규모로 재배하여 직접 소비하는 자급적 농업이 확대되고 있다.
⑤ 넓은 토지, 품종 개량 등을 통해 대량생산과 세계에 판매하는 농업의 기업화가 확대되고 있다.

6. 농업의 기업화와 세계화에 대한 설명으로 옳은 것을 〈보기〉에서 있는 대로 고른 것은?

┌─── 보 기 ───┐

ㄱ. 상업적 농업의 결과 농업 생산의 다각화가 이루어지고 있다.
ㄴ. 낙농업, 원예농업, 대규모 곡물 재배 및 목축 등이 상업적 농업에 해당한다.
ㄷ. 농작물의 상업적 이윤을 극대화하기 위해 농업의 기업화 현상이 확대되고 있다.
ㄹ. 세계 무역 기구(WTO) 체제 출범과 자유 무역 협정(FTA) 체결 등은 농업의 세계화와 무관하다.
ㅁ. 현재는 주로 벼, 밀, 옥수수 등의 곡물을 소규모로 재배하여 직접 소비하는 자급적 농업이 대부분이다.

① ㄱ, ㄷ
② ㄴ, ㅁ
③ ㄹ, ㅁ
④ ㄱ, ㄴ, ㄷ
⑤ ㄷ, ㄹ, ㅁ

7. 농업 생산의 기계화에 대한 설명으로 옳지 않은 것은?

① 좁은 농업 지역에서 주로 이루어진다.
② 판매를 목적으로 한 상업적 농업이 확대되었다.
③ 기업들이 많은 자본과 기술을 농업에 투입하였다.
④ 아프리카와 아시아의 개발도상국으로 확대되었다.
⑤ 다국적 기업들은 대규모 플랜테이션 농장을 만들었다.

8. 그림의 제목으로 가장 적절한 것은?

제품명:콤비네이션 피자
원료명:밀가루-미국산,캐나다산
　　　피자치즈-미국산
　　　돼지고기-국내산
　　　닭고기-국내산
　　　양송이 버섯-중국산
　　　블랙 올리브-이탈리아산
　　　양파,피망,새송이버섯
　　　-국내산

① 간편식의 확산
② 농업 생산의 세계화
③ 농업 생산의 기계화
④ 자급자족 농업 발달
⑤ 음식 문화의 동서양 융합

--------- 농업 생산의 기업화와 세계화로 인한 지역 변화 ---------

 **유형 1** 농산물의 생산 지역과 소비 지역에서 발생하는 일

9. 농업 생산의 기업화와 세계화로 생산 방식과 재배 작물이 변화하고 있다. 변화된 내용을 잘못 연결한 것은?

	변경 전	변경 후
① 아마존 :	열대우림	대규모 목장
② 베트남 :	벼 농사	바나나 농장
③ 필리핀 :	벼 농사	바나나 농장
④ 인도네시아 :	화전 농업	기름야자 농장
⑤ 재배 방식 :	다품종 소량생산	소품종 대량생산

10. 농업 생산의 세계화와 기업화가 생산 및 소비 지역에 미치는 영향에 대한 설명으로 옳은 것을 〈보기〉에서 고른 것은?

┌─── 보 기 ───┐

ㄱ. 소비 지역의 식량 자급률을 낮추는 요인이 되기도 한다.
ㄴ. 외국 농산물의 수입은 지역의 음식 문화를 다양하게 만든다.
ㄷ. 생산 지역에서 단일 작물의 대규모 재배로 생태계를 교란하기도 한다.
ㄹ. 농업의 세계화로 농업 생산 지역과 소비 지역에는 긍정적 변화만 발생하였다.
ㅁ. 소비 지역의 주민들에게 새로운 일자리를 제공하고, 지역 경제를 활성화할 수 있다.
ㅂ. 저렴한 외국 농산물의 수입은 생산 지역의 상당수 농가에서 농업 소득 감소 등의 문제를 발생시킨다.
ㅅ. 최근 바이오 에너지로 가치를 주목받으며 팜유 생산량 세계 1위는 인도이며, 이로 인한 열대 우림의 파괴가 문제이다.

① ㄱ, ㄴ, ㄷ
② ㄱ, ㄴ, ㄹ
③ ㄷ, ㄹ, ㅅ
④ ㄹ, ㅁ, ㅂ
⑤ ㅁ, ㅂ, ㅅ

11. 최근 나타나는 농업 생산 구조의 변화에 대한 설명으로 옳지 않은 것은?

① 원예작물, 기호 작물을 재배하는 경우가 늘어나고 있다.
② 남아메리카 지역에서는 열대림을 목초지로 바꾸고 있다.
③ 세계화에 따라 농업 경쟁력을 높이기 위해 곡물 위주의 재배가 증가하고 있다.
④ 동남아시아 지역의 국가들은 커피, 바나나 같은 상품작물을 재배하기 시작하였다.
⑤ 미국 캔자스주는 수익성이 높은 옥수수를 재배하는 등 토지 이용의 변화가 나타나고 있다.

유형 2 농작물의 소비 특성 변화

12. 최근 농작물 소비 특성의 변화에 대한 설명으로 적절하지 않은 것은?

① 쌀 소비량 증가
② 육류 소비량 증가
③ 과일의 수입량 증가
④ 채소, 과일 소비량 증가
⑤ 콩, 밀, 옥수수 등의 수입량 증가

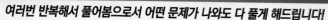
13. 세계화로 농업 생산 구조와 농작물 소비 특성이 변화하고 있다. 이에 대한 옳은 설명을 〈보기〉에서 고른 것은?

─ 보 기 ─

ㄱ. 커피, 차 등 기호 작물의 재배가 감소하고 있다.
ㄴ. 패스트푸드의 보편화로 쌀 소비량은 감소하고 있다.
ㄷ. 육류 소비량이 증가하면서 옥수수, 콩 등 재배 지역이 줄어들고 있다.
ㄹ. 밀을 재배하던 지역이 바이오 에너지의 원료가 되는 옥수수 재배 지역으로 변화하고 있다.

① ㄱ, ㄴ   ② ㄱ, ㄹ   ③ ㄴ, ㄷ
④ ㄴ, ㄹ   ⑤ ㄷ, ㄹ

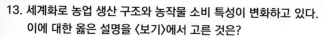

유형 3 우리나라의 곡물 자급

14. 다음은 우리나라의 곡물 자급률을 나타낸 것이다. 이에 대한 설명으로 옳지 않은 것은?

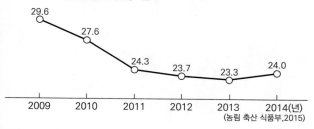

· 곡물 자급률 : 사료용을 포함한 국내 농산물 소비량 대비 국내 생산량 비율   (단위: %)

29.6 27.6 24.3 23.7 23.3 24.0
2009 2010 2011 2012 2013 2014(년)
(농림 축산 식품부,2015)

① 전반적으로 곡물 자급률이 낮아지고 있다.
② 우리나라는 국제 곡물 시장의 변화에 둔감할 것이다.
③ 우리나라는 콩, 밀, 옥수수 등을 대부분 수입에 의존한다.
④ 우리나라에서 소비되는 곡물 중 국내산보다 외국산이 많은 비중을 차지할 것이다.
⑤ 전 세계적으로 곡물 생산에 차질이 생기면 우리나라는 곡물 파동이 발생할 가능성이 있다.

유형 4 복합

15. 농업 생산의 기업화와 세계화로 인한 지역 변화에 대한 설명으로 옳지 않은 것은?

① 대형 농기계, 다량의 화학 비료와 농약을 사용하고 있다.
② 세계 각지에서 생산된 다양한 농산물을 저렴하게 먹을 수 있게 되었다.
③ 값싼 농산물 수입으로 식량 자급률을 높이고 식량 부족 문제를 해결하였다.
④ 동남아시아 지역은 상품 작물 재배가 늘면서 상업적 농업이 확대되고 있다.
⑤ 육류 소비 증가에 따라 옥수수, 콩 등 가축 사료 작물 재배가 증가하고 있다.

16. 농업 생산의 기업화의 세계화에 따른 변화로 옳지 않은 것은?

① 자급적 농업에서 상업적 농업으로 확대되었다.
② 미국에서의 밀 작물은 대규모, 기계화 방식으로 생산한다.
③ 유럽의 선진국에서는 다국적 기업의 플랜테이션 농장이 발달하였다.
④ 교통과 통신의 발달, 생활 수준 향상으로 다양한 농산물의 수요가 증가하였다.
⑤ 농업 생산이 전 세계 시장을 대상으로 진행되며, 일상생활에서 소비하는 먹거리가 변하게 되었다.

17. 다음의 (가)에 들어갈 내용으로 옳은 것만을 〈보기〉에서 있는 대로 고른 것은?

베트남은 기온이 높고 강수량이 풍부하여 전통적으로 벼농사가 발달한 세계적인 쌀 수출국이었다. 1990년대부터 베트남은 벼를 재배하던 곳에 상품성이 높은 커피 나무를 재배하면서 커피 생산이 증가하였고, 그 결과 세계적인 커피 생산국이 되었다. 이로 인해 _____ (가) _____

─ 보 기 ─

ㄱ. 열대 우림이 파괴되었다.
ㄴ. 식량의 생산과 수출이 늘었다.
ㄷ. 각종 환경 문제가 심각해졌다.
ㄹ. 화학 비료와 농약의 사용이 늘었다.
ㅁ. 다양한 작물이 재배되고, 토양이 비옥해졌다.

① ㄱ, ㄴ   ② ㄱ, ㄷ
③ ㄱ, ㄷ, ㄹ   ④ ㄴ, ㄹ, ㅁ
⑤ ㄴ, ㄷ, ㄹ, ㅁ

18. 다음과 같은 생산 지역의 변화 원인으로 가장 적절한 것은?

• 쌀 수출국에서 커피 수출국이 된 베트남
• 쌀을 재배하던 논에 바나나 농장이 들어선 필리핀
• 대규모 목장으로 바뀐 아마존의 열대 우림 지역

① 기업의 농업 투자 규모 감소
② 외국산 농산물에 대한 의존도 감소
③ 여러 종류의 다양한 농작물을 소규모로 재배
④ 상품성이 높은 한두 가지 농작물을 대규모로 재배
⑤ 지역 고유의 전통적 방식으로 생산된 농산물 선호

1. 다국적 기업이란?

의미	• 세계 각지에 자회사를 두고 여러 나라에 생산과 판매 활동을 하는 기업
중요 성장 배경	• 경제 활동의 세계화 • 자유 무역 확대: 무역 장벽의 약화 –세계 무역 기구(WTO)의 등장 –자유 무역 협정(FTA)의 체결 • 교통·통신의 발달
성장 과정	① 국내에 **단일 공장** 건설 ↓ ② 국내 **지방**에도 공장 건설 ↓ ③ **해외**에 제품 판매 ↓ ④ **여러 국가**에 공장, 연구소 등 건설
최근 변화	• 초기: 선진국 기업이 많았으나 → 최근: 개발도상국의 다국적 기업도 성장 • **제조업 뿐만 아니라** 가공·유통·금융 서비스 등 다양한 분야로 확대
특징	• 일부 다국적 기업의 매출액은 한 나라의 국내 총생산 보다 크다

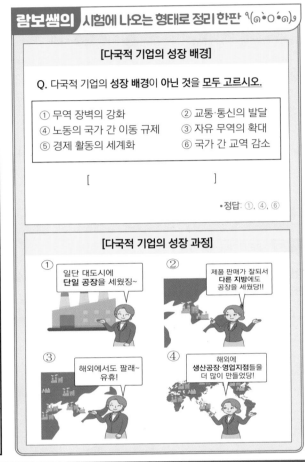

람보쌤의 **시험에 나오는 형태로 정리 한판**

[다국적 기업의 성장 배경]

Q. 다국적 기업의 **성장 배경**이 아닌 것을 **모두 고르시오.**

① 무역 장벽의 강화   ② 교통·통신의 발달
④ 노동의 국가 간 이동 규제   ③ 자유 무역의 확대
⑤ 경제 활동의 세계화   ⑥ 국가 간 교역 감소

[   ]

•정답: ①, ④, ⑥

[다국적 기업의 성장 과정]

① 일단 대도시에 **단일 공장**을 세웠징~

② 제품 판매가 잘되서 **다른 지방**에도 공장을 세웠당!!

③ 해외에서도 팔래~ 유휴!

④ 해외에 **생산공장·영업지점들**을 더 많이 만들었당!

훼이크 주의보 시험에는 '**다국적 기업은 제조업만 발달한다**' 라고 잘나와! 그러면 무조건 훼이크!!
과거에 제조업 중심이었던 것은 맞지만, **지금은 가공, 유통, 금융 서비스등** 굉장히 다양한 분야까지 **확대되었엉!** ＼(^0^*)／

2. 다국적 기업의 공간적 분업과 지역 변화

중요

(1) 다국적 기업의 **공간적 분업** 시험100%출제

이 파트는 워낙 중요하기 때문에!! 키워드맵을 통해서 반복 연습 제대로 해야 돼!! 알겠지?٩(•ᴗ•)

의미		• 다국적 기업이 **경영의 효율성**을 **높이고**, **이윤을 극대화**하기 위해 기업의 기획 및 관리·연구·생산·판매 기능을 각각 적합한 지역에 분리하여 배치하는 것		
중요 기능별 입지 특성	**본사**	역할	• 회사의 경영 및 관리 → 의사 결정 기능 수행	
		입지	• **다양한 정보 수집**과 **자본 확보**에 유리한 곳 → 주로 **선진국**에 입지	
	연구소	역할	• 핵심 기술 및 디자인 담당 → 연구·개발 기능	
		입지	• **기술 수준**이 **높고**, **고급인력**이 **많은 곳** → 연구 시설(연구소,대학)등을 잘 갖춘 주로 **선진국**에 입지	
	생산 공장	입지	• 생산 비용 절감을 위해 **지가가 낮고 저렴한 노동력이 풍부한** → **개발도상국**에 주로 입지 시험1탄 서술형1탄 • **선진국**에 일부 입지: **시장을 확대**하고 **무역 장벽을 피하기 위한** 목적	
	판매 지점	입지	• 수요가 많아 구매력이 높은 지역	

여기서 잠깐!! 시험에 나오는 서술형 찝고갈께!! \(-0-)/

- Q-1. 생산 공장이 **개발 도상국**에 입지하는 이유를 **서술하시오.**
  [지가가 낮고 저렴한 노동력이 풍부하여 생산 비용이 절감되기 때문이다.]

- Q-2. 일부 생산 공장이 **선진국**에 입지하는 이유를 **서술하시오.**
  [시장을 확대하고 무역 장벽을 극복하기 위해서이다.]

(2) 다국적 기업의 진출에 따른 지역 변화 〉시험1타〉 〉서술형1타〉

	① 다국적 기업의 생산 공장 진출 지역
긍정적 영향	• **자본이 유입**되고 **일자리가 증가**함 → **지역 경제 활성화** • 기술 이전으로 관련 산업 발달

부정적 영향	• 유사한 제품을 생산하는 국내 기업의 경쟁력 약화
	 • **이윤의 해외 유출**로 경제 발전을 기대하기 어려움 ──
	 • **환경 오염 발생**
	     이윤의 상당 부분이 다국적 기업의 본사가 있는 ◀
	     선진국으로 빠져나가ㅠㅠ 죽쒀서 개줬댕!!(ㅁ˘ʷ˘ㅁ)

	② 다국적 기업의 생산 공장이 빠져나간 지역
	• 원인: 생산비 절감을 위해 생산 공장을 다른 지역으로 이전 • 결과: **산업 공동화 현상**으로 **지역 경제 침체** (실업자 증가)

→ 다국적 기업이 빠져나가면서 산업의 공백이 생기는 현상을 말해! 쉽게 말해 그 지역의 산업이 텅~비게 되는 거지!(ToT)

시험에 나오는 서술형! 다 찝고 가자!!\(^0^*)/

Q-1. 다국적 기업의 입지가 지역 발전에 미치는 **긍정적 영향**을 **세가지 이상 서술하시오.**
[(1) **자본**이 유입된다.   (2) **일자리**가 증가한다.
(3) **관련 산업**이 발달한다.   (4) **기술 이전**을 받을 수 있다.]

Q-2. 다국적 기업의 **생산 공장 진출**로 지역에 미치는 **부정적 영향**을 **서술하시오.**
[유사한 제품을 생산하는 **국내 기업**의 경쟁력이 약화되고 **이윤**이 해외 유출되며, 환경 오염이 발생한다.]

Q-3. 다국적 기업의 **생산 공장이 빠져나간 지역**에서는 어떤 현상이 나타나는지 **서술하시오.**
[산업 공동화 현상이 나타나면서 실업률이 증가하고 지역 경제가 침체된다.]

3. 서비스업의 세계화
(1) 서비스업의 의미

의미	• 인간이 필요로 하는 재화나 용역을 공급하는 활동	
특징	• 소비자에 따라 표준화가 어렵다 • 고용 창출의 효과가 크다	
유형	**소비자 서비스업**	• 소비자에게 직접 제공하는 서비스 예〉 음식업, 숙박업
	생산자 서비스업	• 기업 활동에 도움을 주는 서비스 예〉 금융, 법률, 광고 등

시험에 나온 중요 지문!! 맞으면 ○표, 틀리면 ✕표를 하시오!!

① **서비스업**은 인간이 필요로 하는 **재화**나 **용역**을 공급하는 것을 의미한다. ( )
② **서비스업**은 소비자에 따라 원하는 서비스 형태가 달라서 **표준화**하기 어렵다. ( )
③ **개발도상국**은 **서비스 산업**이 경제 성장을 이끌어 가고 있다. ( ) ─┐
④ **서비스업**은 노동력이 많이 필요해 **고용 창출** 효과가 크다. ( ) |
⑤ **교통·통신**의 발달로 **시공간의 제약**이 **증가**하였다. ( ) |

•정답: ①~⑤: ○○✕○✕

지금 현재 **선진국**은 제조업보다 **서비스업**이 경제 성장을 이끌고 있어!(^0^)
훼이크로 '**개발도상국은 서비스업이 경제 성장을 이끌고 있다**'라고 나오면 무조건 틀려!\(*˙Д˙)/ 서비스업이 경제 성장을 이끄는 것은 **선진국**이야!! 알겠지?(^0^) ◀

(2) 서비스업의 세계화

① 배경
• **교통과 통신의 발달** → 시·공간적 제약 완화   • 다국적 기업의 활동 확대
② **서비스업의 세계화에 따른 공간적 분업**
• 비용 절감과 업무의 효율성을 위해 다국적 기업은 일부 업무를 개발 도상국으로 분산함   예〉 **해외 콜센터**

[시험에 매우 잘 나오는 '필리핀 콜센터]

필리핀의 미국 기업 콜센터

미국 ○○기업에서 24시간 운영하는 콜센터에 걸려오는 전화는 미국이 아닌 필리핀으로 연결된다. **필리핀은 미국보다 노동비가 저렴하면서 영어에 능통하고, 미국 문화에 대한 친밀도가 높아서** 미국의 다국적 기업들이 필리핀에 콜센터를 설치한 것이다. 필리핀 또한 과거 농업업에 의존하던 것에서 서비스 산업으로 눈을 돌렸고 그 대표적인 것이 콜센터이다.

시험에 정말 잘나오는 '필리핀 콜센터'!! O, X 문제로 정리하고 가자!!＼(^▽^)ノ

Q. 필리핀 콜센터 관련하여 다음 지문의 설명이 **맞으면** ○표, **틀리면** ×표를 하시오.

① 콜센터가 들어서는 지역에서는 **일자리 증가**와 서비스업의 성장을 기대할 수 있다. ( )
② 필리핀은 지역 경제 활성화, 외국 기업의 투자를 통한 **정보 통신 설비 구축**이 이루어진다. ( )
③ 다국적 기업은 낮과 밤이 반대로 나타나는 지역에 콜센터를 위치시켜 24시간 서비스 제공이 가능하게 된다. ( )
④ 다국적 기업의 콜센터는 자유롭게 다른 나라로 옮길 수 있어 필리핀의 장기적 고용 안정을 이룰 수 있다. ( )
⑤ 콜센터일은 고임금 일자리가 대부분이다. ( )

• 정답: ①~⑤: ○○○×(콜센터가 있다가 빠져나가면 그 지역은 경기 침체가 오기 때문에 고용이 불안정해지는 단점이 있어.ㅠㅠ)×(저임금 일자리가 대부분이야.)

4. 서비스업의 세계화로 인한 변화

① 유통의 세계화

배경	• 정보 통신 기술의 발달 • 다국적 기업의 활동 증가
출요 특징	• **전자 상거래** 발달 — 전자 상거래는 인터넷을 통한 가격 비교가 쉬워지면서 서비스업 제공자들 사이의 가격 경쟁은 더욱 치열해진단다.(;-_-) → 시·공간의 제약 완화 → **유통 단계 줄어듦** → 창고업·택배 산업의 활성화 → 해외 직접 구매 사례 증가 →대도시 부근 → 교통이 편리한 지역에 대규모 **물류 창고** 발달 → 오프라인 상점 쇠퇴 이제는 오프라인 상점보다 온라인과 물류센터가 중심이 되었단다!

② 관광의 세계화

배경		• 교통과 통신 기술의 발달 → 인터넷을 통해 여행 상품 직접 예약 • 소득 수준 향상, 여가 시간 증대
영향	**긍정적 영향**	• 지역 주민의 일자리 창출 및 소득 증가 • 교통, 통신, 도로, 항공 등 기반 시설 개선
	부정적 영향	• 관광 시설 건설로 자연 환경 파괴 • 지나친 상업화로 지역 고유 문화 쇠퇴
대안		• **공정 여행** 증가 • 음악·영화·드라마·축제 등을 이용한 체험 관광 발달

시험에 나오는 '상거래 방식의 변화'

[기존 상거래 → 전자 상거래]

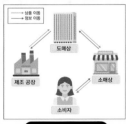 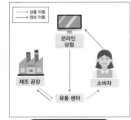

| 기존의 상거래 | 전자 상거래 |

기존의 상거래는 유통 단계가 복잡하고 대면 거래 중심이었어. 그러나 전자상거래는 유통 단계가 단순해지고 시공간의 제약 없이 거래가 가능해졌단다. 끼옷＼(^0^*)/

[해외 직구의 성장]

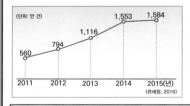

해외 직구의 성장 그래프

해외 직접 구매(직구)는 **거래 방법이 간소화**되고 소비자가 저렴하게 해외 상품을 구매하게 되면서 **급성장하고 있어.** 그러나 국내 온라인 쇼핑 업체의 수익에는 타격을 줄 수도 있단다. ㅠㅠ

시험1타!! 공정 여행!! 반드시 시험에 나오는 형태로 정리하고 가자!! ┌(^^)┘

★★공정 여행이란?	★★공정 여행 사례	★★시험에 잘 나오는 '공정 여행' 훼이크
현지의 자연과 문화 등을 존중하는 여행 방식으로 **'착한 여행'**이라고 한다.	• 현지 주민의 인사말과 노래 및 춤 등을 배워본다. • 비행기, 자동차의 이용을 줄이고 **도보, 자전거** 등을 이용한다. • **현지의 생활 방식과 문화를** 체험한다. • 현지의 동식물로 만든 기념품은 사지 않고 **현지 동물을 이용한 쇼나 투어에 참여하지 않는다.** • 현지인이 운영하는 숙소와 음식점 이용하기 • 공정 무역 제품을 이용하고 **지나치게 가격을 깎지 않는다.**	• 지역 산물 판매처보다는 **대형마트를 이용한다.** →X, 안돼!! 지역 산물 판매처를 이용해야 지역 주민에게 혜택이 가! • 여행 비용을 최소화하기 위해 **최대한 가격을 깎는다.** →X, 안돼! 지나치게 가격을 깎아 지역 주민들에게 피해를 주면 안돼! • **현지 동물**을 이용한 **쇼나 투어에 참여**한다. →X, 안돼! 동물을 괴롭히는 야만적인 쇼에 참여하면 안돼!! • **대규모 골프장과 놀이공원** 등의 위탁 시설에서 여가를 즐긴다. →X, 안돼! 현지인이 운영하는 숙소와 음식점을 이용해야 돼!

훼이크주의보!! 시험에는 이런 훼이크가 나온다!!!٩(๑•o•๑)۶

① 유통의 세계화로 **사람이 직접 만나는 서비스업의 기본 특성이 강화**되었다. →✕, 유통의 세계화는 **비대면 서비스의 증가**를 가져왔어.

② 상품의 **대면 거래 비중이 더 높다**. →✕, 위와 마찬가지 이유야!٩(•‿•)

② 인터넷 예약보다는 **현지 예약이 증가**하고 있다. →✕, **인터넷 예약이 증가**하고 있어(^^*)

③ 다국적 기업은 **콜센터를 본사가 있는 곳에 둔다**. →✕, 콜센터는 **인건비가 저렴한 개발도상국에 둔단다**.s(ご'o゙ご)グ

④ 인터넷을 통한 가격 비교가 쉬워지면서 **가격 경쟁이 줄어들고** 있다. →✕, 가격 비교가 쉬우니 **경쟁 업체들끼리 가격 경쟁이 늘어나!**

⑤ 정보화로 관광 회사가 만든 관광 상품에 의존하는 관광객이 더욱 증가하고 있다.
　→✕, 관광회사에 의지하지 않고 관광객 스스로 인터넷을 통해 쉽게 여행 계획 짜는 스스로 여행이 늘어났어!!(^0^)

1. 다국적 기업이란?

1단계 **기본 개념 파악하기**

1. 다음은 무엇에 대한 **설명인가?**

세계 각지에 자회사를 두고
여러 나라에 생산과 판매 활동을 하는 **기업**

〈   〉

2단계 **기본 개념 적용하기**

2. 다음 <u>밑줄친 틀린 설명을</u> <u>바르게 고쳐보세요.</u>\(^0^*)/

① 무역 장벽이 **강화**되면서 다국적 기업이 성장하게 되었다.

[   ]

② 국가 간 교역이 **감소**하면서 다국적 기업이 성장하게 되었다.

[   ]

③ 자유 무역으로 인해 국가가 상호 의존이 **약화**되었다.

[   ]

④ 다국적 기업은 **선진국에만**있다.

[   ]

⑤ 다국적 기업은 **제조업만**한다.

[   ]

3. 다국적 기업의 **성장 과정**을 **순서대로** 맞춰보세요.٩(•‿•)

① **여러 국가에** 공장, 연구소 등 건설	〈정답〉
② **국내 지방에도** 공장 건설	
③ **해외에** 제품 판매	
④ **국내에** 단일 공장 건설	

4. 아래 돌흉의 말은 맞는 말일까요? ˘‿˘

일부 다국적 기업의 매출액은!! 한 나라의 국내 총생산 보다 크기도 하다큐!!

① 맞는말   ② 입으로 뀌는 방구

• 정답: 1. 다국적 기업 2.①약화 ②증가 ③강화 ④선진국 분만 아니라 개발도상국에도 있다. ⑤제조업 분만 아니라 다양한 산업에 포진되어있다.
3. ④→②→③→① 4. ①

2-1. 다국적 기업의 공간적 분업

1단계 **기본 개념 파악하기**

1. 회색 글씨 위에 덧대어 쓰며 외워보세요.(￣▽￣)/

다국적 기업의 입지 조건	본사	역할	• 회사의 경영 및 관리 → 의사 결정 기능 수행
		입지	• 다양한 정보 수집과 자본 확보에 유리한 곳 → 주로 선진국에 입지
	연구소	역할	• 연구·개발 기능
		입지	• 기술 수준이 높고, 고급 인력이 많은 곳 → 연구 시설을 잘 갖춘 주로 선진국에 입지
	생산 공장	입지	• 지가가 낮고 저렴한 노동력이 풍부한 → 개발도상국에 주로 입지 • 선진국에 일부 입지: 시장을 확대하고 무역 장벽을 피하기 위해

1. 다음은 **무엇**에 대한 **설명**인가?

> 다국적 기업이 경영의 효율성을 높이고
> **이윤을 극대화**하기 위해
> 기업의 기획 및 관리·연구·생산·판매
> 기능을 각각 적합한 지역에 **분리하여**
> **배치**하는 것

① 다국적 기업의 축구공간적 분업
② 다국적 기업의 공간적 분업

2. 다음 **키워드**를 보고 **본사**에 대한 설명이면 '**본**', 연구소는 '**연**', 생산 공장은 '**생**'이라고 써보시요.s(ˉ▽ˉ)v

정보 수집+ 자본 확보에 유리한 곳에 입지	주로 개발도상국에 입지	지가가 낮고 저렴한 노동력이 풍부한 곳 입지
① (　　)	② (　　)	③ (　　)
기술 수준 높고 고급 인력이 많은 곳 입지	주로 선진국에 입지	연구 시설을 잘 갖춘 선진국에 입지
④ (　　)	⑤ (　　)	⑥ (　　)

• 정답: 1. ② 2. ①~③: 본/생/생 ④~⑥: 연/본연/연

3. **짜투리 퀴즈**를 통해 중요 내용만 다시 한번 머리에 **빠르게 집어넣자**!!＼(^▽^)／

짜투리 퀴즈 1
Q. 본사는 어떤 곳에 **있지**? 　① 넷플릭스와 디즈니티비를 많이 볼 수 있는 곳 　② **다양한 정보 수집**과 **자본 확보**가 유리한 곳

짜투리 퀴즈 2
Q. 연구소는 어떤 곳에 **있지**? 　① **기술 수준**이 높고 고급 인력이 많은 곳 　② **시장을 확대**하고 **무역 장벽**을 피할 수 있는 곳

짜투리 퀴즈 3
Q. 생산 공장은 어떤 곳에 **있지**? 　① **지가**가 낮고 저렴한 노동력이 풍부한 곳 　② **기술 수준**이 높고 **고급 인력**이 많은 곳

짜투리 퀴즈 4
Q. 일부 생산 공장은 왜 선진국에 **있지**? 　① **시장을 확대**하고 **무역 장벽**을 피하려고 　② 동공을 확대하고 미세먼지를 피하려고

• 정답: 3. ②,①,①,①

4. 시험에 나오는 **서술형**을 완벽하게 **암기하고 가자**!!∠(- o -)

1단계: 회색 글씨 위에 덧대어 쓰며 암기하기

Q-1. **생산 공장이 개발 도상국에** 입지하는 이유를 __서술하시오__.
[지가가 낮고 저렴한 노동력이 풍부하여 생산 비용이 절감되기 때문이다.]

Q-2. **일부 생산 공장이 선진국에** 입지하는 이유를 __서술하시오__.
[시장을 확대하고 무역 장벽을 극복하기 위해서이다.]

2단계: 괄호 안에 알맞은 말을 넣어 암기하기

Q-1. **생산 공장이 개발 도상국에** 입지하는 이유를 __서술하시오__.
[(　　)가 낮고 저렴한 (　　)이 풍부하여 생산 비용이 절감되기 때문이다.]

Q-2. **일부 생산 공장이 선진국에** 입지하는 이유를 __서술하시오__.
[(　　)을 확대하고 (　　)을 극복하기 위해서이다.]

Q-1. 생산 공장이 **개발 도상국**에 입지하는 이유를 **서술하시오**.
[   ]

Q-2. 일부 생산 공장이 **선진국**에 입지하는 이유를 **서술하시오**.
[   ]

2-2. 다국적 기업의 진출에 따른 지역 변화

1단계 기본 개념 파악하기

1. 회색 글씨 위에 덧대어 쓰며 외워보세요.(ˉ▽ˉ)/

① 다국적 기업의 생산 공장 진출 지역	
긍정적 영향	• 자본이 유입되고 일자리가 증가함 → 지역 경제 활성화 • 기술 이전으로 관련 산업 발달
부정적 영향	• 유사한 제품을 생산하는 국내 기업 경쟁력 약화 • 이윤의 해외 유출 • 환경 오염 발생
② 다국적 기업의 생산 공장이 빠져나간 지역	
• 산업 공동화 현상으로 지역 경제 침체	

2. 다국적 기업이 진출했을 때 **긍정적 영향**은 '**긍**', **부정적 영향**은 '**부**'라고 쓰시오.s(ˉ▽ˉ)v

자본 유입	환경 오염	일자리 증가
① ( )	② ( )	③ ( )
이윤의 해외 유출	지역 경제 활성화	자본 유입
④ ( )	⑤ ( )	⑥ ( )
유사 제품을 생산하는 국내 기업 경쟁력 약화		기술 이전으로 관련 산업 발전
⑦ ( )		⑧ ( )

• 정답: 2. ①~③: 긍부긍, ④~⑥: 부긍긍, ⑦~⑧: 부긍

2단계 시험에 나오는 서술형 연습

1단계: 회색 글씨 위에 덧대어 쓰며 암기하기	2단계: 괄호 안에 알맞은 말을 넣어 암기하기
Q-1. 다국적 기업의 입지가 지역 발전에 미치는 **긍정적 영향**을 세가지 이상 **서술하시오**. [(1) 자본이 유입된다. (2) 일자리가 증가한다. (3) 관련 산업이 발달한다. (4) 기술 이전을 받을 수 있다.] **Q-2.** 다국적 기업의 **생산 공장 진출**로 지역에 미치는 **부정적 영향**을 **서술하시오**. [유사한 제품을 생산하는 국내 기업의 경쟁력이 약화되고 이윤이 해외 유출되며, 환경 오염이 발생한다.] **Q-3.** 다국적 기업의 **생산 공장이 빠져나간 지역**에서는 어떤 현상이 나타나는지 **서술하시오**. [산업 공동화 현상이 나타나면서 실업률이 증가하고 지역 경제가 침체된다.]	**Q-1.** 다국적 기업의 입지가 지역 발전에 미치는 **긍정적 영향**을 세가지 이상 **서술하시오**. [(1) ( )이 유입된다. (2) ( )가 증가한다. (3) 관련 ( )이 발달한다. (4) ( )을 받을 수 있다.] **Q-2.** 다국적 기업의 **생산 공장 진출**로 지역에 미치는 **부정적 영향**을 **서술하시오**. [( ) 제품을 생산하는 ( ) 기업의 경쟁력이 약화되고 ( )이 해외 유출되며, ( )이 발생한다.] **Q-3.** 다국적 기업의 **생산 공장이 빠져나간 지역**에서는 어떤 현상이 나타나는지 **서술하시오**. [( ) 현상이 나타나면서 실( )이 증가하고 ( )가 침체된다.]

3단계: 스스로 써보기

Q-1. 다국적 기업의 입지가 지역 발전에 미치는 **긍정적 영향**을 세가지 이상 서술하시오.

[   ]

Q-2. 다국적 기업의 **생산 공장 진출**로 지역에 미치는 **부정적 영향**을 서술하시오.

[   ]

Q-3. 다국적 기업의 **생산 공장이 빠져나간 지역**에서는 어떤 현상이 나타나는지 **서술하시오.**

[   ]

---

3. 서비스업의 세계화로 인한 변화

1단계 기본 개념 파악하기

1. 회색 글씨 위에 덧대어 쓰며 외워보세요.(￣▽￣)/

① 유통의 세계화	
특징	• **전자 상거래** 발달 → 시·공간의 제약 완화 → 유통 단계 줄어듦 → 창고업·택배 산업의 활성화 → 해외 직접 구매 사례 증가 → 교통이 편리한 지역에 　대규모 물류 창고 발달 → 오프라인 상점 쇠퇴 → 온라인 상점과 물류 센터 중심

② 관광의 세계화		
배경		• 교통과 통신 기술의 발달 → 인터넷을 통해 여행 상품 직접 예약 • 소득 수준 향상, 여가 시간 증대
영향	긍정적 영향	• 지역 주민의 일자리 창출 　→ 소득 증가 • 기반 시설 개선
	부정적 영향	• 자연 환경 파괴 • 지나친 상업화로 고유 문화 쇠퇴
대안		• 공정 여행 증가 • 음악·영화·드라마·축제 등을 이용한 　체험 관광 발달

2단계 기본 개념 적용하기

2. '기존 상거래'는 '기', 전자 상거래는 '전'이라고 쓰시오.＼(^▽^)/

상품의 판매 범위가 좁다	상품의 유통 단계가 줄어든다
① (　　)	② (　　)
시간적 제약이 작다	정보 통신의 발달
③ (　　)	④ (　　)
오프라인 상점의 축소	대규모 물류 창고 등장
⑤ (　　)	⑥ (　　)
온라인 중심과 물류 센터 중심	대면 거래 비중이 높다
⑦ (　　)	⑧ (　　)

3. '**공정 여행**'과 관련하여 다음 **밑줄친 틀린말**을 고쳐보세요.

(1) 현지 동물을 이용한 쇼나 투어에 **참여한다.**

　→

(2) 여행지의 생활 방식과 종교를 **무시한다.**

　→

(3) **다국적기업**이 운영하는 숙소와 음식점, 대중교통 등을
이용한다. →

(4) 대규모 골프장과 놀이공원 등의 위탁 시설에서
여가를 **즐긴다.** →

(5) 공정 무역 제품을 이용하고 지나치게 물건의 가격을
깎는다. →

• 정답: 2. ①~④: 기전전전, ⑤~⑧: 전전전기/ 3. (1)참여하지 않는다, (2)존중한다, (3)현지인, (4)즐기지 않는다, (5)깎지않는다.

 람보쌤의 자세한 해설을 영상으로 보세요!

경제 활동의 세계화와 다국적 기업

유형1 다국적 기업의 성장 과정

1. 다국적 기업의 성장 과정에 맞게 순서대로 바르게 배열한 것은?

┌─── 보 기 ───┐

ㄱ. 국내에 소규모의 단일 공장을 세운다.
ㄴ. 국내의 다른 지역에 생산 및 판매를 확장한다.
ㄷ. 여러 국가에 공장, 연구소, 판매 지점 등을 세운다.
ㄹ. 외국으로 제품을 판매하거나 해외에 공장을 세운다.

① ㄱ-ㄴ-ㄷ-ㄹ   ② ㄱ-ㄴ-ㄹ-ㄷ
③ ㄴ-ㄱ-ㄷ-ㄹ   ④ ㄴ-ㄹ-ㄷ-ㄱ
⑤ ㄷ-ㄹ-ㄴ-ㄱ

유형2 다국적 기업이란?

2. 다국적 기업에 대한 설명으로 옳지 않은 것은?

① 세계 여러 국가를 대상으로 생산 및 판매 활동을 한다.
② 무역 장벽의 관세와 다국적 기업의 수는 주로 비례 관계이다.
③ 판매 시장을 확보하기 위해 수요가 많은 국가로 진출하기도 한다.
④ 세계 무역 기구(WTO)의 출범으로 과거에 비해 더 발달하게 되었다.
⑤ 교통과 통신 기술의 발달로 인한 경제의 세계화와 밀접한 관련이 있다.

3. 다음은 다국적 기업에 대한 설명이다. 밑줄 친 ㉠~㉤중 옳지 않은 것은?

오늘날 세계화의 영향으로 ㉠경제 활동의 범위가 지역과 국경의 경계를 넘어 전 세계를 대상으로 확대되었다. 세계 시장에서 경쟁력을 갖추고 지속적으로 이윤을 확보하기 위해 ㉡세계 각지에 자회사를 두고 여러 나라에서 생산과 판매 활동을 하는 기업이 등장하였는데, 이를 다국적 기업이라고 한다. ㉢최근에는 과거와 달리 제조업 분야에서 집중적으로 다국적 기업이 증가하고 있다.
경제의 세계화와 함께 ㉣자본과 기술, 상품 서비스 등의 이동이 활발해지고 있고, ㉤다국적 기업 중에는 매출액이 한 나라의 국내 총생산(GDP)보다 큰 경우가 있다.

① ㉠   ② ㉡   ③ ㉢   ④ ㉣   ⑤ ㉤

유형3 다국적 기업의 성장 배경

※ 다음을 보고 물음에 답하시오.

4. 위와 같은 제품들이 만들어질 수 있었던 배경으로 옳은 것을 〈보기〉에서 고른 것은?

┌─── 보 기 ───┐

ㄱ. 무역 장벽의 강화
ㄴ. 교통, 통신의 발달
ㄷ. 자유 무역의 확대
ㄹ. 노동의 국가 간 이동 규제

① ㄱ, ㄴ   ② ㄱ, ㄷ   ③ ㄴ, ㄷ
④ ㄴ, ㄹ   ⑤ ㄷ, ㄹ

다국적 기업의 공간적 분업과 지역 변화

유형1 다국적 기업의 입지 조건

5. 다국적 기업의 공간적 분업에 대한 설명으로 옳은 것을 〈보기〉에서 고르면?

┌─── 보 기 ───┐

ㄱ. 기업의 본사, 연구소, 공장 등이 한 국가 안에서 집중하는 것을 의미한다.
ㄴ. 연구소는 주로 교육 수준이 높고, 전문 인력이 많은 선진국에 입지한다.
ㄷ. 소비 시장의 확보, 무역 장벽의 극복을 위해 선진국에 공장을 짓기도 한다.
ㄹ. 본사는 주로 제품 구매력이 높아 수요가 많은 지역에 위치하는 경향이 있다.

① ㄱ, ㄴ   ② ㄱ, ㄷ   ③ ㄴ, ㄷ
④ ㄴ, ㄹ   ⑤ ㄷ, ㄹ

6. 다국적 기업의 공간적 분업에 대한 설명으로 옳은 것을 〈보기〉에서 고른 것은?

〔 보 기 〕

ㄱ. 생산 공장은 임금과 지대가 저렴한 개발도상국에 주로 입지한다.

ㄴ. 관세나 수입량 제한 등의 규제가 심해서 현지에 본사를 입지시킨다.

ㄷ. 연구소는 연구와 개발을 위해 연구 시설과 전문 인력이 풍부한 선진국에 입지한다.

ㄹ. 효과적인 의사결정을 위해 정보 수집과 자본 확보가 유리한 개발도상국에 본사가 입지한다.

ㅁ. 인구가 많거나 소득이 높아 제품을 많이 구매할 것으로 예상되는 지역에 판매 지점을 위치시킨다.

① ㄱ, ㄴ, ㄹ　　　② ㄱ, ㄷ, ㅁ　　　③ ㄱ, ㄹ, ㅁ
④ ㄴ, ㄷ, ㄹ　　　⑤ ㄴ, ㄷ, ㅁ

7. 다국적 기업의 본사, 연구소, 판매 지점의 입지 조건은 서로 다르다. 그림의 ㉠~㉢에 들어갈 말로 옳은 것은?

	㉠	㉡	㉢
갑	본사	연구소	판매 지점
을	본사	판매 지점	연구소
병	연구소	본사	판매 지점
정	연구소	판매 지점	본사
무	판매 지점	연구소	본사

① 갑　　　　　② 을　　　　　③ 병
④ 정　　　　　⑤ 무

유형 2 다국적 기업과 생산 공장

8. 글의 밑줄 친 (가), (나) 지역의 변화에 대한 내용이 바르게 연결된 것은?

우리나라에 본사를 둔 ○○전자가 (가)터키 이스탄불 인근 지역에 스마트폰 생산 공장을 설립해 올해 본격 가동에 들어간다. 현재 ○○전자의 스마트폰 생산 공장은 베트남 박닌성 옌퐁, 인도 노이다, 한국 구미, 브라질 캄피나스, 인도네시아 치카랑 등에 있으며 과거 운영하던 (나)중국 톈진, 후이저우 공장은 2018년 이후 정리되었다.

　　(가)　　　　　　　　　(나)
① 일자리 증가　　　　　지역 경제 침체
② 자본 유입　　　　　　도로, 철도망 확충
③ 지역 경제 침체　　　　실업자 증가
④ 대규모 실업 사태　　　고용 창출
⑤ 이윤의 해외 유출　　　관련 산업 발달

9. 다국적 기업의 생산 공장을 주로 개발도상국에 두는 이유로 가장 적절한 것은?

① 자본이 풍부하기 때문이다.
② 고급 인력이 많기 때문이다.
③ 기술 수준이 높기 때문이다.
④ 교통과 통신 시설을 잘 갖추었기 때문이다.
⑤ 지가가 낮고 저렴한 노동력이 풍부하기 때문이다.

10. 다국적 기업의 생산 공장이 보통 개발도상국에 위치하는 것에 비할 때, 지도의 ★표시 된 지역에 생산 공장이 위치한 까닭으로 가장 옳은 것은?

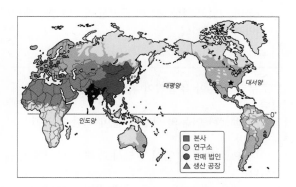

① 낮은 땅값　　　　　② 저렴한 인건비
③ 풍부한 노동력　　　④ 무역 장벽 극복
⑤ 환경 규제 회피

서술형

※ 다음을 보고 물음에 답하시오.

11. 위 이미지를 보고 나눈 대화 내용이다. 밑줄 친 (가)와 (나)에 들어갈 내용을 서술하시오.

> 강 : 위 기업들의 본사와 연구소는 선진국에 주로 위치하는데, 생산 공장은 어디에 둘까?
> 산 : 생산 공장은 개발도상국에 두는 경우가 많은데,
> 　　이유는 ┌──── (가) ────┐ .
> 　　일부는 선진국에 두기도 하는데,
> 　　이유는 ┌──── (나) ────┐ .

유형3 다국적 기업의 진출에 따른 지역 변화

서술형

12. 다국적 기업의 생산 공장이 선진국에서 개발도상국으로 이전할 경우, 기존 공장이 있던 (1)선진국과 생산 공장이 새롭게 들어선 (2)개발도상국에서 나타날 수 있는 변화를 각각 1가지 이상 서술하시오.

(1)

(2)

13. 다음은 다국적 기업의 공간적 분업에 대한 교사와 학생의 대화이다. 학생의 대답으로 옳지 <u>않은</u> 것은?

> 교사 : 다국적 기업의 생산 공장이 들어선 지역의 변화에 대해 이야기해 볼까요?
> 학생 : _____

① 외부로부터 자본이 유입되어 지역경제 발전에 도움이 됩니다.
② 기업에서 발생한 이윤의 상당 부분이 해당 지역에 투자됩니다.
③ 기술 이전으로 관련 산업이 발달하고 경제 발전을 이룰 수 있습니다.
④ 유사한 제품을 생산하던 기존 국내 기업이 다국적 기업에 밀려 어려움을 겪을 수 있습니다.
⑤ 새로운 산업 단지가 조성되어 일자리가 증가하고 투자가 확대되어 지역경제가 활성화될 수 있습니다.

서술형

14. 기사에 나온 다국적 기업의 입지로 나타나는 지역 변화를 한 가지 이상 서술하시오.

> **유럽의 '실리콘밸리'로 부상하는 폴란드**
>
> 글로벌 IT기업들의 연구 및 개발 센터가 폴란드의 바르샤바에만 150여 개가 있어 폴란드가 유럽의 '실리콘밸리'로 부상하고 있다. 세계적인 전자 상거래 기업인 OOO은 현지 인력만 약 9천 명을 고용하고 있다. 글로벌 IT기업들이 폴란드로 모이는 가장 큰 원인은 유럽의 중심부에 위치한 지리적 이점 때문으로, 폴란드는 각종 도로 및 철도망 정비에 힘을 쏟고 있다.

────── **서비스업의 세계화와 변화** ──────

유형1 서비스업의 공간적 분업

15. 다음 ㉠~㉤ 중 옳지 <u>않은</u> 것은?

> ㉠정보통신의 발달로 업무 수행에 따른 시·공간적 제약이 강화되면서 서비스 산업이 공간적으로 분산되고 있다. 이에 따라 ㉡선진국과 개발도상국 간에 분업이 이루어졌다. ㉢선진국의 기업들은 비용을 절감하고 업무의 효율성을 높이기 위해 업무의 일부를 개발도상국으로 분산하여 운영하기도 한다.
>
> 예를 들어 ㉣과거 농어업에 의존하던 필리핀은 최근 몇 년간 서비스 산업으로 눈을 돌렸다. BPO산업이 대표적이다. ㉤'콜센터'로 대표되는 BPO산업은 다양한 분야에 종사하는 다국적 기업의 전반적인 업무 과정을 전문적으로 대신 처리하는 산업을 말한다. 영어를 공용어로 사용하는 필리핀은 이 사업으로 100만 명에 달하는 일자리 창출 효과를 거뒀다.

① ㉠　　② ㉡　　③ ㉢　　④ ㉣　　⑤ ㉤

16. 다음을 읽고 알 수 있는 내용으로 볼 수 <u>없는</u> 것은?

> 늦은 밤 미국 기업의 전화 상담실에 전화하면 인도의 상담원과 통화하게 된다. 미국의 수도 워싱턴과 인도의 수도 뉴델리의 시차는 10시간 30분으로, 낮과 밤이 반대이다. 또 인도에서 임금이 저렴하면서 영어에 능통한 기술 인력이 풍부하다. 이러한 점을 이용하여 미국의 기업들은 전화 상담 업무를 인도에서 처리하고 있다.

① 시간적·공간적 제약을 극복할 수 있다.
② 서비스업에서도 세계화가 이루어진 모습이다.
③ 다국적 기업의 경제 활동 사례로 볼 수 있다.
④ 전자 상거래 활동에는 적용될 수 없는 사례이다.
⑤ 생산비를 절감할 수 있는 시·공간적 분업 사례이다.

유형2 서비스업의 세계화로 나타나는 변화-복합형

17. 서비스업의 세계화로 나타나는 변화로 옳지 않은 것은?

① 사람이 직접 만나는 서비스업의 기본 특성이 강화되었다.
② 항공편을 직접 예약하여 나만의 여행을 계획할 수 있게 되었다.
③ 유통 체계가 온라인 쇼핑과 물류 센터 중심으로 바뀌고 있다.
④ 외국에 직접 가지 않고 인터넷으로 상품 구매가 가능하다.
⑤ 인터넷을 통한 가격 비교가 쉬워지면서 서비스업 제공자들 사이의 가격 경쟁이 더욱 치열해졌다.

유형3 유통의 세계화

18. 그래프와 같이 가방에 대한 해외 직접 구매의 증가가 가져올 수 있는 변화로 옳은 것만을 〈보기〉에서 고른 것은?

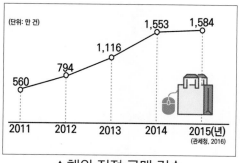

▲해외 직접 구매 건수

〈 보 기 〉

ㄱ. 상품의 교환·환불이 편리하다.
ㄴ. 현지 가격으로 저렴하게 살 수 있다.
ㄷ. 항공 화물, 택배 산업 규모가 증가한다.
ㄹ. 국내 가방 업체의 매출이 증가한다.
ㅁ. 국내에서 판매하지 않는 물건도 살 수 있다.

① ㄱ, ㄴ, ㄷ   ② ㄱ, ㄴ, ㄹ   ③ ㄱ, ㄹ, ㅁ
④ ㄴ, ㄷ, ㅁ   ⑤ ㄷ, ㄹ, ㅁ

19. 다음은 정보화와 서비스업의 변화 사례 글이다. 이에 대한 설명으로 옳은 것을 〈보기〉에서 고른 것은?

'온라인 정복자' A사가 '오프라인의 절대 강자' W마트를 제치고 미국 유통업계 시가 총액 1위에 등극하였다. (중략) A사의 작년 매출은 890억 달러로 W마트(4,763억 달러)의 19% 수준에 불과하다. 임직원 수에서도 A사는 W마트와 큰 격차를 보인다. 하지만 W마트 매출은 세계 금융 위기 이후 6년간 20% 늘어나는데 그쳤지만, A사는 같은 기간 거의 4배 성장하였다. A사가 10년 이내에 W마트 매출액을 추월할 것이라는 전망이 우세하다.

*시가 총액 : 회사의 주식이 시장에서 거래되는 가격으로, 보통 경영 성과나 사업 전망이 좋을수록 높게 나타남.

〈 보 기 〉

ㄱ. W마트와 같은 서비스업은 정보화를 바탕으로 입지가 더욱 자유로워졌다.
ㄴ. W마트의 성장은 정보화와 통신의 발달로 서비스업이 급속도로 변화하기 때문이다.
ㄷ. A사는 W마트보다 전 세계의 모든 사람이 쉽게 접속할 수 있고 상품의 검색이 편리하다.
ㄹ. W마트보다 A사가 상품 전시 공간을 자유롭게 확보할 수 있어 더욱 다양하고 많은 상품을 판매할 수 있다.
ㅁ. 기존의 대형 오프라인 매장 중심지이었던 유통 체계가 온라인 쇼핑과 물류 센터 중심으로 바뀌고 있는 것을 보여준다.

① ㄱ, ㄴ, ㄹ   ② ㄱ, ㄴ, ㅁ   ③ ㄱ, ㄷ, ㅁ
④ ㄴ, ㄷ, ㄹ   ⑤ ㄷ, ㄹ, ㅁ

20. 다음은 두 가지 유형의 상거래 방식을 나타낸 것이다. (가)와 비교하여 (나)가 가지는 상대적 특징을 〈보기〉에서 고른 것은?

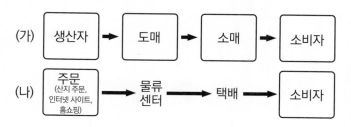

〈 보 기 〉

ㄱ. 상품의 판매 범위가 좁다.
ㄴ. 상품의 유통 단계가 줄어든다.
ㄷ. 상품 구입의 시간적 제약이 작다.
ㄹ. 상품의 대면 거래 비중이 더 높다.

① ㄱ, ㄴ   ② ㄱ, ㄷ   ③ ㄴ, ㄷ
④ ㄴ, ㄹ   ⑤ ㄷ, ㄹ

유형 4 관광 산업

21. 관광 산업에 대한 설명으로 옳지 않은 것은?

① 전 세계적으로 관광 활동이 확대되고 있다.
② 관광 산업은 지역 주민의 일자리를 늘린다.
③ 관광 산업으로 인해 지역의 소득은 감소된다.
④ 우리나라도 관광 자원을 개발하기 위해 노력하고 있다.
⑤ 음악, 영화, 드라마 등의 소재를 체험해 볼 수 있는 관광이 발달하고 있다.

22. (가)의 여행 방식의 모습으로 옳은 것만을 <보기>에서 있는 대로 고른 것은?

> (가)은/는 현지의 자연과 문화 등을 존중하는 여행 방식으로 '착한 여행'이라고 한다.

보 기

ㄱ. 현지 동물을 이용한 쇼나 투어에 참여한다.
ㄴ. 여행지의 생활 방식과 종교를 존중하고 문화를 체험해 본다.
ㄷ. 현지인이 운영하는 숙소와 음식점, 대중교통 등을 이용한다.
ㄹ. 대규모 골프장과 놀이공원 등의 위탁 시설에서 여가를 즐긴다.

① ㄱ, ㄴ   ② ㄴ, ㄷ   ③ ㄷ, ㄹ
④ ㄱ, ㄴ, ㄷ   ⑤ ㄴ, ㄷ, ㄹ

빡공시대편찬위원회

날짜		월		일		성 명	

1. 농업 생산의 기업화와 관련된 설명으로 옳은 것만을 〈보기〉에서 고른 것은?

> **보 기**
>
> ㄱ. 자급적 농업이 주를 이룬다.
> ㄴ. 플랜테이션 농장은 주로 선진국에 위치한다.
> ㄷ. 기업들이 많은 자본과 기술을 농업에 투입한다.
> ㄹ. 기업화된 농업은 미국과 캐나다, 오스트레일리아 등 넓은 농업 지역에서 주로 이루어진다.

① ㄱ, ㄴ ② ㄱ, ㄹ ③ ㄷ, ㄹ
④ ㄱ, ㄴ, ㄷ ⑤ ㄴ, ㄷ, ㄹ

2. 농업의 세계화가 진행된 배경으로 옳은 것은?

> **보 기**
>
> ㄱ. 경제 성장
> ㄴ. 지역 간 교류 축소
> ㄷ. 생활수준 향상
> ㄹ. 다양한 농산물에 대한 수요 감소

① ㄱ, ㄴ ② ㄱ, ㄷ ③ ㄴ, ㄷ
④ ㄴ, ㄹ ⑤ ㄷ, ㄹ

3. 농업 생산의 기업화로 인한 영향으로 옳지 <u>않은</u> 것은?

① 개발도상국은 농업 시장 개방으로 인해 자영농이 감소하였다.
② 농작물의 국제 교역량을 늘려 세계 농업생산 구조에 큰 영향을 주었다.
③ 외국에서 생산된 다양한 과일과 육류를 싸게 구입할 수 있게 되었다.
④ 곡물을 재배하던 농경지에 다양한 상품 작물을 재배하게 되었다.
⑤ 개발도상국은 외국계 농업 기업의 진출로 곡물 자급률이 증가하고 있다.

4. 최근 나타나는 농작물 소비 특성의 변화에 대한 설명으로 옳은 것을 고르면?

> **보 기**
>
> ㄱ. 육류의 소비량은 꾸준히 감소하고 있다.
> ㄴ. 채소와 과일의 소비량은 증가하고 있다.
> ㄷ. 다양한 외국산 농산물을 쉽게 구할 수 있게 되었다.
> ㄹ. 패스트푸드를 비롯한 음식 문화의 보편화로 쌀의 소비량은 증가하고 있다.

① ㄱ, ㄴ ② ㄱ, ㄷ ③ ㄴ, ㄷ
④ ㄴ, ㄹ ⑤ ㄷ, ㄹ

5. 농업 생산의 기업화와 세계화로 인한 긍정적인 영향은?

① 값싼 식량을 전 세계에 공급한다.
② 소규모 농가가 경쟁력을 키울 수 있다.
③ 각 지역의 특색있는 작물이 고르게 생산된다.
④ 각국의 식량 안보 문제가 안정적으로 해결된다.
⑤ 일자리가 많아져 국가별 빈부 격차가 완화된다.

6. 다국적 기업에 대한 설명으로 거리가 <u>먼</u> 것은?

① 다국적 기업의 본사는 주로 선진국에 있다.
② 생산 공장은 땅값과 인건비가 저렴한 곳에 있다.
③ 연구소는 전문 고급 인력이나 교육 시설이 있는 곳에 설치한다.
④ 수출을 위한 관세나 수입량 제한 등 규제가 심한 곳에도 생산 공장을 설치한다.
⑤ 경영의 효율성을 높이기 위해 본사가 있는 지역에 연구소와 공장 모두 설치하고 있다.

7. 다국적 기업이 진출한 곳에서 발생할 수 있는 문제들을 〈보기〉에서 모두 고른 것은?

┌─── 보기 ───┐

ㄱ. 단순 노동 일자리 증가로 기술 습득 어려움
ㄴ. 생산 공장에서 발생하는 유해물질로 환경 오염 발생
ㄷ. 이익의 대부분이 본사로 흡수되어 지역 발전이 어려움
ㄹ. 생산비가 저렴한 곳으로 다시 이동할 경우, 지역 경제 위기

① ㄱ   ② ㄱ, ㄴ   ③ ㄴ, ㄷ
④ ㄴ, ㄷ, ㄹ   ⑤ ㄱ, ㄴ, ㄷ, ㄹ

10. 서비스업의 세계화로 인한 지역 경제와 주민 생활의 변화를 고르면?

┌─── 보기 ───┐

ㄱ. 유통 산업의 쇠퇴
ㄴ. 소비 활동의 범위 축소
ㄷ. 오프라인 상점의 축소
ㄹ. 대규모 물류 창고 등장

① ㄱ, ㄴ   ② ㄱ, ㄷ   ③ ㄴ, ㄷ
④ ㄴ, ㄹ   ⑤ ㄷ, ㄹ

※ 다음 글을 읽고 물음에 답하시오.

다국적 기업과 같이 규모가 커지고 조직이 복잡한 기업은 각각의 기능이 여러 지역으로 분리된다. 의사 결정을 하는 (㉠), 생산 기능을 하는 (㉡), 판매 기능을 하는 지점, 연구 개발 기능을 하는 (㉢)등은 세계 각지로 분리하여 위치하게 된다.

8. ㉠~㉢에 들어갈 내용을 바르게 연결한 것은?

	㉠	㉡	㉢
①	연구소	생산공장	본사
②	연구소	본사	생산공장
③	생산공장	본사	연구소
④	본사	연구소	생산공장
⑤	본사	생산공장	연구소

9. ㉠~㉢의 입지에 대한 설명으로 적절한 것은?

① ㉠은(는) 지가와 임금이 싼 개발도상국에 입지한다.
② ㉡은(는) 기술을 갖춘 고급 인력이 풍부한 지역에 입지한다.
③ 생산비를 절감하기 위해 ㉠을(를) 국내에서 해외로 이전하기도 한다.
④ ㉢은(는) 다양한 정보와 자본을 확보하는데 유리한 지역에 입지한다.
⑤ 국내의 ㉡을(를) 해외로 이전할 경우 ㉡이(가) 있던 기존 지역은 산업 공동화 현상으로 지역 경기 침체가 일어날 수 있다.

1. 기후 변화

(1) 기후 변화

의미		• 자연적·인위적 요인으로 기후의 평균적인 상태가 변화하는 현상
원인	자연적 원인	• 화산 활동에 의한 화산재 분출 • 태양의 활동 변화 • 태양과 지구의 상대적 위치 변화
	인위적 원인	• 화석 연료 사용 에 따른 온실 가스 배출량 증가 　• 시험TIP: 산업 혁명 이후에 온실 가스 배출량이 크게 증가하였어!!٩(•‿•)۶ • 도시화 • 무분별한 삼림 개발 (열대림 개발)
양상		• 최근의 기온 상승은 자연적 요인보다 인위적 요인의 영향을 크게 받음

시험 TIP

평균적인 상태라는 것은 기후 변화가 단기간에 일어난 것이 아니라 장기간에 걸쳐 일어난 평균 상태를 말해!(^0^)
단기간이 아니라 장기간!! 꼭 기억해!!(づ'0')づ

시험에 나오는 실제 지문

• 맞는 것에 ○표, 틀린 것에 ✕표 하시오.

① 최근의 기후 변화는 자연적 요인의 영향이 크다. (　　)
② 기후 변화는 산업 혁명 이후 더 심하게 나타났다. (　　)
　•정답: ①✕, ②○

(2) 지구 온난화

▶=이산화탄소

의미	• 대기 중 온실 가스의 농도가 높아져 지구의 평균 기온이 상승하는 현상
원인	• 화석 연료의 사용 증가 와 무분별한 삼림 개발 → 대기 중 이산화탄소 농도 증가 　시험1타　 서술형1타 → 온실 효과 의 심화로 지구 평균 기온 상승

이산화탄소(CO₂) 88.6%
메탄(CH₄) 4.8%
이산화질소(N₂O) 2.8%
기타 3.8%

온실 가스의 종류

• 중요!!
온실 가스에서 가장 많이 차지하는 것은 이산화탄소야!!
＼(-0-)/

🏅 시험문제 1타!! '지구 온난화'!!

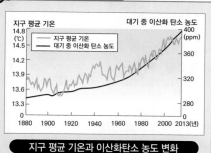

지구 평균 기온 14.8(℃) / 대기 중 이산화 탄소 농도 400(ppm)

14.5 / 360
14.2 / 320
13.9 / 280
13.6
13.3
0
1880 1900 1920 1940 1960 1980 2000 2013(년)

— 지구 평균 기온
— 대기 중 이산화 탄소 농도

지구 평균 기온과 이산화탄소 농도 변화

★★시험에 나오는 서술형

(1) 옆과 같은 현상을 무엇이라 하는지 쓰시오.
[지구 온난화]

(2) 위 현상이 나타나게 된 원인에 대해 서술하시오.
[화석 연료의 사용 증가와 무분별한 삼림 개발로 대기 중 온실 가스 농도가 증가해, 온실 효과가 과도하게 발생했기 때문이다.]

★★실제 시험 문제

(3) 옆의 그래프에 대한 설명으로 틀린 것은?
① 대기 중 온실 가스 농도가 증가하고 있다.
② 지구의 평균 기온이 지속해서 상승하고 있다.
③ 지구의 평균 기온과 이산화탄소의 농도는 반비례의 관계이다.
④ 이산화탄소의 배출과 지구 기온은 관련이 크다.
　• 정답: ③

---

2. 기후 변화의 영향

① 빙하 감소와 해수면 상승	
원인	• 지구 평균 기온의 상승 → 극지방과 고산 지역의 빙하가 녹아 해수면 상승
영향	• 해발 고도가 낮은 해안 저지대 국가 　: 바닷물의 범람과 침수 피해 증가 예〉 방글라데시 • 태평양의 섬나라 : 국토가 바닷물에 잠겨 사라질 위기 　예〉 투발루, 몰디브 등등 • 북극해를 운항 할 수 있는 북극 항로 가 열림

얼었던 땅이 녹아 무너지고 있는 북극의 집

② 기상 이변 증가

- 지구 온도 상승 → **가뭄과 사막화 심화** 빙하가 녹아 바닷물의 염분 농도가 낮아지자, 해류에 교란이 생겨 발생하는 것이란다ㅜㅜ
- **태풍**, **홍수**, **가뭄**, **폭설** 등의 기상 이변 발생 빈도 증가
- 여름철 고온 현상 증가 → 폭염 및 열대야 발생 증가

③ 생태계 변화

- 바닷물의 온도 상승
  → 물고기가 죽거나 수온이 낮은 **고위도 수역**으로 이동함
- **고산 식물**의 분포 범위 **축소** 또는 멸종 위험 증가
- 아열대 과일의 재배 지역 확대
- 작물 재배 환경 변화 : 인류 생존과 밀접한 농작물 재배에 악영향
  → 식량 부족 문제 발생 → 식물의 개화 시기가 빨라지고 있엉! 헉!-_-;
- 기타: 동식물의 서식지 변화, 생태계 교란, 해충 및 전염병 증가

북극곰의 서식지가 줄어들고 있어ㅜㅜ

파리, 모기 등의 **개체수가 늘어**나고 있어ㅜㅜ

1973

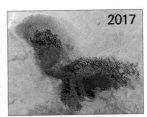
2017

오랜 가뭄과 과도한 농목업으로 인한 차드호 면적 축소

차드호 뿐만 아니라 특히 **사하라 사막** 부근에서는 **사막화**가 심각하게 진행되고 있어!! ㅜㅜ

◀ 바닷물의 수온이 상승하여 백화 현상으로 하얗게 변한 산호초 (오스트레일리아)

시험에는 이런 것들이 나온다!! ◁(๑˃̵ᴗ˂̵)

★★실제 시험 문제1

Q. 세계 곳곳에서 다음과 같은 현상이 발생하는 데 영향을 준 원인에 해당하는 것은?

알프스산맥 - 빙하의 후퇴
북극해 - 해빙의 면적과 두께 감소
유럽
아시아
아프리카
알래스카 - 영구 동토가 녹기 시작
북아메리카
그린란드 - 남부 대륙 빙하가 녹기 시작
태평양
대서양
0°
남아메리카
킬리만자로산 - 정상 부근의 눈이 80% 이상 감소
히말라야산맥 - 빙하의 후퇴
오세아니아
키리바시·투발루 - 영토가 바닷물에 잠길 위험에 처한 나라
안데스산맥 - 페루 남서부의 빙하 후퇴

① 작은 지각 변동
② 지구 평균 기온 상승
③ 육지 면적 확대
④ 미세 먼지의 증가

[람보쌤의 문제 풀이]

- 정답: ②
자, 이 표를 외울 필요가 있을까? 없을까?? 당근 없어!!ㅎ 그냥 스윽~봐두기만해! 단, 여러곳에서 이렇게까지 많은 피해가 일어난 이유는 모두 **지구 온난화** 때문이구나!! 하고 알아만 두면 된단다!! 알랴뷰(/^o^)/♡

★★실제 시험 문제2

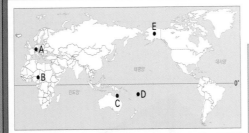

E
•A
•B
인도양
태평양
대서양
0°
•D
C

① A에서 **발생하는 문제는?** [빙하 녹음]
① B에서 **발생하는 문제는?** [사막화]
② C에서 **발생하는 문제는?** [산호초의 백화 현상]
③ D에서 **발생하는 문제는?** [국토의 침수 피해]
⑤ E에서 **발생하는 문제는?** [빙하 녹음]

[정답 설명]

- A는 알프스 산맥
- B는 차드호 등이 있는 **사하라 사막** 지역이야!
- C는 **오스트레일리아**로 산호초가 죽고 있어!ㅜㅜ
- D는 남태평양의 **몰디브, 투발로**야!!
- E는 알래스카!!

★★실제 시험에 나오는 지문들은 다 모아랏!!

Q. **지구 온난화**로 인해 발생한 변화가 **아닌** 것을 **모두** 고르시오.

① 극지방의 빙하가 감소한다.
② **고산 식물**의 분포 범위가 **감소**한다.
③ 폭우, 홍수, 태풍 등의 기상 이변의 발생 빈도가 **감소**한다.
④ 식물의 **개화 시기**가 **늦어진다**.
⑤ 파리, 모기 등의 개체수가 **줄어든다**.
⑥ 해수면 상승으로 해안 지역의 인간 거주 공간이 점차 **확대**된다.
⑦ 태풍의 피해 규모가 **커진다**.
⑧ **생태계 교란 및 변화**가 발생한다.
⑨ 낮은 수온을 선호하는 해양 생물의 분포가 **저위도**로 **확대** 된다.
⑩ 여름철 **열대야** 일수가 **늘어난다**.
⑪ 아열대 과일의 재배 지역이 **넓어진다**.
⑫ 오스트레일리아의 산호 서식지가 **확대** 된다.
⑬ 북극 **항로**의 운항이 점점 어려워진다.

- 정답: ③, ④, ⑤, ⑥, ⑨, ⑫, ⑬

빡친들이여!!
람보쌤의 동료가 되라!!!
도도독독!!

3. 기후 변화 해결을 위한 노력

① 국제 협력의 필요성

- 기후 변화는 전세계에 걸쳐 발생함 → 국제적 차원의 협력과 노력 필요

② 기후 변화 해결을 위한 국제적 노력

기후 변화 협약 (1992년)	• 브라질 리우 환경 개발 회의에서 온실 가스 줄이기 위한 협약 최초 채택
교토 의정서 (1997년)	• 온실 가스 감축을 위한 구체적 이행 방안 제시 • 주요 **선진국**에 온실 가스 감축 의무 부여
중요 **파리 협정** (2015년)	• 2020년 이후 기후 변화 대응에 관한 논의 • **선진국과 개발도상국 모두** 에 온실가스 감축 의무 부여

③ 그 외 노력

- 신재생 에너지, 대체 에너지 개발
- 탄소 성적 표지 제도와 온실 가스 배출권 거래제 등 시행
- 개인: 에너지 절약, 자원 재활용, 친환경 제품 사용 등

시험에 나오는 개념 콕! 찝어줄께!!

[콕 특강1: 기후 변화에 대한 노력]
시험에 **'기후 변화에 대한 노력은 특정 국가만 한다'**라고 잘나와!٩(•ᴗ•) 이건 완전 훼이크!! 기후 변화는 전세계에 걸쳐 일어나는 문제야~ 그렇기 때문에 국제적 차원의 협력과 노력이 반드시 필요하단다!! 알겠지??!!(>ᴗ<)

[콕 특강2: 교토 의정서와 파리 협정의 차이점]
교토 의정서와 **파리 협정**은 둘 다 기후 변화에 대한 협약이라는 공통점을 가지고 있지만,
교토 의정서는 선진국에게만 온실 가스 감축 의무를 부여한데 비해,
파리 협정은 선진국과 개발도상국 모두에게 온실 가스 감축 의무를 부여했음을 꼭 기억해!!

탄소 성적 표지 제도

제품을 생산하거나 유통하는 등 전과정에 걸쳐 발생한 온실 가스 배출량을 이산화탄소로 환산하여 표기하는 제도를 말해(/^o^)/♡

온실 가스 배출권 거래제

온실 가스 배출권을 국가 간 또는 기업 간 사고 팔 수 있는 제도를 말한단다. 알라븅(/^o^)/♡

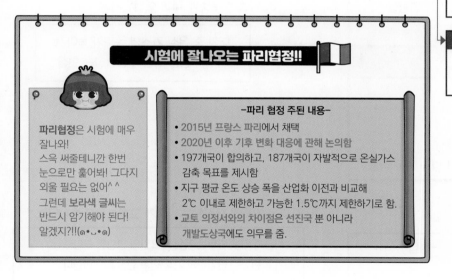

시험에 잘나오는 파리협정!!

파리협정은 시험에 매우 잘나와!
스윽 써줄테니깐 한번 눈으로만 훑어봐! 그다지 외울 필요는 없어^ ^
그런데 **보라색 글씨**는 반드시 암기해야 된다! 알겠지?!!(๑•ᴗ•๑)

-파리 협정 주된 내용-

- 2015년 프랑스 파리에서 채택
- 2020년 이후 기후 변화 대응에 관해 논의함
- 197개국이 합의하고, 187개국이 자발적으로 온실가스 감축 목표를 제시함
- 지구 평균 온도 상승 폭을 산업화 이전과 비교해 2℃ 이내로 제한하고 가능한 1.5℃까지 제한하기로 함.
- 교토 의정서와의 차이점은 선진국 뿐 아니라 개발도상국에도 의무를 줌.

혼자 외울 수 없는 친구들을 위해 키워드맵이 함께 암기 해드립니다!!

1. 기후 변화

1단계 기본 개념 파악하기

1. 회색 글씨 위에 덧대어 쓰며 외워보세요.(ˉ▽ˉ)/

기후 변화		
원인	**자연적 원인**	• 화산 활동에 의한 화산재 분출 • 태양의 활동 변화 • 태양과 지구의 상대적 위치 변화
	인위적 원인	• 화석 연료 사용에 따른 온실 가스 배출량 증가 • 도시화 • 무분별한 삼림 개발
양상		• 최근의 기온 상승은 자연적 요인보다 인위적 요인의 영향을 크게 받음
지구 온난화		
원인		• 화석 연료의 사용 증가와 무분별한 삼림 개발 → 대기 중 이산화탄소 농도 증가 → 온실 효과의 심화로 지구 평균 기온 상승

2단계 기본 개념 적용하기

2. 다음 **기후 변화 원인**에 **자연적 원인**에 '**자**', 인위적 원인에 '**인**'이라고 쓰세요.^▽^

화석 연료 사용	화산재 분출
① ( )	② ( )
온실 가스 증가	열대림 개발
③ ( )	④ ( )
태양의 활동 변화	도시화
⑤ ( )	⑥ ( )

3. 다음은 무엇에 대한 **설명인가요**?

> 대기 중 온실 가스의 농도가 높아져 지구의 평균 기온이 상승하는 현상

〈   〉

• **정답**: 2. ①~⑥: 인자인인자인 3. 지구 온난화

4. 다음 A에 들어갈 말을 쓰세요.(^^*)

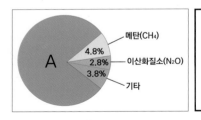

메탄(CH_4) 4.8%
이산화질소(N_2O) 2.8%
기타 3.8%
A

온실 가스의 종류

-정답-

5. 다음 **밑줄친 틀린말**을 바르게 **고쳐보세요**.╲(^▽^)╱

① 최근의 기후 변화는 **자연적 요인**의 영향이 크다.
② 기후 변화는 **단기간**의 기후 변화 현상을 의미한다.
③ 지구의 평균 기온과 이산화탄소의 농도 변화는 **반비례**한다.
④ 지구의 평균 기온은 지속해서 **감소**하고 있다.
⑤ 기후 변화는 **시민 혁명** 이후에 크게 나타나고 있다.

• **정답**: 4. 이산화탄소 5. ①인위적 요인 ②장기간 ③비례 ④상승 ⑤산업 혁명

3단계 시험에 정말 잘나오는 서술형 암기하고 가재!! ⌒(º ▿ º)⌒

1단계: 회색 글씨위에 덧대어 쓰며 암기하기

Q. **지구온난화**가 나타나게 된 **원인**을 **서술하시오**.
[화석 연료의 사용 증가와 무분별한 삼림 개발로 대기 중 온실 가스 농도가 증가해, 온실 효과가 과도하게 발생했기 때문이다.]

2단계: 괄호 안에 알맞은 말 넣으며 암기

Q. **지구온난화**가 나타나게 된 **원인**을 **서술하시오**.
[( )의 사용 증가와 무분별한 ( )로 대기 중 ( ) 농도가 증가해, ( )가 과도하게 발생했기 때문이다.]

3단계: 스스로 써보기↖(^▽^)↗

Q. **지구온난화**가 나타나게 된 **원인**을 <u>서술하시오.</u>

---

2. 기후 변화의 영향

1단계 **기본 개념 파악하기**

1. 회색 글씨 위에 덧대어 쓰며 외워보세요.(¯▽¯)/

---

① 빙하 감소와 해수면 상승

• 해발 고도가 낮은 해안 저지대 국가
  : 바닷물의 범람과 침수 피해 증가 예〉방글라데시

• 태평양의 섬나라 : 국토가 바닷물에 잠겨 사라질 위기
  예〉 투발루, 몰디브 등등

• 북극해를 운항 할 수 있는 북극 항로가 열림

② 기상 이변 증가

• 지구 온도 상승 → 가뭄과 사막화 심화

• 태풍, 홍수, 가뭄, 폭설 등의 기상 이변 발생 빈도 증가

• 열대야 발생 증가

③ 생태계 변화

• 바닷물의 온도 상승
  → 물고기가 죽거나 수온이 낮은 고위도 수역으로 이동

• 고산 식물의 분포 범위 축소 또는 멸종 위험 증가

• 아열대 과일의 재배 지역 확대

• 작물 재배 환경 변화 → 식량 부족 문제 발생

• 기타: 동식물의 서식지 변화, 생태계 교란, 해충 증가

2단계 **기본 개념 적용하기**

2. 다음은 **지구 온난화**로 인해 **발생한 변화**이다.
밑줄친 틀린말을 바르게 고쳐쓰시오.٩(•‿•)

---

① 극지방의 빙하가 **증가**한다.

② 고산 식물의 분포 범위가 **증가**한다.

③ 폭우, 홍수, 태풍 등의 기상 이변의 발생 빈도가 **감소**한다.

④ 식물의 개화 시기가 **늦어진다.**

⑤ 파리,모기 등의 개채수가 **줄어든다.**

⑥ 해수면 상승으로 해안 지역의 인간 거주 공간이 점차 **확대**된다.

⑦ 태풍의 피해 규모가 **작아진다.**

⑧ 생태계 교란 및 변화가 **발생하지 않는다.**

⑨ 낮은 수온을 선호하는 해양 생물의 분포가 **저위도**로 확대된다.

⑩ 여름철 열대야 일수가 **줄어든다.**

⑪ 아열대 과일의 재배 지역이 **줄어든다.**

⑫ 오스트레일리아의 산호 서식지가 **확대된다.**

⑬ 북극 항로의 운항이 점점 **어려워진다.**

• **정답:** 2. ①감소 ②감소 ③증가 ④빨라진다 ⑤늘어난다 ⑥축소 ⑦커진다 ⑧발생한다 ⑨고위도 ⑩늘어난다 ⑪늘어난다 ⑫축소된다 ⑬쉬워진다

3단계 **시험에 나오는 도표 문제**

3. 다음과 같은 현상이 발생한 원인은?

① 미세 먼지 증가   ② 지구 온난화

4. 다음 지도를 보고 알맞은 답을 적으세요.(๑•‿•๑)

① B에서 발생하는 기후 문제는?

② C에서 발생하는 기후 문제는?

③ D에서 발생하는 기후 문제는?

〈 ①   ②   ③   〉

• **정답:** 3. ② 4.①사막화 ②산호초 백화 현상 ③국토의 침수 피해

3. 기후 변화 해결을 위한 노력

1단계 **기본 개념 적용하기**

1. 알맞은 것끼리 서로 연결하세요.(~˘ ▼ ˘)~

① **기후 변화 협약**
(1992년)

② **교토 의정서**
(1997년)

③ **파리 협정**
(2015년)

(a) 브라질 리우
환경 개발 회의
에서 최초 채택

(b) 선진국, 개발도상국
모두 감축 의무 부여

(c) 선진국에
온실 가스 감축
의무 부여

(d) 2020년 이후
기후 변화 대응에
관한 논의

(e) 온실 가스
감축을 위한 구체적
이행 방안 제시

• 정답: 1. ①ⓐ ②ⓒⓔ ③ⓑⓓ

2. 다음 지문이 무엇에 대한 설명인지 **골라보세요**.^▽^

2015년 **파리**에서 채택한 것으로 2020년
이후 기후 변화 대응에 관해 논의하였다.
지구 평균 온도 상승 폭을 산업화 이전과
비교해 2℃ 이내로 제한하고 가능한 1.5℃
까지 제한하기로 하였다.

① 기후 변화 협약   ② 파리 협정

제품을 생산하거나 유통하는 등 전과정에
걸쳐 발생한 온실 가스 배출량을
이산화탄소로 환산하여 표기하는 제도

① 탄소 성적 표지 제도
② 온실 가스 배출권 거래제

온실 가스 배출권을 국가 간 또는
기업 간 사고 팔 수 있는 제도

① 탄소 성적 표지 제도
② 온실 가스 배출권 거래제

• 정답: 2. ②①②

키워드맵하느라 좀 힘들었지??^u^
많은 내용을 암기하려니 쉽지 않았을꺼야! ヽ(ᵔ▽ᵔ)ノ
그렇지만 힘을내! 아자아잣!!
이렇게 수고한만큼 뒤에 있는 문제가 정말 술술 풀릴 것이란다!(Ꙭu<)
왜냐하면 우리는 시험에 나오는 최중요 개념을 하나도
빠짐없이 키워드맵을 통해 암기했으니깐!!(⌒)
노력은 절대 배신하지 않아!
지금의 수고와 노력이 반드시 성적 향상이라는 열매로 맺힐꺼야!!
화이팅!!

 람보쌤의 자세한 해설을 영상으로 보세요!

기후 변화의 발생

. 기후 변화를 일으키는 인위적 요인을 고르면?

보 기

ㄱ. 산업화
ㄴ. 화산 분화
ㄷ. 태양의 활동 변화
ㄹ. 화석 연료 사용 증가

① ㄱ, ㄷ   ② ㄱ, ㄹ   ③ ㄴ, ㄷ
④ ㄴ, ㄹ   ⑤ ㄷ, ㄹ

2. 기후 변화에 관한 설명으로 옳지 않은 것을 고르면?

ⓐ기후는 태양 활동의 변화와 대기, 물, 해양 등의 상호 작용으로 끊임없이 변화한다. ⓑ최근에는 산업 발달 및 인구 증가에 따른 인위적인 원인이 기후 변화를 이끌고 있다. ⓒ생산과 소비 활동이 늘어남에 따라 이산화탄소를 비롯한 온실가스 배출량이 심하게 증가했고, ⓓ'지구의 허파'로 불리는 냉대림을 무분별하게 벌목하여 온실가스를 배출하는 자연의 능력도 줄어들었다. ⓔ지구 곳곳에서 가뭄, 홍수, 폭설, 태풍 등 자연재해가 잦아지고 있다.

① ㄱ   ② ㄴ   ③ ㄷ   ④ ㄹ   ⑤ ㅁ

※다음 그래프를 보고 물음에 답하시오.

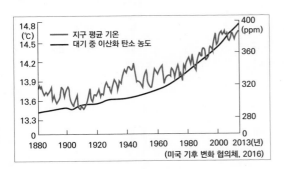

3. 오늘날 위의 그래프와 같은 변화가 나타나고 있는 원인을 〈보기〉에서 고르면?

| ㄱ. 석탄 사용량 증가 | ㄴ. 삼림 면적의 증가 |
| ㄷ. 도시 면적의 증가 | ㄹ. 자동차 사용 감소 |

① ㄱ, ㄷ   ② ㄴ, ㄹ   ③ ㄱ, ㄴ
④ ㄷ, ㄹ   ⑤ ㄱ, ㄹ

---

4. 위 그래프에 대한 설명으로 옳은 것은?

① 대기중 온실 가스 농도가 올라가고 있다.
② 지구의 평균 기온은 계속해서 내려가고 있다.
③ 이산화탄소 배출량과 지구 기온은 관련이 없다.
④ 지구의 평균 기온과 이산화탄소의 농도 변화는 반비례한다.
⑤ 1980년에 비해 2013년에는 지구의 평균 기온이 0.5°C이상 하락하였다.

5. 지구의 평균 기온 변화를 나타낸 그래프이다. 물음에 답하시오.

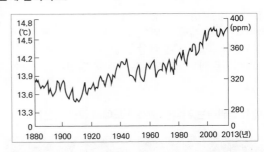

(1) 위와 같은 현상을 무엇이라 하는지 쓰시오.

(2) 위 현상이 나타나게 된 원인에 대해 제시된 글자 카드를 모두 활용(중복 사용 가능, 글자를 조합하여 단어 만들기)하여 30자 내외로 서술하시오.

| 실 | 가 | 온 | 과 | 스 | 효 |

기후 변화의 영향

6. 다음과 같은 현상으로 인한 생태계의 변화에 대한 설명으로 가장 적절한 것은?

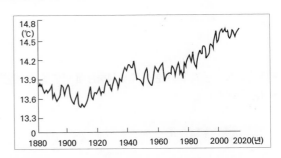

① 고산 식물의 분포 범위가 감소하고 멸종 위험이 커진다.
② 폭우, 홍수, 태풍 등의 기상 이변의 발생 빈도가 감소한다.
③ 해수면의 상승으로 해안 지역의 인간 거주 공간이 점차 확대된다.
④ 식물의 개화 시기가 늦어지고 파리, 모기 등의 개체수가 줄어든다.
⑤ 낮은 수온을 선호하는 해양 생물의 분포 범위가 저위도로 확대된다.

7. 자료와 같은 현상이 지속될 시 나타나게 될 변화로 옳은 것은?

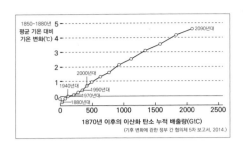

① 홍수와 가뭄의 빈도수가 증가한다.
② 북극 항로의 운항이 점점 어려워진다.
③ 아열대 과일의 재배 지역이 축소된다.
④ 열대우림의 축소는 위 현상을 완화시킨다.
⑤ 오스트레일리아의 산호 서식지가 확대된다.

8. 다음에서 설명하는 지역을 아래 지도에서 고른 것은?

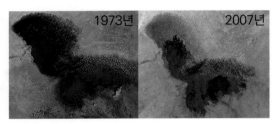

기후 변화로 인한 오랜 가뭄과 인구 증가에 따른 과도한 농업 및 목축으로 호수의 면적이 급격히 줄어들고 있다.

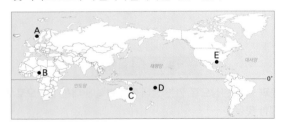

① A   ② B   ③ C
④ D   ⑤ E

9. 세계 곳곳에서 다음과 같은 현상이 발생하는데 영향을 준 원인에 해당하는 것은?

① 잦은 지각 변동   ② 육지 면적 확대
③ 미세 먼지의 증가   ④ 지구평균 기온 상승
⑤ 화산 활동으로 화산재 분출

10. 기후 변화로 인해 D지역에서 나타나고 있는 현상으로 가장 적절한 것은?

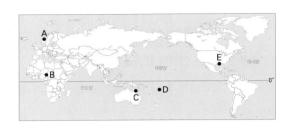

① 국토가 점점 바닷물에 잠기고 있다.
② 사막화 현상이 일어나고 있다.
③ 농작물의 재배 기간이 짧아진다.
④ 가뭄이 일어나고 있다.
⑤ 대규모 지진이 발생한다.

----- **기후 변화 해결을 위한 노력** -----

11. 글에서 설명하고 있는 것은?

> 2020년 이후 적용되는 새로운 기후협약으로 참여하는 195개 당사국 모두가 감축 목표를 지켜야 한다. 미국은 탈퇴 후 2021년 재가입 하였다.
> 이 협약의 주된 내용은 산업화 이전과 비교하여 지구 평균 온도 상승폭을 2℃ 이내로 제한하고, 가능한 한 1.5℃ 이내로 상승폭을 제한하는 것이다.

① 교토 의정서   ② 파리 협정
③ 리우 환경 선언   ④ 람사르 협약
⑤ 몬트리올 의정서

12. 기후 변화를 해결하기 위한 대책으로 적절하지 <u>않은</u> 것은?

① 신·재생 에너지 개발
② 탄소 성적 표지 제도 실시
③ 온실 가스 배출권 거래 제도 시행
④ 파리 협정 등 기후 변화 협약 채택
⑤ 환경 문제 해결에 대한 자율성 보장

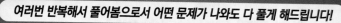
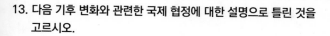
13. 다음 기후 변화와 관련한 국제 협정에 대한 설명으로 틀린 것을
    고르시오.

① 파리 협정은 2020년 이후 기후 변화 대응에 관한 논의를
   하였다.
② 교토 의정서는 온실 가스 감축을 위한 구체적 이행 방안을
   제시하였다.
③ 파리협정과 달리 교토 의정서는 온실 가스 감축 의무를
   선진국에만 국한하였다.
④ 기후 변화에 대한 대응은 특정 지역에만 국한되는 문제가
   아니기 때문에 국제적 차원의 노력과 협력이 필요하다.
⑤ 파리협정은 개발도상국에게만 온실 가스 감축 의무를
   부여하였다.

14. 세계 각국이 다음과 같은 국제 협약을 체결한 목적으로 알맞은
    것은?

• 기후 변화 협약	• 교토 의정서	• 파리 협정

① 해양 환경 보호
② 습지 보호
③ 철새 보호
④ 유해 폐기물의 이동 제한
⑤ 온실가스 배출량 감축

1. 환경 문제 유발 산업의 국제적 이동

(1) 환경 문제 유발 산업의 이동 (선진국 에서 → 개발도상국 으로 이전) 중요

① 공해 유발 산업의 이전	
선진국	• 환경 규제가 엄격 함 • 오염 물질을 많이 배출하는 산업은 개발 도상국 으로 이전함 예〉 제철 공업, 금속 공업, 의류 산업 등등
개발 도상국	• 환경 규제가 느슨 함 → 환경 문제에 관한 주민의 저항 약함 • 환경보다 경제 성장을 우선시 함 → 공해 유발 산업 유치
② 전자 쓰레기의 국제적 이동	
• 최근 전자 제품의 사용 주기가 짧아지면서 → 전자 쓰레기의 양 증가	
선진국	• 전자 쓰레기의 대부분을 배출함 • 환경 및 경제적 부담을 줄이기 위해 개발도상국으로 전자 쓰레기를 불법으로 수출함
개발 도상국	• 금속 자원을 채취하기 위해 전자 쓰레기 수입 • 전자 쓰레기의 처리 과정에서 유해 물질이 배출되어 환경 오염, 생태계 파괴 발생 <small>수은,납 등에 '전자쓰레기 채취 노동자'가 중독됨</small>

③ 결과
선진국
• 환경 문제 해결에 도움 • 개발 도상국의 노동력 활용
개발도상국
• 일자리 창출 및 경제 효과 발생 • 주민 건강 위협 • 환경 오염 발생

바젤 협약에 의해 **쓰레기를 적절하게 처리 할 수 없는 나라에는 쓰레기 수출이 금지되어 있어!!**<(ᐖᐛ)> 그래서 선진국은 전자쓰레기를 '기부나 구호품'으로 속여 **불법적으로 수출하고 있단다!** 만약 시험에 '개발도상국은 친환경적으로 쓰레기 처리가 가능하다'라고 나오면 무조건 틀려!! 지금 현재 개발도상국들은 적절한 쓰레기 처리를 할 수 없음에도 불구하고 쓰레기를 받아주고 있어!! ㅜㅜ 제발 개발도상국을 살려줘!! ㅜㅜ 우리 먼저 쓰레기를 줄여야돼!!('◡')

시험에 나왔던 지도 자료!! 그렇게 중요한건 아니니깐 그냥 슬쩍 봐봐! 슬쩍만 봐도 문제가 풀려ㅇ(^-^)ㅇ

석면 산업의 국제적 이동 / 전자 쓰레기의 국제적 이동

옆의 두 지도는 절대 심각하게 볼 필요 없어(^0^) 그냥 석면이나 전자쓰레기처럼 공해가 심한 산업들은 선진국에서 개발도상국으로 이동하는구나!! 정도만 알아 두면돼! 시험에는 그렇게 간단히 나와!!\(^▽^)/

(2) 농업의 이전과 환경 문제

① 농업의 이전	
• 선진국에서 탄소 배출 및 인건비 절감을 위해 개발 도상국으로 농장을 이전함 예〉 네덜란드에서 케냐의 화훼 농장 으로 이전	
② 영향	
긍정적 영향	• 외화 수입 증가, 일자리 창출 및 → 지역 경제 활성화
부정적 영향	• 토양 황폐화 , 관개 용수 남용에 따른 물부족 , 화학 비료 및 농약 사용으로 인한 토양·수질 오염 , 식량 부족

유럽으로 수출되는 장미의 70%는 케냐에서 생산되고 있어! 이유는 네덜란드의 화훼 산업이 케냐로 이전했기 때문이야! ^◡^

람보쌤의 시험에 나오는 '케냐인 입장에서 본 케냐 장미 농장'!! [그림으로 쉽게 알려줄게!!(ㄱ▽ㄱ)/]

좋은점	나쁜점		
일자리가 생겨서 너무 좋아! 밥을 굶지 않아도 된다규~	장미 농장에서 물을 너무 많이 퍼가서 바짝바짝 마르는 중이야! 게다가 장미 농장에서 흘러나오는 농약과 비료 때문에 난 점점 오염되고 있어! ㅠㅠ	물고기양이 예전보다 턱없이 줄었어! 난 뭐먹고 살아ㅜㅜ	장미 농장으로 물을 다 퍼가서 물이 너무 부족해! 마실물도 부족하다구!!

장미 농장 노동자	나이바샤 호수	어부	호수 주변 거주자

2. 환경 문제의 지역적 불평등

① 환경 문제의 지역적 불평등	
선진국	**개발도상국**
• 환경 문제 유발 산업 유출 지역	• 환경 문제 유발 산업의 유입 지역
• 개발보다는 쾌적한 환경에 대한 요구가 높음	• 환경 보존 보다는 경제 성장을 중요시함
• 개발도상국의 저임금 노동력을 활용 + 자국의 환경 문제 해결	• 환경 오염, 주민들의 건강 위험 등의 문제 발생

② 환경 문제의 지역적 불평등을 해결하기 위한 노력

• 선진국: 기업들은 환경 오염을 최소화하기 위해 노력해야 함

• 개발도상국: 기업에 대한 환경 규제와 감시를 강화해야 함

• 국제 사회: 바젤 협약 체결 👍중요

-바젤 협약의 주요 내용-

• 각 국은 유해 폐기물의 발생을 최소화해야 한다.

• 가능한 한 유해 폐기물이 발생한 장소 가까운 곳에서 처리해야 한다.

• 유해 폐기물을 적절히 관리할 수 없는 국가에 수출해서는 안된다.

바젤 협약은 시험에 매우 잘 나오니깐 반드시 꼭 기억해둬!!
바젤 협약은 개발 도상국을 '유해 폐기물'로부터 보호하기 위해 맺어진 조약이라는 사실을 꼭 기억해! 알겠지?(^O^)

1. 환경 문제 유발 산업의 국제적 이동

1단계 기본 개념 파악하기

1. 회색 글씨의 중요 내용을 쓰면서 암기해보세요.(ˉ▽ˉ)/

환경 문제 유발 산업의 이동
(선진국에서 → 개발도상국으로 이전)
① 공해 유발 산업의 이전

선진국	·환경 규제가 엄격함 ·오염 물질을 많이 배출하는 산업은 개발 도상국으로 이전
개발 도상국	·환경 규제가 느슨함 ·환경보다 경제 성장을 우선시함 → 공해 유발 산업 유치

② 전자 쓰레기의 국제적 이동
·최근 전자 제품의 사용 주기가 짧아지면서 → 전자 쓰레기의 양 증가

선진국	·전자 쓰레기의 대부분 배출 → 개발도상국으로 불법 수출
개발 도상국	·전자쓰레기에서 금속 자원 채취 ·전자 쓰레기에서 유해 물질이 배출되어 환경 오염, 생태계 파괴 발생

농업의 이전과 환경 문제
① 농업의 이전
·예〉 네덜란드에서 케냐의 화훼 농장으로 이전
② 영향

긍정적 영향	·지역 경제 활성화
부정적 영향	·토양 황폐화, 물부족, 토양·수질 오염, 식량 부족

③ 결과	
선진국	개발도상국
·환경 문제 해결 ·개발 도상국의 노동력 활용	·지역 경제 활성화 ·주민 건강 위협 ·환경 오염 발생

2단계 기본 개념 적용하기

2. 다음 **환경 문제 유발 산업**에 대한 설명 중 **선진국**에 대한 설명이면 '**선**', 개발도상국에 대한 설명이면 '**개**'라고 쓰세요. ⌐(º ▽ º)⌐

환경 규제 엄격	환경 규제 느슨
① (　　　)	② (　　　)
환경 보다 경제 성장이 우선	경제 성장 보다 환경이 우선
③ (　　　)	④ (　　　)
공해 유발 산업 유치	환경 쓰레기 수출
⑤ (　　　)	⑥ (　　　)

• 정답 : 2. ①~⑥: 선개개선개선

3. 다음 **밑줄친 틀린 설명**을 바르게 고치시오.

① 주로 공해 유발 산업은 **개발도상국**에서 **선진국**으로 이동한다.
② **선진국**은 환경 보전보다 경제 발전을 중요하게 여긴다.
③ **개발도상국**은 환경 규제와 감시가 엄격하다.
④ **선진국**은 전자쓰레기에서 금속 자원을 채취한다.
⑤ 전자쓰레기가 늘어나는 이유는 전자 제품의 사용 주기가 **길어지기** 때문이다.
⑥ 전자 쓰레기의 주요 수입국은 **유럽과 앵글로 아메리카**이다.
⑦ 전자 쓰레기는 주로 **개발도상국**에서 배출된다.

• 정답 : 3. ①선진국→개발도상국 ②개발도상국 ③선진국
④개발도상국 ⑤짧아지기 ⑥아시아와 아프리카
⑦선진국

4. **케냐의 화훼 농장**에서 **일어나지 않는 현상**은?

① 지역 경제 활성화	② 물부족
③ 토양·수질 오염	④ 환경 문제 해결

〈　　　　　　　　　〉

• 정답 : 4. ④

5. 다음 지도를 통해 알 수 있는 것은?

석면 산업의 국제적 이동

전자 쓰레기의 국제적 이동

① 환경 문제 유발 산업은 **개발도상국**에서 **선진국**으로 이동한다.
② 환경 문제 유발 산업은 **선진국**에서 **개발도상국**으로 이동한다.

• 정답 : 5. ②

2. 환경 문제의 지역적 불평등

1단계 기본 개념 파악하기

1. 스피드 퀴즈!! 다음 문제들을 스피드있게 풀면서 머릿속에 넣어보자!! 렛츠고!! ㄴ(￣▽￣ ∞)ㄱ =33

 스피드 퀴즈1

Q. 선진국은?
① 환경 문제 유발 산업 **유출 지역**
② 환경 문제 유발 산업 **유입 지역**

 스피드 퀴즈2

Q. 개발도상국은?
① 환경 보다 **경제 성장 중요**
② 경제 성장 보다 **환경 중요**

 스피드 퀴즈3

Q. 선진국은?
① 환경 오염, 주민들의 건강 위험 발생
② 환경 문제 해결, 저임금 노동력 확보

 스피드 퀴즈4

Q. 노동자가 수은, 납등에 중독되는 곳은?
① 선진국
② 개발도상국

• 정답 : 1. ①①②②

2. 회색 글씨의 중요 내용을 쓰면서 암기해보세요.(￣▽￣)/

환경 문제의 지역적 불평등을 해결하기 위한 노력

·선진국: 기업들은 환경 오염을 최소화하기 위해 노력해야 함
·개발도상국: 기업에 대한 환경 규제와 감시를 강화해야 함
·국제 사회: **바젤 협약** 체결

짜투리 퀴즈

Q. 기업에 대한 환경 규제와 감시를 강화해야 하는 지역은?
① 선진국
② 개발도상국

3. 다음은 무엇에 대한 설명인가?

·각 국은 **유해 폐기물**의 발생을 **최소화**해야 한다.
·가능한 한 유해 폐기물이 발생한 장소 **가까운 곳에서 처리**해야 한다.
·유해 폐기물을 적절히 관리할 수 없는 국가에 수출해서는 안된다.

① 바젤 협약 ② 바질 협약

• 정답 : 2. ② 3. ①

 람보쌤의 자세한 해설을 영상으로 보세요!

환경 문제 유발 산업의 국제적 이동

1. 다음 글의 공해 산업에 대한 ㉠~㉤의 설명 중 옳은 것은?

> 환경을 오염시키는 ㉠공해 산업은 세계 여러 지역에서 행해지고 있다. 공해 산업이 이전되면 생산 시설뿐만 아니라 공해 산업으로 유발되는 환경 문제도 함께 옮겨가기 때문에 문제가 되고 있다. ㉡공해 산업이 이전된 곳에서는 환경 오염으로 인해 주민들이 생계의 위협을 받고 있고 각종 질병에 노출되어 있다. 지역적으로 불평등하게 발생하는 환경 문제는 공해 산업의 ㉢유출 지역과 ㉣유입지역이 함께 노력해서 해결해야 한다. 국제 사회에서는 ㉤'바젤 협약'을 통해 이러한 문제를 해결하기 위해 노력하고 있다.

① ㉠ - 전자 쓰레기 처리 산업은 이에 해당하지 않는다.
② ㉡ - 주로 개발도상국에서 선진국으로 유입된다.
③ ㉢ - 환경 보전보다는 경제 발전을 중요하게 여긴다.
④ ㉣ - 기업에 대한 환경 규제와 감시가 엄격한 곳이다.
⑤ ㉤ - 유해 폐기물을 친환경적으로 처리할 수 없는 국가에 수출을 금지한다.

2. 전자 쓰레기에 대해 옳게 말한 사람은?

을: 전자 제품의 사용주기가 길어지면서 전자 쓰레기 양이 늘어나고 있어.

병: 환경 규제가 느슨한 선진국으로 이전하고 있어.

정: 세네갈, 파키스탄에서 주로 발생해.

갑: 미국, 노르웨이로 유입되어 처리해.

무: 전자 쓰레기장에서 일하는 사람은 수은, 납 중독이 될 수 있어.

① 갑　　② 을　　③ 병　　④ 정　　⑤ 무

3. 다음 지도는 석면 산업의 국제적 이동을 보여 주는 지도이다. 설명으로 옳은 것은?

1981년
독일 석면 기업 L사가 한국 J사로 석면 방직 기계 수출

1970년대
미국 석면 기업 J사의 석면 시멘트 공장이 일본으로 진출

1970년대 초
일본 석면 기업 N사의 자회사 T사는 청석면과 백석면 방직 기계를 한국 J사로 수출

1990~2000년
한국의 석면 방직 공장 J사는 인도네시아, 말레이시아, 중국으로 진출

독일 유럽 아시아 중국 일본 태평양 북아메리카 미국 대서양
아프리카 말레이시아 인도네시아 인도양 오세아니아 남아메리카 0°

［보 기］

ㄱ. 선진국은 개발에 더 관심이 있다.
ㄴ. 개발도상국은 경제 성장이 우선이다.
ㄷ. 선진국에서 개발도상국으로 석면 산업이 이동한다.
ㄹ. 개발도상국은 공해 유발 산업을 규제하는 법적 장치를 갖추었다.

① ㄱ, ㄷ　　② ㄱ, ㄹ　　③ ㄴ, ㄷ
④ ㄴ, ㄹ　　⑤ ㄷ, ㄹ

4. 케냐의 장미 농장을 둘러싼 다양한 의견을 정리한 것이다. 옳지 않은 이야기를 한 사람은?

① 장미 농장 근로자 : 장미 농장에서 일하면서 고정적인 수입이 생겼고, 생활이 나아졌어요.
② 어부 : 예전보다 잡히는 물고기가 크게 줄었어요. 물고기를 잡아 생활하기가 어려워졌어요.
③ 환경 전문가 : 장미 농장이 들어선 이후 호수에서 살균제와 제초제 성분이 검출되고 있어요.
④ 장미 농장 경영자 : 네덜란드보다 생산비는 비싸지만, 기후 조건이 적합해서 케냐에서 장미를 생산하죠.
⑤ 호수 주변 거주자 : 나이바샤 호수의 물이 줄었어요. 장미 농장에서 많은 양의 물을 뽑아가고 있기 때문이죠.

--------- | 환경 문제의 지역적 불평등 | ---------

5. 환경 문제의 지역적 불평등을 해결하기 위한 노력으로 옳지 않은 것은?

① 정부는 형평성을 중시하는 환경 정책을 추진해야 한다.

② 국제 사회 역시 환경 문제의 불평등이 모든 국가의 문제임을 인식하여야 한다.

③ 지속 가능한 사회로의 발전 역시 환경 문제를 해결하고자 하는 노력이 필요하다.

④ 바젤 협약은 환경 문제의 지역적 불평등을 해결하기 위해 체결한 대표적인 국제 협약이다.

⑤ 개발도상국은 기부 받은 폐가전제품을 재활용함으로써 환경 문제의 지역적 불평등을 해소하고 있다.

6. 바젤 협약의 주요 내용이 아닌 것은?

① 유해 폐기물을 적절히 관리할 수 없는 국가에 수출해서는 안 된다.

② 협약에 가입한 각 나라는 유해 폐기물의 발생을 최소화하여야 한다.

③ 가능한 한 유해 폐기물이 발생한 장소에서 먼 곳에서 처리하여야 한다.

④ 각 국가는 유해 폐기물의 수입을 금지할 수 있는 주권을 가지고 있다.

⑤ 유해 폐기물의 국가 간 이동은 협약에 규정된 방법에 따라 이루어져야 한다.

26 CHAPTER

3. 생활 속의 환경 이슈

1. 우리 주변의 환경 관련 이슈

(1) 환경 이슈

의미	• 환경 문제 중 원인과 해결 방안이 입장에 따라 서로 다른 것
특징	• 시대별로 다르게 나타남 • 지역적인 것부터 세계적인 것까지 다양하게 나타남

→ 이유: 서로 이해관계가 다르기 때문이야 (ˋ_ˊ)ง

(2) 다양한 환경 이슈

① 미세 먼지

발생 원인	• 흙먼지와 꽃가루 ——————— 자연적 요인 • **화석 연료를 태울 때 생기는 매연** • **자동차 배기 가스** ——— 인위적 요인 • 쓰레기 소각 • 건설 현장의 날림 먼지
영향	• **각종 호흡기 질환** 및 뇌 질환 유발 • 반도체 등 정밀 산업의 불량률 증가 • 항공기 및 여객선 운항 차질 등

② 쓰레기 문제

발생 원인	• **편리한 생활 추구** → 자원 소비 증가 • 일회용품과 포장재 사용 증가
영향	• 쓰레기 매립 → 토양 오염, 수질 오염 발생 • 쓰레기 소각 → 대기오염 발생

중요 ③ **유전자 변형 식품** (GMO)

의미	• 유전자 재조합 기술을 이용해 본래의 유전자를 변형시켜 새로운 성질의 유전자를 지니도록 개발된 식품
긍정적 입장	• **대량 생산** 가능 　→ 적은 노동력과 생산 비용만으로 생산 가능 • 특정 영양소 강화 • **병충해에 강함** → **농약 사용량 감소** • **세계 식량 부족 문제 해결에 기여**
부정적 입장	• 인체에 미치는 **유해성**이 검증되지 않음 • 생물 다양성 파괴 • 생태계 교란 가능

중요 ④ **로컬 푸드 운동**

의미	• 지역에서 생산된 농산물을 지역에서 소비하자는 운동
등장 배경	• 식품의 **운송 과정**에서 많은 **온실가스** 배출 • 신선도 유지를 위한 **방부제 과다 사용** 　→ 식품의 안전성 확보와 　　환경에 대한 부담을 줄이기 위한 관심 증가

람보쌤의 시험 꿀TIP

우리나라의 미세먼지는 중국에서 불어오는 경우가 정말 많아!! 중국이 공업화가 되면서 오염된 거둑같은 미세먼지가 편서풍을 타고 우리나라에 불어닥쳐 많은 피해를 입히지!! 중국 짱난다해!!＼(*`Д´)/

🚨 **미세먼지 훼이크 주의보**

[미세 먼지 관련 훼이크 지문!! BEST2!!]

1. 여름철 집중 호우 때 미세먼지가 더욱 활발히 발생한다.
　→ X, 집중 호우는 오히려 대기 중 오염 물질을 씻어내는 역할을 하기 때문에 미세 먼지의 농도를 낮춘단다.
2. 미세 먼지는 대기가 안정되어 있을 경우 농도가 낮다.
　→ X, 대기가 안정적이면 미세먼지는 움직이지 않고 계속 농축되기 때문에 농도가 높아져ㅠㅠ

Q. 우리가 편리한 생활을 추구하면서 특히 **종이컵, 나무 젓가락 등 일회용** 사용이 증가하여 발생한 문제는? 〈쓰레기 문제〉

유전자 변형 식품의 대표적인 예〉

하나도 안중요하니깐 그냥 봐두기만해ㅎ (^０^)

잡초에 강한 옥수수

카페인 없는 커피

무르지 않는 토마토

GMO 식품 관련 시험에 잘 나오는 문제 형식 중요

GMO는 특별히 **찬반을 묻는** 형식의 시험 문제가 겁나 잘나와!! 그러니깐 한번 풀어보자!^ㅅ^

Q. 다음중 GMO식품에 대해 **찬성하는 사람을 고르시오**.

환경운동가

GMO식품은 **생물 다양성**을 파괴하고 **생태계**를 교란합니다!! 뿐만 아니라 아직 **유해성**이 검증되지도 않았다구요!!

기업

우리 기업에서 생산하는 잡초에 강한 옥수수는 병충해에 강해 농약을 쓰지 않을 뿐만 아니라 적은 노동력으로도 대량 생산이 가능합니다!

• 정답: 기업

효과	• **신선하고 안전한** 먹거리 제공
	• **온실 가스 배출 감소**
	• **농민의 안정적인 소득 보장**
	• 지역 경제 활성화 촉진

☆ **서술형 1타!!** 시험에 겁나 잘나오는 서술형!!

Q. 로컬 푸드 운동이 소비자, 생산자, 지구·환경적 측면에서
  이로운 점을 서술하시오.
(1) 소비자: 안전한 식품을 제공 받을 수 있다.
(2) 생산자: 안정적인 소득을 얻을 수 있다.
(3) 환경적: 온실 가스 배출량이 줄어 환경 문제에 도움이 된다.

시험 TIP | '로컬 푸드 운동의 이로운점을 서술하라'는 문제는 매우 잘 나오니깐 꼭 암기하고 있엉!! 알겠지?＼(^0^*)/

★★**시험문제 1타!!** '푸드 마일리지'

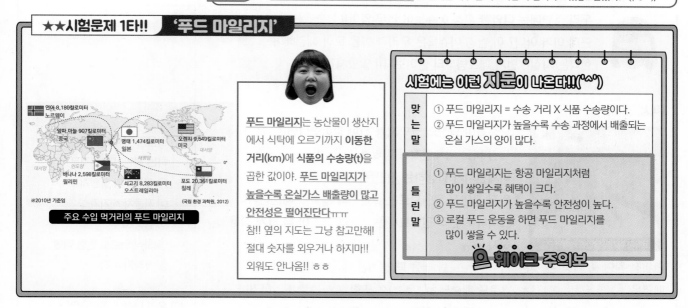

※2010년 기준임

주요 수입 먹거리의 푸드 마일리지

푸드 마일리지는 농산물이 생산지에서 식탁에 오르기까지 **이동한 거리(km)**에 식품의 수송량(t)을 곱한 값이야. **푸드 마일리지가 높을수록 온실가스 배출량이 많고 안전성은 떨어진단다**ㅠㅠ
참!! 옆의 지도는 그냥 참고만해!
절대 숫자를 외우거나 하지마!!
외워도 안나옴!! ㅎㅎ

시험에는 이런 **지문**이 나온대!!(^^)

맞는말	① 푸드 마일리지 = 수송 거리 X 식품 수송량이다.
	② 푸드 마일리지가 높을수록 수송 과정에서 배출되는 온실 가스의 양이 많다.
틀린말	① 푸드 마일리지는 항공 마일리지처럼 많이 쌓일수록 혜택이 크다.
	② 푸드 마일리지가 높을수록 안전성이 높다.
	③ 로컬 푸드 운동을 하면 푸드 마일리지를 많이 쌓을 수 있다.

웨이크 주의보

2. 환경 이슈를 해결하기 위한 노력

환경 이슈를 대하는 태도	• 지구촌의 지속 가능성을 최우선으로 하여 다양한 집단의 의견을 검토하고 대안을 협의·토의하는 과정 필요함
생활속에서의 실천	• 대중교통 이용, 일회용품 사용 자제, 저탄소 제품 사용, 에너지 절약, 쓰레기 분리 수거 등

키워드맵으로 빠르게 암기하자!! 단계별 키워드맵

혼자 외울 수 없는 친구들을 위해 키워드맵이 함께 암기 해드립니다!!

오늘은 바로 바로 쓰면서 암기하고 바로 바로 적용하면서 외워봅시다!! 준비됐나?렛츠고!!╲(^▽^)╱

1단계: 회색글씨 위에 덧대어 쓰면서 암기해보자 (^O^)	2단계: 바로 적용하자

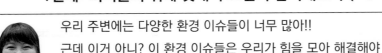

우리 주변에는 다양한 환경 이슈들이 너무 많아!!
근데 이거 아니? 이 환경 이슈들은 우리가 힘을 모아 해결해야
한다는 사실!! 먼저 페트병부터 줄여보자!! 알았지?? ㅎㅎ

뿌엥~

[미세 먼지]

코딱지 파기의 달인 도라에명 PD

요즘들어 당신의 코딱지가 진짜 많아졌다면!!
그건 바로 미세먼지 탓!! ㅎㅎ
미세먼지가 발생하는 원인은?
먼저 자연적 원인으로는 흙먼지와 꽃가루 때문이야!
그러나 자연적 원인보다는 인위적 원인이 더 크게 작용
하지.ㅠㅠ

인위적 원인 중 가장 큰 것은 화석 연료를 태울 때 생기는 매연인데 이러한
매연은 자동차의 배기가스로도 배출돼.s(ˇoˇ)グ 또한 쓰레기를 소각하거나
건설 현장에서 발생하는 날림 먼지로도 미세 먼지가 생겨난단다!! 켁켁!!@_@

미세 먼지가 이렇게 많아지면 어떤 일이 생기냐?? ٩(๑˙o˙๑)۶
첫째로는 미세한 먼지가 우리의 입구녕이나 콧구녕에
들어가 각종 호흡기 질환을 일으키고
심지어 이러한 미세 먼지가 뇌로도 들어가
각종 뇌질환을 일으키기도 해 (づ_T)
또한 반도체와 같은 정밀 기계에 미세 먼지가 들어가면
불량률을 증가 시키고!!
항공기·여객선의 운항에도 차질이 생기기도 한다.

미세먼지로부터 살려쥄~

감기 걸린 람보쌤

[쓰레기 문제]

북적 북적!!

끄악!! 이게 무슨 냄새야!! 이거 쓰레기 냄새 아니야??
쓰레기가 왜이렇게 증가했냐고??
그건 다!! 편리한 생활을 하려고 하는 우리들
때문이지!!ㅠㅠ
편리한 생활을 하려고 하다보니 나무 젓가락,
종이컵 등의 일회용품을 많이 사용하게 되고 그러다
보니 버리는 쓰레기의 양도 겁나 많아지게 된거야!!

이러한 쓰레기를 땅에 묻으면 당연히 토양 오염과 수질 오염이 발생하고
그렇다고 태우면 유독 가스가 생성되면서 대기 오염이 된다고!!(ToT) 뿌엥

2단계: 바로 적용하자

(1) 다음중 **미세 먼지가 발생
하는 원인**이 **아닌것**은?
① 꽃가루와 흙먼지
② 자동차 배기가스
③ 집중 호우
④ 화석 연료로 인한 매연
⑤ 쓰레기 소각

(2) 우리 나라에 영향을 주는
미세먼지는 어느 나라에서
불어오나요?
① 중국   ② 화성

(3) 다음 현상을 일으키는
환경 문제는?

·호흡기 질환
·정밀 기계 손상
·항공기,여객선 운항 차질

① 쓰레기 문제 ② 미세 먼지

(4) 사람들이 점차 **편리한 생활**
을 추구하면서 자원 소비가
증가하여 발생하는
환경 문제는?
① 쓰레기 문제
② 쑤뤠기 문제

• 정답: (1)③ (2)① (3)② (4)①

[유전자 변형 식품]

너희들 **유전자 변형 식품**이라고 들어봤어??ㅎㅎ

만약 못들어봤다면 걱정마!! 먹어는 봤을테니깐!!(>◡<)

사실 우리가 먹는 콩의 80%는 유전자 변형 식품이지!! ㅋㅋ

유전자 변형 식품이란 유전자 재조합 기술을 이용해

본래 유전자를 변형시켜 **새로운 성질의 유전자를** 지니도록

개발한 식품이야! 쉽게 말해 감자가 있다고 해보자!! 감자의 문제는 무엇?

싹이 잘난다!! ⌐(ᵒ ᵥ ᵒ)⌐ 그러면 감자의 유전자중

싹이 잘나게 하는 유전자는 빼고 다시 탄생 시키는거야!

그러면 이런 감자는 절대 싹이 나지 않지!! ㅎㅎ 대박인걸!!

아무래도 이러한 유전자 변형 식품은 장점인 유전자만 모아 모아 탄생 시키기

때문에 병충해에도 강하고 웬만한 기후에도 강해!!

그래서 대량 생산이 가능하고

적은 노동력으로도 생산이 충분히 가능하지!!

또한 농약을 적게 뿌려도 강인하게 살아남는

> 한 가지에 이렇게 주렁주렁 겁나 많이 매달린 토마토 봤어??!! 나는야 유전자 재조합으로 탄생한 슈퍼 유전자 변형 토마토라구!!

장점이 있어!! 게다가 유전자 재조합이 가능하다 보니깐

특정 영양소를 강화하는 것이 가능하고

그런 결과 세계 식량 문제 해결에도 기여

할 수 있단다.갬동(ToT)

그러나 유전자 변형 식품은 생물이 알아서 자연적으로 크는 것을 교란시키기

때문에 생물의 다양성을 파괴하고

생태계를 교란하며

> 유전자 변형 식품을 2년간 계속 먹인 쥐에게 생긴 종양

인체에 미치는 유해성이 아직 검증되지 않은

다소 위험한 식품이라고 볼 수 있어.ㅠㅠ

[로컬 푸드 운동]

로컬? 영어로 로컬은 지역이라는 뜻이야!!

즉, 로컬 푸드 운동은 그 지역에서 생산한 것을 그 지역에서 소비하자

라는 뜻으로!! 예를들어 사과가 필요하다!!

그러면 멀리 미국의 사과를 사먹는 것이 아니라

경상도에 산다면 경상도 안동의 사과를!

충청도에 산다면 충주 사과를!

강원도에 산다면 대관령 고랭지 사과를 사먹으면

정말 좋다는거지!!? ㅎㅎㅎ

사과 먹고 변비 탈출하자!!! 끼얏호!!

> 사과는 역시 안동 사과!!

---

(5) 다음중 **유전자 변형 식품**의 **장점**이 **아닌 것**은?

① 대량 생산이 가능하다.

② 많은 농약을 필요로 한다.

③ 특정 영양소를 강화 시킬 수 있다.

(6) 다음중 **유전자 변형 식품**의 **단점**이 **아닌 것**은?

① 인체에 대한 유해성이 검증되지 않았다.

② 생태계를 교란한다.

③ 여객기·항공기의 운항에 차질이 생긴다.

왜 이런 로컬 푸드 운동이 일어났냐면?

해외에서 배송되는 식품의 경우 그 신선도를 유지하기 위해
방부제를 과다 사용하기 때문에 사실 **안전성**을
의심할 수 밖에 없어! 또한 멀리서 오는 만큼
수송하는 과정에서 막대한 **온실 가스**가 배출되기
때문에 환경에도 큰 부담이 되지!!(ㅎ_ㅎ)

방부제 먹고 슬퍼하는
도라에명 PD

너희들 혹시 **푸드 마일리지**라고 들어봤니?
푸드 마일리지란? 식품이 생산되어 소비자의 식탁에 오르기까지의
이동한 거리에 **식품의 수송량**을 곱한 값이야!!ど(^O^)つ

이 푸드 마일리지가 높을수록 **온실 가스**도 많이 배출되고 식품의 **안전성**도
떨어지는 것이란다! 이건 항공사 마일리지처럼 쌓이면 쌓일수록 혜택이 있는 것이
아니라 쌓이면 쌓일수록 안좋은거야!!(๑•̀ㅁ•́๑)
그러니깐 푸드 마일리지가 적은
로컬 푸드를 먹어야겠지??＼(^▽^)／

로컬 푸드 운동을 하니 어떤 효과가 발생했느냐??
일단 모두에게 이득인데!!
당연히 **소비자** 입장에서는

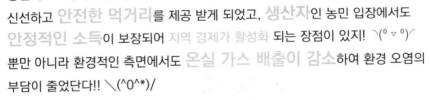

다시 등장한 로컬푸드 먹방중인 람보쌤

신선하고 **안전한 먹거리**를 제공 받게 되었고, **생산자**인 농민 입장에서도
안정적인 소득이 보장되어 지역 경제가 활성화 되는 장점이 있지! ╰(°▽°)╯
뿐만 아니라 환경적인 측면에서도 **온실 가스 배출이 감소**하여 환경 오염의
부담이 줄었단다!! ＼(^O^*)/

그러면 우리가 배운 지식을 바탕으로 환경을 보호하고 사랑하는
다음세대들이 되어 보자구!!ᕙ(•̀ᴗ•́)
늘 언제나 너희들을 응원하고 사랑할꺼야!! 파이팅!! o(^^o) (o^^)o

---

(7) **로컬 푸드 운동**이 등장하게 된
배경은?
① 식품의 안전성을 의심해서
② 내 남자 친구를 의심해서

(8) **푸드 마일리지**에 대한 설명으로
옳은것은?
① 항공 마일리지처럼 많이 쌓일
수록 좋다.
② 푸드 마일리지가 높다는 것은
온실 가스 배출량도 많다는
뜻이다.

(9) **로컬 푸드 운동**의 효과가
아닌것은?
① 소비자는 안전한 먹거리를
먹게 되어서 좋아요!
② 생산자는 농가 소득이
줄어서 슬퍼요!

• 정답: (7)① (8)② (9)②

마지막으로 서술형 점검하고 갑시다!! 히릿!!(~˘▾˘)~

1단계: 회색 글씨 위에 덧대어 쓰며 외우기!!	**2단계: 스스로 혼자 다 써보기**
Q. 로컬 푸드 운동이 소비자, 생산자, 지구·환경적 측면에서 **이로운 점**을 <u>서술하시오.</u> (1) 소비자: 안전한 식품을 제공 받을 수 있다. (2) 생산자: 안정적인 소득을 얻을 수 있다. (3) 환경적: 온실 가스 배출량이 줄어 환경 문제에 도움이 된다.	Q. 로컬 푸드 운동이 소비자, 생산자, 지구·환경적 측면에서 **이로운 점**을 <u>서술하시오.</u> (1) 소비자: (2) 생산자: (3) 환경적:

람보쌤의 자세한 해설을 영상으로 보세요!

우리 주변의 환경 이슈

1. 환경 문제와 환경 이슈에 관한 설명으로 옳은 것은?

① 환경 이슈는 전 지구적 규모로 나타나는 기후 변화 문제를 뜻한다.
② 환경 문제는 아직 사회 활동 전반에까지 영향을 뻗치지 못하고 있다.
③ 쓰레기 소각장의 건립 문제는 환경 문제 및 환경 이슈에 포함되지 않는다.
④ 하나의 환경 문제를 두고 서로의 입장에 따라 다양한 의견이 대립하기도 한다.
⑤ 환경에 주는 영향을 줄이기 위해 개인의 소비 습관보다 기업의 규제를 우선시해야 한다.

2. 다음 자료에 대한 설명으로 가장 적절한 것은?

> 푸드 마일리지 = 식품 수송량(t) × 수송 거리(km)

① 푸드 마일리지가 높을수록 친환경을 뜻한다.
② 푸드 마일리지가 많이 쌓일수록 안전성이 높다.
③ 항공 마일리지처럼 많이 쌓일수록 혜택이 늘어난다.
④ 푸드 마일리지는 식품의 무게가 무겁고 수송 거리가 길수록 증가한다.
⑤ 먹을거리가 생산되어 소비자의 식탁에 오르기까지 소요된 총 시간을 나타낸 것이다.

3. 다음 글의 밑줄 친 상황의 대안으로 등장한 식품에 대한 설명으로 옳지 않은 것은?

> 푸드 마일리지는 먹을거리가 생산되어 소비자 식탁에 오르기까지의 이동 거리(km)에 식품 수송량(t)을 곱한 값으로 <u>수입 농산물은 푸드 마일리지가 높고 안전성 보장이 어렵다.</u>

① 지역 농민들의 안정적인 소득이 보장된다.
② 대량 생산이 가능해 가격이 저렴한 편이다.
③ 가까운 지역에서 생산되어 비교적 신선하다.
④ 운송 과정 중 온실가스 배출량을 줄일 수 있다.
⑤ 푸드 마일리지가 낮고 방부제를 사용하지 않는다.

4. 다음과 같은 피해를 주는 환경 이슈는?

> • 각종 호흡기 질환 유발
> • 반도체 산업 등 불량률 증가
> • 비행기나 여객선 운항에 지장

① 코로나
② 기상이변
③ 미세먼지
④ 로컬 푸드
⑤ 유전자 변형 농산물

5. 생활 속 주요 환경 이슈와 관련된 그림이다. 이와 관련된 입장에 해당하는 것만을 〈보기〉에서 있는 대로 고른 것은?

보 기

ㄱ. 해충 및 질병에 대한 저항성이 높아진다.
ㄴ. 농작물의 부족한 영양분을 증대시킬 수 있다.
ㄷ. 재배 과정에서 환경과 생물 다양성을 위협한다.
ㄹ. 인체에 관한 안전성이 충분히 확보되지 않았다.
ㅁ. 저렴한 비용으로 많은 양의 식량을 생산할 수 있다.

① ㄱ, ㄴ
② ㄷ, ㄹ
③ ㄱ, ㄴ, ㅁ
④ ㄷ, ㄹ, ㅁ
⑤ ㄴ, ㄷ, ㄹ, ㅁ

6. 유전자 변형 식품(GMO)에 관한 설명으로 옳은 것을 모두 고른 것은?

┤ 보 기 ├

ㄱ. 유전자 변형 식품은 해충과 질병에 약하다.
ㄴ. 재배 과정에서 국내 고유종을 파괴한다는 문제점이 있다.
ㄷ. 유전자 변형 식품은 기아 문제를 해결할 수 있는 대안 중 하나이다.
ㄹ. 재배 과정에서 많은 노동력이 필요하고 비용이 많이 든다.

① ㄱ, ㄹ
② ㄴ, ㄷ
③ ㄴ, ㄹ
④ ㄷ, ㄹ
⑤ ㄱ, ㄴ, ㄷ

7. 로컬 푸드 운동이 소비자, 생산자, 지구·환경적 측면에서 이로운 점을 서술하시오.

(1) 소비자:

(2) 생산자 :

(3) 지구·환경적 :

8. 밑줄 친 ㉠~㉤ 중 옳지 않은 것은?

미세먼지는 ㉠흙먼지나 식물 꽃가루 등 자연적 요인에 의하여 발생하기도 하지만, 주로 ㉡석탄, 석유 등 화석 연료를 태울 때 생기는 매연, 자동차 배기가스나, ㉢건설 현장 등에서 발생하는 날림 먼지, 소각장 연기 등 인위적 요인에 의하여 생성되기도 한다. 미세 먼지는 입자가 매우 작으므로 ㉣각종 호흡기 질환을 유발하는 등 건강에 나쁜 영향을 미칠 수 있다. ㉤비가 내리고 바람이 부는 날에는 미세먼지가 흩어지기 때문에 농도가 높아질 수 있다.

① ㉠
② ㉡
③ ㉢
④ ㉣
⑤ ㉤

환경 이슈를 해결하기 위한 노력

9. 환경 문제를 해결하기 위한 행동으로 옳지 않은 것은?

① 환경을 위해 활동하는 시민단체에서 소정의 금액을 후원한다.
② 식품을 구매할 때 가급적 글로벌 푸드를 소비하도록 노력한다.
③ 환경 문제에 대해 지속적인 관심을 촉구하는 캠페인 활동을 벌인다.
④ 직접 환경 단체에 가입하여 환경 문제에 대해 감시·감찰 활동을 한다.
⑤ 환경 관련 기관을 방문하여 진행 중인 환경 정책에 관심을 두고 지켜본다.

1. 기후 변화에 대한 서술이 바른 것은?

① 기후는 자연적 요인에 의해서만 변화한다.
② 화석 연료의 사용은 기후 변화의 속도를 늦춘다.
③ 화산 활동에 따른 화산재 분출은 기후를 변화시킨다.
④ 기후 변화는 산업 혁명 이후에 처음 나타난 현상이다.
⑤ 축산과 농업 활동은 기후를 변화시키는 자연적 요인이다.

2. 기후 변화에 영향을 미치는 인위적 요인을 〈보기〉에서 고른 것은?

> **보 기**
>
> ㄱ. 화산재 분출
> ㄴ. 태양 활동의 변화
> ㄷ. 무분별한 삼림 개발
> ㄹ. 과다한 화석 연료 사용

① ㄱ, ㄴ　　　　② ㄱ, ㄷ　　　　③ ㄴ, ㄷ
④ ㄴ, ㄹ　　　　⑤ ㄷ, ㄹ

3. (가), (나)와 관련 있는 국제 환경 협약을 바르게 연결한 것은?

> (가) 지구 온난화　　　　(나) 오존층 파괴 문제

	(가)	(나)
①	사막화 방지 협약	교토 의정서
②	람사르 협약	생물 다양성 협약
③	파리 협정	몬트리올 의정서
④	교토 의정서	람사르 협약
⑤	몬트리올 의정서	파리 협정

4. 다음 글을 읽고 ㉠에 해당하는 것을 〈보기〉에서 모두 고른 것은?

> 기후 변화와 같은 전 지구적인 환경 문제를 해결하고 지속가능한 발전을 모색하기 위해서는 개인적 노력뿐만 아니라 ㉠국가적 노력, 국제적 차원의 노력과 협력이 필요하다.

> **보 기**
>
> ㄱ. 기후 변화 협약
> ㄴ. 환경보호 시민 단체 활동
> ㄷ. 녹색 성장 정책 추진
> ㄹ. 온실가스 배출권 거래 제도 시행

① ㄱ, ㄴ　　　　② ㄱ, ㄷ　　　　③ ㄴ, ㄷ
④ ㄴ, ㄹ　　　　⑤ ㄷ, ㄹ

5. 다음 행사에 관한 옳은 설명을 〈보기〉에서 고른 것은?

에펠탑의 전등 끄기 행사는 2007년에 시작하여 매년 진행되며, 지구촌 주요 지역 및 랜드마크의 전등을 한 시간 정도 소등한다.

> **보 기**
>
> ㄱ. 기후 변화에 대처하는 노력의 일환이다.
> ㄴ. 국제 연합이 주관하는 국제적 행사이다.
> ㄷ. 탄소 배출량 감소를 알리는 환경 캠페인이다.
> ㄹ. 가정과 기업이 반드시 참여해야 하는 행사이다.

① ㄱ, ㄴ　　　　② ㄱ, ㄷ　　　　③ ㄴ, ㄷ
④ ㄴ, ㄹ　　　　⑤ ㄷ, ㄹ

6. 표는 석면 산업의 시기별 유출 지역과 유입 지역을 나타낸 것이다. 다음의 (가), (나), (다)에 들어갈 내용을 순서대로 바르게 나열한 것은?

시기	유출 지역	유입 지역
1970년대	일본	우리나라
1980년대	독일	우리나라
1990년대 이후	우리나라	중국, 말레이시아, 인도네시아, 필리핀 등

환경 문제를 유발하는 석면 산업과 같은 __(가)__ 은 주로 환경 규제가 엄격한 __(나)__ 에서 유출되고, 환경 보전보다는 경제 발전을 중요시하는 __(다)__ 으로 유입된다.

	(가)	(나)	(다)
①	공해 산업	개발도상국	선진국
②	공해 산업	선진국	개발도상국
③	건축 산업	개발도상국	선진국
④	첨단 산업	선진국	개발도상국
⑤	첨단 산업	개발도상국	선진국

7. 선생님의 질문에 대한 학생의 대답으로 옳지 <u>않은</u> 것은?

선생님 : 환경문제(공해)를 유발하는 산업에 대해 공부했는데, 알게 된 내용을 하나씩 말해볼까요?

학생 : [   ].

① 건축 자재로 널리 사용되었던 석면은 대표적인 공해 유발 산업입니다.
② 국가별로 산업화 시기가 달라서 생산 시설이 국가 간 이동하기도 합니다.
③ 일반적으로 공해 유발 공장은 환경 관련 규제가 엄격한 국가로 이동합니다.
④ 환경 오염을 유발하는 오래된 제조 설비는 주로 개발도상국으로 이전합니다.
⑤ 가나 아그보그블로시는 전자 쓰레기에 포함된 중금속으로 인한 환경 오염이 심각합니다.

8. 다음과 같은 문제점을 해결하기 위한 국제 사회의 대안으로 가장 적절한 것은?

미국의 ○○사는 인도 중부의 상업 도시인 보팔에 공장을 설립하고 농약을 제조하였다. 농약의 원료로 쓰이는 메틸이소시아네이트라는 유독 가스를 탱크에 저장하고 사용했는데, 1984년 12월에 유독 가스가 누출되는 사고가 일어났다. 이 사고로 2,800여 명의 주민이 사망했고 20만 명 이상의 피해자가 발생했다.

① 유해 화학 물질의 유통을 규제하기 위한 협약을 체결한다
② 모든 개발도상국의 공장에 유독 가스 정화 장치를 설치해 준다.
③ 개발도상국들이 선진국의 산업 유치를 위해 환경 기준을 완화한다.
④ 인구가 밀집한 도시 빈민가 지역으로 유독 가스 공장을 옮기도록 권고한다.
⑤ 선진국과 개발도상국들이 유독 가스 공장을 균등하게 설치하도록 국제법을 마련한다.

※ 다음은 공해 유발 산업의 국제적 이동으로 인한 불평등에 대한 글이다. 물음에 답하시오. [9~10]

공해 유발 산업의 이동을 통해 선진국은 __㉮__ 문제를 해결하게 되었다. 하지만 개발도상국은 경제적 효과를 얻는 동시에 심각한 환경오염을 피할 수 없게 되었다. 결국 개발도상국에서 유해 물질 누출로 인한 사고가 잇따르자 ㉯국제 사회에서는 유해 화학 물질과 산업 폐기물의 유통을 규제하기 위한 협약을 체결하였다.

9. 글의 ㉮ 부분에 들어갈 내용으로 알맞은 것을 〈보기〉에서 골라 묶은 것은?

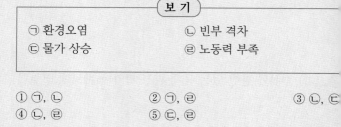

┌──── 보 기 ────┐
㉠ 환경오염   ㉡ 빈부 격차
㉢ 물가 상승   ㉣ 노동력 부족
└───────────────┘

① ㉠, ㉡   ② ㉠, ㉣   ③ ㉡, ㉢
④ ㉡, ㉣   ⑤ ㉢, ㉣

10. 글의 ㉯ 부분에 해당하는 협약으로 가장 적절한 것은?

① 런던 협약   ② 바젤 협약
③ 파리 협약   ④ 몬트리올 의정서
⑤ 생물종 다양성 협약

11. 로컬 푸드 운동의 장점으로 옳지 않은 것은?

① 지역 경제 활성화에 도움을 준다.
② 푸드 마일리지를 많이 쌓을 수 있다.
③ 농민은 안정적인 소득을 보장받을 수 있다.
④ 소비자는 신선하고 안전한 먹을거리를 제공 받을 수 있다.
⑤ 지역의 자연환경 조건에 맞는 친환경 농업을 발전시킬 수 있다.

12. 환경 문제를 해결하기 위한 행동으로 옳지 않은 것은?

① 환경을 위해 활동하는 시민단체에서 소정의 금액을 후원한다.
② 식품을 구매할 때 가급적 글로벌 푸드를 소비하도록 노력한다.
③ 환경 문제에 대해 지속적인 관심을 촉구하는 캠페인 활동을 벌인다.
④ 직접 환경 단체에 가입하여 환경 문제에 대해 감시·감찰 활동을 한다.
⑤ 환경 관련 기관을 방문하여 진행 중인 환경 정책에 관심을 두고 지켜본다.

27 CHAPTER

1. 우리나라의 영역과 독도

1. 영역이란?

① 영역의 의미
• 한 국가의 **주권이 미치는** 공간적 범위

② 영역의 구성	
영토	• 한 국가에 속한 육지의 범위 → 국토 면적과 일치
영해	• 영토 주변의 바다 ┌→ = 기준선 → 일반적으로 **기선**에서부터 **12해리까지의 바다**
영공	• **영토와 영해의 수직 상공** → 일반적으로 대기권 내로 범위 제한

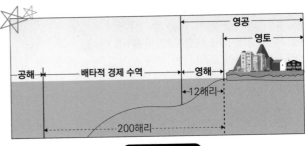

영역의 구성

시험 TIP!!! 위 그림은 시험문제 1타니깐
강 닥치고 외웟!!(^0^)
키워드맵에서 열심히 연습하자구!!^u^

2. 우리나라의 영역과 배타적 경제 수역 (EEZ)

(1) 우리나라의 영역 「시험1타」

① 영토	
구성	• 한반도와 그 부속 도서
특징	• 총면적은 약 22.3만 ㎢, 남한 면적은 약 10만 ㎢ → 서·남해의 **간척 사업으로 영토 확대** • 삼면이 바다인 반도국 • 영토가 남북으로 긴 형태 → 다양한 기후가 나타남

별로 중요한 내용은 아니어서 그냥 봐두기만 하면 돼!(^^*) 그러나 **남한 면적이 북한보다 작다는 것은** 좀 기억해놔ㅎㅎ

👍출요 ② 영해

동해안, 제주도, 울릉도, 독도	• 해안선이 단조롭고 섬이 적음 → ¹**최저조위선**인 ²**통상 기선**에서부터 **12해리**까지
서해안, 남해안	• 해안선이 복잡하고 섬이 많음 → 가장 바깥쪽의 섬들을 직선으로 연결한 선인 ³**직선 기선**에서부터 **12해리**까지
대한 해협	• 일본과 인접해 있음 → **직선 기선**에서부터 **3해리**까지

③ 영공	
의미	• 우리나라 **영토와 영해의 수직 상공**
특징	• 최근 항공 교통과 우주 산업의 발달로 중요성이 커지고 있다.

극북	유원진
극서	마안도
극동	독도
극남	마라도

우리나라의 4극과 영해

람보쌤의 꿀팁

• 우리나라의 4극 중 **극남 마라도**와 **극동 독도**는 반드시 알아둬(¯▽¯)/
• **A(서해안)**: 직선기선에서 12해리
• **B(대한해협)**: 직선기선에서 3해리
• **C(동해안)**: 통상기선에서 12해리

(2) **배타적 경제 수역** (EEZ) ⭐시험100%출제

① 의미	• **영해 기선**으로부터 **200해리**에 이르는 수역 중 영해를 제외한 바다
② 특징	• 연안국은 **어업 활동**과 **해양 자원의 탐사 및 개발** 등에 관한 **경제적 권리**를 보장받음 • 연안국은 인공섬을 만들거나, 시설물을 설치 할 수 있음 • 경제적 목적이 없는 다른 국가의 케이블 설치와 선박 및 항공기 등의 자유로운 통행 가능

시험에 매우 잘 나오는 용어 웨이크

1. **최저 조위선**: 썰물로 바닷물이 가장 많이 빠져나갔을 때 해안선
→ 웨이크주의보: 썰물을 밀물로 바꿔서 잘 나와!Q_Q

2. **통상 기선**: **최저 조위선**에서 영해를 설정하는 기선이다.
→ 웨이크주의보: 최저조위선을 최고조위선으로 바꿔서 잘 나와!!ㅋㅋ

3. **직선 기선**: 가장 **바깥쪽**에 위치한 섬을 직선으로 연결한 선을 기준으로 영해를 설정하는 기선

③ 우리나라의 배타적 경제 수역

우리나라의 배타적 경제 수역

특징	• 중국 , 일본 과 인접하여 200해리의 배타적 경제 수역 확보가 어려움 → 중국, 일본과 어업 질서의 혼란을 막기 위해 **어업 협정** 체결 → 어족 자원 공동 관리
이어도	• 마라도 서남쪽 149km에 위치 • 우리나라 종합 해양 과학 기지 설치

이어도는 시험에 매우 잘나오니깐 기억해둬!!＼(^▽^)／
이어도는 사실 섬이 아니라 **바다에 4.6m 잠겨 있는 수중 암초**야!(o^^)o 이 이어도 주변에는 천연가스가 정말 많이 묻혀있다고 해! 지금 현재는 **국제법상 우리나라의 배타적 경제 수역**에 속해 있지만 호시탐탐 중국이 노리고 있단다!! 그래서 우리나라는 이어도에 **종합 해양 과학 기지**를 설치하여 해양 관측 활동을 열심히 하고 있지!! 이어도 만세!＼(-0-)/

⭐ 시험문제 1타!! 제군들이여!! 시험에 나오는 '훼이크 지문'들을 완전히 간파하라!! (ⓐˆoˆⓐ)

영토 관련 훼이크

① **남한 면적이 북한 면적**보다 더 크다.
→ ✕, 북한 면적이 더 크다.
② 간척 사업을 하면 **영해**가 더 커진다.
→ ✕, 영해가 아니라 **영토**가 더 커진다.
③ 영토의 크기는 언제나 **똑같다**.
→ ✕, 간척 사업 등을 통해 늘어나기도 한다.
④ 우리나라의 영토는 '**휴전선 이남**'이다.
→ ✕, 우리나라의 영토는 남북한 모두이다.

영해 관련 훼이크

① **최저조위선은 밀물**로 바닷물이 가장 많이 빠져 나갔을 때의 해안선을 의미한다. → ✕, 밀물이 아니라 **썰물**이다.
② **통상 기선**은 **최고조위선**을 의미한다. → ✕, 최고가 아니라 **최저**이다.
③ 대한해협은 **통상기선**으로부터 3해리이다.
→ ✕, 통상기선이 아니라 **직선기선**이다.
④ 섬이 많은 **서해안**은 **통상기선**을 적용한다.
→ ✕, 통상기선이 아니라 **직선기선**이다.
⑤ **직선기선**이란 육지에 가장 **가깝게 있는 섬**을 연결한 것이다.
→ ✕, 가장 **바깥쪽 섬**을 연결한 것이다.

영공 관련 훼이크

① 영공은 **영토의 수직 상공**이다.
→ ✕, **영토**와 **영해**의 수직 상공이다.
② 영공은 **성층권**까지로 제한한다.
→ ✕, 성층권이 아니라 **대기권**이다.

배타적 경제 수역 관련 옳은것 및 훼이크

옳은것	① 배타적 경제 수역에서는 **다른 나라의 여객선**이 **자유롭게 지나다닐** 수 있다. → ◯, 배타적 경제 수역은 우리나라의 영역 자체는 아니므로 **경제 활동만 안한다면** 다른 나라의 여객선 등의 선박이 지나갈 수 있다. ② **배타적 경제 수역**은 해양 자원을 탐사하고 개발 할 수 있다. → ◯, **어업 활동**이나 **해양 자원 탐사 및 발굴** 등 경제 활동을 할 수 있다. ③ 우리나라는 **중국, 일본**과 가까워 배타적 경제 수역의 설정에 어려움이 많았다. ④ 연안국 이외의 국가는 인공섬을 만들거나 시설물을 설치 할 수 없다. → ◯, 인공섬이나 시설물을 설치하여 **경제적 활동**을 하는 것은 연안국만 가능하다. ⑤ **이어도**는 우리나라 배타적 경제 수역 내에 포함되는 **수중 암초**로, 종합 해양 과학 기지가 설치되어 있다. ⑥ 우리나라는 **중국, 일본**과 **어업협정**을 체결하여 겹치는 수역을 공동으로 관리하고 있다.
틀린것	① 배타적 경제 수역은 **한나라의 영역**에 들어간다. → ✕, 배타적 경제 수역은 연안국이 경제적 이익을 취할 수 있는 곳이지, **한 국가의 영역은 아니다.** 왜냐하면 영해는 아니기 때문에! ② 우리나라의 최남단의 섬인 **마라도**는 배타적 경제 수역에 들어간다. → ✕, 마라도는 우리나라 '**영토**'에 들어간다. 마라도가 아니라 수중 암초 이어도가 배타적 경제 수역에 들어간다. ③ **배타적 경제 수역**은 기선으로부터 **200해리**까지의 바다를 의미한다. → ✕, 이 부분 많이 헷갈려하는데, 기선으로부터 200해리의 바다 중 **영해를 제외한 부분**이다. ④ 다른 국가의 선박은 연안국의 허가 없이 통항이 불가능하다. → ✕, 경제적 활동만 하지 않는다면 통항이 가능하다.^^

3. 다양한 가치를 지닌 독도

(1) 독도의 지리적 특색

독도의 위치

위치	• **경상북도** 울릉군 울릉읍 독도리	
	→ 우리나라의 영토 중 **가장 동쪽에 위치** 해가 가장 먼저 떠!^u^	
자연환경	지형	• 동해의 해저에서 분출된 용암이 굳어져 형성된 화산섬 → 제주도나 울릉도보다 먼저 형성됨 • **동도** 와 **서도** 2개의 큰섬과 89개의 바위섬으로 구성
	기후	• **난류** 의 영향을 받아 **해양성 기후** 가 나타남 → 온난한 기후, 일년 내내 강수가 고름
인문환경	• **신라** 가 **우산국** 을 편입하면서부터 우리나라의 영토가 됨 • 현재 **우리나라 주민** 과 **독도 경비대** 가 거주하고 있음	

위 지도는 **시험문제 1타** 지도야!! 지도에서 보다시피 독도는!! 울릉도에서 87.4km떨어졌고, 일본 오키섬과는 157.5km떨어졌어! 즉, 일본보다 우리나라와 지리적으로 더 가까운 우리 영토란다!!(o^^)o

(2) 독도의 가치 〉시험1타

① 영역적 가치

• 우리나라 영토의 동쪽 끝 → 배타적 경제 수역 설정의 기준점
• **태평양** 진출에 유리한 위치 태평양 대신 인도양으로 바꿔서 시험에 나오기도 해!!(^○^)
• **군사적 요충지** → 항공 기지, 방어 기지로서 국가 안보에 필요한 역할 수행

② 경제적 가치

• **한류와 난류가 교차하는 조경 수역** → 수산 자원이 풍부함
• **풍부한 자원** → 천연가스와 물이 결합하여 형성된 고체 에너지 / 미래의 청정에너지로 주목받고 있음
→ 해저에 **메탄하이드레이트** 와 해양 심층수 등의 자원 풍부

③ 환경 및 생태적 가치

• 지질학적 가치: 다양한 암석과 지질 경관 보유
→ 해저 화산의 형성과 진화 과정을 살펴 볼 수 있음
• 생물학적 가치: 조류·식물·곤충 등 다양한 동식물 서식
→ **섬 전체가 천연 보호 구역으로 지정**

시험에 이렇게 나오면 무조건 웨이크야!! 잘 나오니깐 속지마!!s(ご o ご)グ

① 독도는 **강원도** 소속이다.
→ X, 강원도가 아니라 **경상도** 야. 시험에 독도가 강원에 속했다고 웨이크로 엄청 잘나와!

② 독도는 일본의 **오키섬과 가장 가깝다.**
→ X, 독도는 울릉도와 가장 가까운 지리적으로 우리나라 **땅**이야!o(^-^)o

③ 독도는 **동도와 서도로만** 되어있다.
→ X, 독도는 동도,서도 뿐만 아니라 **89개의 바위섬**으로 되어 있단다.(^0^)

④ 독도는 **한류**의 영향을 받는다.
→ X, 독도는 **난류**의 영향을 받아. 난류를 한류로 잘 바꾸니깐 기억해둬!

⑤ 독도는 난류의 영향을 받아 **대륙성 기후**가 나타난다.
→ X, 대륙성 기후가 아니라 **해양성 기후**!!(~.^)

⑥ 독도는 지금 현재 우리나라 **군부대가 지키고 있다.**
→ X, 독도는 군인이 아닌 **독도 경비대(경찰)**가 지키고 있어!(^○^)

⑦ 독도에는 **주민이 살지 않는다.**
→ X, 독도는 엄연히 대한민국 주민이 사는 대한민국의 영토야! 이부분 웨이크로 진짜 잘 나오니깐 꼭 기억해 ˋ(° ▽ °)´

조경 수역의 형성

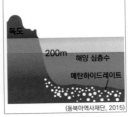

해저 자원 분포

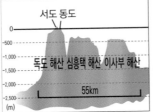

다양한 해저 지형

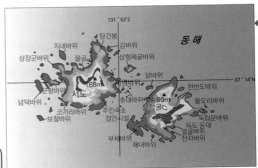

이 파트는 시험에서 출제할 때 특히 잘 내는 스타일이 있어!! (̄▽ ̄)/ 그건!! 독도의 영역적 가치, 경제적 가치, 환경 및 생태적 가치를 섞어놓고 다음중 영역적 가치만 골라보아라! 또는 경제적 가치만 골라보아라!! 하는 형식으로 잘나와!! 이부분은 뒤에서 키워드맵을 통해 연습해보자구!! ＼(^0^*)/ 알겠지! 알라뷰(/^○^)/♡

독도는 위와 같이 동도, 서도 뿐만 아니라 **89개의 여러섬**으로 되어있단다. 한번 쓰윽 봐둬(^0^)

(3) 역사속의 독도

① 우리나라 고문서 속의 독도	
삼국사기	• '신라가 우산국을 정벌하면서 우리 영토가 됨' 기록
세종실록지리지	• '울릉도와 독도는 거리가 멀지 않아 날씨가 맑으면 바라볼 수 있다'라는 기록이 있다.
팔도총도	• '신증동국여지승람'에 수록된 지도로 독도와 울릉도를 표기하였다.
② 국외 문서 속의 독도	
중요 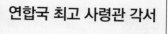	• 일본 지리학자 하야시가 그린 지도로 독도와 울릉도를 조선과 같은 색으로 그려넣었고, 섬 옆에 '조선의 것'이라고 표시하였다.
연합국 최고 사령관 각서	• 독도를 행정상 우리나라 영토로 표기 → **독도를 일본의 영역에서 제외함**

울릉도, 독도 표기

팔도총도

삼국접양지도

여기서 중요 포인트!!
너희들도 이미 잘 알고 있겠지만!! 현재 일본은 독도를 '**국제 사법 재판소**'에 넘겨
국제 분쟁 지역으로 만들어 자신들의 영유권을 주장하려고 한단다. ㅠㅠ 이 똥같은 사실을 꼭 기억해!!ㅠㅠ

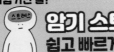
1. 영역이란?

1단계 기본 개념 파악하기

1. 회색 글씨의 중요 내용을 쓰면서 암기해보세요.(¯▽¯)/

① 영역의 의미		
• 한 국가의 주권이 미치는 공간적 범위		
• 영토 + 영해 + 영공으로 구성		

② 영역의 구성		
영토	구성	• 한반도와 그 부속 도서
	특징	• 간척 사업으로 영토 확대 • 삼면이 바다인 반도국 • 영토가 남북으로 긴 형태 →다양한 기후가 나타남
영해	(a) 동해안, 제주도, 울릉도, 독도	
	• 해안선이 단조롭고 섬이 적음 → 최저조위선인 통상 기선에서부터 12해리까지	
	(b) 서해안, 남해안	
	• 해안선이 복잡하고 섬이 많음 → 가장 바깥쪽의 섬들을 직선으로 연결한 선인 직선 기선에서부터 12해리까지	
	(c) 대한 해협	
	• 일본과 인접해 있음 → 직선 기선에서부터 3해리까지	
영공	의미	• 우리나라 영토와 영해의 수직 상공 → 일반적으로 대기권 내로 범위 제한
	특징	• 최근 항공 교통과 우주 산업의 발달로 중요성이 커지고 있다.

③ 배타적 경제 수역	
의미	• 영해 기선으로부터 200해리에 이르는 수역 중 영해를 제외한 바다
특징	• 연안국은 어업 활동과 해양 자원의 탐사 및 개발 등에 관한 경제적 권리를 보장받음 • 연안국은 인공섬을 만들거나, 시설물을 설치 할 수 있음 • 경제적 목적이 없는 다른 국가의 케이블 설치와 선박 및 항공기 등의 자유로운 통행 가능

④ 우리나라의 배타적 경제 수역	
특징	• 중국, 일본과 인접하여 어업 질서의 혼란을 막기 위해 어업 협정 체결 → 어족 자원 공동 관리 • 이어도: 우리나라 종합 해양 과학 기지 설치

2단계 기본 개념 적용하기

2. 밑줄친 틀린 내용을 바로 바로 고쳐가며,
바로 바로 암기해보자!!\(-0-)/

영토 관련

① 남한 면적이 북한 면적보다 더 **크다**. →

② 간척 사업을 하면 **영해**가 더 커진다. →

③ 영토의 크기는 **언제나 똑같다**. →

④ 우리나라는 삼면이 바다인 **내륙국**이다. →

⑤ 우리나라의 영토는 **동서**로 긴 형태이다. →

짜투리 퀴즈

Q. 우리나라의 영토가 **남북**으로 길어서?
① 다양한 **기후**가 나타난다.
② 다양한 **아이돌**이 나타난다. (차은우 짱!)

영해 관련

① 최저조위선은 **밀물**로 바닷물이 가장 많이
빠져 나갔을 때의 해안선을 의미한다. →

② 통상 기선은 **최고조위선**을 의미한다. →

③ 대한해협은 **통상기선**으로부터 3해리이다. →

④ 서해안은 **통상기선**을 적용한다. →

⑤ 직선기선이란 육지에 가장 **가깝게** 있는 섬을
연결한 것이다. →

영공 관련

① 영공은 **영토**의 수직 상공이다. →

② 영공은 **성층권**까지로 제한한다. →

배타적 경제 수역 관련

① 배타적 경제 수역은 한나라의 영역에
들어간다. →

② 우리나라의 **마라도**는 배타적 경제 수역에
들어간다. →

③ 배타적 경제 수역은 기선으로부터 **200해리
까지의 바다를 의미한다**. →

④ 다른 국가의 선박은 연안국의 허가 없이
통항이 **불가능하다**. →

• 정답: 2. 영토 관련 ①~⑤: 작다/영토/달라진다/반도국/남북/①
영해 관련 ①~⑤: 썰물/최저조위선/직선기선/직선기선/바깥쪽에
영공 관련 ①~②: 영토와 영해/대기권
배타적 경제 수역 관련 ①~④: 들어가지 않는다/
이어도/200해리의 바다 중 영해를 제외한 부분이다/가능하다.

(짜투리1) 배타적 경제 수역에서는
Q. 다른 나라의 **여객선**이?
① 자유롭게 다닐 수 있다.
② 자유롭게 다닐 수 없다.

(짜투리2) 배타적 경제 수역에서는
Q. 우리나라가 **해양 자원**을?
① 탐사 할 수 있다.
② 탐사 할 수 없다.

(짜투리3) 배타적 경제 수역에서는
Q. 연안국 이외의 **다른 나라**가?
① 시설물을 설치 할 수 있다.
② 시설물을 설치 할 수 없다.

(짜투리4) 배타적 경제 수역
Q. **종합 해양 과학 기지**는?
① 울릉도에 있다.
② 이어도에 있다.

(짜투리5) 배타적 경제 수역
Q. 우리나라는 어업 협정을?
① 일본, 중국과 맺었다.
② 일본, 된장국과 맺었다.

(짜투리6) 배타적 경제 수역
Q. **이어도**는 우리나라의?
① 제주도 서남쪽 149km에 위치
② 마라도 서남쪽 149km에 위치

• 정답: (짜투리1~6): ①①②②①②

3단계 시험에 나오는 도표 정리

3. A, B, C, D에 알맞은 말을 **써넣으세요.**

〈보기〉
• 영토 • 영해 • 영공 • 배타적 경제 수역

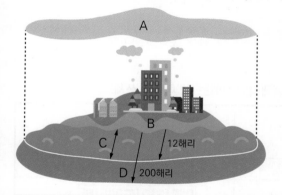

짜투리 퀴즈
Q. 우리나라의 영역은 무엇인가?
① A+B   ② A+B+C

4. 다음 **지도**를 보고 괄호에 알맞은 말을 **넣으세요.** ٩(•ᴗ•)

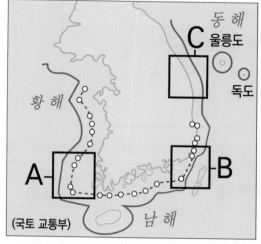

(국토 교통부)

〈정답〉
• 영해 측정법
① A: (   )기선 으로부터 ( )해리
② B: (   )기선 으로부터 ( )해리
③ C: (   )기선 으로부터 ( )해리
④ 울릉도·독도· 제주도 : (   )기선 으로부터 ( )해리

• 정답: 3. A:영공 B:영토 C:영해 D:배타적 경제 수역/ 4. A:직선-12 B:직선-3 C:통상-12 울릉도·독도·제주도:통상-12

2. 다양한 가치를 지닌 독도

1단계 기본 개념 파악하기

1. 회색 글씨의 중요 내용을 쓰면서 암기해보세요.(̄▽ ̄)/

독도의 지리적 특색		
위치	• 경상북도 울릉군 울릉읍 독도리 (우리나라에서 가장 동쪽에 위치)	
자연 환경	지형	• 화산섬, 동도와 서도 2개의 큰섬과 89개의 바위섬으로 구성
	기후	• 난류의 영향을 받아 해양성 기후가 나타남
인문 환경	• 신라가 우산국(울릉도)을 편입하면서부터 우리나라의 영토가 됨	
	• 현재 우리나라 주민과 독도 경비대가 거주하고 있음	

짜투리 퀴즈
Q. 아래 지도를 통해 알 수 있는 것은?

① 독도는 **오키섬**과 가장 가깝다.
② 독도는 **울릉도**와 가장 가깝다.

• 정답: 짜투리 퀴즈.②

독도의 가치

① 영역적 가치

- 우리나라 영토의 동쪽 끝
  - → 배타적 경제 수역 설정의 기준점
- 태평양 진출에 유리한 위치
- 군사적 요충지 → 항공 기지, 방어 기지 역할 수행

② 경제적 가치

- 한류와 난류가 교차하는 조경 수역
  - → 수산 자원이 풍부함
- 풍부한 자원
  - → 해저에 메탄하이드레이트와
    해양 심층수 등의 자원 풍부

③ 환경 및 생태적 가치

- 지질학적 가치: 다양한 암석, 해저 화산 보유
- 생물학적 가치: 다양한 동식물 서식
  - → 섬 전체가 천연 보호 구역으로 지정

2단계 **기본 개념 적용하기**

2. 밑줄친 틀린 내용을 바로 바로 고쳐가며,
   바로 바로 암기해보자!!\(-0-)/

① 현재 독도는 **강원도** 소속이다. →

② 독도는 **일본의 오키섬**과 가장 가깝다. →

③ 독도는 **동도와 서도로만** 되어있다. →

④ 독도는 **한류**의 영향을 받는다. →

⑤ 독도는 난류의 영향을 받아 **대륙성 기후**가 나타난다.

　→

⑥ 독도는 지금 현재 우리나라 **군부대**가 지키고 있다.

　→

⑦ 독도에는 주민이 **살지 않는다**. →

⑧ 독도와 **대마도**는 맑은날에는 육안으로 서로 볼 수 있다.

　→

- **정답:** 2. ①경상북도, ②한국의 울릉도, ③동도와 서도 뿐만 아니라 89개의 바위섬으로 되어있다. ④난류, ⑤해양성 기후, ⑥독도수비대, ⑦살고 있다. ⑧울릉도

---

3. 다음 키워드를 보고 독도의 **영역적 가치**에는 '영', 경제적 가치에는 '경', 생태적 가치에는 '생'이라고 쓰세요.

우리나라의 **동쪽 끝**	한류와 난류가 교차하는 **조경수역**	다양한 암석과 해저 화산 보유
① (　　)	② (　　)	③ (　　)
풍부한 자원	**태평양** 진출에 유리한 위치	**메탄하이드레이트** 풍부
④ (　　)	⑤ (　　)	⑥ (　　)
섬 전체가 **천연 보호 구역**	**수산 자원 풍부**	**군사적 요충지**
⑦ (　　)	⑧ (　　)	⑨ (　　)

- **정답:** 3. ①~③: 영경생/ ④~⑥: 경영경/ ⑦~⑨: 생경영

---

4. 다음 고문서의 내용을 보고 알맞은 고문서끼리 **연결하세요**.

① 세종실록지리지　　**② 팔도총도**　　**③ 삼국접양지도**　　**④ 연합국 최고 사령관 각서**

ⓐ
- 울릉도와 독도는 **거리가 멀지 않아 날씨가 맑으면 바라볼 수 있다**라는 기록이 있다

ⓑ
- 제2차세계대전 이후 **독도를 일본의 영역에서 제외함**

ⓒ
- '신증동국여지승람'에 수록된 지도
- 독도와 울릉도 표기

ⓓ
- 일본의 하야시가 그린 지도
- 독도와 울릉도를 **조선과 같은색으로 그려넣음**
- 독도를 '**조선의 것**'이라 표기

- **정답:** 4. ①–ⓐ, ②–ⓒ, ③–ⓓ, ④–ⓑ

영역의 의미와 구성

유형1 그림 도표 문제

※ 그림을 보고 물음에 답하시오(1~2번).

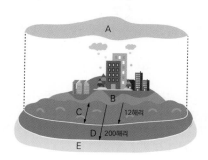

1. 그림은 영역의 구성을 나타낸 것이다. A~E에 대한 설명으로 옳은 것은?

① A는 영토의 수직 상공이며 성층권까지로 제한된다.
② B는 영토로 우리나라의 경우 간척 사업으로 영토가 넓어지면 영해도 넓어진다.
③ C는 영해로 주권의 범위가 미치지 않는다.
④ D에서는 다른 나라의 여객선이 자유롭게 지나다닐 수 있다.
⑤ E는 배타적 경제수역으로 연안국은 해양 자원을 탐사하고 개발할 수 있다.

2. 다음은 영역의 구성을 나타낸 것이다. A~D에 대한 옳은 설명을 〈보기〉에서 있는 대로 고르면?

┌─────── **보 기** ───────┐
ㄱ. D는 영해에 포함된다.
ㄴ. A는 C의 수직 상공이다.
ㄷ. A, B, C, D 모두 한 국가의 영역에 포함된다.
ㄹ. A는 일반적으로 지표면에서 대기권까지의 하늘이다.
ㅁ. C는 일반적으로 최저 조위선으로부터 12해리까지이다.
└──────────────────────┘

① ㄱ, ㄴ   ② ㄹ, ㅁ   ③ ㄱ, ㄷ, ㄹ
④ ㄴ, ㄹ, ㅁ   ⑤ ㄱ, ㄴ, ㄷ, ㅁ

3. 영역의 구성 중 A~C에 관한 설명으로 옳은 것은?

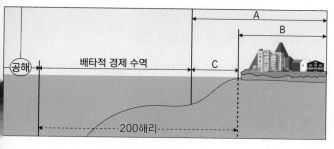

① A는 B의 상공만 해당한다.
② B에 섬은 포함되지 않는다.
③ 우리나라는 C가 B보다 넓다.
④ A는 영공, B는 영토, C는 영해이다.
⑤ B의 영토는 남한이 북한의 면적보다 더 넓다.

 람보쌤의 자세한 해설을 영상으로 보세요!

우리나라의 영역과 배타적 경제 수역

유형1 영해

4. (가)와 (나)는 우리나라의 영역을 설정하는 방법을 나타낸 것이다. 이에 대한 설명으로 옳지 않은 것은?

(가) 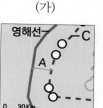   (나)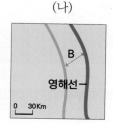

① A, B의 거리는 같다.
② C는 직선 기선이다.
③ 서해안은 (가)와 같이 영해를 설정한다.
④ 울릉도, 독도에서는 (나)와 같이 영해를 설정한다.
⑤ 대한 해협에서는 (나)와 같은 기선에서 3해리를 영해로 설정한다.

5. 영해 관련 용어에 관한 뜻으로 옳은 것은?

① 영선 : 영해를 정하는 기준선이다.
② 영해 : 보통 기선으로부터 20해리이다.
③ 해리 : 바다 위에서의 거리를 나타내는 단위다.
④ 직선 기선 : 바닷물이 가장 많이 빠졌을 때의 해안선을 기준으로 영해를 설정하는 기선이다.
⑤ 통상 기선 : 가장 바깥쪽에 위치한 섬들을 직선으로 연결한 선을 기준으로 영해를 설정하는 기선이다

6. 아래의 자료와 주어진 예시를 참고하여 A~C에서 각각 영해를 어떻게 설정하였는지 서술하시오.

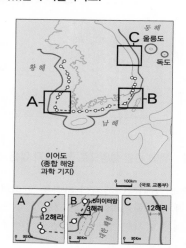

[예시] A, B, C 모두 다음의 문장을 활용하여 서술할 것
→ "○○기선으로부터 ○해리까지의 바다를 영해로 설정한다."

유형2 배타적 경제 수역

※ 그림은 영역의 구성을 나타낸 것이다. 물음에 답하시오.

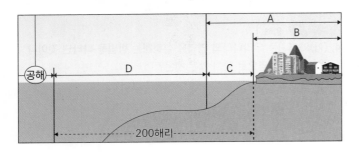

7. 우리나라의 영역에 대한 설명으로 옳지 않은 것은?

① 영역은 A+B+C로 구성된다.
② A의 수직적 한계는 대기권으로 한정되어 있다.
③ B가 넓어지면 C도 넓어진다.
④ B는 한반도와 부속 도서로 구성되어 있다.
⑤ 간척 사업을 꾸준히 진행한 결과 B가 조금씩 넓어졌다.

8. D에 대한 설명으로 옳은 것을 〈보기〉에서 고른 것은?

보 기
ㄱ. 정치적 주권을 행사할 수 있다.
ㄴ. 해양 자원을 탐사하고 개발할 수 있다.
ㄷ. 우리나라의 최남단에 있는 섬인 마라도가 포함된다.
ㄹ. 우리나라는 중국, 일본과 가까워 D의 설정에 어려움이 많았다.

① ㄱ, ㄴ   ② ㄱ, ㄷ   ③ ㄴ, ㄷ
④ ㄴ, ㄹ   ⑤ ㄷ, ㄹ

9. 배타적 경제 수역에 관한 설명으로 적절하지 않은 것은?

① 기선으로부터 200해리까지의 바다를 의미한다.
② 연안국은 해양 자원을 탐사하고 개발할 수 있다.
③ 연안국 이외의 국가는 인공 섬을 만들거나 시설물을 설치할 수 없다.
④ 우리나라와 중국, 일본은 지리적으로 가까워 배타적 경제 수역에서의 어업 질서 혼란을 막기 위해 협정을 맺었다.
⑤ 이어도는 우리나라 배타적 경제 수역 내에 포함되는 수중 암초로, 기상 및 해양 관측이 가능한 종합 해양 과학 기지가 설치되어 있다.

유형3 복합

10. 우리나라의 영역에 관한 설명으로 적절한 것을 〈보기〉에서 고른 것은?

보 기
ㄱ. 대한해협은 직선기선에서 3해리까지를 영해로 설정한다.
ㄴ. 우리나라 영토는 동서로 형태가 길어 다양한 기후가 나타난다.
ㄷ. 우리나라의 영공은 영토와 영해의 상공이며, 수직적 한계를 대기권까지로 정하고 있다.
ㄹ. 동해안에는 통상 기선이 적용되며, 최고 조위선으로부터 12해리까지를 영해로 설정한다.

① ㄱ, ㄴ   ② ㄱ, ㄷ   ③ ㄴ, ㄷ
④ ㄴ, ㄹ   ⑤ ㄷ, ㄹ

다양한 가치를 지닌 독도

11. 독도에 관한 설명으로 옳지 않은 것은?

울릉도 동남쪽 뱃길을 따라가다 보면 독도가 있다. 우리 정부는 섬을 방문한 사람들에게 독도 명예 주민증을 발급하고 있다. 일본은 1905년 독도를 불법적으로 자국 영토로 편입한 조치를 근거로 독도가 일본의 땅이라고 주장하고 있다.

① 독도는 역사적, 지리적, 국제법적으로 우리 영토이다.
② 독도는 현재 우리나라가 확고한 주권을 행사하고 있다.
③ 일본은 독도 문제를 우리나라 법원을 통해 해결하려고 한다.
④ 울릉도와 독도가 포함된 우산국에 관한 내용은 〈삼국사기〉 등에 기록되어 있다.
⑤ 일본은 국제 사회에서 독도를 분쟁 지역으로 인식시켜 유리한 입장을 확보하려고 한다.

12. 독도에 대한 설명으로 옳지 않은 것은?

① 삼국사기에 '512년, 신라가 우산국을 복속함.'이라 기록되어 있다.
② 1952년 1월 18일, 대한민국 정부는 독도를 한국령으로 선언하였다.
③ 독도는 강원도 울릉군에 속한 섬으로 신라 때부터 우리나라의 영토이다.
④ 세종실록 지리지에 울릉도와 독도가 강원도 울진현에 속한 두 섬이라고 기록되어 있다.
⑤ 연합국 최고 사령관 각서에 일본의 영역에서 울릉도와 독도가 제외된다고 규정하고 있다.

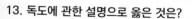
13. 독도에 관한 설명으로 옳은 것은?

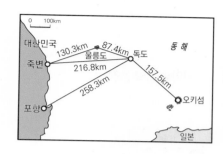

① 강원도 울릉군에 속하는 섬이다.
② 우리나라 북쪽 맨 끝에 있는 섬이다.
③ 동도와 서도 2개의 섬으로만 이루어져 있다.
④ 독도에서 가장 가까운 섬은 일본의 오키섬이다.
⑤ 영해와 배타적경제수역을 설정하는 데 중요한 기점으로 영역적 가치가 매우 크다.

14. A지역에 대한 설명으로 옳지 않은 것은?

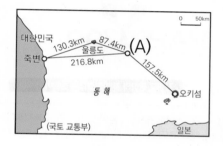

① 한류의 영향으로 기후가 추운 편이다.
② 태평양을 향한 해상 전진 기지 역할을 한다.
③ 동해의 해저 화산활동으로 형성된 화산섬이다.
④ 섬 전체가 천연 보호 구역으로 지정되어 있다.
⑤ 조경 수역을 형성하여 어족 자원이 풍부하고, 메탄하이드레이트가 매장되어 있다.

15. 독도의 경제적 가치로 적절한 것만을 〈보기〉에서 고른 것은?

──── 보 기 ────

ㄱ. 태평양을 향한 해상 전진 기지 역할을 할 수 있다.
ㄴ. 주변 바다에 메탄하이드레이트가 매장되어 있다.
ㄷ. 다양한 동식물이 서식하여 천연 보호 구역으로 지정되었다.
ㄹ. 난류와 한류가 만나서 조경 수역을 형성하는 곳으로 어족 자원이 풍부하다.

① ㄱ, ㄴ   ② ㄱ, ㄷ   ③ ㄴ, ㄷ
④ ㄴ, ㄹ   ⑤ ㄷ, ㄹ

16. 학생이 독도의 가치에 대해 정리한 노트이다. 옳지 않은 것은?

영역적 가치	독도 주변의 바다는 우리나라의 영해이며, 독도는 ㉠배타적 경제 수역 설정의 기준점이 될 수 있다. 또한 독도는 태평양을 향한 해상 전진 기지 역할도 할 수 있다.
경제적 가치	독도 주변의 바다는 ㉡난류와 한류가 만나는 조경수역을 형성하는 곳으로 어족 자원이 풍부하다. 인근 해역의 지하자원으로 ㉢천연가스와 물이 결합된 석유가 매장되어 있다.
환경·생태적 가치	㉣독도 전체가 천연 보호 구역으로 지정될 만큼 독도에서 다양한 동식물이 서식하고 있다. 또한 독도는 지형과 지질 경관이 뛰어나며, 특히 ㉤해저 화산의 진화 과정을 살펴볼 수 있어 지형학적으로 의미 있는 곳이다.

① ㉠   ② ㉡   ③ ㉢
④ ㉣   ⑤ ㉤

17. 독도의 영역적 가치만 〈보기〉에서 모두 고른 것은?

──── 보 기 ────

A. 해저 화산의 진화 과정을 살펴볼 수 있다.
B. 배타적 경제 수역 설정의 기준점이 될 수 있다.
C. 태평양을 향한 해상 전진 기지 역할을 할 수 있다.
D. 난류와 한류가 만나 조경 수역을 형성하여 어족 자원이 풍부하다.
E. 독도 전체가 천연 보호 구역으로 설정되어 다양한 동식물이 서식한다.

① A, E   ② B, C   ③ C, D
④ A, D, E   ⑤ B, C, E

1. 세계화 시대의 지역화

- **지역화** : 특정 지역이 세계의 정치, 경제, 사회의 주체가 되는 현상
  ① 등장 배경: 세계화로 인해 지역 간 경쟁 심화
  ② 특징: 각 지역은 지역화를 통해 **지역 경쟁력을 높이기 위해 노력함** → 지역화 전략 등장

2. 다양한 지역화 전략

(1) 지역화 전략이란?

의미	• 지역의 경쟁력을 높이기 위해 **다른 지역과 차별화** 할 수 있는 계획을 마련하는 것 → 지역 고유의 특성 발굴
필요성	• 지역의 가치를 높임 • 지역 주민의 자긍심 향상, 일자리 창출, 관광 수입 증대 효과

으웨이크 주의보

지역화 전략은 다른 지역과 차별성을 두는거야!!
만약 시험에 '지역화 전략은 다른 지역과 동일하게 한다'라고 나오면 틀려!(⌒⌒)
지역화 전략은 다른 지역과 동일한게 아니라 차별을 둔다는 것을 꼭 기억해!! (/^o^)/♡

(2) 지역화 전략의 종류 **시험1타**

① **지역 브랜드**	
의미	• 상표(브랜드) 개념을 지역에 적용한 것 → 슬로건, 캐릭터 등을 활용 → 지역의 고유한 특성을 드러냄 • 해당 지역만이 지닌 매력적인 가치를 담아 브랜드를 만듦
사례	• 강원도 평창군의 '**HAPPY 700**', 미국 뉴욕의 'I♥NY' 등

② **장소 마케팅**	
의미	• 장소성 이나 장소 자산, 랜드마크 등을 활용하여 지역을 홍보하는 것
활동	• 지역의 상징성을 이용한 **축제** 예) 함평의 나비 축제, 김제의 지평선 축제, 진주의 남강 유등 축제 등 • 박물관, 미술관 건축 예> 문경의 폐광을 이용한 석탄 박물관

③ **지리적 표시제**	
의미	• 특정 상품의 품질, 특성 등이 해당 지역의 지리적 특성에서 비롯되고 우수성이 인정될 때 **원산지의 지명** 을 **상표권** 으로 인정해 주는 제도
사례	• **보성 녹차** (우리나라 지리적 표시제 제 1호), 횡성 한우, 이천 쌀 등

지역 브랜드의 대표적인 예> 평창

강원도 평창의 지역 브랜드와 눈동이 캐릭터

강원도 평창군은 사람이 살기에 가장 쾌적하다는 해발 고도 700M에 있는 지리적 특성을 이용하여 '**HAPPY 700**'이라는 지역 브랜드와 **눈동이 캐릭터**를 만들어 평창을 홍보하고 있단다. ⌐(°ㅁ°)

이렇듯 지역 브랜드는 그 지역이 가지고 있는 매력적인 **자연 환경, 역사, 문화, 인물** 등을 이용하여 만들어지지(˘ ³˘)

그 외 대표적인 지역 브랜드

◀ 고양시 캐릭터 고양이

장소 마케팅의 대표적인 예

[함평 나비 축제]
함평군은 이촌향도 현상으로 인구가 줄어드는 농촌 지역이었으나 오늘날에는 매년 4월에 **나비 축제**를 개최하여 100만명 이상의 관광객이 찾고 있다.

[김제의 지평선 축제]
땅과 하늘이 만나는 지평선을 볼 수 있는 자연 경관을 이용하는 축제야(^0^)

지도가 정말 복잡하지?ㅎㅎ
근데 이걸 외우라는 것이 아니라!!
강~ 이런 지도가 나왔을때!!
00축제~ 이런식으로 각종 **축제**로 가득한 지도가 나오면 강~ **장소마케팅**이구나!!
하고 생각하면 되고, 고추,옥수수 등의 **지역 특산물**들이 때거지로 나오면 강~ **지리적 표시제**구나 하고 문제 풀면돼!
그냥 그렇다구!! ㅎㅎ 얄궂지?

장소마케팅 (지역 축제)	**지리적 표시제**

3. 우리나라의 위치와 국토 통일

(1) 우리 나라의 위치

중요 우리나라의 위치 특징

- 유라시아 대륙 동쪽에 위치한 반도국
  - → 대륙과 해양을 연결하는 요지
  - → **유라시아 대륙** 과 **태평양** 으로 진출하기에 유리함
- 동아시아 각국을 연결하는 중심부에 위치
  - → 동아시아 교류의 중심에 위치하기 때문에
  세계의 중심지로 도약 할 수 있다.

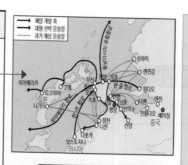

우리나라의 위치 특성

이렇게 우리나라가 거꾸로된 지도가 나오면!! **우리나라는 대륙과 해양으로 진출하기에 유리하다**는 것을 의미한단다!! (ˆ‿ˆ) 가끔 시험에 '**우리나라는 항공 교통이 유리하다**' 라고 나오면 틀려!!(✗.✗) 우리는 반도국으로서 대륙과 해양 진출에 유리한거야!! 알겠지?

(2) 국토 통일의 필요성

① 국토 분단에 따른 문제	② 국토 통일이 필요한 이유
• 반도국 위치의 장점 활용 제한 　→ **대륙 진출** 과 해양 진출의 통로 단절　우리나라는 대륙 진출에 불리해졌고, 북한은 해양 진출에 불리해졌ㅠㅠ 　→ 국토 공간의 불균형한 이용 • **분단 비용 발생** : 과도한 군사비 지출 • 국가 위상 약화 : 국제 사회에서 위상 약화 • 민족의 동질성 약화 ← 이유 : 한반도가 계속 긴장 상태이기 때문에 　→ 이산 가족과 실향민 발생 　→ 남북 문화의 **이질화** 심화	• 반도국의 이점 활용 가능 　→ 대륙과 해양을 연결하는 **중계 무역** 의 중심지로 성장 • 분단 비용 감소 : 분단 비용을 다른 영역에 투자 할 수 있음 • **남한** 의 **자본과 기술** + **북한** 의 **자원과 노동력** 결합 　→ 경제적 상승 효과 기대 • 국가 위상 강화 : 세계 평화에 기여 할 수 있음 • 민족의 동질성 회복 : 남북 문화의 이질화 완화

서로 다른 남·북한말	
남한말	**북한말**
볶음밥	기름밥
달걀	닭알
달걀찜	닭알두부
달걀말이	색쌈
수제비	뜨더국

옆에서 보는 것과 같이(ˆωˆ) 남한과 북한의 말이 **서로 완전 다른** 것을 볼 수 있어!!ㅠ_ㅠ **이것을 통해 우리가 알 수 있는 것은!!** → 그만큼 **민족 간에 이질화가 심해** 졌다는거야.-_-a 이 표가 나오면 **이질화 꼭 기억해!**

🚨 훼이크 주의보

시험에 남한과 북한의 장점을 서로 바꿔서 겁나 잘나와! 예를들면^ ~ ^ '남한의 **풍부한 자원**이 북한의 **풍부한 자본**과 결합하여 경제적 상승 효과를 가져온다' 이런식으로 서로의 장점을 바꿔서 잘 나오니깐 훼이크에 절대 속지 않도록!! 알겠지?!!\(-０-)/

(3) 통일 한국의 미래

① 국토 공간의 변화	② 생활 모습의 변화
• **균형 있는 국토 개발 가능** 　→ 남한의 자본과 기술 　　+ 북한의 자원과 노동력 이용 • **국제 물류 중심지** 로 성장 • 매력적인 국토 공간 조성 　→ **비무장 지대** 등의 생태 지역과 　　남북한의 문화가 결합된 지역 조성	• 이념과 갈등에 따른 긴장 완화 　→ 자유 민주주의 이념 확대 　→ 다양한 생각과 가치관을 존중받음 • 생활권 확대 　→ 새로운 일자리 창출, 경제 활성화 • 분단 비용이 경제와 복지에 투자되면 　→ 삶의 질이 높아짐

국제 물류 중심지 한반도

통일로 끊겼던 교통망이 서로 연결되면, 특히 경의선, 경원선 등의 **한반도 종단 철도**가 **시베리아 횡단 철도**와 서로 이어지고, 고속도로인 **아시안 하이웨이**가 서로 연결되면 한반도는 국제 물류의 중심지가 될 수 있단다. 대박사건!! ٩(ᐛ)و

1. 지역화 전략

1단계 기본 개념 파악하기

1. 퀴즈를 풀면서 차근차근 암기해보자!! (퀴즈만 풀었을 뿐인데 어느순간 중요 개념이 다 외워져 있을꼬얌!\(^0^*)/)

퀴즈1
Q. 특정 지역이 세계의 정치,경제,사회의 주체가 되는 현상을 무엇이라 하지? ① 지역화　② 세계화

퀴즈2
Q. 지역화의 등장 배경은? ① 세계화로 지역 간 경쟁 **심화** ② 세계화로 지역 간 경쟁 **약화**

퀴즈3
Q. 각 지역은 지역화를 통해? ① 지역 **경쟁력**을 높여야 함!! ② 지역 **전투력**을 높여야 함!!

퀴즈4
Q. **지역화 전략**이란? ① 다른 지역과 **차별화** 하는 계획이다. ② 다른 지역과 **동일화** 하는 계획이다.

퀴즈5
Q. 다음중 지역화 전략의 **필요성**이 <u>아닌 것</u>은? ① 지역의 가치를 높임　② 지역 주민의 자긍심 향상 ③ 관광 수입 증대　④ 자연 환경의 보존

- 정답 :
1. 퀴즈1~퀴즈5
: ①①①①④

2. 다음 중 맞는 것끼리 연결하세요.(˚ ᴗ ˚)

① **지역브랜드**　　② **장소 마케팅**　　③ **지리적 표시제**

(a)
· 장소성이나 장소 자산, 랜드마크 등을 활용하여 지역을 홍보하는 것

(b)
· 상표(브랜드)개념을 지역에 적용 한 것
· 슬로건, 캐릭터 등을 활용

(c)
· 원산지의 지명을 상표권으로 인정해 주는 제도

Ⓐ

Ⓑ

- 정답 : 2. ①(b)Ⓑ, ②(a)Ⓒ, ③(c)Ⓐ

2단계 기본 개념 적용하기

3. 다음 실제 시험 지문에 알맞은 말을 고르시오. \(^▽^)/

(1) 다음 괄호안에 알맞은 말을 <u>고르시오.</u>

함평군은 이촌향도 현상으로 인구가 줄어들었으나 오늘날에는 매년 4월에 (　　　) **축제**를 개최하여 관광객이 찾고 있다.

① 곱등이　　② 나비

(2) 다음은 어떤 지역에 대한 설명인가?

사람이 살기에 가장 쾌적하다는 해발 고도 700M에 있는 지리적 특성을 이용하여 'HAPPY 700'이라는 **지역 브랜드**를 만들었다.

① 평창　　② 대구

(3) 무엇에 대한 지도?

(국립 농산물 품질 관리원, 2016)

① 지리적 표시제
② 장소 마케팅

- 정답 : 3. (1)~(3) ②①①

2. 우리나라의 위치와 국토 통일

1단계 기본 개념 파악하기

1. 회색 글씨의 중요 내용을 쓰면서 암기해보세요.(¯▽¯)/

① 우리나라의 위치 특징

· 유라시아 대륙 동쪽에 위치한 반도국

→ 대륙과 해양을 연결하는 요지

→ 유라시아 대륙과 태평양으로 진출 유리

· 동아시아 각국을 연결하는 중심부에 위치

→ 세계의 중심지로 도약 할 수 있음

② 국토 통일의 필요성

국토 분단에 따른 문제

· 반도국 위치의 장점 활용 제한

→ 대륙 진출과 해양 진출의 통로 단절

→ 국토 공간의 불균형한 이용

· 분단 비용 발생: 과도한 군사비 지출

· 국가 위상 약화

· 민족의 동질성 약화: 남북 문화의 이질화 심화

국토 통일이 필요한 이유

· 반도국의 이점 활용 가능

→ 대륙과 해양을 연결하는 중계 무역 가능

· 분단 비용 감소 → 분단 비용을 다른 영역에 투자 가능

· 남한의 자본과 기술 + 북한의 자원과 노동력

결합 → 경제적 상승 효과 기대

· 국가 위상 강화: 세계 평화에 기여 할 수 있음

· 민족의 동질성 회복: 남북 문화의 이질화 완화

③ 통일 한국의 미래

국토 공간의 변화

· 균형 있는 국토 개발 가능

→ 남한의 자본과 기술 + 북한의 자원과 노동력 이용

· 국제 물류 중심지로 성장

· 매력적인 국토 공간 조성: 비무장 지대와

남북한의 문화가 결합된 지역 조성

생활 모습의 변화

· 이념과 갈등에 따른 긴장 완화

· 생활권 확대: 새로운 일자리 창출, 경제 활성화

· 분단 비용이 경제와 복지에 투자되면

→ 삶의 질이 높아짐

2단계 기본 개념 적용하기

2. 밑줄친 틀린말을 바르게 고치면서 암기해보자!!^ᴗ^

사랑하는 친구들 아무것도 두려워하지 마세요.
차근차근 키워드맵을 하면 우리 친구들이 크게 수고
하지 않아도 어느순간 머릿속에 다 들어가 있을거예요.
그러니깐 아무것도 두려워말고 차근차근하자!
선생님이 도와줄께!! 얘들아 할 수 있어!! 힘내!!('◠')

① 우리나라는 유라시아 대륙 **서쪽**에 위치하였다. →

② 반도국인 우리나라는 대륙과 **하늘**을 연결하는
요지이다. →

③ 우리나라는 유라시아 대륙과 **인도양**으로 진출하기
유리하다. →

④ 우리나라는 **남**아시아의 중심부에 위치한다. →

⑤ 우리나라는 세계의 중심지로 도약할 수 **없다**. →

⑥ 국토가 분단이 되면서 반도국 위치의 장점이
잘 활용되고 **있다**. →

⑦ 분단으로 인해 북한은 **대륙** 진출의 통로가
단절되었다. →

⑧ 분단으로 인해 남한은 **해양** 진출의 통로가
단절되었다. →

⑨ 분단으로 과도한 **통일** 비용이 발생되었다. →

⑩ 분단으로 인해 민족의 동질성이 **강화** 되었다. →

⑪ 통일이 되면 우리나라는 대륙과 해양을 연결하는
중계무역이 **불가능**해진다. →

⑫ 통일이 되면 남한의 **자원과 노동력**, 북한의 **자본과 기술**이
결합하여 경제적 상승 효과를 기대 할 수 있다. →

· 정답 : 2. ①~⑤: 동쪽,해양,태평양,동,있다 / ⑥~⑩: 있지않다,해양,대륙,분단,
약화 / ⑪~⑫: 가능,자본과 기술-자원과 노동력

3단계 시험에 나오는 도표

3. 다음 도표를 보고 알맞은 답을 고르세용＼(^▽^)／

	인구 (천명)	국민 총소득 (천억 원)	무역액 (억 달러)	석탄 생산량 (만톤)	철광석 생산량 (만톤)	전력 생산량 (억kWh)	원유 도입량 (만 배럴)	쌀 생산량 (천톤)	자동차 생산량 (천 대)
북한	24,662	342	76	2,709	547	216	389	2,626	4
남한 (2014년)	50,424	14,908	10,982	175	69	5,220	95,752	5,638	4,525

* 그래프 수치는 절대량, 그래프 길이는 비중을 나타냄 　　(통계청, 2015)

Q. 이 도표를 보니 **통일이 되면**?
① 우리나라는 **균형 발전**이 이뤄질 것이다.
② 우리나라는 환경이 깨끗해질 것이다.

· 정답 : 3. ①

 람보쌤의 자세한 해설을 영상으로 보세요!

세계화와 지역화

1. 오늘날 세계화와 지역화에 대한 설명으로 틀린 것은?

① 특정 지역이 세계의 정치,경제,사회,문화의 주체로 등장하는 현상을 지역화라고 한다.
② 세계화로 지역 간 경쟁이 확대되면서 지역의 특색을 살린 지역화 전략이 강조되고 있다.
③ 세계화로 인해 지역화가 축소되고 있다.
④ 지역화를 통해 지역의 경쟁력을 높인다.
⑤ 다른 지역과 경제적·문화적 측면에서 차별화 할 수 있는 전략을 마련한다.

다양한 지역화 전략

2. 다음 중 [자료 1]의 지역화 전략과 [자료 2]의 구체적인 예시가 바르게 연결된 것은?

[자료1] 지역화 전략의 종류
A. 상표(브랜드) 개념을 지역에 적용한 것
B. 원산지의 지명을 상표권으로 인정하는 것
C. 장소성이나 장소 자산을 활용하여 지역을 홍보하는 것

[자료 2] 지역화 전략의 예시
가. 진주의 남강 유등 축제
나. 평창군의 'HAPPY 700'
다. 임금님도 드신 쌀, 이천 쌀
라. 아삭하고 달콤한 맛, 청송 사과
마. 전주시의 '한바탕 전주, 세계를 비빈다.'

① A – 다
② A – 마
③ B – 가
④ B – 나
⑤ C – 라

3. 그림이 의미하는 지역화 전략에 관한 설명으로 적절한 것은?

① 로고, 슬로건 등 상표 개념을 지역에 적용한 것이다.
② 장소성이나 장소 자산을 활용하여 지역을 홍보하고 판매한다.
③ 지역의 상징성을 이용한 지역 축제나 박물관, 미술관을 활용한다.
④ 우리나라에서는 최초로 보성 녹차가 지정된 이후 다양한 제품이 등록되었다.
⑤ 우수한 지리적 특성을 지닌 농산물에 원산지의 명을 붙여 상표권으로 인정하는 제도이다.

4. 우리나라의 여러 지역에서 다음과 같은 노력을 하는 이유는?

· 강원도 평창은 'HAPPY 700'이라는 지역 브랜드를 만들어 해발고도 700M의 평창이 살기 좋은 곳이라고 홍보하고 있다.
· 김제는 땅과 하늘이 만나는 곳을 볼 수 있는 특징을 이용하여 지평선 축제를 하고 있다.

① 지역의 가치를 높이고 경쟁력을 확보하기 위해
② 깨끗한 자연 환경을 보존하기 위해
③ 유네스코 세계 문화 유산에 등재하기 위해
④ 지역의 가치를 하락시키기 위해
⑤ 다른 지역과 동일해지기 위해

5. 다음 그림을 통해 알 수 있는 지역화 전략의 특징은?

① 지역에서 개최되는 축제를 홍보한다.
② 지역의 고유한 특성을 반영한다.
③ 모든 지역에서 공통적으로 사용한다.
④ 지역의 생활 수준을 보여준다.
⑤ 그 지역의 특색이 아닌 모든 지역에서 나타나는 특색으로 한다.

6. 다음 사례에서 설명하는 지역화 전략은?

전라남도 보성군은 녹차 재배에 유리한 기후가 나타난다. 연평균 기온이 약 13°C, 연 강수량이 약 1,400mm은 녹차 재배에 적합하다. 그래서 이 지역에서 생산된 녹차를 '보성 녹차'라는 상표권으로 인정하였다.

① 장소 마케팅
② 지역브랜드
③ 지역 캐릭터
④ 지역화 전략
⑤ 지리적 표시제

국토 통일과 통일 한국의 미래

7. 우리 국토의 위치가 갖는 특징에 관한 설명으로 옳지 않은 것은?

① 동아시아 교통의 중심지이다.
② 동아시아의 지리적 요충지로서 중요성이 크다.
③ 분단으로 한반도의 위치적 장점을 활용하지 못하고 있다.
④ 분단 이후 남한은 해양으로 진출할 수 있는 바닷길이 차단되었다.
⑤ 반도국으로 대륙과 해양으로 모두 진출할 수 있는 위치적 특성이 있다.

8. 분단 때문에 생기는 문제점으로 옳지 않은 것은?

① 군사비 부담
② 민족 정체성 훼손
③ 문화적 동질성 회복
④ 이산가족의 고령화 및 생존자 감소
⑤ 군사적 긴장 상태로 위험 요인 증가

9. 표를 보고 알 수 있는 남북한의 협력 방안을 바르게 파악한 것은?

남한	2,957 만원	319억 달러	4,241 천톤	693 천톤	1,748 천톤
2014 년 기준	1인당 국민 총소득	군사비	쌀 생산량	철광석	석탄 생산량
북한	139 만원	100억 달러	2,156 천톤	5,471 천톤	27,090 천톤

① DMZ 생태계 보존 노력
② 동아시아 물류 중심지로 성장
③ 남한의 자본과 기술, 북한의 지하자원 교류
④ 전쟁의 공포 극복으로 국제 사회의 위상 제고
⑤ 남한의 군사비 축소로 남북한 군사 규모 균형

10. 우리나라의 위치에 대한 설명으로 옳지 않은 것은?

① 유라시아 대륙의 동쪽에 있다.
② 동아시아의 중심부에 있다.
③ 대륙과 해양을 통해 세계로 진출하는데 유리하다.
④ 3면이 바다인 반도국이다.
⑤ 주변국과 교류하는데 불리하다.

11. 다음 지도를 통해 알 수 있는 우리나라의 위치 특성이 아닌 것은?

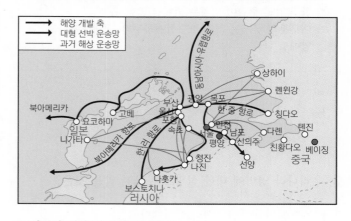

① 대륙과 해양 진출에 유리하다.
② 동아시아의 국제 물류 중심지가 될 수 있는 가능성이 높다.
③ 동아시아 교류의 길목에 위치한다.
④ 항공 교통의 중심지가 될 가망성이 크다.
⑤ 해양 교통의 요지이다.

12. 다음 도표를 통해 알 수 있는 것은?

① 통일 이후 남북한은 균형 발전을 이룰 수 있다.
② 통일 이후 남북한은 정치적 안정을 누릴 것이다.
③ 통일 이후 남북한은 항공 교통의 요지가 될 것이다.
④ 통일 이후 북한의 자본과 남한의 자원이 결합하여 경제적 안정을 누릴 것이다.
⑤ 통일 이후 민족의 이질감은 해결될 것이다.

1. 영역에 대한 옳은 설명을 〈보기〉에서 고른 것은?

보 기

ㄱ. 영공은 영토의 수직 상공으로 제한한다.
ㄴ. 영토의 범위는 고정되어 변하지 않는다.
ㄷ. 한 국가의 주권이 미치는 범위를 말한다.
ㄹ. 대부분의 국가는 최저 조위선에서부터 12해리까지를 영해로 한다.

① ㄱ, ㄴ 　　② ㄱ, ㄷ 　　③ ㄱ, ㄹ
④ ㄴ, ㄷ 　　⑤ ㄷ, ㄹ

2. 우리나라 영역에 대한 설명으로 옳지 않은 것은?

① 대한해협은 영해를 3해리로 정했다.
② 영해의 기준이 되는 선을 '기선'이라고 한다.
③ 우리나라 영토의 동쪽 끝에 있는 것은 독도이다.
④ 섬이 많은 서해와 남해에서는 직선 기선을 사용한다.
⑤ 직선 기선이란 육지에 가장 가깝게 있는 섬을 연결한 것이다.

3. A지역에 대한 설명으로 옳지 않은 것은?

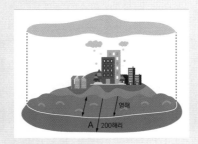

① 배타적 경제 수역이다.
② 연안국은 어업 활동에 대한 권리가 보장된다.
③ 연안국은 천연 자원의 탐사, 개발, 이용, 관리 등을 할 수 있다.
④ 연안국 외의 다른 국가의 선박과 항공기 등이 자유롭게 통행할 수 없다.
⑤ 우리나라는 중국, 일본과 어업협정을 체결하여 겹치는 수역을 공동으로 관리하고 있다.

4. 〈보기〉에서 설명하는 자원의 이름은?

보 기

• 천연가스와 물이 결합하여 형성됨
• 주로 수심이 300m 이상인 깊은 바다에서 발견됨
• 미래의 에너지로 주목받고 있으며 독도 주변 바다에 매장되어 있음

① 석유 　　　　　② 석탄
③ 메탄 하이드레이트 　④ 철광석
⑤ 알루미늄

5. 독도의 가치 중 영역적 가치에 대한 내용을 두가지 고르면?

① 독도 천연 보호 구역으로 지정
② 항공 및 방어 기지로서 군사적 요충지
③ 주변 해저에는 메탄 하이드레이트 풍부
④ 조경 수역이 형성되어 수산 자원이 풍부
⑤ 배타적 경제 수역 설정과 관련하여 중요한 기점

6. 그림과 관련 있는 지역화 전략에 대한 설명으로 가장 적절한 것은?

① 상표 개념을 지역에 적용한 것이다
② 원산지의 지명을 상표권으로 인정하는 것이다.
③ 지역의 고유한 특성이 드러나지 않도록 개발해야 한다.
④ 농산물 생산자가 안정적인 생산 활동을 할 수 있게 한다.
⑤ 장소성이나 장소 자산을 활용하여 지역을 판매하는 것이다.

7. 다음은 지역화 전략에 대한 설명이다. (가)~(다)에 해당하는 용어를 바르게 연결한 것은?

(가)은/는 상품의 품질, 명성, 특성 등이 근본적으로 해당 지역에서 비롯한 경우 지역 생산품임을 증명하고 표시하는 제도이다. 이를 통해 특산품을 보호하고, 상품의 품질 향상과 소비자의 알 권리를 충족할 수 있다. 또한 상품의 브랜드가 지역을 홍보하고 지역 이미지를 개선해 주기 때문에 지역 경제 발전에 이바지할 수 있다. 우리나라에서는 2002년 (나) 녹차를 시작으로, 이천, 쌀, 횡성 한우, (다) 전통 고추장 등 많은 상품이 정부의 (가) 인증을 받았다.

① 장소 마케팅   고창   보성
② 지역 브랜드   순창   고창
③ 지역 브랜드   보성   순창
④ 지리적 표시제   순창   보성
⑤ 지리적 표시제   보성   순창

8. 우리나라의 위치 특성에 대한 설명으로 옳지 않은 것은?

① 오늘날에는 해양으로 진출하는 통로가 단절 되었다.
② 통일 이후 세계의 중심으로 도약할 수 있을 것이다.
③ 북쪽으로는 유라시아 대륙, 남쪽으로는 태평양에 진출할 수 있다.
④ 우리나라와 중국, 일본이 정치·경제·문화적으로 밀접히 연관되어 있다.
⑤ 통일되면 우리나라는 동아시아 교통의 요지라는 위치적 장점을 살릴 수 있을 것이다.

9. 다음 중 선생님의 질문에 옳게 대답한 학생들만 고른 것은?

선생님 : 통일이 되면 우리나라에 어떤 효과가 나타날까요?
가희 : 국방비가 늘어나서 군사력이 강해질 수 있어요.
나희 : 남북한 주민의 문화적 차이가 더욱 커지게 돼요.
다희 : 동아시아 지역의 평화 유지에 기여할 수 있어요.
라희 : 대륙과 해양을 연결하는 물류 중심지로 성장할 수 있어요.

① 가희, 나희   ② 가희, 다희   ③ 나희, 다희
④ 나희, 라희   ⑤ 다희, 라희

29 CHAPTER

1. 지구상의 지리적 문제

1. 지구상의 지리적 문제

① 지리적 문제	② 특징
• 사람들이 살아가는 지구에서 발생하는 문제 예〉 기아 문제, 생물 다양성 감소, 영역 분쟁 등	• **어느 한 지역에서만 발생하는 것이 아닌** 지구 전체의 문제 → 문제 해결을 위해 국가 간 협력 필요

 훼이크 주의보: 시험에서는 '지리적 문제는 **특정 지역**이나 **특정 대륙에서만 발생한다.**'라고 훼이크로 겁나 잘나와!! 절대 속지마!(ง˙_˙)ง
지리적 문제는 어느 한 지역에서만 발생하는 것이 아닌 **전 지구적인 문제**란다!! 알라븅(/^o^)/♡

2. 기아 문제

의미		• 식량 부족으로 충분한 영양을 섭취하지 못하는 현상
발생 원인	자연적 요인	• 가뭄, 홍수, 태풍 등 자연 재해 • 식량 작물의 병충해
	인위적 요인	• **개발도상국**의 급격한 **인구 증가** → 식량 수요 증가 • 잦은 분쟁에 따른 식량 공급의 차질 • 식량 분배의 국제적인 불균형 • 식량 작물을 사료 작물이나 바이오에너지의 원료로 사용
발생 지역		• **아프리카**, 일부 아시아 등의 개발도상국

람보쌤의 꿀팁

▶ ·요즘에는 이러한 자연 재해가 **이상 기후 현상**으로 더욱 증가하고 있어 ㅠㅠ 정말 살기 힘들구만o(T^T)o
▶ ·세계적인 식량 다국적 기업들은 돈을 많이 벌기 위해 식량 유통량을 조절한단다. 이게 무슨말인가 하면!!˘˘ 다국적 기업들이 식량이 있음에도 불구하고 일부러 안 판다는거야(๑•◡•๑) 그래야 곡물 가격이 상승해서 돈을 많이 벌수 있을테니깐..ㅠㅠ 이런 이유로 개발도상국들은 식량을 사지 못해 기아가 더욱 발생하게 되자ㅠㅠ 배고파ㅠㅠ

★★훼이크 주의보

시험에 '기아 문제가 가장 많이 발생하는 대륙은 유럽과 앵글로아메리카이다'라고 정말 잘나와!!이건 무조건 훼이크!!
기아 문제는 '**아프리카**' 대륙에서 **가장 많이 발생**해!!('⌣')

3. 생물 다양성 감소

원인	• **열대 우림의 파괴**, 산업화·도시화, **농경지의 확대**, 환경 오염, 기후 변화, 무분별한 남획, 외래종의 침입 등
영향	• 생태계의 자정 능력 감소 • 인간이 이용 가능한 생물 자원 수 감소
해결 노력	• **생물 다양성 협약**을 체결 → 생물종 보호를 위해 노력

★★훼이크 주의보

생물 다양성 감소의 주된 원인은!!<(•̀ᴗ•́)>
열대 우림의 파괴야! 그래서 생물 다양성 감소는 열대 우림이 많은 저위도에서 주로 발생한단다!
시험에서는 저위도를 '**고위도**'로 바꿔서 많이 내니깐 절대 헷갈리지 않도록!!화이팅!! (ง˙_˙)ง

4. 영역을 둘러싼 분쟁

아래 지도는 **세계 분쟁 지역**이야!!
이 중에서도 시험에 잘 나오는 애들만 골라놨으니 얘네들은 반드시 기억해야돼! 알겠지!!?O(¯▽¯)o

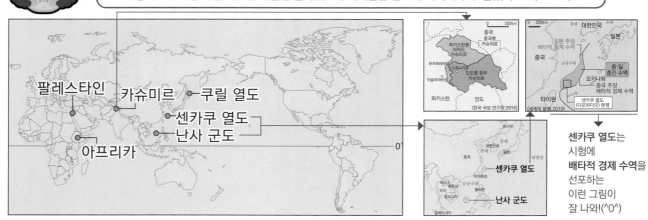

센카쿠 열도는 시험에 **배타적 경제 수역**을 선포하는 이런 그림이 잘 나와!(^O^)

(1) 영역 분쟁의 의미와 원인

의미	• 영토 또는 영해의 주권을 두고 벌어지는 국가 간의 분쟁
원인	• 역사적 배경, 민족과 종교의 차이, **자원** 을 둘러싼 분쟁 등 → 복잡하게 얽혀 있음

웨이크 주의보:
시험에 '영역 분쟁은 대부분 한가지 원인으로 발생한다.'라고 나오면 무조건 틀리는거야!(๑•̀ㅁ•̀๑)
아주 복잡한 여러 이유가 얽혀있다규!(ง •̀_•́)ง

(2) 주요 분쟁 지역 시험1타

① 영토를 둘러싼 분쟁

아프리카

• 과거 유럽 강대국의 이해 관계에 따라 국경선이 설정됨
→ 독립 이후 **국경과 부족의 경계가 달라**
  분쟁과 내전 발생 → 난민 발생

팔레스타인 지역

• 이스라엘 vs 팔레스타인
• 제2차 세계 대전 이후 팔레스타인에 이스라엘 건국
→ 영토 분쟁 시작
→ 유대교도와 이슬람교도 갈등

카슈미르 지역

• 인도 vs 파키스탄
→ **힌두교도** 와 **이슬람교도** 의 갈등

카슈미르 지방은 참 거시기한데...
카슈미르 지방에 거주하는 사람들은 파키스탄인들인데!!
실제 영토는 인도 소속이라 싸울 수밖에 없어!! 대환장파티!!ㅠㅠ

② 영해를 둘러싼 분쟁

원인	• 배타적 경제 수역 확보와 군사적 요충지를 둘러싼 분쟁이 늘어남

난사 군도

• 분쟁 국가: 중국, 필리핀, 브루나이, 말레이시아, 베트남 등
• 인도양과 태평양을 잇는 요충지
• **석유** 와 **천연가스** 매장

센카쿠 열도

• **일본** vs **중국** vs **타이완**
• 현재 **일본** 이 **실효 지배** 중
• **석유** 매장

센카쿠 열도는
서로 배타적 경제 수역을
선포하며 싸우고 있어!(๑•̀ω•́)ʃ

쿠릴 열도

• **일본** vs **러시아**
• 현재 **러시아** 가 실효 지배 중
• **석유** 와 **천연가스** 매장

러시아가 실효 지배중인
쿠릴 열도 남부의 4개 섬에 대해
일본이 반환을 요구하고
있어!!(>ㅁ<)

1-1. 지구상의 지리적 문제

1단계 기본 개념 파악하기

1. 퀴즈를 풀면서 중요 내용 점검해보자!!^▽^

퀴즈 1
Q. 다음 중 **지리적 문제**가 **아닌** 것은? ① 기아, 생물 다양성 감소, 영역 문제 ② 화성에 사는 외계인 문제

퀴즈 2
Q. **지리적 문제**는? ① 특정 지역이나 특정 대륙에서만 발생해!<(˘ᴗ˘)> ② 어느 한 지역에서 발생하는 것이 아닌 전 지구적 문제야!

• 정답 :
1. ①,②

2. 회색 글씨에 덧대어 쓰면서 외워보자(￣▽￣)/

 람보쌤의 스피드 퀴즈

① 기아 문제		
의미		·식량 부족으로 충분한 영양을 섭취하지 못하는 현상
발생 원인	자연적 요인	·가뭄, 홍수, 태풍 등 자연 재해 ·식량 작물의 병충해
	인위적 요인	·개발도상국의 급격한 인구 증가 → 식량 수요 증가 ·잦은 분쟁에 따른 식량 공급의 차질 ·식량 분배의 국제적인 불균형 ·식량 작물을 사료 작물이나 바이오에너지의 원료로 사용
발생 지역		·아프리카, 일부 아시아 등의 개발도상국

스피드 퀴즈1
Q. **식량 부족으로 충분한 영양**을 섭취하지 못하는 현상을 무엇이라 하지? ① 기아 문제   ② 기아차 문제

스피드 퀴즈2
Q. 기아 문제가 **가장 심각한 대륙**은? ① 유럽   ② 아프리카

스피드 퀴즈3
Q. **기아 문제**는? ① 인구가 증가하는 곳에서 발생해!٩(๑•∀•๑)۶ ② 인구가 감소하는 곳에서 발생해!(ง •̀_•́)ง

• 정답 : 스피드 퀴즈1·2·3: ①,②,①

② 생물 다양성 감소	
원인	·열대 우림의 파괴, 농경지의 확대, 환경 오염, 기후 변화, 산업화와 도시화, 무분별한 남획, 외래종의 침입 등
영향	·생태계의 자정 능력 감소
노력	·생물 다양성 협약을 체결

[생물 다양성 감소]

Q. 다음 **밑줄 친 틀린 말**을 바르게 고치시오.

① 생물 다양성 감소의 주범은
   냉대 우림의 파괴이다. →

② **고위도** 지방은 생물종의 개체수가 다양하다. →

③ 생물종 다양성 감소 문제를 위해 UN은
   바젤 협약을 체결하였다. →

• 정답 : Q. ①~③: 열대,저위도,생물 다양성

2단계 실전 문제 풀어보기

3. 실제 시험에는 이런 스타일의 문제가 나온다!!＼(^▽^)／

실전 문제 1
Q. 기아가 발생하는 **원인**이 **아닌 것을 고르면**? ① 가뭄,홍수,태풍의 발생   ② 개발도상국의 인구 감소 ③ 식량 배급의 불균형   ④ 잦은 전쟁

실전 문제 2
Q. 생물 다양성 감소의 **원인**이 **아닌 것**은? ① 열대 우림의 파괴   ② 농경지 감소 ③ 외래종의 침입   ④ 무분별한 남획

• 정답 : 3. 실전문제1,2: ②,②

1-2. 영역 갈등

1단계 **기본 개념 파악하기**

1. 회색 글씨에 덧대어 쓰며 암기해보자! ど(^0^)つ

2단계 **실전 문제 풀어보기**

2. 암기한 내용을 스스로 직접 쓰며 확인해보자!

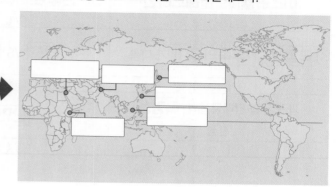

3단계 **실제 시험에 나오는 지도 영접**

3. A와 B는 어디? ^ᵕ^

4. A는 어디? ⌐(º▽º)¬

(세계의 분쟁,2010)

5. A는 어디? ＼(-0-)/

• 정답 :
3.
A: 센카쿠 열도
B: 난사 군도
4. 센카쿠 열도
5. 쿠릴 열도

1단계 **기본 개념 파악하기**

6. 회색 글씨에 덧대어 쓰며 암기해보자! ど(^0^)つ

① 　　를 둘러싼 분쟁
아프리카
·국경선과 부족 경계가 달라 내전 발생
→ 난민 발생
팔레스타인 지역
·이스라엘 vs 팔레스타인
·제2차 세계 대전 이후 팔레스타인에 이스라엘 건국
→ 영토 분쟁 시작
→ 유대교도와 이슬람교도 갈등
카슈미르 지역
· 인도 vs 파키스탄
→ 힌두교도와 이슬람교도의 갈등

② 　　를 둘러싼 분쟁
난사 군도
·분쟁 국가: 중국, 필리핀, 브루나이, 말레이시아, 베트남 등
·인도양과 태평양을 잇는 요충지
·석유와 천연가스 매장
센카쿠 열도
·일본 vs 중국 vs 타이완
·현재 일본이 실효 지배 중
·석유 매장
쿠릴 열도
·일본 vs 러시아
·현재 러시아가 실효 지배 중
·석유와 천연 가스 매장

2단계 **실전 문제 풀어보기**

7. [영토를 둘러싼 분쟁] 다음 키워드가 아프리카면 '아', 팔레스타인이면 '팔', 카슈미르면 '카'라고 쓰시오.

이스라엘 VS 팔레스타인	힌두교도 VS 이슬람교도	유대교도 VS 이슬람교도
① ( )	② ( )	③ ( )
국경선 과 부족의 경계 가 다름	인도 VS 파키스탄	제2차 세계 대전 이후 이스라엘이 건국 되면서 시작
④ ( )	⑤ ( )	⑥ ( )
과거 유럽 강대국들의 국경선 설정	난민 발생	네차례 전쟁을 함
⑦ ( )	⑧ ( )	⑨ ( )

• 정답 : 7. ①~③: 팔,카,팔/ ④~⑥: 아,카,팔/ ⑦~⑨: 아,아,팔

8. [영해를 둘러싼 분쟁] 다음 키워드가 난사 군도면 '난', 센카쿠 열도이면 '센', 쿠릴 열도면 '쿠'라고 쓰시오.

중국 VS 필리핀 VS 브루나이 VS 말레이시아 VS 베트남	인도양 과 태평양 을 잇는 요지	일본 이 실효 지배
① ( )	② ( )	③ ( )
러시아 가 실효 지배	일본 VS 러시아	일본 VS 중국 VS 타이완
④ ( )	⑤ ( )	⑥ ( )

• 정답 : 8. ①~③: 난,난,센/ ④~⑥: 쿠,쿠,센

3단계 **실제 시험에 나오는 지도 영접**

9. [영토 분쟁] 다음 맞는 말끼리 서로 연결하시오.

① 아프리카 •

② 팔레스타인 •

③ 카슈미르 •

• (a) 힌두교를 믿는 인도와 이슬람교를 믿는 파키스탄 간의 분쟁

• (b) 제2차세계대전 이후 이스라엘이 건국되면서 4차례의 전쟁 발발

• (c) 강대국들의 이해관계에 따라 국경선이 설정되면서 국경과 부족의 경계가 달라서 분쟁 발생

10. [영해 분쟁] 다음 맞는 말끼리 서로 연결하시오.

① 난사 군도 •

② 센카쿠 열도 •

③ 쿠릴 열도 •

• (a) ·러시아가 실효 지배중 ·일본 VS 러시아

• (b) ·일본이 실효 지배중 ·막대한 석유 매장 ·일본 VS 중국 VS 타이완

• (c) ·중국,필리핀,브루나이, 말레이시아,베트남 분쟁 ·석유와 천연가스 매장

• 정답 : 9. ①-(c),②-(b),③-(a)/ 10.①-(c),②-(b),③-(a)

람보쌤의 자세한 해설을 영상으로 보세요!

지구상의 지리적 문제

1. 지구상에 발생하고 있는 지리적 문제에 대한 설명으로 옳은 것만 〈보기〉에서 고른 것은?

〔 보 기 〕

ㄱ. 기아 문제, 생물 다양성 감소, 영역 분쟁 등이 있다.
ㄴ. 지리적 문제는 특정 대륙이나 지역에서만 나타난다.
ㄷ. 지리적 문제를 해결하기 위해서는 국가간 협력이 필요하다.
ㄹ. 지리적 문제를 문제가 발생한 나라에서만 해결한다.

① ㄱ, ㄴ   ② ㄱ, ㄷ   ③ ㄴ, ㄷ
④ ㄴ, ㄹ   ⑤ ㄷ, ㄹ

기아 문제

2. 기아 문제가 발생하는 원인이 아닌 것은?

① 개발도상국의 급격한 인구 증가
② 식량 분배의 국제적 불균형
③ 식량 생산량의 증대
④ 홍수,가뭄 등의 이상 기후로 식량 생산량 감소
⑤ 식량 작물의 가축 사료, 바이오 에너지로의 이용 증가

3. 기아 문제에 대한 설명으로 옳지 않은 것을 고르면?

① 주로 아프리카와 일부 아시아에서 심하게 일어난다.
② 인구가 증가하는 지역에서 심하게 나타난다.
③ 식량 부족으로 충분한 영양을 섭취하지 못하는 현상이다.
④ 주로 유럽과 앵글로 아메리카에서 심하게 발생한다.
⑤ 주로 저개발 국가에서 심하게 발생한다.

생물 다양성 감소

4. 다음 중 생물 다양성 감소의 원인을 고르시오.

〔 보 기 〕

ㄱ. 농경지 축소   ㄴ. 열대우림의 파괴
ㄷ. 외래종의 감소   ㄹ. 무분별한 남획

① ㄱ, ㄴ   ② ㄱ, ㄷ   ③ ㄴ, ㄷ
④ ㄴ, ㄹ   ⑤ ㄷ, ㄹ

5. 생물 다양성 감소에 대한 설명으로 옳지 않은 것은?

① 무분별한 남획으로 인해 생물 다양성이 감소하고 있다.
② 주로 저위도 지방이 생물종 개체수가 많다.
③ 생물종 보호를 위해 바젤 협약을 체결하였다.
④ 열대 우림의 파괴는 생물 다양성 감소의 주범이다.
⑤ 생물 다양성 감소는 생태계의 자정 능력을 해친다.

영역을 둘러싼 갈등

※ 다음 지도를 물음에 답하시오.

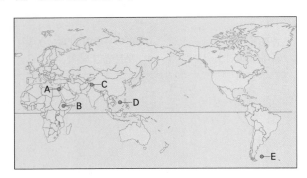

6. 다음 보기에 해당하는 지역은?

─ 보 기 ─

과거 유럽 강대국들이 이해관계에 따라 설정해 놓은 국경선으로 인해 독립 이후 국경과 부족의 경계가 달라 영역 갈등이 끊임없이 일어난다.

① A   ② B   ③ C   ④ D   ⑤ E

7. 다음 보기에 해당하는 지역은?

─ 보 기 ─

제2차 세계 대전 이후 이스라엘이 건국되면서 갈등이 시작되었다. 네차례에 걸쳐 전쟁했으며 그 전에 살던 사람들은 영토 회복을 위해 저항하고 있다.

① A   ② B   ③ C   ④ D   ⑤ E

8. 다음 보기에 해당하는 지역은?

─ 보 기 ─

힌두교를 믿는 인도와 이슬람교를 믿는 파키스탄 사이에서 영유권 분쟁을 겪고 있다. 이슬람교도가 많은 카슈미르 지방이 인도에 속하게 되면서 분쟁이 발생한다.

① A   ② B   ③ C   ④ D   ⑤ E

※ 다음 지도를 물음에 답하시오.

9. 보기에서 A에 대한 설명으로 옳은 것을 고르면?

─ 보 기 ─

ㄱ. 지금 현재 중국이 실효 지배 중이다.
ㄴ. 일본, 중국, 베트남이 분쟁하고 있다.
ㄷ. 석유가 매장된 사실이 알려지면서 갈등이 심해지고 있다.
ㄹ. 자원과 배타적 경제 수역을 둘러싼 분쟁이다.

① ㄱ, ㄴ   ② ㄱ, ㄷ   ③ ㄴ, ㄷ
④ ㄴ, ㄹ   ⑤ ㄷ, ㄹ

10. 보기에서 B에 대한 설명으로 옳은 것을 고르면?

─ 보 기 ─

ㄱ. 일본, 중국, 타이완이 분쟁하고 있다.
ㄴ. 인도양과 태평양을 잇는 해상 교통의 중심지이다.
ㄷ. 주변 바다에 석유와 천연가스가 많이 매장되어 있어 분쟁이 발생한다.
ㄹ. 종교적 갈등으로 분쟁이 발생한다.

① ㄱ, ㄴ   ② ㄱ, ㄷ   ③ ㄴ, ㄷ
④ ㄴ, ㄹ   ⑤ ㄷ, ㄹ

11. 보기에서 C에 대한 설명으로 옳은 것을 고르면?

─ 보 기 ─

ㄱ. 이슬람교와 힌두교의 대립이다.
ㄴ. 일본과 러시아가 분쟁 당사국이다.
ㄷ. 일본과 중국, 타이완이 분쟁 당사국이다.
ㄹ. 현재 러시아가 실효 지배 중이다.

① ㄱ, ㄴ   ② ㄱ, ㄷ   ③ ㄴ, ㄷ
④ ㄴ, ㄹ   ⑤ ㄷ, ㄹ

1. 발전 수준의 지역 차이

시험에서는 **선진국에서 높게 나타나는 것**과 **개발도상국에서 높게 나타나는 것**을 묻는 문제가 제일 잘나와!! 아래 표를 잘봐둬!! 시험 문제 1타!! (◡ˋ_ˊ◡)♪

① 지역 차이가 발생하는 원인

• 지역마다 자연환경, 자원 보유량, 기술과 자본, 교육 수준 등이 다르기 때문

→ **세계화**로 인해 **발전 수준의 지역차**는 더 **심해짐**

② 발전 수준의 지역 차

선진국	• 18세기 산업 혁명 이후 일찍이 산업화를 이룸 • **서부 유럽**, **앵글로 아메리카**가 해당 됨
개발 도상국	• 20세기 이후부터 산업화가 진행되고 있음 • **아프리카**, **라틴 아메리카**, 남아시아 등이 해당됨

▶ 정말 참고만 해(◠‿◠) 각 교과서마다 **아프리카** 대신 **사하라 사막 남부** 라고 표현하거나, **중남부 아프리카**라고 표현해!!^u^ 이건 다 똑같은 말이야!! 알겠지?

선진국에서 높은 것	개발 도상국에서 높은 것
• 1인당 국내 총생산 등의 소득 수준 • 인간 개발 지수 • 성인 문자 해독률 • 기대 수명 • 행복 지수	• 영아 사망률 • 교사 1인당 학생 수 • 성 불평등 지수 • 합계 출산율 • 인구 증가율 • 성인 문맹률

훼이크 주의보

세계화로 인해 **발전 수준의 지역차**는 점점 더 심해지고 있어! 그런데 섬에는 '세계화로 인해 발전 수준의 지역 차는 **줄어들고 있다**'라고 **훼이크**로 잘 나오니깐 헷갈리지 않도록!!(◠‿◠)

중요!! '인간 개발 지수'

인간 개발 지수는 국제 연합 개발 계획이 매년 각국의 국민 소득 뿐만 아니라, 교육 수준, 기대 수명 등을 기준으로 국가별 국민의 삶의 질을 평가한 지표란다(^0^)

2. 저개발 국가의 빈곤 문제 해결을 위한 노력

① 저개발 국가의 자체적 노력		② 노력 사례	
경제	• 관개 시설 확충, 수확량이 많은 품종 개발 • 사회 간접 자본의 구축 • 자원 개발, 해외 자본 유치	르완다	• 역사 교육 강화, 인재 육성에 집중 투자 → 아프리카 신흥 강국으로 성장
교육	• 교육과 고용 창출에 투자	보츠 와나	• **다이아몬드** 광산업 개발을 통해 얻은 이익 → 교육, 도로 등의 기반 시설에 투자
정치	• 정치적 불안정, 부정 부패 문제 해결	에티 오피아	• 정치적 안정을 통한 개혁 • 외국 자본 유치
기타	• **적정 기술** 도입		

③ 국제 연합의 노력

• **지속 가능 발전 목표(SDGs)**를 정해 국제적인 지원 및 협력 강화 특히, **세계 빈곤 문제** 해결을 목표로 하여 국제 연합에서 정한거야!

⭐ 중요!! 적정 기술' ↖(^▽^)↗

라이프 스트로는 빨대 형태로 된 필터를 통해 오염된 물 속에 있는 오염 물질을 정화 할 수 있는 적정기술이야!!^^

라이프 스트로

큐드럼은 가운데 도넛 모양의 구멍을 낸 물통으로 어린 소년도 한번에 50L의 많은 양의 물을 옮길 수 있단다!\(^▽^)/

큐드럼

중요!! 적정 기술의 조건

• 저개발 국가에 실질적으로 도움을 줄 수 있도록!! 그 지역에서 **쉽게 구할 수 있는 재료**를 사용해야 돼!(o^^)o

훼이크 주의보

시험에 '**저개발 국가는 출산 장려 정책을 통해 빈곤을 퇴치해야한다.**'라고 출제가 많이 돼! 이건 무조건 훼이크야!! 저개발 국가는 인구가 너무 폭발해서 빈곤한 것이기 때문에, 오히려 **출산을 억제 하는** 정책을 펼쳐야 한단다ㅠㅠ 아이고(ㅜㅜ)

3. 지역 간 불평등 완화를 위한 국제적 노력

① 정부 간 국제 기구	② **공적 개발 원조**(ODA)

① 정부 간 국제 기구

(a) **국제 연합(UN)**: 대표적인 국제 기구

산하 기구	역할
유엔 평화 유지군	•분쟁 지역의 질서 유지 및 주민 안전 보장
유엔 난민 기구	•난민 보호 및 난민 문제 해결
유엔 세계 식량 계획	•기아와 빈곤으로 고통받는 지역에 식량 지원
유엔 아동 기금	•아동 구호와 아동 복지 향상
세계 보건 기구	•세계의 질병 문제 해결

(b) 그 외: 국제 부흥 개발 은행(IBRD), 경제 협력 개발 기구(OECD) 등
→ 지역 간 경제적 불평등 해소를 위해 노력

② 공적 개발 원조(ODA)

의미
- 선진국의 정부가 저개발 국가를 공식적으로 지원하는 것

중요 특징
- 경제 협력 개발 기구(OECD) 산하의 **개발 원조 위원회**(DAC)가 주도함
- 과거 우리나라는 원조를 받았으나, **지금은 원조를 하는 나라가 됨**

③ 국제 비정부 기구(NGO)
- 세계적인 문제를 해결하기 위한 민간 단체
  예〉그린피스, 국경 없는 의사회

윗 부분의 내용은 뒤에 키워드맵에서 시험에 나오는 형태로 암기 할 수 있도록 했으니 키워드맵에서 열심히 연습해보자!! 대한민국의 다음세대들 아자아자 화이팅!!＼(^▽^)／

4. 공정 무역

의미	•선진국과 저개발 국가 사이의 불공정한 무역을 개선하여 저개발 국가의 생산자에게 정당한 가격을 지급하는 무역 방식
주요 제품	•커피, 카카오, 바나나 등
성과	•생산 지역의 빈곤 완화 •저개발 국가 생산자의 **경제적 자립** •환경 친화적으로 생산된 상품 구입 가능
한계	•다국적 기업의 상품에 밀려 시장 확보가 어려움

커피의 이익 배분

공정 무역 커피는 다국적 기업을 거치지 않고 저개발 국가의 **생산자**와 **노동자**에게 더 많은 이익을 제공하려고 한단다.(^O^)

훼이크 주의보!! 🚨

훼이크로 '공정 무역 상품을 **다국적 기업의 유통망**을 통해 유통한다'라고 자주 출제돼!!(๑•̀ロ•́๑)
이러면 완전 틀려!! (ง •̀_•́)ง 공정 무역은 다국적 기업을 통하지 않기 때문에 공정 무역이란다!!(-O-)
다국적 기업을 통해서 유통하면!! **저개발 국가**의 **생산자**와 **노동자**는 완전 **호구**되는거라구~다 털려!(T^T)

1. 발전 수준의 지역 차이

1단계 기본 개념 파악하기

1. 회색 글씨의 중요 내용을 쓰면서 **암기해보세요**.(￣▽￣)/

발전 수준의 지역 차	
선진국	• 18세기 산업 혁명 이후 산업화를 이룸 • 서부 유럽, 앵글로 아메리카가 해당 됨
개발 도상국	• 20세기 이후부터 산업화가 진행됨 • 아프리카, 라틴 아메리카, 남아시아 등이 해당됨

2단계 기본 개념 적용하기

2. 다음은 무엇에 대한 **설명인가요**?(✿o✿)

이것은 국제 연합 개발 계획이 매년 각국의 **국민 소득** 뿐만 아니라, **교육 수준**, 기대 **수명** 등을 기준으로 국가별 국민의 발전 수준 등을 평가하는 지표이다.

〈   〉

3. 다음 **밑줄친 틀린 설명**을 바르게 고치세요. ⌐(º ▿ º)⌐

① 지역마다 자연환경, 자원 보유량, 기술과 자본, 등의 영향으로 지역 차이가 **발생하지 않는다**. →

② 세계화로 인해 경제 발전 수준의 지역차는 **줄어든다**. →

③ **행복 지수**는 매년 각국의 국민 소득 뿐만 아니라, 교육 수준, 기대 수명 등을 기준으로 삶의 질을 평가한다. →

④ 인간 개발 지수는 **아프리카**와 앵글로 아메리카에서 높게 나타난다. →

⑤ **개발도상국**은 18세기 이후 산업화가 진행되었다. →

⑥ 교사 1인당 학생 수는 아프리카, **앵글로 아메리카**, 남아시아에서 높게 나타난다. →

• **정답**: 2. 인간 개발 지수 3. ①~③: 발생한다, 늘어난다, 인간 개발 지수/ ④~⑥: 서부 유럽, 선진국, 라틴 아메리카

3단계 시험에 반드시 나오는 문제!!

4. 다음 보기의 '지표'들을 알맞은 **복주머니에 넣으세요**. \(^0^*)/

① 1인당 국내 총생산	② 소득 수준	③ 합계 출산률
④ 인간 개발 지수	⑤ 행복 지수	⑥ 인구 증가율
⑦ 교사 1인당 학생수	⑧ 기대 수명	⑨ 성인 문맹률
⑩ 성 불평등 지수	⑪ 영아 사망률	⑫ 성인 문자 해독률

선진국에서 높은 것   개발도상국에서 높은 것

• **정답**: 4. 선진국에서 높은 것: ①②④⑤⑧⑫, 개발도상국에서 높은 것: ③⑥⑦⑨⑩⑪

2. 저개발 국가의 빈곤 문제 해결을 위한 노력

1단계 시험에 잘 나오는 퀴즈를 통해 머릿속에 암기하기!!

퀴즈1
Q. 저개발 국가의 빈곤 퇴치를 위한 노력이 **아닌 것은?** ① 수확량이 많은 품종 개발 ② 출산 장려 정책 ③ 교육과 고용 창출에 투자

퀴즈2
Q. 다이아몬드 개발을 통한 이익을 교육과 기반 시설에 **투자한 나라는?** ① 보츠와나   ② 르완다

퀴즈3
Q. 역사 교육을 강화하고 인재 육성에 집중 **투자한 나라는?** ① 보츠와나   ② 르완다

• 정답:
퀴즈1~퀴즈4:
②, ①, ②, ②

퀴즈4
Q. 적정 기술의 조건이 **아닌 것은?**   ① 주변에서 구하기 쉬운 재료를 사용한다.　② 에너지를 많이 사용하는 기술을 사용한다.

3. 지역 간 불평등 완화를 위한 국제적 노력

1단계　기본 개념 파악하기

1. 회색 글씨의 중요 내용을 쓰면서 암기해보세요.(￣▽￣)/

① 정부 간 국제 기구		② 공적 개발 원조(ODA)	
(a) 국제 연합(UN): 대표적인 국제 기구		**의미**	• 선진국의 정부가 저개발 국가를 공식적으로 지원하는 것
산하 기구	역할	**특징**	• 경제 협력 개발 기구(OECD) 산하의 개발 원조 위원회(DAC)가 주도 • 과거 우리나라는 원조를 받았으나, 지금은 원조를 하는 나라가 됨
유엔 평화 유지군	• 분쟁 지역의 질서 유지 및 주민 안전 보장		
유엔 난민 기구	• 난민 보호 및 난민 문제 해결	③ 국제 비정부 기구(NGO)	
유엔 세계 식량 계획	• 기아와 빈곤으로 고통받는 지역에 식량 지원	• 세계적인 문제를 해결하기 위한 민간 단체 예〉 그린피스, 국경 없는 의사회	
유엔 아동 기금	• 아동 구호와 아동 복지 향상		
세계 보건 기구	• 세계의 질병 문제 해결		
(b) 그 외: 국제 부흥 개발 은행(IBRD), 경제 협력 개발 기구(OECD) 등 → 지역 간 경제적 불평등 해소를 위해 노력			

2단계　기본 개념 적용하기

2. 맞는 말끼리 서로 연결하시오. ‘ ︶ ’

① 유엔 평화 유지군 •
② 유엔 난민 기구 •
③ 세계 식량 계획 •
④ 유엔 아동 기금 •
⑤ 세계 보건 기구 •

• (a) **분쟁 지역의 질서 유지** 및 **주민 안전 보장**
• (b) **기아와 빈곤으로 고통받는** 지역에 **식량 지원**
• (c) **아동 구호와 아동 복지** 향상
• (d) 세계의 **질병과 보건 문제** 해결
• (e) **난민 보호와 난민 문제** 해결

3. 다음 밑줄친 틀린말을 바르게 고치세요o(^-^)o

① 공적 개발 원조는 경제 협력 개발 기구 산하 **세계 보건 기구**가 주도한다. →   ② 과거 우리나라는 공적 개발 원조를 **주는** 나라에서 **받는** 나라가 되었다. →   ③ 공적 개발 원조를 **주는** 지역은 아프리카, 남아시아 지역 이다. →   ④ 미국, 독일은 공적 개발 원조를 **받는** 국가이다. →

• 정답: 2. ①-(a), ②-(e), ③-(b), ④-(c), ⑤-(d) 3.①~④: 개발 원조 위원회, 받는-주는, 받는, 주는

3단계　시험에 나오는 실전 문제

3. 다음 람보쌤의 말과 관련 없는 설명을 고르세요 ＼(^0^*)/

공정 무역은!!

① 저개발 국가 생산자의 경제적 자립을 가져온다!!

② 다국적 기업의 유통망을 사용하여 유통한다!!

③ 생산 지역의 빈곤을 완화한다!!

• 정답: 3. ②

람보쌤의 자세한 해설을 영상으로 보세요!

발전 수준의 지역 차

1. 지역별 발전 수준의 차이에 대한 설명으로 옳지 않은 것은?

① 개발도상국은 주로 아프리카와 라틴 아메리카에 분포한다.
② 개발도상국은 대체로 인간 개발 지수가 낮다.
③ 세계화의 확산으로 발전 수준의 지역 차가 줄어들고 있다.
④ 선진국은 문자 해독률과, 국내 총생산이 높은편이다.
⑤ 선진국은 대채로 서부 유럽과 앵글로 아메리카에 위치한다.

2. 다음은 무엇에 대한 설명인가?

> 이것은 국제 연합 개발 계획이 각국의 국민 소득 뿐만 아니라 교육 수준, 기대 수명 등을 기본으로 국가별 국민의 삶의 질을 평가한 것이다.

① 1인당 국내 총생산   ② 행복 지수
③ 성 불평등 지수   ④ 인간 개발 지수
⑤ 기대 수명

3. A, B에 들어갈 항목으로 옳은 것은?

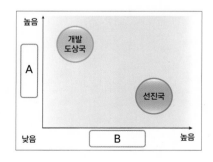

	A	B
①	기대 수명	국내 총생산
②	국내 총생산	인간 개발 지수
③	기대 수명	영아 사망률
④	성 불평등 지수	성인 문자 해독률
⑤	행복 지수	성인 문맹률

4. 다음은 어느 지역에 대한 설명인가?

> • 1인당 국내 총생산과 행복 지수가 높다.
> • 행복 지수가 높고 인간 개발 지수가 높다.

보 기

ㄱ. 앵글로 아메리카   ㄴ. 라틴 아메리카
ㄷ. 서부 유럽   ㄹ. 아프리카

① ㄱ, ㄴ   ② ㄱ, ㄷ   ③ ㄴ, ㄷ
④ ㄴ, ㄹ   ⑤ ㄷ, ㄹ

저개발 지역의 빈곤 문제 해결을 위한 노력

5. 글에 나타난 보츠와나의 노력에 대해 바르게 평가한 것은?

> 남아프리카의 보츠와나는 1960년대 1인당 국민 총생산이 70달러 정도로 가난한 국가였으나 현재는 6,000달러가 넘는 국가로 발전하였다. 이는 정부와 민간의 협력으로 다이아몬드 광산업 개발에 성공하였고, 다이아몬드 수출로 얻은 소득을 교육 시설과 도로, 철도 등 기반 시설에 투자하였기 때문이다. 이와 더불어 자동차 산업을 유치하기 위해서도 힘쓰고 있다.

① 시설과 산업에 대한 투자가 경제 성장을 꾀하고 있다.
② 빈곤 문제 해결을 위한 개인의 노력을 강조하고 있다.
③ 식량 생산을 늘리기 위해 농업 기술 발전을 꾀하고 있다.
④ 국외 자본을 유치하여 선진국에 전적으로 의지하고 있다.
⑤ 위생 및 보건 환경을 개선하여 질병 문제를 해결하고 있다.

6. 저개발 지역의 빈곤 문제 해결을 위한 자체적 노력에 해당하지 않는 것은?

① 지역에 딱 맞는 적정 기술을 도입하고 있다.
② 출산 장려 정책을 펼친다.
③ 자원을 개발하고 해외 자본을 유치한다.
④ 수확량이 많은 품종을 개량한다.
⑤ 교육과 고용 창출을 위한 투자를 늘린다.

7. 다음 〈보기〉에 나타난 기술에 대한 설명으로 옳지 <u>않은</u> 것은?

> ┤ 보 기 ├
>
> • 큐 드럼은 가운데 도넛 모양으로 구멍을 낸 물통으로,
>   작은 소년도 50L의 물을 옮길 수 있다.
> • 라이프 스트로는 빨대 형태로 된 물을 정화하는 도구로
>   오염된 물속의 오염 물질을 정화하여 물로 인한 질병을
>   막을 수 있다.

① 저개발 국가 주민들의 생활에 맞는 재료를 사용한다.
② 쉽게 구할 수 있는 재료를 사용한다.
③ 친환경적이다.
④ 많은 에너지를 사용해야 한다.
⑤ 저개발 국가의 주민들에게 도움을 줄 수 있다.

-------- **지역 간 불평등 완화를 위한 노력** --------

8. 다음에 해당하는 국제기구로 옳은 것은?

> 분쟁 지역에 파견되어 질서를 유지하고 주민들의 안전을
> 지키기 위해 노력한다.

① 세계 식량 계획 경제
② 협력 개발 기구
③ 국제 연합 난민 기구
④ 국제 연합 아동 기금
⑤ 국제 연합 평화 유지군

9. 공적 개발 원조를 하는 국가와 받는 국가에 대한 설명으로 옳은 것을 <u>두가지</u> 고르면?

① 공적 개발 원조를 하는 국가에는 미국, 프랑스 등 선진국이
   주를 이룬다.
② 우리나라는 공적 개발 원조를 하는 나라에서 받는 나라가
   되었다.
③ 경제 협력 개발 기구(OECD) 산하의 개발 원조 위원회
   (DAC)가 주도한다.
④ 공적 개발 원조를 받는 나라는 독일, 캐나다 등이 있다.
⑤ 공적 개발 원조를 받는 지역은 주로 유럽과 앵글로
   아메리카에 위치한다.

10. 다음 국제 기구들이 공통적으로 추구하는 목적으로 가장 적절한 것은?

> • 세계 식량 계획(WEP)
> • 국제 부흥 개발 은행(IBRD)
> • 개발 원조 위원회(DAC)

① 지역 간 경제적 불평등 해소를 위해 노력한다.
② 세계 기후 변화를 방지한다.
③ 세계 곳곳의 영토,영해 분쟁을 조정한다.
④ 유해 폐기물을 감시한다.
⑤ 환경을 보호한다.

11. 공정 무역에 대한 설명으로 옳지 <u>않는</u> 것은?

① 유통 단계를 줄이고 직거래를 활성화한다.
② 공정 무역 상품을 다국적 기업의 유통망을 통해 유통한다.
③ 저개발 국가의 생산자가 경제적으로 자립할 수 있도록
   하는 효과가 있다.
④ 소비 지역의 경제 성장을 돕는다.
⑤ 소비자는 친환경 제품을 사용할 수 있다.

1. 지리적 문제에 대한 설명으로 가장 적절하지 <u>않은</u> 것은?

① 사람들이 살아가는 공간에서 발생하는 문제이다.
② 사람들의 종교가 유사한 지역에서 주로 발생한다.
③ 전 지구적으로 발생하는 문제이다.
④ 환경 오염 물질의 장거리 이동으로 인해 발생한다.
⑤ 영토나 자원을 둘러싼 이해관계가 대립하며 발생한다.

2. 기아에 대한 설명으로 적절하지 <u>않은</u> 것은?

① 기아 문제가 가장 심각한 대륙은 아시아이다.
② 전 세계에서 기아로 고통받는 사람들은 약 8억 명이다.
③ 단기적으로 면역력을 낮추고 전염병을 유행시킬 수 있다.
④ 기아의 원인은 자연재해, 분쟁, 빈곤, 농업 시설의 부족 등이 있다.
⑤ 장기적으로 신체적·정신적 성장을 방해하여 노동 생산성을 떨어뜨린다.

3. 다음 설명에 해당하는 분쟁 지역은?

- 분쟁 국가 : 중국과 일본
- 해당 지역: 오키나와, 타이완섬 사이 5개의 무인도와 3개의 암초
- 분쟁 원인 : 해상 교통로이자 전략적 요충지, 석유·천연가스가 발견되면서 경쟁 심화

① 남중국해
② 포클랜드
③ 오키노토리
④ 팔레스타인
⑤ 센카쿠 열도(댜오위다오)

4. 다음에 해당하는 국제 기구로 옳은 것은?

> 분쟁 지역에 파견되어 질서를 유지하고 주민들의 안전을 지키기 위해 노력한다.

① 세계 식량 계획
② 경제 협력 개발 기구
③ 국제 연합 난민 기구
④ 국제 연합 아동 기금
⑤ 국제 연합 평화 유지군

5. 지역 간 불평등의 해결에 대한 설명으로 가장 적절한 것은?

① 세계 여러 나라의 불평등을 해결하는 주체는 선진국이다.
② 불평등의 원인과 영향을 미치는 범위는 특정 대륙에 한정되어 있다.
③ 불평등과 관련된 문제들은 서로 연관성이 없어 각각 해결해야 하는 특성이 있다.
④ 지역 간 불평등을 해결하기 위해서는 국제 원조에 의존하는 것이 가장 바람직하다.
⑤ 세계 여러 지역에서 발생하는 불평등을 해결하기 위해서는 무엇보다 국제적인 협력이 필요하다.

6. 공정무역에 대한 설명으로 가장 적절한 것은?

① 선진국에서 생산된 제품을 저개발국에 판매하는 무역 방식 이다.
② 기업형 대량 생산을 통해 국제 유통 물량을 늘리는 게 목적 이다.
③ 농약과 화학비료를 사용하여 생산량을 늘린 농작물을 주로 거래한다.
④ 어린이와 여성 노동력을 이용하여 생산비용을 최대한 낮추는 방식이다.
⑤ 저개발 국가 생산자들에게 무역의 혜택이 돌아가도록 하는 무역 형태이다.

빡공시대 람보쌤 이 운영하는 자기주도 독서실

개척독서실

오프라인 개척독서실

시험기간에 스스로 공부하기 힘든 친구들을 위해
하루 12시간씩 함께 모여 공부하는 오프라인 독서실입니다.
신청 및 심사를 통해 참가인원을 모집합니다.
(온라인 생중계 동시진행)

온라인 개척독서실

평일에는 매일저녁 7시부터 유튜브 생방송을 통해
온라인 개척독서실을 진행합니다.
람보쌤이 직접 앉아 함께 공부도 하고,
쉬는시간마다 정신교육/학습법/고민상담 등을 진행합니다

이런 친구들과 함께합니다.

· 혼자서는 도저히 공부가 안되는 친구들
· 왜 공부해야 하는지를 모르는 친구들
· 어려움을 함께 나눌 공동체를 원하는 친구들
· 람보쌤을 실물로 보고싶은 친구들(!)

그리고, 다음세대 개척자로 일어나기를 원하는 친구들을 기다립니다.

개척독서실 참가신청은 '빡공시대 네이버카페' 및 빡공시대 유튜브 채널에서 받습니다.

고등학교 사회/역사/수능 걱정된다면

빡공시대 고등강좌로!

www.ppakong.com

고등 과정도 람보쌤과 함께라면 쉽고 즐거울 예정!

중학교 강의의 재미와 성적상승 '그대로' 고등강좌에 담았어요:)

고등한국사

고등통합사회

수능한국사

-유쾌한 텐션의 람보쌤 고등학교 가서 절대 못잃죠! 성적은 당연히UP!

빡공시대 새 홈페이지에서 언제 어디서나 더욱 쉽게 수강해요!

-강의/교재구매/학습질답/강의 다운로드/배속재생까지 한번에 OK!

람보쌤이 직접 만든 끝내주는 교재도 준비되어 있어요! 올레!

웃어라! 사회가 뻥! 뚫리는 쾌변느낌

안 뚫리는 사회, 이렇게 뚫어드립니다!

공부시간 완전 단축
전설의 유튜브 강좌 '4시간의 기적'과 함께! 공부시간은 절반으로!

특별한 암기 시스템
쉽고 자연스럽게 반복할 수 있게 하여 누구나 쉽게 외운다!

풍부한 기출문제 수록
진짜 시험에 나오는 문제만 모아 시험대비 완벽하게 끝!

중등도 고등도, 사회는 역시 람보쌤! **www.ppakong.com**

도서출판 제이그룹

여러분도
책을 들고 인증샷을
찍어보세요!!!

ISBN 979-11-89512-16-3

정가 : 22,000원

람보 관장님과 함께 운동하자!
쉬는시간 7분만에 사회 근육 완성!

차근차근 헬스장

중3사회2 2학기 훈련용

📺빡공시대

들어올때는 맘대로지만

나갈수는 없는 헬스장

01. 세계 인구 분포의 특징

회색 글씨 따라쓰며 암기하기

(1-1) 세계 인구 분포는 특정 지역에 집중하여 분포한다.

(1-2) 반구별로 보았을 때, 세계 인구의 90%이상이 북반구에 거주한다.

(1-3) 위도별로 보았을 때, 북위 20도 ~40도 지역이 인구 밀도가 높다. 반면, 적도 부근과 극지방은 인구 밀도가 낮다.

(1-4) 지형별로 보았을 때, 평야나 해안지역에 많이 거주한다.

(1-5) 대륙별로 보았을 때, 아시아에 가장 인구 수가 많고, 오세아니아에 인구 수가 가장 적다.

O/X 퀴즈 (づ๑•‿•๑)づ

(2-1) 세계 전체에 인구가 고르게 분포한다.
-------------------- (O/X)

(2-2) 육지가 많은 북반구에 인구가 밀집한다.
-------------------- (O/X)

(2-3) 오세아니아는 인구 밀도가 낮다.
-------------------- (O/X)

피자 조각 나누기 (•ω•)

(3) 피자 한 판을 **대륙별 인구 수**에 따라 나누어 주려고 한다. **인구 수가 가장 많은 대륙**에는 ①을, 가장 적은 대륙에는 ②을 줄 것이다. 다음 **〈보기〉**에서 ①과 ②에 해당하는 대륙을 찾아 쓰시오.

① ②

〈보기〉

• 아시아 • 유럽 • 오세아니아

〈 ① : 〉
〈 ② : 〉

객관식 정복하기 (*˘︶˘*)

(4) 다음 중 **인구 분포**가 **많은** 지형은?

① ②

해안지역 **화산지역**

선생님은 매년 인도네시아에 봉사 활동을 하러 갔었어!!
인도네시아는 열대 기후잖아!! 어느 정도로 덥냐구?? ㅎㅎ
마치 드라이기를 입에 물고 있는 듯한 습기와 더위가 있었지!!
쌤은 그곳에서 원주민들보다 더 원주민 스럽게 춤을 추곤 했단다!! ㅎㅎ 두둠칫!!

·정답: 01.(2) X/O/O (3) ①:아시아/②:오세아니아 (4) ①

매일!! 쉬는시간 7분!! 공부근육 빵빠라빵빵

차근차근헬스장

운동 2일차 **[인구 분포에 영향을 주는 요인]** 레그프레스

01. 자연적 요인 VS 인문·사회적 요인

회색 글씨 따라쓰며 암기하기

(1-1) 자연적 요인은 기후, 지형, 식생, 토양 등을 의미하며 과거에 영향을 많이 끼쳤다.

(1-2) 인문·사회적 요인은 산업, 교통, 정치, 문화 등 산업화 이후에 영향력이 커졌다.

객관식 정복하기 (๑•ㅂ•๑)

(2-1) 다음 중 **인문·사회적 요인**은?

① ②

토양 　 정치

우리 득근하자!

02. 인구 밀집 지역 VS 인구 희박 지역

회색 글씨 따라쓰며 암기하기

(1-1) 인구 밀집 지역의 자연적 요인은, 물이 많고 평야가 발달한 곳으로, 벼농사를 짓는 동남 및 남부아시아가 대표적이다.

(1-2) 인구 희박 지역의 자연적 요인은, 건조한 기후로서 농업이 불리한 곳으로, 사하라 사막이 대표적이다.

객관식 정복하기 (>ㅅ<)

(2-1) 오늘 도라에몽 흥아는 '**인구 희박 지역의 자연환경**'과 관련한 영화를 보려고 한다. 다음 중 **어느 영화 티켓을 예매**해야 하는가?

①

②

(2-2) 다음 중 **인구 밀집 지역**의 **인문·사회적 특징**은?

①
2,3차 산업 발달

②
교통이 불편함

사랑하는 얘들아 오늘 기분은 좀 어때??
네 기분이 좋았으면 좋겠다!! 쌤이 가끔 이렇게 너희들의 기분이 어떤지 물어볼게!
너희들을 지나치지 않을게! 함께 할게!! 그리고 관심 가질게!! 알라븅:)

·정답: 01.(2) ②　02.(2) ②/①

01. 산업화 이전(1960년대 이전)

회색 글씨 따라쓰며 암기하기

(1-1) 산업화 이전 시대는, 벼농사
중심의 농업사회였으므로
자연적 요인의 영향이 크다.

(1-2) 산업화 이전의 인구 밀집 지역은
평야가 많은 남서부 지역
인구 희박 지역은,
산지가 많은 북동부 지역
이었다.

객관식 정복하기 ٩(ˊᗜˋ)و

(2) 다음 중 **산업화 이전 시대**에 **인구
밀집 지역**의 **원인**을 고르시오.

① 산업화의 영향　② 자연적 요인

02. 산업화 이후(1960년대 이후)

회색 글씨 따라쓰며 암기하기

(1-1) 산업화 이후에는, 산업 사회로서
인문 사회적 요인의 영향이 크며,
이촌 향도 현상이 발생하였다.

(1-2) 산업화 이후 인구 밀집 지역은
수도권, 남동 임해 공업단지가
있으며, 인구 희박 지역으로는
농어촌 지역, 산지 지역이
대표적이다.

서술형 정복하기 ᕙ(ò_ó˝)ᕗ

(2) **'산업화 시대 이후 인구 밀집
지역'** 수업 판서 중 일부이다.
다음 질문에 답하시오.

산업화 시대 이후 인구 밀집 지역 ↓ A 지역

(1) **A 지역**은 어디인지 **〈보기〉**에서
골라 쓰시오.

〈보기〉
• 강원도　• 남동 임해 공업 단지

(2) **1960년대 이후 A 지역**이 **인구
밀집 지역**인 **이유**를 서술하시오.

〈　　　　　　　　　　　　〉

공부 명언 : "나는 폭풍이 두렵지 않다. 나의 배로 항해하는 법을 배우고 있으니까!"
-헬렌켈러-

4

초롱이네 놀이방

헬스장의 귀염둥이, 내와 호랑이랑 놀자!

초롱 초롱

수많은 나라 중에서 대한민국에 태어난 건 정말 엄청난 일이지!
말해뭐해, 정말 대단한 위인들께서 우리의 스승이 되시잖아?
안중근, 유관순 열사와 같은 분들의 후손으로서 당연히 바르게 살아야지.
네가 그런 기본 소양을 갖췄는지 오늘 테스트의 시간을 갖겠다.

I. 역시를 잊었다면 팔한짝 앵! 한국사 가로세로 퀴즈

[가로열쇠]

(1) 조선 건국준비위원회에서 활동한 독립운동가. 조선중앙일보 사장 시절에는 올림픽에서 우승한 손기정 선수 사진에서 가슴에 달린 일장기를 지운 뒤 보도하기도 했다.

(2) 일제강점기 때 시집 <님의 침묵>을 출간한 독립운동가 겸 승려

(3) 1908년 일본이 조선의 토지와 자원을 뺏기 위해 만든 기구

(4) 박자를 잘 맞추지 못하는 사람을 이르는 말(비슷한 예>음치)

(5) 소란이나 분란 따위가 그치고 조금 잠잠한 상태(예> 강수량이 0000를 보이고 있다)

(6) 세상을 희망적이고 밝게 보아야 한다는 세계관을 뜻하는 말.한국의 대표적인 동요인 '옹달샘'의 작사자인 윤석중이 가졌던 사상. 낙관주의와 비슷하다.

(7) 1919년에 제1차 세계대전의 종결을 위하여 승전국들이 파리에서 개최한 강화회의. 우리나라에서는 김규식이 파견되었다.

[세로열쇠]

(1) 1923년부터 일어난 백정들의 신분해방 운동으로, 당시 차별받던 백정들이 평등한 대우를 요구하였다.

(2) 일제강점기 <한국통사>,<한국독립운동지혈사>를 저술한 민족운동가이자 사학자.

(3) 자동차 따위에 기름을 넣는 곳

(4) 6.25 전쟁 당시 밀려오는 북한군을 상대로 국군과 유엔군이 힘을 합쳐 방어선을 형성했던 강의 이름

(5) 1919년 3·1운동 당시 민족대표들이 모여 독립선언서를 낭독한 장소로, 인사동에 있던 요릿집인 명월관의 별관.

몰랐으면 반성하자

세계의 인구 분포

유형 1 세계의 인구 분포 지도

1. 지도는 세계의 인구 분포를 나타낸 것이다. 이에 대한 설명으로 적절한 것은?

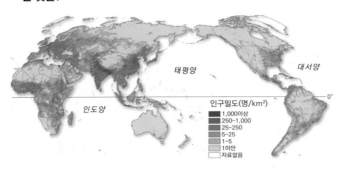

① 세계의 인구는 지구상에 고르게 분포하고 있다.
② 인구 밀도는 어떤 지역이나 나라의 총인구를 의미한다.
③ 위도별로 보면 적도 부근이나 극지방의 인구 밀도가 높다.
④ 대륙별로는 아프리카와 오세아니아에 인구가 많이 분포한다.
⑤ 세계 인구의 대부분이 육지 면적이 넓은 북반구에 살고 있다.

유형 2 세계의 인구 분포 특징

2. 세계의 인구 분포에 대한 설명으로 옳지 않은 것은?

① 세계 인구의 90% 이상이 북반구에 분포한다.
② 적도 부근이나 극지방은 인구가 적게 분포한다.
③ 대륙별로 살펴보면 아프리카에 가장 많은 인구가 분포한다.
④ 지구상에 고르게 분포하지 않고 특정 지역에 집중된 편이다.
⑤ 오세아니아는 다른 대륙에 비해 상대적으로 인구가 적게 분포한다.

유형 3 인구 밀집 지역 VS 인구 희박 지역

3. 세계 각 지역별 인구 분포 특성과 인구 분포 요인을 분석하였다. 가장 적절한 것은?

	지역	인구분포 특징	인구 분포 요인
㉠	서부 유럽	인구 희박	벼농사가 발달해 쌀 생산량이 많다.
㉡	캐나다 북부	인구 밀집	산업이 발달하여 경제성장을 이루었다.
㉢	아마존 분지	인구 밀집	고온 다습하고 밀림이 우거져 있다.
㉣	사하라 사막	인구 희박	연 강수량이 적어 물을 구하기 어렵다.
㉤	중국 동남부	인구 희박	연평균 기온이 낮아 농업 활동이 어렵다.

① ㉠   ② ㉡   ③ ㉢   ④ ㉣   ⑤ ㉤

4. A~E 지역에 대한 설명으로 옳은 것은?

① A지역은 강수량이 매우 적어 농경과 목축에 불리하다.
② B지역은 고온 다습하여 인간 거주에 불리하다.
③ C지역은 산업 혁명 이후 일찍부터 경제가 성장하였다.
④ D지역은 경제 수준이 높고, 교통 및 문화 시설을 잘 갖추고 있다.
⑤ E지역은 평야가 발달해 있으며, 계절풍의 영향으로 강수량이 많다.

유형 4 인구 밀집 지역

5. 교사의 질문에 대해 옳은 내용을 답변한 학생을 고른 것은?

세계 인구가 밀집된 지역들을 말해볼까요?

- 갑 : 고온 다습하고 밀림이 우거진 지역
- 을 : 벼농사가 발달해 쌀 생산량이 많은 지역
- 병 : 연 강수량이 적어 물을 구하기 어려운 지역
- 정 : 일찍부터 산업이 발달하여 경제 성장을 이룬 지역

① 갑, 을   ② 갑, 병
③ 을, 병   ④ 을, 정
⑤ 병, 정

유형 5 인구 밀집-인문적 요인

6. 다음 지역에 인구가 밀집한 인문사회적 요인으로 적절한 것을 〈보기〉에서 고른 것은?

| ·서부 유럽   ·미국 북동부   ·일본의 태평양 연안 |

┌─── 보 기 ───┐
ㄱ. 계절풍 기후   ㄴ. 편리한 교통
ㄷ. 유리한 농경 조건   ㄹ. 2, 3차 산업 발달
└─────────────┘

① ㄱ, ㄴ   ② ㄱ, ㄷ   ③ ㄴ, ㄷ
④ ㄴ, ㄹ   ⑤ ㄷ, ㄹ

유형 6 자연 환경 VS 인문 환경

7. 인구 분포에 영향을 주는 자연적 요인을 〈보기〉에서 고른 것은?

┌─── 보 기 ───┐
ㄱ. 넓은 평야   ㄴ. 풍부한 물
ㄷ. 산업과 교통   ㄹ. 온화한 기후
ㅁ. 풍부한 일자리   ㅂ. 교육·문화·정치
└─────────────┘

① ㄱ, ㄴ, ㄷ   ② ㄱ, ㄴ, ㄹ
③ ㄴ, ㄷ, ㅁ   ④ ㄴ, ㄷ, ㅂ
⑤ ㄷ, ㄹ, ㅁ

우리나라의 인구 분포

유형 1 시기별 인구 분포

8. 우리나라의 인구 분포와 관련한 설명으로 옳은 것은?

① 1960년대 이후 많은 인구가 수도권과 대도시로 모여들었다.
② 산업화 이후 포항과 울산, 광양, 여수 등의 공업 도시인구가 감소하였다.
③ 1940년대에 이촌 향도로 농어촌 지역과 산지 지역의 인구가 크게 감소하였다.
④ 산업화 이전에는 우리나라의 북동부 지역을 중심으로 인구가 많이 분포하였다.
⑤ 산업화 이전의 우리나라 인구 분포는 인문적·사회적 요인의 영향을 많이 받았다.

9. 다음 지도를 보고 우리나라 인구 분포에 대한 설명으로 옳은 것을 〈보기〉에서 고른 것은?

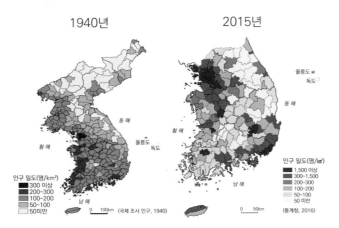

1940년 / 2015년

〈보 기〉

ㄱ. 1940년에는 기후, 지형 등의 자연적 요인이 인구 분포를 주로 결정했다.

ㄴ. 1960년대부터 진행된 산업화와 도시화에 따라 수도권과 남동 해안 지역에 인구가 감소하였다.

ㄷ. 2015년에는 산업, 교통 등 경제와 관련된 인문·사회적 요인이 기존의 인구 분포를 변화시키는 데 큰 영향을 주었다.

ㄹ. 1940년에 개마고원과 태백산맥 등 산지가 발달한 지역은 논농사가 유리하여 일찍부터 인구가 모여 살았다.

① ㄱ, ㄴ   ② ㄱ, ㄷ   ③ ㄴ, ㄷ
④ ㄴ, ㄹ   ⑤ ㄷ, ㄹ

유형 2 산업화 이후 세분화

10. 지도는 2015년의 인구 분포를 나타낸 것이다. A~D에 대한 설명으로 옳은 것만을 〈보기〉에서 있는 대로 고른 것은?

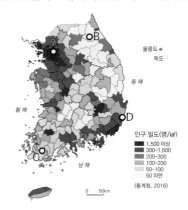

〈보 기〉

ㄱ. A지역은 B지역에 비해 취업 기회가 풍부한 곳이다.

ㄴ. B지역은 인구 유입지역으로 좋은 교육과 문화 시설이 있다.

ㄷ. C지역은 D지역에 비해 2·3차 산업이 발달한 곳이다.

ㄹ. D지역은 1970년대 조선업과 자동차 산업의 발달로 성장하였다.

① ㄱ   ② ㄱ, ㄴ   ③ ㄱ, ㄹ
④ ㄴ, ㄷ   ⑤ ㄷ, ㄹ

11. 지도는 우리나라의 인구 분포 변화를 나타낸 것이다. 이에 대한 설명으로 옳지 않은 것은?

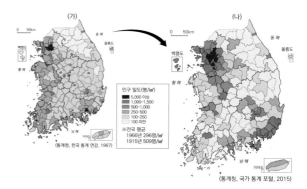

(가) / (나)

① (가)시기에 강원도 지역은 인구 밀도가 낮게 나타난다.

② (가)에서 (나)시기로의 변화에 가장 큰 영향을 준 요인은 산업의 발달이다.

③ (나)시기는 (가)시기보다 인구가 전국적으로 고르게 분포한다.

④ (나)시기에 전라남도 지역은 대도시를 제외하고 인구가 희박하다.

⑤ (나)시기에는 공업이 발달한 남동 해안 지역에 인구가 집중되어 있다.

01. 인구이동의 원인과 유형

회색 글씨 따라쓰며 암기하기

(1-1) 인구의 흡인 요인으로는,

첫째, 높은 임금

둘째, 풍부한 일자리

셋째, 쾌적한 환경

넷째, 다양한 교육·문화·의료 시설

다섯째, 종교의 자유 등이 있다.

(1-2) 인구의 배출 요인으로는,

첫째, 낮은 임금

둘째, 전쟁과 분쟁

셋째, 열악한 환경

넷째, 교육·문화 시설의 부족

다섯째, 빈곤·자연 재해·종교 박해

등이 있다.

(1-3) 인구 이동의 유형은,

① 이동 범위에 따라

(국제 이동과 국내 이동)

② 이동 의지에 따라

(자발적 이동과 강제적 이동)

③ 이동 기간에 따라

(일시적 이동과 영구적 이동)

④ 이동 목적에 따라

(정치적 이동, 경제적 이동,

종교적 이동)

분류할 수 있다.

시험 문제 정복하기

(2) **인구 흡인 요인**과 **배출 요인**을 〈보기〉에서 골라 바르게 표에 **분류**해서 쓰시오.

〈보기〉

ㄱ. 낮은 임금　　ㄴ. 전쟁과 분쟁

ㄷ. 풍부한 일자리　ㄹ. 쾌적한 환경

객관식 정복하기 ٩(๑•ᴗ•๑)۶

(3) 인구 이동 사례를 이동 원인에 따라 분류 시, **'경제적 이동'**에 해당하는 상황을 고르시오.

①	②
원래 필리핀에서 태어났지만, 일자리를 구하기 위해 한국으로 왔어!	나는 영어 공부를 하기 위해 영국으로 1년 동안 유학을 왔어!

안녕! 얘들아!! 람하!! ㅎㅎㅎ 잘지냈어! 오늘은 기분이 좀 어떻니??
오늘은 감정 조절에 대한 약간의 꿀팁을 너희들에게 선물할까해!! ㅎㅎ
쌤이 감정 조절이 안돼서 기분이 엄청 나락으로 가는 때가 있는데, 그걸 가만히 생각해보니,
내가 누군가에게 무시 당한다는 마음이 들 때 그런거 같아!
그러니깐 남에게 인정 받지 못한다는 마음이 들 때 가장 기분이 나쁜거 같더라고 →

정답: 01.(2) 인구 흡인 요인 : ㄷ,ㄹ / 인구 배출 요인 : ㄱ,ㄴ　(3) ①

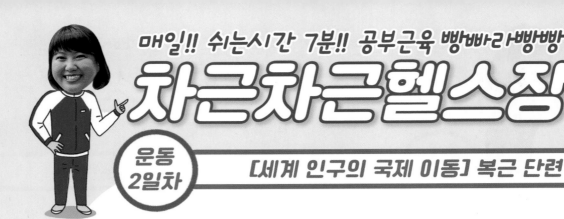
01. 세계 인구의 국제 이동

회색 글씨 따라쓰며 암기하기

(1-1) 다음은 **과거 인구**의 국제적 이동을 표로 정리한 것이다. 다음 **회색 글씨**를 따라 써보자.

경제적 이동

유럽인이 신항로 개척을 위해 아메리카로 이동

강제적 이동

노예 무역을 통해 아프리카인이 아메리카로 강제 이주

종교적 이동

영국 청교도들이 아메리카로 이동

경제적 이동

개발도상국에서 일자리를 찾아 선진국으로 이동

정치적 이동

내전과 분쟁을 피한 난민의 이동

서술형 정복하기 (ง •̀_•́)ง

(2) 다음은 오늘날 **경제적 이동**의 지도를 나타낸 것이다. 다음 물음에 답하시오.

고도 숙련 근로자의 이주(유출) 비율(%, 2010년 11월 기준)
20 이상 / 10~20 / 5~10 / 5 미만 / 자료 없음
노동력 이동(만 명, 2001~2006년)
3~5 / 5~10 / 10~20 / 20 이상

(경제 협력 개발 기구, 2013/국제 서원 지리 자료집)

〈오늘날 세계 인구의 국제 이동〉

(2-1) **개발도상국에서 선진국으로** 이동하는 **원인**을 **한 가지**만 쓰시오.

(1-2) 다음은 **오늘날 인구**의 국제적 이동을 표로 정리한 것이다. 다음 **회색글씨**를 따라 써보자.

그래서 그런 상황이 올때마다 화가 나거나 기분이 나쁘거나, 괜히 상대방이 싫어지거나 그랬던거 같아! 그런데 지금은 이런 상황이 많이 줄었어! 어떻게 줄어들게 되었을까??^^ 그건 사실 상대방이 날 무시한게 아니라 내가 잘못된거더라구! →

우리 득근하자!

·정답: 01.(2) 일자리를 얻기 위해서이다. 혹은 높은 임금 때문이다.

매일!! 쉬는시간 7분!! 공부근육 빵빠라빵빵

차근차근헬스장

운동 3일차 [세계 인구의 국내 이동과 인구 이동의 영향]

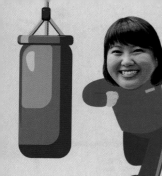

01. 세계 인구의 국내 이동

빈칸 MASTER s(￣▽￣)v

(1) 다음 **빈칸**을 **〈보기〉**에서 알맞은 단어를 골라 채워 넣어보자.

〈보기〉
• 선진국 • 선지국 • 개발 도상국
• 역도시화 • 이촌향도

(1-1) [①]은 일자리를 찾아 도시로 이동하는 [②] **현상**이 발생한다.

(1-2) [③]은 쾌적한 환경을 찾아 도시 인구가 도시 주변 촌락으로 이동하는 [④] **현상**이 발생한다.

02. 인구 이동이 지역에 미치는 영향

회색 글씨 따라쓰며 암기하기

(1-1) 인구 유입 지역은 산업이 발달하고 일자리가 풍부한 주로 '선진국'이다.

↳ **[파생 문제1]** 인구 유입지역의 **부정적인 영향**은?
① 다양한 문화가 교류될 수 있다.
② 문화적 차이로 갈등이 발생할 수 있다.

(1-2) 인구 유출 지역은 임금이 낮고, 일자리가 부족한 주로 '개발 도상국'이다.

↳ **[파생 문제2]** 인구 유출지역의 **긍정적인 영향**은?
① 외화가 증가하여 경제가 활성화된다.
② 성비 불균형이 발생한다.

객관식 정복하기 s(￣へ￣)z

(2) 지도는 **모로코 출신 이주자**의 도착 국가를 나타낸 것이다. 다음 질문에 답하시오.

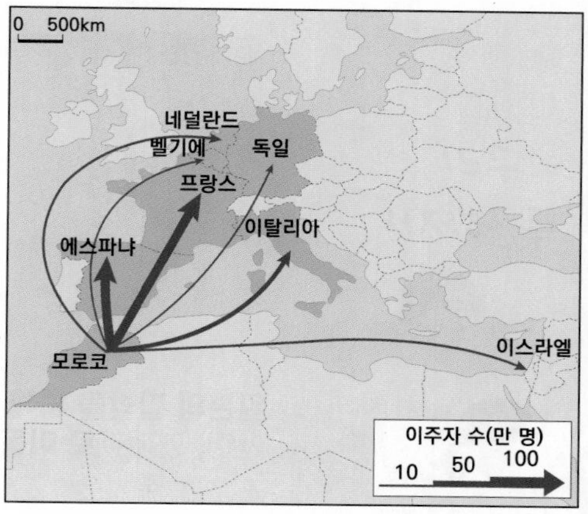

(2-1) 이들이 **도착한 국가**에서 **나타나는 현상**을 **모두** 고르시오.
① 외화 증가로 인한 경제가 활성화된다.
② 종교 및 인종 갈등이 심화된다.
③ 문화의 다양성이 증가된다.

(2-2) 이주 이후 **모로코에서 나타날 변화**로 적절한 것은?
① 모로코의 국내 산업이 발달한다.
② 모로코의 일자리가 풍부해진다.
③ 노동력 부족 문제가 발생한다.

선생님이 쉽게 얘기해서 답정너인거야!! 즉, 내안에 내가 원하는 답이나 반응을 상대방이 안하면 '저 사람이 날 무시하는거 같아!'이런식으로 생각한거지!! 그래서 내린 결론은 사람마다 표현법이나 반응 정도가 다른건데, 꼭 내가 원하는 형태의 반응이 아니라고 해서 '저 사람은 나를 무시하는군!'하고 생각할 수는 없는거야!!^^ 그냥 그모습 그대로 서로를 인정해야 하는 것이지!! →

정답: 01.(1) ① 개발도상국 ② 이촌향도 ③ 선진국 ④ 역도시화
02.(1) [파생 문제1]-②, [파생 문제 2]-① (2) (2-1) ②,③ (2-2) ③

01. 우리나라의 인구이동

회색 글씨 따라쓰며 암기하기

(1) 다음은 우리나라의 **시기별 인구 이동**을 표로 정리하여 나타낸 것이다. 다음 **회색 글씨**를 **따라쓰며** 외워보자.

우리 득근하자!

① 일제 강점기
일본의 핍박을 피해 만주, 연해주로 이동

② 광복 후
광복 후 해외에 나갔던 동포들이 다시 국내로 돌아옴

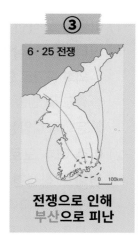

③ 6·25 전쟁
전쟁으로 인해 부산으로 피난

④ 1960년대~80년대
산업화와 이촌향도 현상으로 수도권과 대도시로 몰림

⑤ 1990년대 이후
역도시화 현상 발생

보너스
시기별 특징을 꼭 기억해둬!

객관식 정복하기 (★○★)

(2) 다음은 우리나라의 **시기별 인구 이동**을 나타낸 것이다. **(가), (나)의 인구 이동**에 대한 설명으로 **옳지 않은** 것은?

(가)

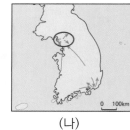

(나)

① **(가)시기**에는 산업화에 따른 이촌향도 현상이 집중적으로 나타났다.
② **(나)시기**에는 수도권과 신흥 공업 도시로의 인구 유입이 많았다.

즉, '아! 저건 나를 무시하는 행위가 아니라 반응하는 모습이 서로 다른거구나!'를 깨닫는 순간 사람 사이에 기분 나쁜것들이 많이 사라졌어! 그래서 조금은 더 인간 관계가 쉬워진거 같아!! 너희들에게 조금 꿀팁이 되었으면 좋겠다!
그러니깐 절대 다른 사람 눈치 보지 말고 당당하게! 기쁘게 학교 생활하자!!알겠지!! ?^^
너희들은 정말 정말 소중해!! 알라븅^^

·정답: 01.(2) ②

초롱이네 놀이방

헬스장의 귀염둥이, 애완호랑이랑 놀자!

초롱 초롱

난 사람많은 도시보다는 산이나 들판같은 자연이 좋아.
왜냐면 거기엔 맛있는 사슴이나...아니 이럴 때가 아니지.
여튼 다들 열심히 공부해서 지금 살고 있는 지역을 잘 발전시켜 보라구.
나도 얼른 돈벌어서 태어난 산에 내 이름으로 펜션 지어야지. 호호~

I. 어려워 보이지만 은근 쉬운 숫자추리퀴즈

Q1. 마지막 벽돌의 숫자는 뭘까?

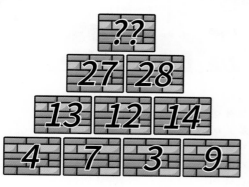

A. 72   B. 37   C. 57   D. 49

Q2. 별 안에 들어갈 숫자는 뭘까?

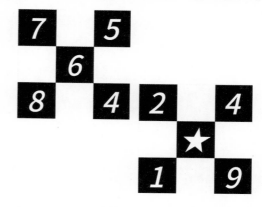

A. 9   B. 4   C. 5   D. 6

2. 친구와 대결! 한 판이면 아쉬우니까 오목 두판 승부!

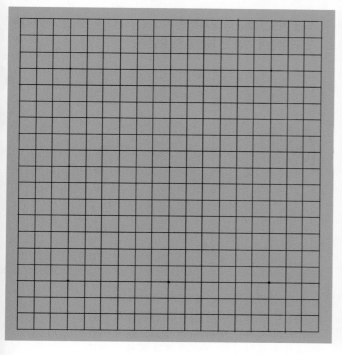

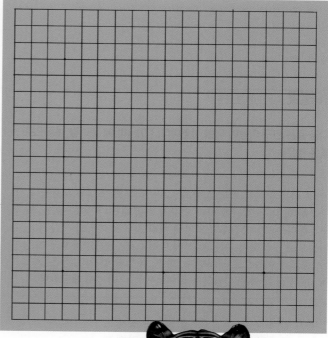

이긴사람 나랑붙어

. 아래 숫자 2개를 더한 뒤 +2를 하면 위의 숫자가 됨! 그래서 정답은 C.57
 가운데를 제외한 나머지 숫자를 모두 더한 뒤 4로 나눠봐! 정답은 B.4
목 잘 두는 법 - 4.3을 만들어면 거의 다 이김!, 그리고 남을 따라가기 보다는 나의 길을 많이 열어두도록 해봐!

인구 이동의 요인과 유형

유형 1 인구 이동의 요인

1. 인구 이동의 흡인 요인을 〈보기〉에서 고른 것은?

┌─── 보 기 ───┐

ㄱ. 낮은 임금　　　　ㄴ. 쾌적한 환경
ㄷ. 전쟁과 분쟁　　　ㄹ. 풍부한 일자리
ㅁ. 열악한 주거환경　ㅂ. 좋은 교육·문화 시설

① ㄱ, ㄴ, ㄷ　　　　② ㄱ, ㄹ, ㅁ
③ ㄴ, ㄷ, ㅂ　　　　④ ㄴ, ㄹ, ㅂ
⑤ ㄷ, ㄹ, ㅁ

유형 2 인구 이동의 유형

2. 다음 글은 인구 이동에 대한 설명이다. (가)~(마)에 들어갈 내용으로 옳은 것은?

인구 이동은 이동 범위에 따라 (가)이동과 국내 이동으로 구분하며, 이동 기간에 따라 영구적 이동과 (나)이동으로 구분한다. 또한 이주자의 의지에 따라 자발적 이동과 (다) 이동으로 구분하며, 이동 목적에 따라 (라)이동, 정치적 이동, 종교적 이동으로 구분한다. 한편, 풍부한 일자리, 좋은 교육, 문화 시설 등은 사람들을 끌어들이는 (마)에 해당한다.

① (가) - 일시적　　　② (나) - 강제적
③ (다) - 국제적　　　④ (라) - 경제적
⑤ (마) - 배출 요인

세계의 인구 이동

유형 1 경제적 이동

3. (가)와 (나)는 세계의 인구 이동 사례이다. 인구 이동의 유형을 바르게 연결한 것은?

(가) 우리 아버지는 중국에서 태어나셨지만, 일자리를 구하기 위해 미국으로 오셨어요.

(나) 우리 조상은 18세기에 아프리카에서 미국으로 끌려와 노예 생활을 하였어요.

	(가)	(나)
①	강제적 이동	자발적 이동
②	경제적 이동	강제적 이동
③	경제적 이동	종교적 이동
④	정치적 이동	강제적 이동
⑤	종교적 이동	자발적 이동

유형 2 인구의 국제적 이동 지도 문제

4. 다음 지도는 최근의 국제적 인구 이동을 나타낸 것이다. 이와 같은 인구 이동에 가장 큰 영향을 준 요인은?

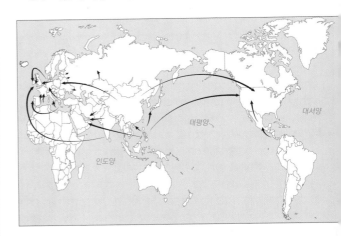

① 높은 임금의 일자리를 찾기 위한 이동
② 내전과 분쟁에 따른 정치적 난민들의 이동
③ 종교의 자유를 찾기 위한 청교도들의 이동
④ 여가를 즐기기 위한 관광객의 일시적 이동
⑤ 기후 변화와 자연 재해로 인한 환경 난민의 이동

유형 3 정치적 이동

. 뉴스를 보고 아프가니스탄인들의 이동에 대한 설명으로 옳은 것은? (2개)

> 작전명 "미라클"
> 우리 정부에 협력하던 아프가니스탄인들과 그 가족들이 26일 입국합니다. 아프간 조력자 철수는 당초 수도 카불 함락 당시부터 고려됐는데 현지 사정 악화로 숨 가쁘게 이뤄졌습니다.
> 외교부 당국자에 따르면 한국의 아프가니스탄 재건 사업에 협력했다는 이유로 이슬람 무장 조직 탈레반으로부터 신변의 위협을 받아온 현지인 76가구 391명이 인천국제공항을 통해 26일 입국합니다.

① 아프간인들은 자발적으로 이동한 것이다.
② 이동 기간에 따르면 일시적 이동일 것이다.
③ 우리나라의 흡인요인은 정치적 안정일 것이다.
④ 이동 목적은 한국에서 일하기 위한 경제적 이동이다.
⑤ 아프간인 이주로 문화적 충돌을 우려하는 시선도 있다.

유형 4 인구 이동 복합

. 세계 인구 이동에 관한 설명으로 옳지 <u>않은</u> 것은?

① 신항로 개척 이후 많은 유럽인이 아메리카 대륙으로 이주하였다.
② 영국의 청교도들은 종교의 자유를 찾아 아메리카 대륙으로 이주하였다.
③ 최근 아프리카와 아시아의 일부 개발도상국은 인구 유출보다 유입이 많다.
④ 지구 온난화와 자연재해의 증가로 어쩔 수 없이 거주지를 떠나는 환경 난민도 있다.
⑤ 노예무역으로 아프리카의 흑인들이 아메리카 대륙으로 이주한 것은 강제적 이동의 사례이다.

유형 5 미국의 국내 이동

7. 미국 내 인구 이동을 나타낸 지도이다. 이에 대한 옳은 설명을 〈보기〉에서 고른 것은?

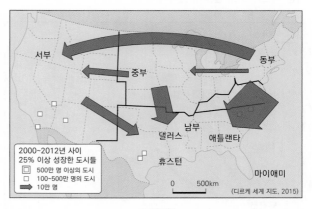

(디르케 세계 지도, 2015)

> 보 기
>
> ㄱ. 이촌 향도 현상이 활발하다.
> ㄴ. 쾌적한 환경을 찾아 이동한다.
> ㄷ. 온화한 기후 지역으로 이동한다.
> ㄹ. 개발도상국에서 주로 나타난다.
> ㅁ. 대도시의 열악한 주거 환경이 배출 요인이다.

① ㄱ, ㄴ, ㄷ   ② ㄱ, ㄴ, ㅁ
③ ㄴ, ㄷ, ㄹ   ④ ㄴ, ㄷ, ㅁ
⑤ ㄷ, ㄹ, ㅁ

유형 6 자발적 이동

8. 다음 사례를 인구 이동의 유형에 따라 바르게 짝지은 것은?

> 우리 가족은 겨울 방학이면 제주도로 여행을 떠나요.
> 우리가 지내는 서울보다 따뜻하고 아름다운 자연 경관이 많거든요.

	이동 범위	이동 동기	이동 기간
①	국제	자발적	일시적
②	국제	강제적	일시적
③	국내	자발적	영구적
④	국내	강제적	영구적
⑤	국내	자발적	일시적

인구 이동에 따른 지역 변화

유형 1 모로코-프랑스

※ 다음 지도를 보고 물음에 답하시오.

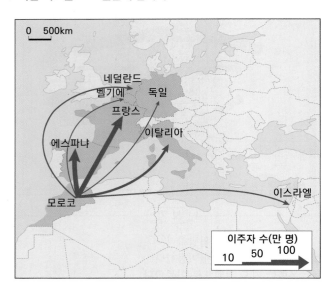

9. 위와 같은 인구 이동으로 인해 유럽에서 나타난 문제점으로 가장 적절한 것은?

① 모로코와 이스라엘 사이에 영토 분쟁이 일어났다.
② 해킹을 통한 사이버 공간에서의 분쟁이 발생하였다.
③ 무역과 특허 기술을 둘러싼 경제적 갈등이 일어났다.
④ 크리스트교도와 이슬람교도 사이의 갈등이 나타났다.
⑤ 과도한 인구 증가로 인해 기아와 빈곤 문제가 나타났다.

유형 2 인구 이동에 의한 지역 변화-복합

10. 다음 편지를 읽고 인구의 국제 이동과 관련한 설명 중 옳은 것만을 〈보기〉에서 있는 대로 고른 것은?

> 얘들아 안녕?
>
> 나는 알제리에 사는 ○○야. 우리 가족은 할아버지, 할머니 때부터 친척들과 이곳에서 오랫동안 사셨다고 해. 그런데 언젠가부터 친척들이 하나둘 프랑스로 떠나갔어. 두 달 전에는 우리 아버지도 작은 아버지가 계시는 프랑스로 가셨어. 친구들의 상황도 우리와 비슷해. 동네에는 대부분 여자만 남아 있어. 알제리는 석유가 생산되지만 일자리가 많지 않고, 임금도 높지 않거든. 아버지께서 생활비를 보내 주시면 우리 가족이 좀 더 편하게 지낼 수 있기는 해. 어머니는 아버지가 프랑스에서 자리를 잡으면 나도 데리고 곧 떠날거라고 하셔.

〈 보 기 〉

ㄱ. 프랑스는 인구 유입 지역이다.
ㄴ. 알제리는 인구 유출 지역이다.
ㄷ. 프랑스의 배출 요인은 낮은 임금과 적은 일자리이다.
ㄹ. 인구 유출 지역에서는 일자리 경쟁이 치열해질 수 있다.
ㅁ. 알제리에서는 남성 노동력의 인구 유출이 많아 성비 불균형이 발생할 수 있다.

① ㄱ, ㄴ ② ㄷ, ㄹ
③ ㄱ, ㄴ, ㅁ ④ ㄷ, ㄹ, ㅁ
⑤ ㄴ, ㄷ, ㄹ, ㅁ

유형 3 인구 유입 지역

11. 다음 사례와 같은 갈등이 프랑스에서 발생하게 된 원인으로 옳은 것은?

> 프랑스 정부는 부르카와 니캅 착용이 여성의 인권을 침해한다며 부르카 착용 금지법을 시행한다고 밝혔다. 이 법은 관청, 우체국, 법원, 병원, 학교 등에서 부르카나 니캅 등 얼굴을 가리는 옷을 입은 사람을 단속한다는 내용이다. 이에 대해 이슬람 여성들은 종교의 자유를 침해한다며 반발하고 있다.

① 관광 목적 등의 일시적 인구 유입이 증가하였다.
② 산업의 쇠퇴로 인해 청장년층의 유출 현상이 나타났다.
③ 이주민의 유입으로 인한 문화적, 종교적 충돌이 발생하였다.
④ 유입된 인구의 집단 거주 지역 형성으로 인한 갈등이 발생하였다.
⑤ 서남아시아와 아프리카 지역으로부터 인구가 유입되어 노동력 부족 현상이 발생하였다.

---------- 우리 나라의 인구 이동 ----------

유형 1 우리나라 시기별 인구 이동 지도

※ 우리나라 인구의 국내 이동을 나타낸 지도이다. 이를 보고 물음에 답하시오.

(가)

(나)

(다)

(라)

2. 시대 순으로 바르게 나열한 것은?

① (가) - (나) - (다) - (라)
② (가) - (라) - (다) - (나)
③ (나) - (가) - (다) - (라)
④ (다) - (가) - (나) - (라)
⑤ (라) - (다) - (가) - (나)

3. (가)~(라) 시기의 인구 이동에 대한 설명으로 옳지 않은 것은?

① (가)시기는 광공업이 발달한 북부 지방으로 인구가 이동하였다.
② (나)시기의 인구 이동은 이촌 향도 현상이 가장 뚜렷하게 나타난다.
③ (다)시기의 인구 이동은 산업화로 경제가 빠르게 성장하면서 나타났다.
④ (다)시기의 인구가 일자리를 찾아 수도권과 울산, 포항 등 신흥 공업 도시로 이동하였다.
⑤ (라)시기에는 북한에서 월남한 동포들이 남부 지방으로 대규모로 이동하였다.

유형 2 우리나라 인구의 국제 이동

14. 우리나라 국제 인구이동에 대한 설명으로 가장 적절한 것은?

┌─── 보 기 ───┐

ㄱ. 건설 기술자들의 이동
ㄴ. 만주 지역과 연해주 지역으로 이동
ㄷ. 외국 유학이나 고급 인력들의 해외 취업 또는 생활 환경이 더 좋은 곳으로 이민
ㄹ. 외국에서 우리나라로 유입하는 인구가 많아져 다문화 가정 증가

① 이동 시기가 빠른 순서대로 나열하면 ㄱ-ㄴ-ㄷ-ㄹ이다.
② ㄱ은 주로 서남아시아와 북부아프리카 지역으로 이동하였다.
③ ㄴ은 1980년대 경제수준이 높아지면서 활발해졌다.
④ ㄷ, ㄹ의 이동은 대부분 정치적인 목적이 가장 많다.
⑤ ㄹ이동은 미국, 유럽 등 선진국에서 유입하는 경우가 가장 많다.

유형 3 복합

15. (가), (나)에 대한 설명으로 옳지 않은 것은?

(가) 영화 「국제 시장」의 주인공인 덕수는 가족의 생계를 책임지기 위해 독일의 광부 인력 모집 공고에 지원하여 독일로 떠난다. 그곳에서 파독 간호사로 일하는 영자를 만나 결혼하게 된다. 1963년 독일의 광부 인력 모집 공고가 난 뒤 광부 8천여 명과 간호사 1만여명이 독일로 이주하였다.
(나) 영화 「방가? 방가!」는 주인공인 방태식이 부탄인으로 위장하여 안산의 의자 공장에 취업한 후 외국인 근로자들과 함께 생활하면서 벌이는 이야기를 다룬 영화이다. 영화의 배경인 경기도 안산시 원곡동은 반월 산업 단지, 시화 산업 단지 등 대규모 산업 단지가 조성되어 1990년대 초 많은 외국인 근로자가 유입된 곳이다.

① (가)는 경제적 목적의 인구 이동이다.
② (가)의 경우 국내 외화 유입으로 경제 발전에 기여하였다.
③ (가), (나)는 국제적 인구 이동이다.
④ (나)는 난민들의 강제적 이동 사례이다.
⑤ (나)의 영향으로 국제결혼이 증가하여 우리 나라에 다문화 가정이 늘어나고 있다.

01. 세계 인구의 성장

키워드 덧셈 (~˘ ▾˘)~

(1) 다음 **〈보기〉**에서 **알맞은 단어**를 골라 **빈칸**에 적어보자.

〈보기〉
- 의학 기술
- 평균 수명
- 영아 사망률
- 평균 몸무게

(1-1) **산업혁명** 이후 [   ]의 발달 + [생활 수준 향상]

= [   ] 연장

= [   ] 감소

⇒ 세계 인구의 폭발적 증가

02. 세계의 지역별 인구 변화

키워드 빈칸 ㄴ(˘▽˘∞)ㄱ

(1) 다음 **〈보기〉**에서 **알맞은 단어**를 골라 **빈칸**에 적어보자.

〈보기〉
- 산업혁명
- 제 2차 세계대전
- 완만
- 증가
- 감소

(1-1) **선진국의 인구 급증 계기**

= [   ]

⇒ **출생률**과 **사망률** 모두 **낮**다.

⇒ **인구 증가 속도**가 [   ] 하다.

(1-2) **개발도상국의 인구 급증 계기**

= [   ]

⇒ 출생률이 높고, 사망률이 낮다.

⇒ 인구가 급격히 [   ] 했다.

밑줄 친 단어 바르게 고치기

(2) 다음은 **세계 인구 성장 그래프**를 시간의 흐름에 따라 나타낸 것이다. 아래 그래프를 참고하여, **밑줄 친** 단어를 **바르게 고치시오.**

세계 인구 성장 그래프

산업혁명 / 제 2차 세계대전 / 세계전체 / 개발도상국 / 선진국

1750 1800 1850 1900 1950 2000 2015 2050(년)
*2015년 이후는 예상치임
(국제 연합, 2016)
(억 명) 100 90 80 70 60 50 40 30 20 10 0

(2-1) **선진국**은 **제 2차 세계대전** 이후 완만하게 **인구가 성장**하고 있다.

☞ **수정 후** : _____

(2-2) **개발도상국**은 제 2차 세계대전 이후 급격히 인구가 **하락**하고 있다.

☞ **수정 후** : _____

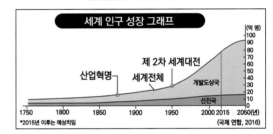

람보쌤 / 저세대

🐰 저녁 메뉴 추천해줄게!
① 감자탕 ② 삼계탕

인간 관계를 할 때 정말 중요한게 바로 무엇이냐면!! '눈치 보지 말고 눈치껏 행동하는거야!!'
사실 많은 친구들이 다른 사람의 눈치를 보는 경우가 많아!
그런데 우리는 눈치를 봐야하는 것이 아니라 눈치껏 행동해야돼!^^
이게 무슨말이냐고?? →

·정답: 01.(1) 의학 기술/평균 수명/영아 사망률
02.(1) (1-1) 산업혁명/완만, (1-2) 제 2차 세계대전/증가 (2) (2-1) 산업혁명, (2-2) 상승(증가)

운동 2일차

[세계의 인구 문제(2)] 유산소 운동

01. 개발 도상국의 인구 문제

키워드 빈칸 (๑•̀ㅂ•́)

(1) 다음 **〈보기〉**에서 **알맞은 단어**를 골라 **빈칸**에 적어보자.

〈보기〉
- 인구 급증
- 출생성비 불균형
- 도시 과밀화
- 남아선호사상

(1-1) **개발도상국**은 [   ]으로 식량 부족, 기아, 빈곤과 같은 문제가 발생한다.

(1-2) **개발도상국**은 [   ]으로 결혼 적령기의 여성이 부족하며, 이 **원인**은 **일부 아시아 국가**의 [   ] 때문이다.

밑줄 친 단어 바르게 고치기

(2) 다음은 **개발도상국의 인구 피라미드**를 나타낸 것이다. 다음 설명 중 **밑줄 친 부분**을 바르게 **고치시오**.

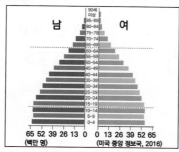

▲개발도상국 인구 피라미드

개발도상국은 유소년층의 인구가 폭발적으로 감소하여 인구 급증 문제가 발생하고 있다.

☞ **수정 후** : _____

02. 선진국의 인구 문제

키워드 덧셈&빈칸 (✿o✿)

(1) 다음 **〈보기〉**에서 **알맞은 단어**를 골라 **빈칸**에 적어보자.

〈보기〉
- 저출산
- 과잉 출산
- 저령화
- 고령화
- 고령(사회)
- 초고령(사회)
- 고령화(사회)

(1-1) 선진국 : [   ] + [   ] 로 인해 ⇒ 문제 발생

(1-2) [   ] **사회** = **[65세]** 이상 **인구 비율**이 전체 인구의 **[7%]** 이상인 사회

(1-3) [   ] **사회** = **[65세]** 이상 **인구 비율**이 전체 인구의 **[14%]** 이상인 사회

(1-4) [   ] **사회** = **[65세]** 이상 **인구 비율**이 전체 인구의 **[20%]** 이상인 사회

우리 득근하자!

눈치 보는 것은 그야말로 남의 눈치를 살피며 자신의 의견도 못내고 끙끙 앓는것이고, 눈치껏은 주변을 잘 지켜보다가 누군가에게 뭔가 필요한 것 같으면 그것을 슬쩍 가져다 주는 것이란다!!
이렇게 눈치껏 하는 사람은 항상 누군가를 잘 배려하기 때문에 그 사람 곁에는 늘 사람들이 모이게 되는 것이지!!^^ 인간 관계 잘하고 싶으면 눈치껏 하는 사람이 되자!! 알라뷰:)

·정답: 01.(1) (1-1) 인구 급증 (1-2) 출생 성비 불균형/남아선호사상 (2) 증가
02.(1) (1-1) 저출산,고령화(순서 상관X) (1-2) 고령화 사회 (1-3) 고령 사회 (1-4) 초고령 사회

01. 시기별 인구 문제와 인구 정책

키워드 빈칸 (*˙‿˙*)

(1) 다음 **〈보기〉**에서 **알맞은 단어**를 골라 **빈칸**에 적어보자.

> **〈보기〉**
> • 출산 억제 • 출산 장려
> • 저출산·고령화 • 과잉출산·저령화
> • 고령화 • 고령 • 초고령

(1-1) 우리나라 **1960~1980년대** :

[   ] **정책** 실시

➜ **가족 계획**을 실시하였다.

(1-2) 우리나라 **1990년대 이후**

➜ [   ]·[   ] **문제** 발생

(1-3) **오늘날** 우리나라

➜ [   ] **사회** 진입

02. 우리 나라의 인구 문제

객관식 정복하기 ↘(^▽^)↗

(1-1) 다음 중 **저출산 문제**의 **원인**으로 적절하지 **않은** 것을 고르시오.

(1-2) 다음 중 **저출산 문제**의 **대책**으로 **옳은 것**을 고르시오.

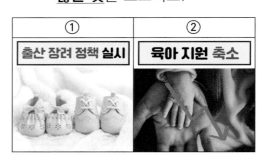

서술형 정복하기 s(−▽−)v

(2) 다음 **〈그래프〉**는 **우리나라의 합계 출산율**을 나타낸 것이다.

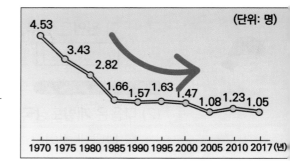

〈우리나라의 합계 출산율〉

다음 **〈그래프〉**와 같은 **문제**를 해결하기 **위한 대책**을 한 가지만 서술하시오.

☞ _____

_____

_____

자신감 명언 : "모든 것들에는 나름의 경이로움과 심지어 어둠과 침묵이 있고, 내가 어떤 상태에 있더라도 나는 그 속에서 만족하는 법을 배운다."
−헬렌켈러−

·정답: 01.(1) (1-1) 출산 억제, (1-2) 저출산·고령화 (1-3) 고령
02.(1) (1-1) ②, (1-2) ① (2) 출산 장려 정책을 실시한다. 남성의 육아 참여를 확대한다.
청장년층의 일자리 창출 및 고용을 확대한다. 육아 지원을 강화 한다. 등

초롱이네 놀이방

인구가 많아도 적어도 둘 다 문제이지만, 그것보다 더 큰 문제는
몸과 정신이 건강한 인구가 줄어든다는 것이지.
건강한 신체에 건강한 정신이 깃든다! 이 정신으로 지금부터 뛰어!!!!

1. 이번엔 글씨 아니고 그림! 매직아이 마지막 시간!

Q1. 힌트 : 너 닮음

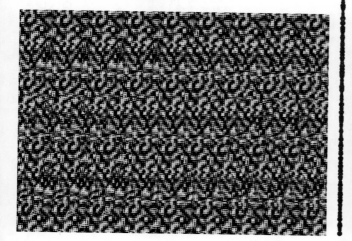

Q2. 힌트 : 이거 있으면 찐부자

2. 생일로 알아보는 – 내가 넷플 드라마 출연자라면?

1월	소심한
2월	바보같은
3월	사랑스러운
4월	멋있는
5월	어디서본듯한
6월	천진난만한
7월	근육질의
8월	순진한
9월	애처로운
10월	멍청한
11월	청순한
12월	어색한

1일	강아지	13일	길고양이	25일	이빨요정
2일	돌멩이	14일	먼지	26일	레슬링선수
3일	할머니	15일	주인공 엄마	27일	지하철
4일	외국인	16일	시어머니	28일	전봇대
5일	CEO	17일	노숙인	29일	틱톡댄서
6일	취객1	18일	신생아	30일	고라니
7일	비둘기	19일	일타강사	31일	걸그룹 보컬
8일	마법사	20일	유튜버		
9일	아이돌	21일	교주		
10일	화분	22일	나뭇잎		
11일	사기꾼	23일	행인1		
12일	알바생	24일	억만장자		

ㅋㅋㅋㅋㅋ
시청률이
나오겠냐?

Q1. 널 닮은 별이 보이고요★ Q2. 비행기
장보쌤은 어색한 일타강사 ㅋㅋㅋㅋㅋㅋㅋㅋ

세계의 인구 문제

유형 1 선진국과 개발도상국의 인구 피라미드

1. 그래프는 한 나라의 시기별 인구 피라미드를 나타낸 것이다. (가), (나) 시기에 대한 설명으로 옳은 것은?

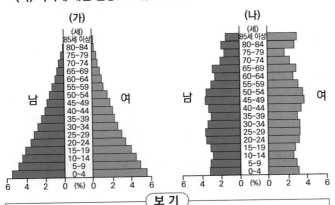

보 기

ㄱ. (가)시기는 (나)시기보다 유소년층의 비율이 높고 노년층의 비율이 낮다.
ㄴ. (가)시기는 (나)시기보다 노동력 부족과 노인 소외의 문제가 심각하게 발생한다.
ㄷ. (나)시기는 (가)시기보다 여성의 사회 활동이 증가하면서 저출산 문제가 발생한다.
ㄹ. (나)시기는 (가)시기보다 급격한 인구 증가 현상이 발생하여 일자리 부족 문제가 나타난다.

① ㄱ, ㄴ   ② ㄱ, ㄷ   ③ ㄴ, ㄷ
④ ㄴ, ㄹ   ⑤ ㄷ, ㄹ

유형 2 세계 인구 성장 그래프

2. 그래프는 세계의 인구 증가를 나타낸 것이다. 이에 대한 설명으로 옳은 것만을 〈보기〉에서 고른 것은?

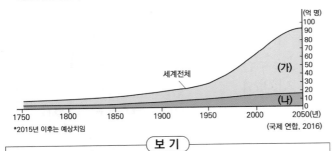

*2015년 이후는 예상치임
(국제 연합, 2016)

보 기

ㄱ. (가)는 선진국, (나)는 개발도상국이다.
ㄴ. (가)는 (나)에 비해 합계 출산률이 낮게 나타난다.
ㄷ. (가)는 제2차 세계대전 이후에 인구가 급증하였다.
ㄹ. (나)는 현재 증가 속도가 완만하거나 정체되고 있다.

① ㄱ, ㄴ   ② ㄱ, ㄷ   ③ ㄴ, ㄷ
④ ㄴ, ㄹ   ⑤ ㄷ, ㄹ

유형 3 선진국의 인구 피라미드

3. 다음과 같은 인구 피라미드가 나타나는 국가들의 인구 문제에 대한 설명으로 옳은 것은?

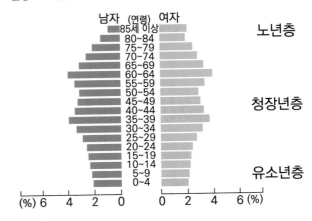

① 평균 수명연장과 사망률 감소로 인구가 증가하고 있다.
② 외국인 근로자 유입 확대 정책을 추진하고 있는 경우가 많다.
③ 청장년층의 인구가 많기 때문에 생산 가능 인구는 증가하고 있다.
④ 영아 사망률의 감소로 합계 출산율이 지속적으로 상승하고 있다.
⑤ 가족계획(산아제한)을 통해 유소년층의 인구 비중을 조절하려고 한다.

유형 4 세계 인구 성장의 특징

4. 세계의 인구 문제에 대한 설명으로 옳지 <u>않은</u> 것은?

① 개발도상국에서는 빠른 인구 증가로 실업자 증가 등의 문제가 발생한다.
② 고령화를 해결하기 위해 정년 연장, 연금 제도 개선, 일자리 개발 등이 필요하다.
③ 선진국은 늘어나는 인구만큼 식량 공급이 원활하지 못하여 식량 부족 문제가 발생하고 있다.
④ 중국, 인도 등에서는 여자아이보다 남자아이의 출생률이 높게 나타나는 성비 불균형문제가 나타난다.
⑤ 선진국에서는 생활 수준 향상과 의학 기술 발달로 평균 수명이 늘어나면서 고령화 현상이 나타나고 있다.

유형 5 합계 출산율 그래프

5. 자료를 보고 주요 선진국의 인구 문제에 대한 대책으로 옳은 것을 〈보기〉에서 고른 것은?

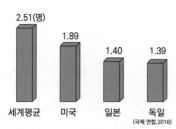

주요 선진국의 합계 출산율

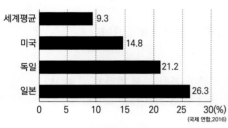

주요 선진국의 65세 이상 인구 비율

보 기

ㄱ. 가족 계획 실시로 인구 증가를 억제한다.
ㄴ. 경제 발전 정책으로 인구 부양력을 높인다.
ㄷ. 외국인 근로자 유입 확대 정책을 추진한다.
ㄹ. 임신, 출산, 육아, 교육까지 정부의 지원을 확대하고 있다.
---

① ㄱ, ㄴ   ② ㄱ, ㄷ
③ ㄴ, ㄷ   ④ ㄴ, ㄹ
⑤ ㄷ, ㄹ

유형 6 고령화

서술형

※ 다음 그래프와 자료를 보고 물음에 답하시오.

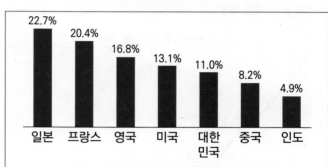

〈주요 국가의 노년층 비율(2010년)〉

의학 기술의 발달과 생활 수준의 향상으로 사망률이 낮아지고 평균 수명이 늘어남에 따라 주로 선진국에서 노인 인구의 비중이 크게 증가하고 있다. 한 국가에서 ( )세 이상의 인구가 전체 인구의 ( )% 이상을 차지하는 사회를 고령화 사회라고 한다. 우리나라는 2018년에 고령사회가 되었고, 2026년에 초고령 사회가 될 것으로 예상된다.

6. 빈칸에 알맞은 숫자를 넣어 고령화 사회의 개념을 서술하시오.

7. 고령화 사회가 되면 나타나는 1)문제점과 2)해결 방안을 각각 두 가지 서술하시오.

1) 문제점 :

2) 해결 방안 :

유형 7 서술형

서술형

8. 개발도상국에서 주로 나타나는 인구 문제 2가지를 서술하시오.

우리나라의 인구 문제

유형 1 저출산 고령화 복합

9. 그래프 (가)와 (나)는 우리나라의 인구 특성을 나타낸 것이다. 이를 통해 알 수 있는 내용으로 옳지 <u>않은</u> 것은?

(가) 합계 출산율 변화

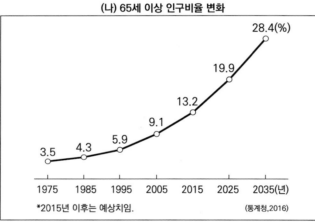

(나) 65세 이상 인구비율 변화

① 출산율의 상승과 노인 복지를 위한 국가의 많은 지원을 필요로 한다.
② 출산율은 낮아졌지만 노인 인구 비율의 증가로 인구의 증가가 예상된다.
③ 전체 인구에서 노년층 인구의 비중이 높아 청장년층의 부담이 증가할 것이다.
④ (가)는 자녀 양육비 부담, 결혼 연령 상승, 가치관의 변화 등의 결과이다.
⑤ (나)로 인한 문제를 해결하기 위해서는 정년 연장, 연금 확대 등의 정책이 필요하다.

유형 2 저출산 대책

10. 그래프는 우리나라의 합계 출산율을 나타낸다. 다음과 같은 상황에서 필요한 직접적인 대책으로 옳지 <u>않은</u> 것은?

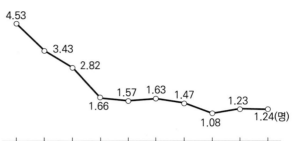

① 청장년층의 고용 확대가 필요하다.
② 남성의 육아 참여 확대가 필요하다.
③ 노인의 직업훈련 기회 확대가 필요하다.
④ 결혼 및 가족에 관한 인식 변화가 필요하다.
⑤ 임신 및 출산 관련 의료비와 양육비 및 보육료 지원이 필요하다.

유형 3 고령화

11. 그래프는 우리나라의 65세 이상 인구 비율의 변화이다. 이와 같은 변화를 해결하는 방안으로 옳지 <u>않은</u> 것은?

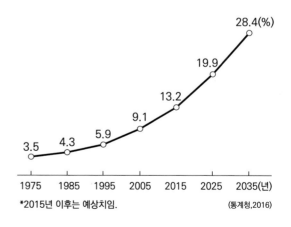

① 정년 연장
② 주택 연금의 축소
③ 노인 복지 시설의 확충
④ 포괄적 간호 서비스 제공
⑤ 직업 훈련 기회 및 일자리 제공

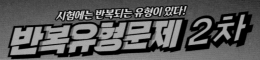

유형 4 시기별 인구 문제

2. 다음 인구 정책 표어로 통해 인구 문제를 바르게 해석한 것은?

연대	표어
1960년대	덮어놓고 낳아보면 거지꼴을 못 벗는다.
1970년대	딸·아들 구별 말고 둘만 낳아 잘 기르자
1980년대	한 가정 사랑가득 한 아이 건강가득
1990년대	아들바람 부모세대 짝꿍 없는 우리세대
2000년대	가가호호 아이둘셋 하하호호 희망한국

① 1960년대에는 출산 장려 정책을 적극 추진하였다.
② 1970년대에는 여아선호 문제가 심각하였다.
③ 1980년대에는 고령화 대책을 강화하였다.
④ 1990년대에는 성비불균형의 문제가 있었다.
⑤ 2000년대에는 출산을 억제하는 분위기를 조성하였다.

유형 5 서술형

|| 서술형

13. 우리나라의 합계 출산율을 나타낸 그래프이다. 다음 물음에 답하시오.

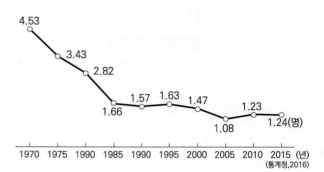
(통계청,2016)

1) 위 자료를 통해 파악할 수 있는 우리나라의 인구 문제를 쓰시오.

2) 위와 같은 인구 문제를 해결하는 방안을 두 가지로 서술하시오.

01. 도시

키워드 빈칸 (๑•̀ᴗ•́๑)

(1) 다음 **〈보기〉**에서 **알맞은 단어**를 골라 **빈칸**에 적어보자.

〈보기〉
• 높은   • 낮은
• 1차(산업)   • 2·3차(산업)
• 인문(경관)   • 자연(경관)

(1-1) **도시** = [   ] 인구 밀도!

➡ [   ] 산업 중심!

➡ [   ] 경관 발달!

(1-2) **촌락** = [   ] 인구 밀도!

➡ [   ] 산업 중심!

➡ [   ] 경관 발달!

O/X 퀴즈 (๑o๑)

(2-1) 도시는 매우 단순한 직업구성을 특징으로 한다.

----------------(O/X)

(2-2) 도시는 주로 재화와 서비스를 주변지역에 공급하는 역할을 한다.

----------------(O/X)

(2-3) 촌락은 토지를 조방적으로 이용한다는 특징이 있다.

----------------(O/X)

순서나열 MASTER (๑•ω•๑)۶

(3) 다음은 **시기에 따른 도시 형성 과정**을 순서 없이 나타낸 것이다. 다음 그림을 **순서대로 나열**하시오.

〈보기〉

문명도시 발달 (가)

복합도시 발달 (나)

산업도시 발달 (다)

상업도시 발달 (라)

(   ) → (   ) → (   ) → (   )

출구

〈미로찾기〉

출구를 찾은 당신은 천재!

혹시 지금 어떤 어려움을 겪고 있다면... 한번만 눈을 들어 잘 생각해볼래?? 대부분 어떤 어려움 안에는 '기회'가 숨어져 있는 경우가 많아!^^ 잠깐만 한번 생각해봐! 그 안에 분명 기회가 숨어져 있을 것이란다!! 많이 많이 응원해!! 알라뷰 :)

26

·정답: 01.(1) (1-1) 높은, 2·3차(산업), 인문(경관) (1-2) 낮은,1차(산업),자연(경관) / (2) (2-1)X, (2-2)O, (2-3)O
(3) (가)→(라)→(다)→(나)

01. 세계의 주요 도시

우리
득근하자!

키워드 빈칸 ('ᴗ')

(1) 다음 **〈보기〉**에서 **알맞은 단어**를 골라 **빈칸**에 적어보자.

〈보기〉
- 세계도시 • 역사·문화 도시
- 환경·생태 도시
- 국제 연합(UN) 본부
- 프라이부르크

(1-1) ⬜ 란?

➡ **경제·문화·정치의 중심지**로!

➡ 전세계에 영향력을 끼침!

➡ **뉴욕**의 ⬜ 가 대표적이다.

(1-2) ⬜ 란?

➡ **자연**과 **인간**의 **공존**이 잘 어우러진 도시로서!

➡ 대표적인 **생태 도시**는 ⬜ 이다.

밑줄친 단어 고치기

(2) **생태도시**란, **다국적 기업의 본사**가 많고 **자본과 정보가 집중**되어 주변 국가들에게 미치는 영향이 매우 큰 도시를 의미한다.

➡ **수정 후** : _____

단답형 MASTR (J'_')J

(3) 다음 **지도**에 표시된 **도시**를 참고 하여, **설명하고 있는 도시**가 어디인지 적으시오.

▲ 세계 주요 도시

(3-1)

국제연합(UN) 본부가 있어 국제 정치의 (중요!) 각축장이기도 하다.

정답 :

(3-2)

저위도의 산지 지역에 위치 하여 연중 봄과 같은 기후가 나타나는 고산 도시가 위치한다.

정답 :

열심히 하는 모습이 보기 좋구나! 늘~ 응원할게!! 사랑훼♥

공부 의욕 명언: "우리가 할 수 있는 최선을 다할 때, 우리 혹은 타인의 삶에 어떤 기적이 나타나는지 아무도 모른다."

-헬렌켈러-

·정답: 01.(1) (1-1) 세계도시, 국제연합(UN) 본부 (1-2) 환경·생태 도시, 프라이부르크
(2) 세계도시
(3) (3-1) 뉴욕 (3-2) 키토

01. 도시경관

키워드 덧셈 6(ㅇ ㅅ ㅇ)7

(1) 다음 **〈보기〉**에서 **알맞은 단어**를 골라 **빈칸**에 적어보자.

〈보기〉

- 눈　• 코　• 높아　• 낮아
- 개미집　• 아파트

(1-1) **도시경관**

＝ ☐ **으로 파악할 수 있는 도시의 겉모습**

(1-2) 도시 **주변 지역**으로 갈수록!

: 건물의 높이 ＝ ☐ 지고

＋ ☐ 가 **많아짐.**

02. 도시 내부의 지역 분화

맞는 단어에 ○표시 하기

(2-1) 도시 내부의 **지역 분화가 발생** 하는 **원인**은 접근성과 **(지가/ 주식)**의 차이 때문에 발생한다.

(2-2) **(집심 현상/이심 현상)**은 중심 업무 및 상업기능이 **도시 중심부**로 **집중**되는 현상을 의미한다.

(2-3) **(지가/지대)**란 땅을 빌려 쓰는 대가로 지불하는 대금을 말한다.

그래프 분석&서술형 정복하기

(3) 다음은 **도심 거리에 따른 지가 그래프**를 나타낸 것이다. 다음 조건에 맞추어 지가 그래프의 **결론**을 **완성된 문장**으로 **서술하시오.**

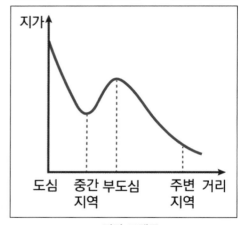

▲ 지가 그래프

〈보기〉

- 도시 중심으로 갈수록 나타나는 현상을 서술할 것.
- 접근성, 지가, 대가의 변화에 대한 내용을 포함하여 서술할 것.

➜ _____

_____

_____

너무~너무~~잘하고 있어!! 끝까지 Fighting!!

람보쌤과 밸런스 게임 시작!!
Q. 짬뽕과 짜장 중에 어떤게 더 좋아?? 나는 짬뽕!! 너는? ㅎㅎ
Q. 치즈 김밥과 참치 김밥 중에 어떤게 더 좋아?? 나는 치즈 김밥!! 너는??ㅎㅎ
Q. 마지막!! 삼겹살과 돼지 갈비 중에 어떤게 더 좋아?? ㅎㅎ 나는 삼겹살!! 너는??

·정답: 01.(1) (1-1) 눈 (1-2) 낮아, 아파트
　　(2) (2-1) 지가 (2-2) 집심 현상 (2-3) 지대
　　(3) 도시 중심으로 갈수록 접근성, 지가, 지대가 높아진다.

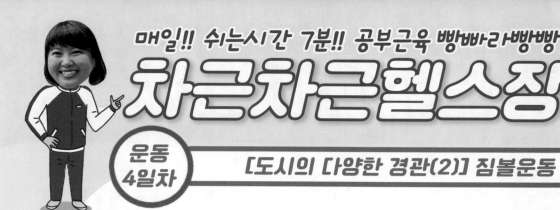
01. 도시 내부 구조

키워드 빈칸&덧셈

(1) 다음 **〈보기〉**에서 **알맞은 단어**를 골라 **빈칸**에 적어보자.

> **〈보기〉**
> • 접근성 • 도심 • 대도시
> • 중심 업무 지구 • 지가

(1-1) **도심** = [＿＿＿] + [지가] 높음

→ **집약적 토지** 이용

→ [＿＿＿＿＿＿＿] **형성**

: 대기업 본사 + 백화점 밀집!

(1-2) **부도심** = [＿＿＿] ↔ 주변지역 연결

→ [도심]의 기능 분담

(1-3) **주변지역** = [＿＿＿] 가 상대적으로 저렴 → **대규모 아파트 단지, 학교** 등이 입지

(1-4) **위성도시** = [＿＿＿] 의 기능 분담

밑줄친 단어 고치기

(2-1) **위성도시**는(은) 도심의 기능을 분담한다.

→ **수정 후** : ＿＿＿＿＿＿＿＿

(2-2) **주변 지역**은(는) 행정기관, 금융기관, 기업의 본사, 백화점 등이 모여 있는 곳이다.

→ **수정 후** : ＿＿＿＿＿＿＿＿

(2-3) **부도심**은(는) 대도시의 주거, 공업, 행정 등과 같은 기능을 분담한다.

→ **수정 후** : ＿＿＿＿＿＿＿＿

서술형 정복하기 ٩(๑˙∙๑)۶

(3) 다음은 **도시 내부 구조**를 도식화하여 나타낸 것이다. **[A]가 가지고 있는 특징**을 **한가지만** 서술하시오.

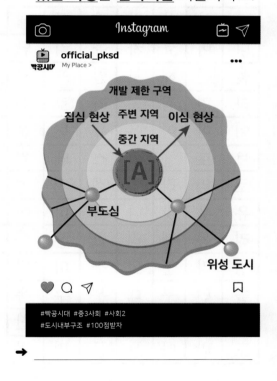

→ ＿＿＿＿＿＿＿＿＿＿＿＿＿

＿＿＿＿＿＿＿＿＿＿＿＿＿

TMI... 빡공시대 INS ID는
'official_pksd'란다!

사람을 영어로 무엇이라고 하는지 아니? '마스터피스' 라고 해!
마스터피스란? 걸작품이라는 뜻이야! 즉, 지금 이 글을 보고 있는 너는 걸작품이란다!
그러니 자신을 못났다고 탓하지도 부족하다고 탓하지도 말고!
자신을 꼭 소중히 여겨야 해. 알겠지!! 람보쌤이 우리 빡친이를 너무 너무 사랑해!! :)

우리
득근하자!

·정답: 01.(1) (1-1) 접근성, 중심 업무 지구 (1-2) 도심 (1-3) 지가 (1-4) 대도시
(2) (2-1) 부도심 (2-2) 도심 (2-3) 위성도시
(3) 도심은 중심 업무 지구로서 상업, 금융, 서비스 기능이 집중되어 있다.
　야간에는 인구 공동화 현상이 발생한다. 등

초롱이네 놀이방

다들 좋아하는 경관이 있을 것이다. 바다가 좋은 사람도 있고,
푸릇한 산 경관을 좋아하는 사람도 있지. 나는 뭘 좋아하냐고?
너네들이 헬스장에서 미친듯이 땀흘리는 경관! ㅎㅎ 오늘도 뛰어!!!!

1. 네모판 게임 – 음료수, 우유 이름 찾기! 눈 크게 떠!

-가로, 세로, 대각선으로 있고 역방향으로도 있습니다. 음료수, 우유 아닌 건 피해야 해요!-

펩	시	코	초	나	이	키	성	장	엔	아	메	리	카	농
과	탄	산	소	코	개	위	장	병	엔	포	카	리	스	펙
르	암	바	쏴	카	꿀	돼	지	바	개	카	드	키	스	틱
디	비	코	카	콜	리	단	칸	쵸	비	칩	밀	리	의	서
올	손	해	보	랄	프	로	지	코	스	피	드	래	곤	재
라	면	김	치	라	로	렌	킷	켓	콘	칩	포	테	토	스
이	아	이	우	듀	틴	운	마	빼	빼	로	꼬	북	칩	틱
브	로	콜	맛	스	돼	썬	키	스	투	토	레	타	이	거
코	리	라	있	겜	지	선	우	조	지	아	크	래	프	투
유	우	맛	나	나	바	이	아	스	트	림	림	미	안	녕
리	동	젤	리	스	본	아	이	아	이	꽃	소	이	다	와
병	라	군	고	구	마	맛	유	유	라	게	당	하	리	보
쫄	면	구	대	운	수	동	산	욱	프	랑	스	마	이	쮸
포	초	코	에	몽	유	산	슬	대	스	진	짬	뽕	나	무
도	밥	마	는	문	명	발	달	고	나	커	파	인	애	플

어우 조ㅌ
ㅋㅋㅋㅋㅋ

2. 맛있는 초성퀴즈 – 어떤 음식일까? (브랜드 있음)

Q1. ㅂㄷㅂㅇㅁ ▶

Q2. ㅇㄸㅁㄹㄸㅂㅇ ▶

Q3. ㅌㅎㄹㄸㄱㅁ ▶

Q4. ㅁㅌㅊㅋㅍㅈ ▶

1. 찾는대로 답입니다. 몇개까지 발견하는지 친구랑 내기해 보세요!
2. 불닭볶음면 / 엽떡마라떡볶이 / 탕후루딸기맛 / 민트초코피자

도시의 의미와 형성

유형 1 도시 VS 촌락

. 도시와 촌락에 대한 설명으로 옳은 것은?

	도시	촌락
① 인구 밀도 :	낮음	높음
② 주요 산업 :	1차 산업	2·3차 산업
③ 직업 구성 :	다양함	단순함
④ 토지 이용 :	조방적	집약적
⑤ 주된 경관 :	자연 경관	인문 경관

유형 2 도시의 특징

. 다음 중 도시의 특징으로 옳은 것은?

① 촌락에 비해 인구 밀도가 낮다.
② 사람들이 주로 1차 산업에 종사한다.
③ 인문 경관에 비해 자연 경관이 발달하였다.
④ 주변 지역에 재화와 서비스를 제공하는 일을 한다.
⑤ 각 나라의 도시는 모두 동일한 모습으로 나타난다.

유형 3 도시 형성의 역사

. 도시의 발달 과정을 시기순으로 나열한 것은?

보 기

ㄱ. 석탄 산지를 중심으로 한 공업 도시
ㄴ. 농업에 유리한 조건을 갖춘 문명의 발상지
ㄷ. 공업 기능과 함께 다양한 기능을 수행하는 도시
ㄹ. 교역과 교환이 활발한 시장을 중심으로 한 상업 도시

① ㄱ - ㄴ - ㄷ - ㄹ
② ㄴ - ㄱ - ㄹ - ㄷ
③ ㄴ - ㄹ - ㄱ - ㄷ
④ ㄷ - ㄱ - ㄹ - ㄴ
⑤ ㄹ - ㄱ - ㄷ - ㄴ

세계의 주요 도시

유형 1 세계 주요 도시의 기능적 구분

4. 세계의 주요 도시를 기능별로 분류하였다. 바르지 못한 것은?

① 국제 금융, 업무 도시 - 미국 뉴욕
② 산업, 물류 도시 - 중국 상하이
③ 환경 생태 도시 - 중국 베이징
④ 역사, 문화 도시 - 이탈리아 로마
⑤ 환경 생태 도시 - 독일 프라이부르크

5. (A)에 해당하는 도시는?

> 독일의 프라이부르크와 브라질의 (A) 등은 생태 환경을 잘 가꾸고 있는 도시로 유명하다. 이들 도시는 자연과 인간이 공존하는 방법을 찾기 위해 다양한 노력을 하고 있다.

① 로마
② 시안
③ 아테네
④ 쿠리치바
⑤ 바르셀로나

유형 2 도시 비교

※지도를 보고 물음에 답하시오.

6. ⓔ도시에 대한 설명으로 옳은 것은?

① 커피 재배 및 거래로 성장한 남아메리카의 경제 중심지이다.
② 테이블처럼 편평한 산과 그 아래 푸른 바다가 아름다운 풍경을 이루고 있다.
③ '세계의 배꼽' 이라는 뜻을 가진 잉카 문명의 중심지로, 세계 유산에 등재되어 있다.
④ 유럽과 아시아에 걸쳐 있어 동서양의 역사, 문화 등이 자연스럽게 어우러져 있다.
⑤ 국제 연합(UN)의 본부가 있으며 정치, 경제, 문화 등 여러 분야에서 큰 영향력을 미치고 있다.

유형 3 세계 도시

7. 지도에 나타난 도시들의 공통점을 〈보기〉에서 고른 것은?

보 기

ㄱ. 모두 휴양도시이다.
ㄴ. 북반구보다 남반구에 많이 분포한다.
ㄷ. 세계의 경제, 문화, 정치 중심지이다.
ㄹ. 세 도시들은 서울보다 세계에 미치는 영향력이 크다.

---

① ㄱ, ㄴ   ② ㄱ, ㄷ   ③ ㄴ, ㄷ
④ ㄴ, ㄹ   ⑤ ㄷ, ㄹ

유형 4 개별 도시

8. 다음 이메일을 보낸 친구가 여행한 도시를 지도에서 고르면?

○○에게
잘 지내고 있니?
나는 이번 방학에 가족들과 함께 여행을 왔어.
이 도시의 브로드웨이는 '라이언 킹', '오페라의 유령', '맘마미아' 등의 유명 뮤지컬로 하루에 2만명이 넘는 관객이 모여든다고 해.
이 도시는 상업·금융·무역의 중심지로 경제적 수도라고 불리기도 하며, 금융 중심지인 월가(Wall Street)가 있어.
오늘은 배를 타고 자유의 여신상을 보고 왔어. 1866년에 세워졌고 높이가 46미터이며 그 밑의 기단까지 포함하면 키가 93미터 라고 하니 그 규모가 정말 대단하더라.
건강하게 잘 지내고, 개학 날 보자.

□□보냄

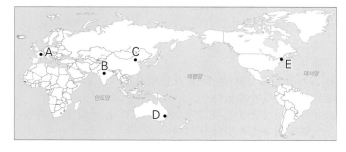

① A   ② B   ③ C   ④ D   ⑤ E

※지도를 보고 물음에 답하시오.

9. 아래 사진과 같은 건축물을 볼 수 있는 도시의 명칭과 위치를 바르게 짝지은 것은?

명칭   도시 위치
① 상파울루   ⓐ
② 브뤼셀   ⓑ
③ 카이로   ⓒ
④ 뉴욕   ⓓ
⑤ 싱가포르   ⓔ

10. 갑과 을의 대화에서 알 수 있는 갑의 여행지로 적절한 것은?

갑 : 코로나19 상황이 나아지면 내년에 여행을 가기 위해 비행기 티켓을 미리 구매했어.
　　그곳에 가서 항구 도시의 아름다운 경치는 물론, 가우디가 설계한 사그라다 파밀리아 성당과 구엘 공원을 꼭 보고 올 거야.
을 : 와! 생각만 해도 너무 좋은걸!

---

① 에콰도르의 키토
② 이탈리아의 나폴리
③ 에스파냐의 바르셀로나
④ 브라질의 리우데자네이루
⑤ 오스트레일리아의 시드니

도시 내부의 다양한 경관

유형 1 도시 내부 구조 모식도

❋ 그림을 보고, 물음에 답하시오.

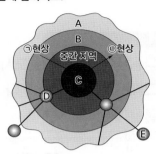

1. A~E에 대한 설명으로 적절한 것은?

① A는 개발 제한 구역으로 주택과 학교, 공장 등이 섞여 나타난다.

② B는 주변 지역으로 야간에 유동 인구가 다른 곳으로 빠져나가는 인구 공동화 현상이 발생한다.

③ C는 도심으로 중추 관리 기능을 비롯한 상업 기능 및 고급 서비스 기능이 나타난다.

④ D는 위성 도시로 도심의 기능을 분담하며 상업 및 업무 기능과 주거 기능이 함께 나타난다.

⑤ E는 부도심으로 도시의 무질서한 팽창을 막기 위해 지정된다.

2. ㉠, ㉡에 대한 설명으로 적절한 것만을 〈보기〉에서 있는 대로 고른 것은?

보 기

ㄱ. ㉠에 들어갈 용어는 집심, ㉡에 들어갈 용어는 이심이다.

ㄴ. ㉠에 의해 업무와 상업 기능이 주변 지역으로 벗어난다.

ㄷ. ㉡에 의해 주택, 학교, 공장 등이 접근성이 높은 도심으로 모인다.

① ㄱ   ② ㄷ   ③ ㄱ, ㄴ

④ ㄴ, ㄷ   ⑤ ㄱ, ㄴ, ㄷ

유형 2 지역 분화

3. ㉠~㉤에 대한 설명으로 옳지 않은 것은?

도시의 규모가 커지면 같은 종류의 기능은 모이고 다른 종류의 기능은 분리되면서 상업 시설, 주택, 공장 등 비슷한 기능끼리 모이는 현상이 나타난다. 이에 따라 도시 내부는 ㉠도심에서 외곽으로 갈수록 ㉡중심 업무 지역, 상업 지역, 공업 지역, ㉢주거 지역과 ㉣도심의 기능 중 일부를 분담하는 지역으로 나뉘는데, 이를 ㉤도시 내부의 지역 분화라고 한다.

① ㉠은 주간과 야간의 인구 밀도 차이가 크다.

② ㉡에는 주로 대기업 본사나 금융 기관 본점이 있다.

③ ㉢은 지대 지불 능력이 높아 집심 현상이 나타난다.

④ ㉣은 도심과의 교통이 편리한 곳에 발달한다.

⑤ ㉤은 접근성과 지대의 차이에 따라 발생한다.

14. 빈칸에 들어갈 말이 가장 알맞게 짝지어진 것은?

종로 3가에 귀금속 상점이 밀집한 이유는...
1호선, 3호선, 5호선의 환승역으로 (㉠)이/가 좋고 유동 인구가 많아 장사가 잘 되는 지역이다. 따라서 상점의 임대료 등 (㉡)이/가 높아 이를 지불할 수 있는 능력이 있는 상업이 들어올 수 있는 것이다. 귀금속은 개당 판매 단가가 높아 충분히 가능하다.

	㉠	㉡
①	접근성	땅값
②	간선도로	세금
③	지하도	건물의 높이
④	출퇴근	텃세
⑤	비옥도	토지 매매가

유형 3 서술형

❙❙ 서술형

15. 다음은 도시 내 두 지역의 지대와 접근성을 나타낸 그래프이다. (가), (나) 중 도시 내부구조에서 도심에 해당하는 곳을 고른 후 이 지역의 특징을 한 가지만 서술하시오.

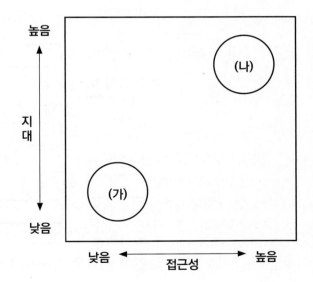

01. 도시화

맞는 단어에 O표시 하기

(1) **도시화**란?

❶ 도시의 수가 (**증가/감소**)하거나,

❷ 도시에 거주하는 인구 비율이
(**높아/낮아**)지고,

❸ 도시적 생활 양식이 (**확산/수렴**)
하는 과정이다.

키워드 빈칸&덧셈 ٩(•ᴗ•)

(2) 다음 **〈보기〉**에서 **알맞은 단어**를
골라 **빈칸**에 적어보자.

〈보기〉
• 초기 • 종착 • 가속화
• 1차(산업) • 2·3차(산업)
• 이촌향도 • 이도향촌

(2-1) 도시화 과정 中 ☐ 단계
= **산업화 이전 농업사회**
+ ☐ **산업** 중심

(2-2) 도시화 과정 中 ☐ 단계
= 산업화 → ☐ **산업 발달**
= ☐ **현상** 발생

(2-3) 도시화 과정 中 ☐ 단계
= 도시화율이 80% 이상
= 일부 지역은 **역도시화** 발생!

그래프 분석&서술형 정복하기

(3) 다음은 **시간에 따른 도시화율**을
그래프로 나타낸 것이다. 다음
물음에 답하시오.

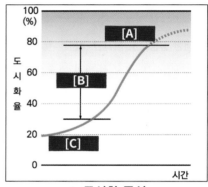

▲ 도시화 곡선

(3-1) [A], [B], [C]에 들어갈 단어를
〈보기〉에서 찾아 쓰시오.

〈보기〉
• 종착단계 • 초기단계 • 가속화단계

[A]_____ [B]_____ [C]_____

(3-2) 그래프의 **기울기가 의미**하는 바를
〈조건〉에 맞추어 서술하시오.

〈보기〉
• '기울기가 급할' 경우에 따른 '**도시화의**
속도'에 따라 서술할 것

➡ _____
_____

자신감 명언: "눈이 먼 것보다 더 안 좋은 게 있을까?
있다! 볼 수는 있지만 비전이 없는 사람."
-헬렌켈러-

·정답: 01.(1) 증가,높아,확산   (2) (2-1) 초기,1차(산업) / (2-2) 가속화,2·3차(산업),이촌향도 / (2-3) 종착
(3) (3-1) A:종착 단계,B:가속화 단계,C:초기 단계 / (3-2) 기울기가 급할수록 도시화가 빠르게 진행된다.

우리 득근하자!

01. 선진국과 개발도상국 도시화

키워드 빈칸 <(˙∀˙")>

(1) 다음 **〈보기〉**에서 **알맞은 단어**를 골라 **빈칸**에 적어보자.

〈보기〉
- 산업 혁명
- 제 2차 세계대전
- 도시
- 촌락

(1-1) **선진국의 도시화**는 [　　　] **이후**에 진행되었다.

(1-2) **선진국의 도시화**는 주로 [　　　] 에서 [　　　]로 인구가 이동하면서 도시화율도 높아졌다.

(1-3) **개발도상국의 도시화**는 [　　　] **이후** 급격한 **산업화**로 빠르게 진행되었다.

객관식 MASTER ℂ(ò_ó˙)Ɔ

(2-1) 다음 중 **선진국의 도시문제**는?

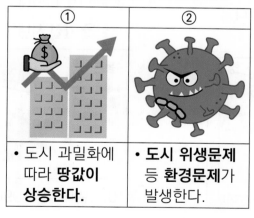

①	②
• 도시 과밀화에 따라 **땅값이 상승한다.**	• **도시 위생문제** 등 **환경문제**가 발생한다.

(2-2) 다음 중 **개발도상국의 도시문제**는?

①	②
• **주거 비용 상승**으로 인해 **인구가 감소**한다.	• **인구 급증**에 따라 **일자리 부족 문제**가 발생한다.

그래프 MASTER (ơ˙ꈊ˙ơ)

(3) 다음은 **시기에 따른 도시화율**을 그래프로 나타낸 것이다. **[A]**와 **[B]**는 '**선진국**'과 '**개발도상국**' 중 **하나**이다. [A]와 [B]는 **각각 어떤 도시화율**을 나타낸 것인가?

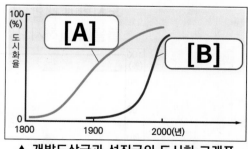

▲ 개발도상국과 선진국의 도시화 그래프

[A]_____   [B]_____

얘들아 많이 졸리지?? 얼마나 졸리니?ㅠㅠ 진짜 너무 너무 수고가 많다!!
그럼 혹시 청소년이 하루에 얼마나 자야 하는지 아니??
그건!! 7시간~8시간이야!!^^
그러니깐 얘들아 최소 7시간은 꼭 자도록해!! 알았지??^^ 사랑해!!

·정답: 01.(1) (1-1) 산업혁명 / (1-2) 촌락,도시 / (1-3) 제2차 세계대전　　(2) (2-1) ① / (2-2) ②
　　　(3) [A] : 선진국, [B] : 개발도상국

01. 우리나라의 도시화

키워드 빈칸 (*^-^)

(1) 다음 **〈보기〉**에서 **알맞은 단어**를 골라 **빈칸**에 적어보자.

〈보기〉
- 초기
- 종착
- 가속화
- 실업화
- 산업화

(1-1) **우리나라의 도시화**는,

① 1960년대 이전을 [ ] 단계

② 1960-70년대를 [ ] 단계

③ 1990년대 이후를 [ ] 단계
로 구분한다.

(1-2) **1960년대** 우리나라

= [ ] 에 따른 이촌향도 ↑

= 서울, 부산 등 대도시 중심으로 진행되었다.

그래프 MASTER ☞ˇ~ˇ☜

(2) 다음은 **시간에 따른 우리나라 도시화**에 대한 그래프이다. 다음 물음에 답하시오.

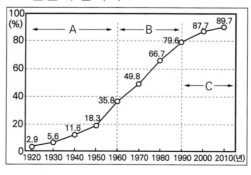

(2-1) **A~C 구간은 가속화 단계,** 초기 단계, 종착 단계를 순서 없이 나타낸 것이다. A~C구간을 바르게 구분하여 보시오.

[A] : _____ 단계

[B] : _____ 단계

[C] : _____ 단계

(2-2) **A구간에서 B구간으로 바뀌게 되는 이유**는 무엇인지 고르시오.

객관식 MASTER •‿•

(3) 다음은 **우리나라 도시화의 특징** 중 하나를 나타낸 것이다. 다음 **특징을 가진 시대**를 고르시오.

① 1960년대 ② 1990년대 ③ 현대

잠은 공부에 도움이 될까? 아니면 방해꾼일까??
당연히 도움이 되지!!^^ 잠은 공부를 돕는 존재야!
우리가 공부를 하며 많이 쓴 머리를 잠을 통해 깨끗하게 정리하는 거야!
잠은 반드시 공부에 도움이 돼! 그래서 아무리 시험기간이라도 최소 6시간은 꼭 잘 수 있도록
해야 한단다!! 알겠지??^^

정답: 01.(1) (1-1) 초기, 가속화, 종착 / (1-2) 산업화 (2) (2-1) A:초기단계, B:가속화단계, C:종착단계 / (2-1) ①
(3) ①

[살기 좋은 도시] 삼두근 단련

우리 득근하자!

01. 도시 문제의 발생

맞는 단어에 O표시 하기

(1-1) **도시 문제**가 **발생**하는 **원인**은 인구와 기능의 **도시** **(집중/분산)** 때문이다.

(1-2) **(주택/교통)** 문제를 **해결**하기 위해서는 **도시 재생 사업**을 추진해야 한다.

(1-3) **(교통/환경)** 문제를 **해결**하기 위해서는 **친환경 에너지**를 사용해야 한다.

단답형 MASTER (>ᵕ<)

(2) 다음은 **어떤 도시 문제를 해결**하기 위함인지 **〈보기〉**에서 골라 쓰시오.

```
〈보기〉
• 주택   • 교통   • 환경   • 지역격차
```

(2-1)	(2-2)
대중교통 이용하자!!	분리수거 잘하자!!
[ ]문제를 해결하기 위함이다.	[ ]문제를 해결하기 위함이다.

02. 살기 좋은 도시들

키워드 빈칸 (*^-^)

(1) 다음 **〈보기〉**에서 **알맞은 단어**를 골라 **빈칸**에 적어보자.

```
〈보기〉
• 벵갈루루   • 빌바오   • 쿠리치바
```

(1-1) **브라질**의 [   ] 는 **굴절버스, 버스 전용차** 도입으로 **교통 혼잡 문제**가 **완화**되었다.

(1-2) **에스파냐**의 [   ] 는 **구겐하임 미술관 유치**로 인해 **관광도시**로 발전하였다.

(1-3) **인도**의 [   ] 는 **일자리와 빈곤문제 해결**을 위해 소프트웨어 산업을 육성하여 **IT 산업의 중심도시**로 성장하였다.

O/X 퀴즈 (ง •̀_•́)ง

(2-1) 살기 좋은 도시의 절대적 기준은 매해 새롭게 개정된다.
--------------- (O/X)

(2-2) 살기 좋은 도시의 절대적 기준을 정하는 것은 어렵다.
--------------- (O/X)

"지식은 사랑이요! 빛이며! 통찰력이다!!"
-헬렌켈러-

37

내가 살던 곳은 겁나게 추운 곳으로 쉬를 갈기자마자 얼어버리는
그런 곳이었지. 하지만 그래도 참 살기 좋은 곳이었어. 왜냐?
나 같은 리더가 다스리니까 ㅎㅎㅎㅎ 이렇듯 살기 좋은 곳이란
내가 좋은 사람...아니 호랑이가 되는 것이다. 그렇게 만들 준비가 됐나?

I. 정답이 재미있는 추리퀴즈 타임!

Q1. 엘리베이터를 탄 꼬마

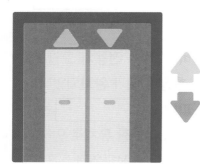

어떤 5살 꼬마가 아파트 25층에 살고 있었다.
꼬마는 비오는 날에는 혼자서 25층까지 올라갈 수 있다.
하지만 화창한 날에는 엄마와 같이 올라가야 집에 도착할 수 있다.
꼬마는 왜 비오는 날에는 혼자 올라갈 수 있고
화창한 날에는 엄마와 같이 가야 올라갈 수 있을까?

정답 :

Q2. 지배자는 누구일까?

고양이, 개미, 원숭이, 엘크, 사자를 지배하는 동물은 '낙타' 이다.
그렇다면,
코끼리, 아나콘다, 기린 ,라마, 전기뱀장어를 지배하는 동물은?

정답 :

2. 어이없어서 웃음나오는 넌센스 퀴즈!

Q1 .마그마의 반댓말은? 답 :

Q2 .프랑스에서 라면을 먹으면 안되는 이유는? 답 :

Q3 .논리적인 사람이 총을 쏠 때 나는 소리는? 답 :

Q4 .뽑으면 우는 식물은? 답 :

답이 이게 뭐야?

1. Q1. 5살 꼬마는 키가 작아서 25층 버튼을 혼자 누를 수 없지만, 비 오는 날은 우산이 있어서 우산으로 누르면 혼자 갈 수 있음!
Q2 각 동물의 영어단어 초성을 써보면 코끼리의 E, 아나콘다의 A, 기린의 G , 라마의 L, 전기뱀장어의 E 로, 독수리!
2. 똥으마 / 불어 쓰니까 불었으니까 / 타당타당 / 우엉ㅠㅠ

도시화의 의미와 과정

유형 1 도시화란?

1. 도시에 사는 사람의 비율이 증가하고 도시적 생활 양식이 확대되는 현상을 부르는 명칭은?

① 산업화
② 시티홀
③ 이촌향도
④ 도시화
⑤ 정보화

2. 도시화에 관한 설명으로 적절하지 않은 것은?

① 도시적인 생활 양식이 확산되는 현상을 의미한다.
② 전체 인구 중 도시에 거주하는 인구 비율을 통해 파악한다.
③ 대륙별로 보면 아프리카와 아시아에서 도시화가 많이 진행되었다.
④ 특정 지역 또는 국가의 산업 및 경제 발전 수준을 파악할 수 있다.
⑤ 3단계로 구분되는 S자 곡선을 통해 도시화 과정을 설명할 수 있다.

유형 2 도시화 그래프

3. 그래프는 도시화 단계를 모식적으로 나타낸 것이다. 이에 대한 설명으로 옳은 것은?

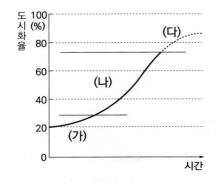

① (나) 시기에는 도시화율의 증가세가 둔화된다.
② 이촌향도 현상은 (나)보다 (다)에서 더 활발하다.
③ 과도시화 현상은 (가)보다 (나)에서 나타날 가능성이 크다.
④ (가) 시기는 농촌보다 도시에 사는 사람들의 비율이 높다.
⑤ 선진국은 개발 도상국에 비해 (가)~(다)의 시기가 빠르게 진행되었다.

서술형

4. 다음 도시화 곡선의 A~C 중 선진국이 해당하는 도시화 단계와 명칭을 쓰고, 이 단계에서 도시 인구의 변화와 관련하여 나타날 수 있는 현상을 서술하시오.

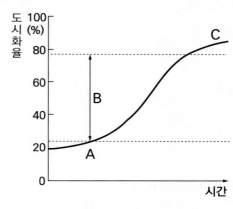

선진국과 개발 도상국의 도시화와 도시 문제

유형1 선진국과 개발 도상국의 도시화 그래프

5. 다음은 A, B 지역의 도시화 곡선을 나타낸 것이다. 이에 대한 설명으로 옳지 <u>않은</u> 것은?

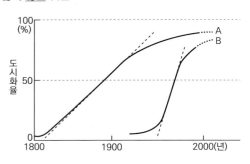

① A는 18세기 산업 혁명 이후 시작되었다.
② A는 산업화와 함께 점진적으로 진행되었다.
③ B는 20세기 중반 이후 30~40년 정도의 단기간에 급속하게 진행되었다.
④ B는 청장년층 중심의 이동으로 자연적 증가도 급속하게 함께 이루어졌다.
⑤ A보다 B에서 도시화의 정체 또는 역도시화 현상이 나타나고 있다.

유형2 영국, 중국, 니제르 도시화율 그래프

6. 그래프는 (가), (나) 국가의 도시화 곡선이다. 그래프에 대한 분석 및 추론으로 옳지 <u>않은</u> 것은?(단, (가), (나)는 영국과 중국 중 하나이다.)

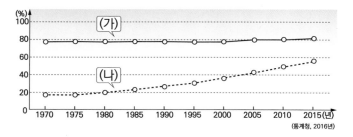

(통계청, 2016년)

① (가)는 2015년 현재 도시화 곡선의 종착 단계에 해당된다.
② (나)는 2015년 현재 도시화 곡선의 가속화 단계에 해당된다.
③ 도시화 곡선에서 (가)는 영국, (나)는 중국에 해당된다.
④ 2000년 이후 도시화의 진행 속도는 (나)가 (가)에 비하여 느리다.
⑤ (가)는 산업혁명 이후 200여 년에 걸쳐 점진적으로 도시화가 진행되었다.

유형3 선진국과 개발 도상국의 도시 문제

7. 선진국과 개발도상국의 도시 문제를 〈보기〉에서 골라 알맞게 연결한 것은?

〈보기〉

ㄱ. 인구 감소, 시설 노후화 등으로 도시의 활력 약화
ㄴ. 도로 정비 불량으로 교통 혼잡 발생 및 생활환경 열악
ㄷ. 기반 시설이 갖추어지지 않아 상하수도 시설 등이 부족
ㄹ. 오랫동안 발전해 왔던 도심 지역에 불량 주거 지역 형성

	선진국	개발도상국
①	ㄱ, ㄴ	ㄷ, ㄹ
②	ㄱ, ㄹ	ㄴ, ㄷ
③	ㄴ, ㄷ	ㄱ, ㄹ
④	ㄴ, ㄹ	ㄱ, ㄷ
⑤	ㄷ, ㄹ	ㄱ, ㄴ

8. 개발도상국의 도시 문제에 대한 설명으로 옳지 <u>않은</u> 것은?

① 도로 정비가 불량하여 교통 혼잡이 발생하기도 한다.
② 무허가 주택과 빈민촌이 형성되는 문제가 발생한다.
③ 인구 감소 때문에 도시의 활력이 줄어드는 문제가 나타난다.
④ 급속한 산업화 때문에 환경 문제, 범죄 문제가 나타난다.
⑤ 단기간에 급격하게 도시화가 이루어지면서 선진국보다 도시 문제가 심각한 편이다.

유형4 우리나라의 도시화

9. 우리나라의 도시화에 대한 설명으로 옳지 <u>않은</u> 것은?

① 오늘날 전체 인구 중 90% 이상이 도시에 살고 있다.
② 우리나라의 도시화는 이촌향도로 빠르게 진행되었다.
③ 1960년대 중반 이후 도시화가 본격적으로 진행되었다.
④ 도시화 과정을 거쳐 우리나라는 국토의 균형 발전을 이루었다.
⑤ 1970년대부터 우리나라 인구의 절반 이상이 도시에 거주하게 되었다.

222222222222222222

2222222222240

살기 좋은 도시

유형 1 국가별 도시 문제 해결을 위한 노력

10. (가), (나)에서 설명하는 도시를 옳게 연결한 것은?

> (가) 과거 철강 산업이 발달한 공업 도시였으나, 산업의 쇠퇴로 지역 경제가 어려워졌다. 그러나 구겐하임 미술관을 유치하면서 문화와 예술이 살아있는 공간으로 탈바꿈한 결과, 연 100만 명 이상의 관광객이 찾는 예술과 관광의 도시가 되었다.
>
> (나) 무어강을 기준으로 동쪽은 소득이 높고 서쪽은 소득이 낮은 사람들이 주로 거주하고 있다. 이 도시는 강을 가로지르는 다리를 건설하여 동서 지역을 잇고, 인공 섬에 쿤스트 하우스라는 미술관을 건립하여 두 지역 간의 교류를 확대하였다.

   (가)   (나)
① 빌바오   그라츠
② 그라츠   빌바오
③ 빌바오   쿠리치바
④ 그라츠   벵갈루루
⑤ 벵갈루루   쿠리치바

유형 2 도시 문제 해결을 위한 노력

11. 도시 문제의 해결 방법으로 옳지 않은 것은?

① 교통 체증 – 대중 교통 개선과 이용 장려
② 수질 오염 – 생태 공원 조성과 캠페인 시행
③ 도시 과밀화 – 업무 및 주거 기능의 도시 집중 강화
④ 대기 오염 – 녹지 확대와 에너지 소비 감소 정책 시행
⑤ 불량 주택 – 도시 재개발을 통한 도시 정비 정책 시행

유형 3 살기 좋은 도시의 예

12. 도시들의 공통된 특징을 담을 수 있는 문구로 가장 적절한 것은?

> • 브라질의 쿠리치바
> • 독일의 프라이부르크
> • 대한민국 전라남도 순천시

① 세계 경제의 중심지
② 자연과 인간이 공존하는 공간
③ 독특한 건축물, 매력적인 문화
④ 오랜 시간이 만들어 낸 자연 걸작품
⑤ 과거와 현재를 이어주는 역사 유적지

유형 4 살기 좋은 도시의 조건

13. 살기 좋은 도시의 조건으로 옳은 것만을 〈보기〉에서 있는 대로 고른 것은?

> **보 기**
> ㄱ. 소득 수준에 따라 주거지를 분리한 곳
> ㄴ. 전쟁과 범죄의 위험이 적어 안전한 곳
> ㄷ. 장시간 노동으로 소득 수준이 높은 곳
> ㄹ. 문화, 의료 등 도시 기반 시설을 잘 갖춘 곳
> ㅁ. 높은 인구 밀도로 인해 교통 체증이 심한 곳

① ㄱ, ㄷ   ② ㄴ, ㄹ
③ ㄱ, ㄷ, ㅁ   ④ ㄴ, ㄹ, ㅁ
⑤ ㄴ, ㄷ, ㄹ, ㅁ

01. 농업 생산의 변화

키워드 빈칸&덧셈 (˘ɜ˘)

(1) 다음 <보기>에서 **알맞은 단어**를 골라 **빈칸**에 적어보자.

<보기>
• 자급적   • 상업적
• 다품종 소량   • 소품종 대량

(1-1) **과거** : 생산자가 직접 먹기

위한 [   ] **농업**이 우세!

↔ **현재** : 시장에 판매할 목적

으로 [   ] **농업**으로 변화!

(1-2) **과거 농업 생산 방법**

= [   ] **생산**

(1-3) **현재 농업 생산 방법**

= [   ] **생산**

⇒ 농기계가 사용됨!

객관식 MASTER (*˘◡˘*)

(2) 다음 **람보쌤**의 **질문**에 대한 **학생의** **대답**으로 **틀린** 것은?

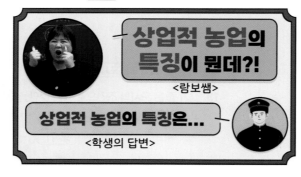

① 시장 판매를 목적으로 한다.

② 상업적 농업은 오늘날 시행된다.

③ 다품종 소량 생산을 특징으로 한다.

단답형 MASTER (/^o^)/♡

(3) 다음 그림은 **과거**와 **현재의 농업** **생산 방법**을 **순서 없이 나타낸 것** 이다. **과거에서 현재로의 변화**를 **순서대로 나타내면**?

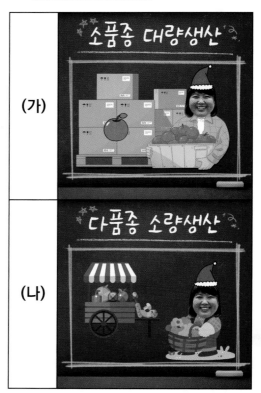

답: (과거) (   ) ➡ (현재) (   )

 쌤이 감명 깊게 본 영화중에 '블랙'이라는 영화가 있어! 블랙은 헬렌켈러에 대한 이야기야! 눈도 안보이고 귀도 안들리고 말도 할 수 없었던 헬렌켈러가 좋은 선생님을 만나 학문을 배우고 결국 대학에 입학하게 되는데! 그때 대학 면접관이 헬렌켈러에게 "당신에게 지식은 무엇인가요?"라고 질문했어! 그때 헬렌켈러가 했던 답이 선생님 가슴에 남아 울컥했는데!! 그것은?!!^^ →

·정답: 01.(1) (1-1) 자급적, 상업적 / (1-2) 다품종 소량 / (1-3) 소품종 대량   (2) ③   (3) (나)→(가)

01. 농업 생산의 세계화와 기업화(1)

O/X 퀴즈 (ﾉ｀_´)ﾉ

(1-1) 농업 생산의 **기업화**는 **전 세계를 대상**으로 농산물의 생산과 판매가 이루어지는것을 의미한다.
---------------- (O/X)

(1-2) 농업 생산의 **세계화**는 **기업**이 **막대한 자본과 기술**을 들여 대량으로 농장을 운영하는 현상을 의미한다.
---------------- (O/X)

우리 득근하자!

02. 농업 생산의 세계화

맞는 단어에 O표시 하기

(1-1) **농업 생산의 세계화의 배경**은 첫째, 교통·통신의 발달로 지역간 교류가 **(감소/증가)**했고, 둘째, 다양한 농산물에 대한 수요가 **(감소/증가)**했으며, 셋째, 생활 수준이 **(하락/향상)** 되었기 때문이다.

(1-2) **자유 무역 확대**의 근거로는, **세계 무역 기구**인 **(WTO/FTA)**, **자유 무역 협정**인 **(WTO/FTA)** 가 **체결**되었기 때문이다.

03. 농업 생산의 기업화

키워드 빈칸&덧셈 (๑˙ㅁ˙๑)

(1) 다음 **〈보기〉**에서 **알맞은 단어**를 골라 **빈칸**에 적어보자.

> **〈보기〉**
> • 세계화 • 파편화
> • 대량(생산) • 소량 (생산)
> • 선진국 • 개발도상국

(1-1) **농업 생산의 기업화의 배경**은 ☐ 와 상업적 농업의 발달 때문이다.

(1-2) **농업 생산의 기업화의 특징**은 ☐ 생산 이다.

(1-3) 다국적 기업이 운영하는 **플랜테이션 농장**은 주로 ☐ **지역**에 위치한다.

객관식 MASTER (๑˙o˙๑)

(2) 다음은 **무엇**에 관한 **그림**인가?

운영 / 다국적 기업 / 아프리카

① 플랜테이션 농장 경영 ② 낙농업

"지식은 빛입니다!"였어.. 얼마나 감격스러웠는지.. 그래 그래! 우리가 공부하는 이 지식이 바로 이 세상의 빛이지!! 어둠 가운데 있는 자들에게 생명을 가져다 주는 빛!! 사랑하는 얘들아! 너희들이 하는 공부가 누군가에게 정말로 빛이 되길 바래! 우리는 이 땅에서 빛이 되기 위해 공부하는거야! 누군가의 빛이 되자!

·정답: 01.(1-1) X / (1-2) X   02. (1-1) 증가,증가,향상 / (1-2) WTO,FTA
03.(1) (1-1) 세계화 / (1-2) 대량 / (1-3) 개발도상국   (2) ①

01. 세계화와 기업화에 따른 변화

키워드 빈칸&덧셈 ⟨⟩'0'⟨⟩

(1) 다음 〈보기〉에서 **알맞은 단어**를 골라 **빈칸**에 적어보자.

〈보기〉
- 상품 작물
- 사료
- 자본
- 노동력

(1-1) **토지 이용의 변화**

= 곡물을 재배하던 농경지에서

→ ☐ **재배지**로 변화

→ 플랜테이션 형태를 띰

(1-2) **플랜테이션**이란?

= **개발도상국의** ☐

+ **선진국의** ☐ 과 **기술**

(1-3) 세계적으로 육류의 소비 ↑

⇒ **가축의** ☐ **작물** 재배 ↑

밑줄친 단어 고치기 ⟩∧⟨

(2-1) 채소·과일·패스트푸드 소비량이 증가하여 쌀의 소비 비중이 **증가**하였다.

→ **수정 후** : _____

(2-2) 세계적인 육류 소비 증가로 가축의 **상품 작물** 재배 면적이 증가하였다.

→ **수정 후** : _____

02. 세계화와 기업화의 영향

사고력 UP ⟨⟩'_'⟨⟩

(1) 기업화와 세계화로 인한 생산지와 소비지의 부정적 영향을 순서없이 나타내었다. 〈보기〉에서 번호를 구분하여 써보자.

〈보기 : 부정적 영향〉
- ❶ **식량 자급률 하락**
- ❷ 소규모 **자영농 감소**
- ❸ **국내 농산물 소비 감소**
- ❹ 과도한 비료 사용으로 **환경문제 발생**
- ❺ 과도한 방부제로 인한 **안전성 문제 발생**
- ❻ 단일 작물 재배로 **생태계 교란 발생**

생산지역

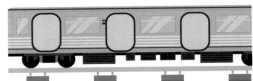

소비지역

☐☐ : **번호를 써 넣어 봅시다!**

쌤은 정말로 확신해!
너희들에게 차근 차근 의로운 것을 가르치면!! 그 길이 좁을 지라도
너희들이 그 길을 선택할거라 믿어!!
점점 가면 갈수록 세상이 어려워지는데, 그런 어려운 시대 가운데 꼭 필요한 사람은 바로!!
'빛'이되는 사람이야!! 세상을 밝히는 환한 빛이 되거라!! 사랑해 얘들아!!
그리고 너무 너무 소중해!! 알라븅:)

·정답: 01.(1) (1-1) 상품 작물 / (1-2) 노동력, 자본 / (1-3) 사료   (2) (2-1) 감소 / (2-2) 사료 작물
02.(1) (생산지:❷,❹,❻), (소비지:❶,❸,❺)

초롱이네 놀이방

초롱 초롱

옛날에는 내가 좋아하는(츄릅) 소가 다 밭갈고 그러던 시절이 있었지.
물론 나같은 MZ호랑이는 그 시절을 잘 모르지만 ㅎㅎㅎㅎ
여튼 농업 기계가 아무리 잘 나와도 농사는 매우 힘든 법!
밥 먹을 때 꼭 감사기도 하거라. 감사가 안나오는 놈은 굶길거야.

1. 알쏭달쏭 음식 퀴즈 – 이름을 맞춰보세요!

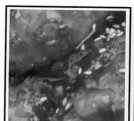   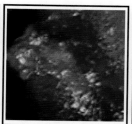 

A: B: C: D: E:

2. 그림 퀴즈-제목을 맞혀라!

Q1. 다음 그림의 제목은 무엇일까?

Q2. 최강 난이도의 이 그림 제목은?

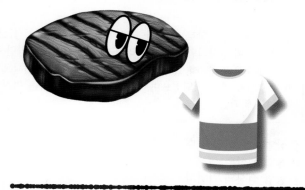

Q3. 이것까지 맞추면 퀴즈마스터 인정!

......??

01. 양념치킨 Q2. 파전 Q3. 고등어구이 Q4. 족발 Q5. 푸팟퐁커리
01. 티본스테이크 Q2. 캡사이신 Q3. 알쏭달쏭

세계화에 따른 농업 생산의 변화

유형 1 기업화

1. 기업화된 농업에 관한 설명으로 옳은 것을 〈보기〉에서 고른 것은?

─── 보 기 ───

ㄱ. 소규모로 작물을 재배한다.
ㄴ. 주로 가족 노동력을 이용한다.
ㄷ. 생산된 농산물이 전 세계로 판매되고 있다.
ㄹ. 많은 자본과 기술을 투입하여 작물을 재배한다.

① ㄱ, ㄴ   ② ㄱ, ㄷ   ③ ㄴ, ㄷ
④ ㄴ, ㄹ   ⑤ ㄷ, ㄹ

유형 2 농업의 세계화 발달 배경

2. 먹거리의 주요 원산지를 나타낸 것이다. 이와 같은 상황이 나타난 배경으로 옳은 것만을 〈보기〉에서 있는 대로 고른 것은?

해물파전

미국 밀가루
타이 새우
칠레 오징어
뉴질랜드 홍합
중국 콩(간장)

─── 보 기 ───

ㄱ. 생활 수준 향상
ㄴ. 농업 인구의 증가
ㄷ. 교통과 통신의 발달
ㄹ. 국가 간 무역 분쟁 증가
ㅁ. 안전한 농산물에 대한 수요 증가

① ㄱ, ㄷ   ② ㄴ, ㄹ
③ ㄱ, ㄷ, ㅁ   ④ ㄴ, ㄹ, ㅁ
⑤ ㄱ, ㄴ, ㄷ, ㄹ

유형 3 세계 농업의 특징

3. 농업 생산의 기업화와 세계화에 관련된 설명으로 옳은 것을 〈보기〉에서 고른 것은?

─── 보 기 ───

ㄱ. 기업적 농업은 선진국에서만 이루어지고 있다.
ㄴ. 농산물의 품종 개량, 농산물 홍보 등이 활성화 되고 있다.
ㄷ. 시장 판매를 목적으로 하는 농업의 비중이 점차 커졌다.
ㄹ. 대농장에서 여러 종류의 농작물을 대량 생산하는 방식으로 변화되고 있다.

① ㄱ, ㄴ   ② ㄱ, ㄷ   ③ ㄴ, ㄷ
④ ㄴ, ㄹ   ⑤ ㄷ, ㄹ

4. (가)에 들어갈 말로 가장 적절한 것은?

교통과 통신의 발달로 지역 간 교류가 증가하고 경제성장으로 생활 수준이 향상되면서 세계 여러 곳에서 생산되는 다양한 농산물의 수요가 증가하였다. 그 결과 전 세계 시장을 대상으로 하는 (가)이/가 진행되었으며, 일상생활에서 소비하는 먹거리가 변하게 되었다.

① 상업적 농업의 확대
② 농업 생산의 세계화
③ 농업 생산의 기업화
④ 지역별 농업 생산 방식의 발전
⑤ 대규모 플랜테이션 농장의 증가

농업 생산의 기업화와 세계화로 인한 지역 변화

유형 1 농산물의 생산 지역과 소비 지역에서 발생하는 일

. 농업 생산의 기업화가 생산 지역과 우리 생활에 미친 영향으로 옳지 않은 것은?

○ 가족 노동력을 중심으로 한 식량 생산 증대
○ 플랜테이션 농업의 확대로 인한 상업적 농업 증대
○ 기호 작물과 목축업의 확대로 인한 열대 우림 파괴
○ 식량자급률이 낮은 국가는 국제 농산물 가격 급등에 따른
  식량 부족이 우려됨
○ 재배와 유통 과정에서 다량의 농약과 비료의 사용으로 인한
  식품의 안전성 문제 발생

유형 2 농작물의 소비 특성 변화

. 최근 나타나고 있는 농산물 소비 특성의 변화로 옳은 것은?

○ 육류의 소비량은 꾸준히 감소하고 있다.
○ 차, 커피, 카카오 등 기호 식품의 소비량은 감소하였다.
○ 생활수준의 향상으로 채소와 과일의 소비량은 감소하고 있다.
○ 옥수수나 콩 등이 소비가 감소하여 이를 재배하는 농가가
  줄어들고 있다.
○ 패스트푸드를 비롯한 음식 문화의 보편화로 쌀의 소비량은
  감소하고 있다.

유형 3 우리 나라의 곡물 자급

그래프는 생산년도에 따른 우리나라의 곡물자급률 변화이다. 이에
대한 분석으로 옳은 것은?

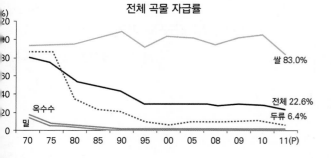

전체 곡물 자급률

쌀 83.0%
전체 22.6%
두류 6.4%
옥수수
밀

70 75 80 85 90 95 00 05 08 09 10 11(P)

○ 두류 자급률이 높은 편이다.
○ 쌀 부족 국가로 분류 되고 있다.
○ 옥수수와 밀의 재배면적이 증가할 것이다.
○ 쌀은 다른 작물에 비해 자급률이 낮은 편이다.
○ 밀과 옥수수는 거의 대부분을 수입에 의존하고 있다.

유형 4 복합

8. 농업 생산의 기업화와 세계화가 가져온 변화로 옳지 않은 것은?

① 자영농이 증가한다.
② 대형 농기계를 이용한다.
③ 상품 작물 재배가 늘어난다.
④ 다량의 화학 비료와 농약을 사용하고 있다.
⑤ 옥수수와 육류, 커피, 과일 등의 소비량이 증가하였다.

9. 팜유 생산으로 인도네시아가 겪을 수 있는 문제점을 보기에서 모두
   골라 묶은 것은?

팜유 생산 농장 : 인도네시아는 팜유 생산량 세계 1위 국가이
다. 과자, 세계, 화장품 등에 사용되는 팜유는 최근 바이오 에너
지로서의 가치까지 주목받고 있다. 이러한 까닭으로 세계적 농
업 기업들이 인도네시아에 투자를 시작하면서 인도네시아의 팜
유 농장 면적이 더 넓어지고 있다.

보 기

가. 환경 파괴
나. 일자리 증가
다. 열대 우림 파괴
라. 지역 경제 활성화
마. 팜유 가격 하락하면 지역 경제 위기

① 가   ② 다, 라
③ 가, 다, 마   ④ 나, 다, 라
⑤ 다, 라, 마

운동
1일차

[다국적 기업이란?] 덤벨 1kg

01. 다국적 기업이란?

키워드 빈칸&덧셈 (ᴗ‿ᴗ)

〈보기〉
- 다국적
- 소국적
- 무역 장벽
- 자유 무역
- 자유 무역 협정
- 세계 무역 기구

(1-1) [ ] **기업**

= 세계 각지에 **자회사**를 둠

+ 여러 나라에 **생산과 판매**

(1-2) **다국적 기업**의 성장 배경

= [ ] **확대**

= [ ] **약화**

⇒ [ ] **(WTO) 등장**

⇒ [ ] **(FTA) 체결**

순서 때려잡기 (/^o^)/♡

(2) **〈보기〉**는 **다국적 기업**의 성장 과정을 순서 없이 나타낸 것이다. 성장 과정을 **순서대로 옳게 나열**해 보자.

〈보기〉
(가) 해외에 제품을 판매한다.
(나) 국내에 단일 공장을 건설한다.
(다) 여러 국가에 공장을 건설한다.
(라) 국내 지방에도 공장을 건설한다.

( ) → ( ) → ( ) → ( )

객관식 MASTER ˙‿˙

(3) 밑줄 친 **(가)의 배경**으로 적절한 것을 **모두** 골라 보자. (정답 2개)

요즘에는 여러나라에 생산과 판매활동을 하는 **(가) 다국적 기업이** 🐷 **성장**했어!

① 자유 무역 축소
② 국가 간 교역 감소
③ 교통과 통신의 발달
④ 경제 활동의 세계화

O/X 퀴즈 ʋ˙_˙ʋ

(4-1) 다국적 기업은 **무역 장벽**이 **강화**되어 성장할 수 있었다.

--------------- (O/X)

(4-2) 다국적 기업은 **최근**에도 **선진국에만 국한**되어 성장하고 있다.

--------------- (O/X)

(4-3) **일부 다국적 기업**의 **매출액**은 한 나라의 **국내 총생산** 보다 크다.

--------------- (O/X)

만약 당신이 힘들다면..
명언: "얼굴이 계속 햇빛을 향하도록 하라. 그러면 당신의 그림자를 볼 수 없다."
-헬렌켈러-

·정답:01.(1) (1-1) 다국적 / (1-2) 자유무역, 무역장벽, 세계 무역 기구, 자유 무역 협정   (2) (나)→(라)→(가)→(다)
(3) ③,④   (4) (4-1) X / (4-2) X / (4-3) O

차근차근헬스장

운동 2일차 **[다국적 기업의 공간적 분업과 지역 변화]**

우리
득근하자!

01. 다국적 기업의 공간적 분업

키워드 빈칸&덧셈 (>.<)

〈보기〉
- 정보 수집
- 정보 판매
- 선진국
- 개발도상국

(1-1) **본사** = 다양한 정보수집

＋ ⬚⬚⬚ 에 **유리**한 곳

⇒ 주로 ⬚⬚⬚ 에 위치

(1-2) **생산 공장** = 생산비용 절감 위해

⇒ 주로 ⬚⬚⬚ 에 위치한다.

└→[파생 문제1] 맞는 말에 O표시 해보자!!

: **선진국**에도 **일부 생산 공장**이 입지해 있다. 이는 **시장**을 (축소/확대)하고 (무역기구/무역장벽)을 **피하기** 위해서이다.

서술형 MASTER ٩(•◡•)

(2) 다음 **〈그림1〉**과 같은 상황이 발생 하는 이유를 **〈조건〉**에 맞추어 **한가지만 서술**하시오.

일부 생산공장 → 선진국에 입지

▲ 〈그림1〉

〈조건〉
- **시장의 규모**를 포함하여 서술할 것.
- **무역 장벽**에 관한 내용을 포함하여 서술할 것.

➡ _____

_____

02. 다국적 기업의 진출에 따른 지역 변화

사고력 UP (づ ˶•༝•˶)づ

(1) ㉠과 ㉡에 **들어갈 문장**을 **〈보기〉** 에서 **구분**하여 번호를 써 보자.

☆☆☆
조사 보고서

사회②

- 주제 : 다국적 기업의 생산 공장 진출 지역의 영향
- 조사결과

긍정적 영향	부정적 영향
㉠	㉡

: 구분하여 숫자를 써 넣어봅시다!

〈보기〉
❶ 자본이 유입된다.
❷ 이윤이 해외로 유출된다.
❸ 지역 경제가 활성화된다.
❹ 국내 기업의 경쟁력이 약화된다.

공부 꿀팁: 선생님 제자 중에 하은이라는 아이가 있어! 하은이는 동생 3명을 가지고 있지!! 즉, 자녀가 4명인 집인데, 아이들이 공부를 꽤나 잘하는거야! 근데 이것은 단순히 공부를 잘해서 쌤이 이야기하는 것이 아니라 공부하는 법을 잘 알고 있었고, 무엇보다 문제를 틀리는 것에 대한 두려움이 없었어! 사실 아이들과 함께 공부를 하다보면 대한민국 학생들이 꽤나 틀리는것에 민감하더라구! 그런데 하은이네 아이들은 틀려도 어려운 문제에 즐겁게 도전하는거야! →

·정답: 01.(1) (1-1) 정보수집, 선진국 / (1-2) 개발도상국 / (파생문제1) 확대,무역장벽
(2) 시장(=시장의 규모)을 확대하고 무역장벽을 극복하기(=피하기) 위해서이다.
02.(1) ㉠ : ①,③ / ㉡ : ②,④

01. 서비스업의 세계화

키워드 빈칸&덧셈 (˙ω˙)

〈보기〉
• 생산업   • 서비스업   • 고용창출
• 표준화   • 생산자   • 소비자

(1-1) ☐ 이란, **인간**이 **필요**로
하는 **재화**나 **용역**을 **공급**하는
활동을 의미한다.

(1-2) **서비스업**의 **특징**은!
첫째, ☐ 가 어렵다.
둘째, ☐ 의 효과가 크다.

(1-3) **서비스업**의 **유형 두가지**는!
① 소비자에게 직접 제공하는
☐ 서비스업 +
② 기업 활동에 도움을 주는
☐ 서비스업

객관식 MASTER ٩(๑˙๐˙๑)ﻭ

(2-1) ㉠ **서비스업**에 해당하는 것은?

(㉠)서비스업은
소비자에게 직접
제공하는 서비스야!

① 음식업   ② 법률   ③ 광고

(2-2) ㉠에 들어갈 단어로 **옳은** 것은?

기업에 도움을 주는 서비스로
금융업이 대표적이야!

사회2 스피드 퀴즈

① 소비자 서비스업   ② 생산자 서비스업

밑줄친 단어 고치기 (๑•ω•๑)ﾉ

(3-1) **개발도상국**은 서비스 산업이
경제 성장을 이끌어가고 있다.
➔ **수정 후** : _____

(3-2) 교통·통신의 발달로 시공간의
제약이 **증가**하였다.
➔ **수정 후** : _____

사고력 UP (ง˙_˙)ง

(4) **[A]**에 들어갈 수 있는 **문장을
한가지만** 적어보자.

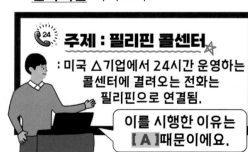

📞24 **주제 : 필리핀 콜센터**
: 미국 △기업에서 24시간 운영하는
콜센터에 결려오는 전화는
필리핀으로 연결됨.

이를 시행한 이유는
[A] 때문이에요.

➔ _____

쌤은 그 비법이 너무나 궁금했어! 왜냐하면 하은이네는 넉넉한 형편이 아니기 때문에 학원을
다니지 못했는데 어떻게 이렇게 공부 습관이 잘되었을까?? 그래서 이 아이들과 인터뷰했지!!
그러자 하은이가 하는 말!! "람보쌤!! 저는 람보쌤이 늘 강조하는 루틴 공부법이 별로 신기하지
않아요! 왜냐하면 저는 어렸을 때부터 원래 루틴 공부법으로 공부했거든요!!
저희들은 모두 루틴 공부법으로 공부해요!!" ➔

정답: 01.(1) (1-1) 서비스업 / (1-2) 표준화,고용창출 / (1-3) 소비자,생산자   (2) (2-1) ① / (2-2) ②
(3) (3-1) 선진국 / (3-2) 완화(=감소)   (4) 노동비가 저렴하기 때문이다. 업무의 효율성 때문이다. 등...

01. 서비스업의 세계화로 인한 변화

밑줄친 단어 고치기 ^ㅗ^

(1-1) 유통의 세계화가 이루어짐에 따라 전자 상거래가 **쇠퇴**하였다.

➡ 수정 후 : _____

(1-2) 유통의 세계화가 이루어짐에 따라 유통 단계가 **늘어났다**.

➡ 수정 후 : _____

(1-3) 전자상거래는 유통단계가 단순해지고 시공간의 제약이 **크다**.

➡ 수정 후 : _____

(1-4) 관광의 세계화가 이루어짐에 따라 상업화로 인해 지역 고유 문화가 **발달**하였다.

➡ 수정 후 : _____

복합형 MASTER (✪o✪)

(2) 다음은 **기존의 상거래 방식**과 **전자 상거래 방식**을 순서 없이 도식화하여 나타낸 것이다. 다음을 읽고 물음에 답하시오.

▲ (A)

▲ (B)

(2-1) 다음 중 **전자 상거래의 방식**은 무엇인가?

➡ 답 : (_____)이다.

(2-2) B와 같은 **상거래 방식의 특징**을 **한 가지**만 적어보시오.

➡ _____

객관식 MASTER ˊ(° ▽ °)ˋ

(3) 다음 중 **공정 여행의 사례**가 **아닌 것**을 고르시오.

①
베트남 의상도 멋지구나..!
베트남
현지의 문화를 체험한다.

②
이 옷 예쁘다!
무조건 반값에 거래하고 올게!
제품의 가격을 지나치게 깎는다.

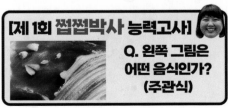
[제1회 쩝쩝박사 능력고사]
Q. 왼쪽 그림은 어떤 음식인가? (주관식)

루틴 공부법!!! 루틴 공부법이구나!!
사랑하는 얘들아!! 루틴 공부법으로 공부하면 누구나 공부를 정말 즐겁게 능률있게 할 수 있어!!
그러면 그 루틴 공부법이 어떤것인지 다음 단원에서 알려줄께!! 알라뷰:)

우리 득근하자!

· 정답: 01.(1) (1-1) 발달 / (1-2) 줄어들었다. / (1-3) 없다.(적다.) / (1-4) 쇠퇴
　　　(2) (2-1) (B) / (2-2) 유통 단계가 단순하다. 시공간의 제약이 없다. 등..　　(3) ②
★ 제 1회 쩝쩝박사 문제 정답은.. 바로... "크루아상"이었습니다^^;

이 선글라스 어때? ㅎㅎ 직구로 싸게 산건데 잘 어울리나?
근데 브랜드는 미국껀데 만든 곳은 다른 덴 걸 보니까
약간 짭 같기도 하고... 요샌 기업들이 워낙 세계 여기저기 공장이 많으니
뭐가뭔지 모르겠네. 여튼 나한테 잘보이면 너도 하나 사줄게!

1.대체 뜻이 뭐야? 순우리말 퀴즈 (다행히도 객관식!)

Q1. 〈능갈치다〉는 무슨 뜻일까?

① '너는 갈치다' 를 줄인 말.
② 능청스럽게 거짓말을 하다.
③ 자세히 가르쳐주다.
④ 교묘하게 잘 둘러대다.

Q3. 〈하물하물〉의 뜻은?

① 하도 물어봐서 정신이 없다.
② 하얗게 군데군데 물들었다.
③ 푹 익어서 무르게 된 모양.
④ 어렵사리 질문을 하다.

Q2. 〈꼬꼬지〉는 무슨 뜻?

① 꼬꼬무 그만보자 이젠 지겨워.
② 아주 오랜 옛날.
③ 한 데 모여 이야기를 나누는 모임.
④ 꼬질꼬질하여 깨끗하지 못하다.

Q4. 〈트릿하다〉는 무슨 뜻이게?

① 트림이 꺼억 나오는구나.
② 소화가 안되어 가슴이 거북하다.
③ 꺼림직한 일이 마음에 걸리다.
④ 공간의 냄새가 좋지않다.

2. 심심할 때 딱 하기 좋은 숫자 점잇기

니가 왜
거기서 나와?

경제 활동의 세계화와 다국적 기업

유형 1 다국적 기업의 성장 과정

1. 다국적 기업의 일반적인 성장 과정을 순서대로 나열한 것은?

> (가) 해외 생산 공장을 건설하여 제품을 직접 공급한다.
> (나) 국내 단일 공장이 위치한 지역에서 기업이 성장한다.
> (다) 국내 지방에 공장을 건설하여 생산 기능을 분리한다.
> (라) 해외 시장 개척을 위해 해외에 판매 지점을 개설한다.

① (가) - (나) - (다) - (라)
② (나) - (다) - (가) - (라)
③ (나) - (다) - (라) - (가)
④ (다) - (나) - (가) - (라)
⑤ (다) - (나) - (라) - (가)

유형 2 다국적 기업이란?

2. 다국적 기업에 대한 설명으로 옳은 것은?

① 세계 경제에서 차지하는 영향력이 축소되고 있다.
② 일반 기업에 비해 경제 활동의 공간 범위가 작다.
③ 제조업 분야의 기업만 다국적 기업으로 성장한다.
④ 자국의 자본, 노동력, 기술만을 사용하여 상품과 서비스를 개발한다.
⑤ 일부 다국적 기업의 매출액은 한나라의 국내 총생산보다 크다.

유형 3 다국적 기업의 성장 배경

3. 〈보기〉에서 다국적 기업이 성장하게 된 배경으로 옳은 것을 고른 것은?

> ──── 보 기 ────
> ㄱ. 경제 활동의 세계화
> ㄴ. 국가 간 교역 규모의 감소
> ㄷ. 교통 및 통신 기술의 발달
> ㄹ. 해외 투자를 규제하는 법안 등장

① ㄱ, ㄴ
② ㄱ, ㄷ
③ ㄴ, ㄷ
④ ㄴ, ㄹ
⑤ ㄷ, ㄹ

다국적 기업의 공간적 분업과 지역 변화

유형 1 다국적 기업의 입지 조건

4. 자료를 통해 알 수 있는 기업의 특징을 〈보기〉에서 고른 것은?

> 나는 미국이 국적이야.
> 나를 디자인한 곳은 미국 이지만, 내가 만들어진 곳은 중국이야.

> 나는 베트남에서 왔어.
> 베트남에서 만들어졌지만, 나를 디자인한 곳은 독일 이란다.

> ──── 보 기 ────
> ㄱ. 본사와 연구소는 주로 개발도상국에 입지한다.
> ㄴ. 생산 공장은 높은 기술 수준을 갖춘 지역에 입지한다.
> ㄷ. 현지 생산 공장이 철수하면 대규모 실업 사태가 발생한다.
> ㄹ. 공장이 들어서는 지역은 자본이 유입되고 기술을 이전 받는다.

① ㄱ, ㄴ
② ㄱ, ㄷ
③ ㄴ, ㄷ
④ ㄴ, ㄹ
⑤ ㄷ, ㄹ

5. 다음 빈칸에 들어갈 단어로 옳은 것은?

> 다국적 기업은 주로 의사 결정에 필요한 다양한 정보와 자본을 확보하는데 유리한 지역에 (㉠)을/를 두며, 기술을 갖춘 고급 인력이 풍부한 지역에 (㉡)을/를 세운다. 또한 (㉢)은/는 생산 비용을 줄이기 위해 지가와 임금이 싼 개발도상국에 둔다.

	㉠	㉡	㉢
①	공장	연구소	판매 지사
②	본사	공장	연구소
③	본사	연구소	공장
④	연구소	본사	공장
⑤	연구소	공장	판매 지사

유형 2 다국적 기업과 생산 공장

6. 다국적 기업이 생산 공장을 <u>다른</u> 지역으로 이전한 이후 생산 공장이 있던 기존 지역의 변화에 대한 설명으로 옳은 것 <u>두 가지</u>를 고르면?

① 새로운 일자리가 생겨난다.
② 산업 공동화 현상이 나타난다.
③ 지역 경제가 활성화되어 도시가 성장한다.
④ 산업의 기반을 잃어 지역 경제가 침체 될 수 있다.
⑤ 유사한 제품을 생산하는 국내 기업은 어려움을 겪을 수 있다.

서술형

7. 다국적 기업의 입지가 지역 발전에 미치는 긍정적 영향 세 가지를 서술하시오.

(1)

(2)

(3)

유형 3 다국적 기업의 진출에 따른 지역 변화

8. 다음 지도는 멕시코 내 다국적 자동차 기업의 생산 공장을 표시한 것이다. 멕시코로 다국적 자동차 기업들의 생산 공장이 이전하면서 멕시코에 나타난 변화만을 〈보기〉에서 고른 것은?

○ 다국적 자동차 기업의 생산공장

〈 보 기 〉

ㄱ. 산업 단지의 조성으로 일자리가 창출되었다.
ㄴ. 투자 확대로 인해 자동차 관련 산업이 발달하였다.
ㄷ. 산업 공동화 현상이 나타나 지역 경제가 침체되었다.
ㄹ. 외국 자본에 대한 의존도가 줄어드는 현상이 나타났다.

① ㄱ, ㄴ   ② ㄱ, ㄷ   ③ ㄴ, ㄷ
④ ㄴ, ㄹ   ⑤ ㄷ, ㄹ

서비스업의 세계화와 변화

유형 1 서비스업의 공간적 분업

9. 다음 글을 읽고 서비스업의 세계화에 대한 설명으로 옳은 것만을 〈보기〉에서 있는 대로 고른 것은?

미국 OO기업에서 24시간 운영하는 콜센터에 걸려 오는 전화는 미국이 아닌 필리핀으로 연결된다. 필리핀은 미국보다 노동비가 저렴하면서 영어에 능통하고, 미국 문화에 대한 친밀도가 높아서 미국의 다국적 기업들이 필리핀에 콜센터를 설치한 것이다. 이것은 정보 통신의 발달로 원거리 서비스 대행 시스템이 가능해지면서 서비스 산업이 자유롭게 공간을 이동할 수 있게 된 대표적 사례이다.

〈 보 기 〉

ㄱ. 콜센터가 들어서는 지역에서는 일자리 증가와 서비스업의 성장을 기대할 수 있다.
ㄴ. 필리핀은 지역 경제 활성화, 외국 기업의 투자를 통한 정보 통신 설비 구축이 이루어진다.
ㄷ. 다국적 기업은 낮과 밤이 반대로 나타나는 지역에 콜센터를 위치시켜 24시간 서비스 제공이 가능하게 한다.
ㄹ. 다국적 기업의 콜센터는 자유롭게 다른 나라로 옮길 수 있어 필리핀의 장기적 고용 안정을 이룰 수 있다.

① ㄱ, ㄴ   ② ㄱ, ㄷ
③ ㄱ, ㄴ, ㄷ   ④ ㄴ, ㄷ, ㄹ
⑤ ㄱ, ㄴ, ㄷ, ㄹ

유형 2 서비스업의 세계화로 나타나는 변화-복합형

10. 세계화에 따른 서비스업의 변화 모습을 설명한 것으로 옳지 <u>않은</u> 것은?

① 인터넷을 이용한 상품 구매가 증가하면서 물류 산업이 성장하게 되었다.
② 정보화로 관광 회사가 만든 관광 상품에 의존하는 관광객이 더욱 증가하고 있다.
③ 정보 통신의 발달로 인터넷을 통해 물건을 구매하는 전자 상거래가 증가하고 있다.
④ 정보화와 세계화로 소비자는 상점을 방문할 필요 없이 상품을 주문하고 원하는 곳에서 받을 수 있게 되었다.
⑤ 다국적 기업들은 고객들에게 전화 응대 서비스를 제공하는 콜센터를 임금이 저렴한 곳에 설치하여 생산비를 절감하고 있다.

. 다음은 해외 직접 구매 건수를 보여주는 그래프이다. 이 같은 상황이 가져올 결과에 대한 설명 중 옳은 것을 〈보기〉에서 고르면?

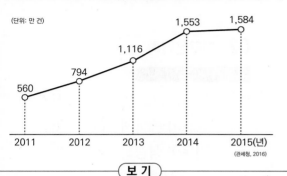

(단위: 만 건)

560 (2011)
794 (2012)
1,116 (2013)
1,553 (2014)
1,584 (2015년)

(관세청, 2016)

┌─────── 보 기 ───────┐
ㄱ. 상품의 판매 범위가 축소된다.
ㄴ. 화물 운송 업체들의 매출액이 증가한다.
ㄷ. 해외 물품 수입 업체 간의 경쟁이 완화된다.
ㄹ. 국내 기업들의 시장 점유율이 하락된다.
└──────────────────┘

① ㄱ, ㄴ   ② ㄱ, ㄷ   ③ ㄴ, ㄷ
④ ㄴ, ㄹ   ⑤ ㄷ, ㄹ

13. 그림은 상품을 구매하는 방식을 나타낸 것이다. (가), (나)에 대한 설명으로 옳은 것을 〈보기〉에서 고르면?

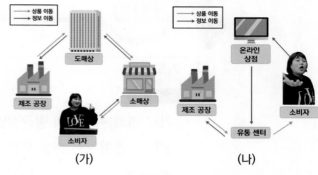

(가)   (나)

┌─────── 보 기 ───────┐
ㄱ. (가)는 상품 구매의 시간적 제약이 크다.
ㄴ. (가)의 성장은 택배 산업의 발달을 가져왔다.
ㄷ. (나)의 판매 방법은 정보에 의한 판매이다.
ㄹ. (나)는 (가)보다 유통 단계가 대체로 복잡하다.
└──────────────────┘

① ㄱ, ㄴ   ② ㄱ, ㄷ   ③ ㄴ, ㄷ
④ ㄴ, ㄹ   ⑤ ㄷ, ㄹ

. 다음 밑줄 친 질문에 대한 대답으로 가장 적절한 설명을 고르면?

┌────────────────────────────────────┐
W마트는 세계적인 오프라인 쇼핑몰이다. 하지만 최근 온라인 쇼핑몰인 A사의 추격에 심각한 위기를 느끼고 있다. 최근 조사된 시가 총액에서는 A사가 W마트를 이기는 모습까지 보이고 있다. 세계에 10만개가 넘는 매장을 지닌 W마트가 왜 A사에 고전하는 모습을 보이는 것일까?
└────────────────────────────────────┘

○ 온라인 쇼핑몰은 상품 전시 공간의 확보가 어렵다.
○ 온라인 쇼핑몰은 정보화로 인해 접근이 편리하다.
○ 물류 센터 중심에서 대형 매장 중심으로 변하고 있다.
○ 오프라인 쇼핑몰은 대규모 자동 물류 센터를 운영한다.
○ 오프라인 쇼핑몰이 소비자로 하여금 직접 경험을 하게 한다.

14. 다음과 같은 여행 방식에 대한 설명으로 볼 수 <u>없는</u> 것은?

┌────────────────────────────────────┐
관광 지역의 환경을 파괴하지 않고, 현지 주민에게 더 많은 혜택이 돌아가게 하는 여행으로, '착한 여행'이라고도 한다.
└────────────────────────────────────┘

① 잘 조련된 동물 공연 관람과 오지 체험을 한다.
② 현지 주민이 운영하는 숙소, 음식점을 이용한다.
③ 현지 주민의 인사말과 노래, 춤 등을 배워 본다.
④ 비행기와 자동차의 이용을 줄이고 전기와 물을 아껴쓴다.
⑤ 공정 무역 제품을 이용하고 지나치게 가격을 깎지 않는다.

01. 기후변화

O/X 퀴즈 (ง •̀_•́)ง

(1-1) **기후 변화**는 기후의 **평균적인
상태**가 **변화**하는 현상을 의미한다.

-------------- (O/X)

(1-2) **무분별한 삼림 개발**은 기후
변화의 **자연적 원인**이다.

-------------- (O/X)

(1-3) **화산 활동**에 의해 **화산재**가
분출되는 현상은 **기후 변화**의
원인이 **아니다**.

-------------- (O/X)

(1-4) 최근 기온 상승은 자연적 요인
보다 **인위적 요인의 영향**을
크게 받는다.

-------------- (O/X)

객관식 MASTER •‿•

(2) 다음 중 **기후 변화**의 **인위적 원인**에
해당하는 것을 고르시오.

①   ②

태양 활동의 변화   **무분별한 삼림 개발**

02. 지구온난화

밑줄친 단어 고치기 ^‿^

(1-1) 지구온난화란, 대기 중 **산소**의
농도가 높아져 지구의 평균
기온이 상승하는 현상이다.

➔ **수정 후** : _____

(1-2) 지구온난화의 원인은 온실 효과의
감소로 지구 평균 기온이 상승
했기 때문이다.

➔ **수정 후** : _____

복합형 MASTER •‿•

(2) 다음 그래프는 **시기에 따른 지구
평균 기온과 이산화탄소 농도
변화**를 나타낸 것이다.

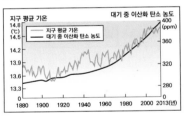

(2-1) 위 그래프와 같은 현상을 무엇
이라 하는가?

➔ 정답 : _____

(2-2) 위 그래프와 같은 현상이 **발생
하는 원인**이 무엇인지 서술하시오.

➔ _____
_____

루틴 공부법이란? 아예 공부를 내 몸에 밴 습관으로 만들어버리는거야!
사실 코로나 이후 우리 학생들한테 진짜 많이 부족해진게 뭔지 아니??
그건 바로!! '집중력'이란다!!
그래서 집중력있게 공부하는 것이 정말 많이 힘들어졌지!!
그래서 탄생한게 루틴 공부법이야! 루틴 공부법은 정말로 집중력있게 공부 할 수 있어!!^^ →

·정답:01.(1) (1-1) O / (1-2) X / (1-3) X / (1-4) O   (2) ②
02.(1) (1-1) 온실 가스(=이산화탄소) / (1-2) 증가(=심화)
(2) (2-1) 지구온난화 / (2-2) 화석 연료의 사용 증가와 무분별한 삼림 개발로 대기 중 온실 가스 농도가
증가해, 온실 효과가 과도하게 발생했기 때문이다.

운동 2일차

[기후 변화의 영향] 플라잉 요가

01. 기후 변화의 영향

키워드 빈칸 (~˘▾˘)~

〈보기〉
• 해수면 상승   • 생태계 변화
• 지구 온도 상승

(1-1) ☐☐☐☐☐☐ (으)로 인해 해발 고도가 낮은 **해안 저지대 국가**의 **침수 피해가 증가**하였다.

(1-2) ☐☐☐☐☐☐ (으)로 **가뭄**과 **사막화**가 심화되었다.

우리
득근하자!

객관식 MASTER (•ᴗ•)

(2) 다음 지도는 **원인A**로 인한 **세계 곳곳에서 발생하는 현상**을 나타낸 것이다. **원인A**는 무엇인가?

① 지구 온난화   ② 미세 먼지의 증가
③ 대륙의 이동   ④ 육지 면적 확대

맞는 단어에 O표시 하기

(3-1) 지구 온난화로 인해 극지방의 빙하가 **(증가/감소)**한다.

(3-2) 지구 온난화로 인해 고산 식물의 분포 범위가 **(증가/감소)**한다.

(3-3) 지구 온난화로 인해 태풍의 피해 규모가 **(커/작아)**진다.

(3-4) 지구 온난화로 인해 여름철 열대야 일수가 **(증가/감소)**한다.

사고력 UP (ง˘_˘)ง

(4) 〈그림〉에서 **설명하는 지역**을 아래 지도에서 고르면?

▲ 기후 변화로 인한 오랜 가뭄과 인구 증가에 따른 과도한 농업 및 목축으로 호수의 면적이 급격히 줄어들고 있다.

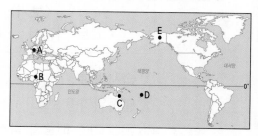

① A   ② B   ③ C   ④ D   ⑤ E

많은 루틴 공부법을 한 친구들이 짧은 시간안에 집중력있게 공부했다는 이야기를 해!!
이게 정말 레알일까?? 그래 그래!! 레알이야!!
그러면 루틴 공부법은 어떻게 하는 거냐면!!?^^ 공부 1번에 보상 1번을 루틴으로 돌리는거야!!
많은 친구들이 실수 하는것 중에 하나가 공부 계획은 잘 짜지만,
그에 반해 보상 계획은 잘 못짜!!ㅜㅜ →

·정답: 01.(1) (1-1) 해수면 상승 / (1-2) 지구 온도 상승   (2) ①
(3) (3-1) 감소 / (3-2) 감소 / (3-3) 커(진다) / (3-4) 증가   (4) ②

01. 기후 변화 해결을 위한 노력

키워드 빈칸 o(^-^)o

〈보기〉
• 파리 협정   • 기후 변화 협약
• 교토 의정서

(1-1) [   ]은 온실 가스를 줄이기 위한 협약으로 **최초로 채택**된 협약이다.

(1-2) 1997년, [   ]는 온실 가스 감축을 위해 **선진국**에게 온실 가스 감축 의무를 부여했다.

(1-3) 2015년, [   ]에서 **선진국과 개발도상국 모두**에게 온실 가스 감축 의무를 부여하였다.

객관식 MASTER (๑˃̵ᴗ˂̵)و

(2-1) 세계 각국이 다음과 같은 국제 협약을 체결한 **목적**은 무엇인가?

〈보기〉
• 교토 의정서   • 파리 협정

① 습지 보호
② 멸종위기종 보호
③ 온실 가스 배출량 감소
④ 유해 폐기물의 이동 제한

(2-2) 람보쌤이 설명하는 ㉠**제도**는 무엇인가?

〈㉠ 제도〉
제품을 생산하거나 유통하는 등 전과정에 걸쳐 발생한 온실 가스 배출량을 이산화탄소로 환산하여 표기하는 제도

① 교토 의정서
② 기후 변화 협약 제도
③ 탄소 성적 표지 제도
④ 온실 가스 배출권 거래제도

(2-3) 글에서 **설명**하고 있는 것은?

㉠협약
이 협약의 주된 내용은 산업화 이전과 비교하여 지구 평균 온도 상승폭을 2℃ 이내로 제한하고, 가능한 한 1.5℃ 이내로 상승폭을 제한하는 것이다.

① 교토 의정서   ② 파리 협정
③ 리우 환경 선언   ④ 람사르 협약

우리는 지구 온난화를 막기위해 무엇을 할 수 있을까?? 각자 생각을 공유해보자^^:

들입다 공부하는것만 계획에 넣지! 그런데 우리 뇌는 한계가 있기 때문에 절대 그 많은 공부를 다 해낼 수 없단다! 뇌는 열심히 일한만큼 잘 쉬어도 줘야해! 그래서 반드시 공부 중간 중간에 쉼이나 놀이! 무엇보다 내가 좋아하는 보상을 넣어야해!!
예를 들어 20분 공부를 했다면 5분 운동을 한다던지!! (뭐 운동?!!! 하면서 싫을수도 있지만 생각보다 많은 친구들이 운동을 좋아해! 왜냐하면 몸이 달라지잖아!!^^) →

·정답: 01.(1) (1-1) 기후 변화 협약 / (1-2) 교토 의정서 / (1-3) 파리 협정   (2) (2-1) ③ / (2-2) ③ / (2-3) ②

초롱이네 놀이방

니네는 몸에 털이라도 없지, 나같은 털복숭이들은 지구가 더워지면 정말 견디기 힘들어. 말로만 기후 위기라고 하지말고 나부터 아끼고, 뭣보다 덜먹자! 자꾸 누워있으니까 먹을 생각이 나는 거 아니겠어? 머리 좀 굴리면서 음식생각 탈출 좀 해보자고.

1.뒤에 오는 글자는 뭐게? 네 글자 퀴즈!(제한시간 1분)

??

??

1. 비트☐☐
2. 대한☐☐
3. 어장☐☐
4. 버터☐☐

5. 업데☐☐
6. 알레☐☐
7. 삼각☐☐
8. 아카☐☐

9. 허리☐☐
10. 인생☐☐
11. 비타☐☐
12. 카놀☐☐

2. 친구랑 같이 해보면 더 재있는 믿거나말거나 테스트

-아래 적힌 숫자들 밑에 적힌 제시어대로 답변을 작성하세요-

① 1과 2에는 생각나는 숫자 아무거나 하나씩을 적으세요.
② 3과 7 옆에는 생각나는 이성의 이름을 적으세요(각각 다른사람 한 명씩).
③ 4,5,6번에는 아무 이름이나(친구나 가족 등등) 적으세요.
④ 8,9,10,11번에는 노래 제목들을 하나씩 적으세요.

1.

2.

3.

4.

5.

11.

6.

7.

8.

9.

10.

3번에 한우라고 썼는데...;

1/민국 /관리 /구이 /이트 /르기 /김밥 /시아 /케인 /네컷 /오백 /라유
- 당신이 사랑하는 사람 / 4번 - 당신이 가장 보살펴주는 사람 / 5번 - 당신을 가장 잘 아는 사람 / 6번 - 당신에게 행운을 가져다주는 사람
8번에게 잘 어울리는 노래 / 9번 - 개인과 잘 어울리는 노래 / 10번 - 당신이 생각을 표현하 노래 / 11번 - 당신이 인생을 어떻게 느끼는기 표현한 노래

기후 변화의 발생

1. 기후 변화의 원인에 해당하는 것만을 〈보기〉에서 고른 것은?

〔 보 기 〕

ㄱ. 로컬 푸드 소비의 증가
ㄴ. 무분별한 개발과 삼림 파괴
ㄷ. 농업 생산의 기업화와 세계화
ㄹ. 석탄, 석유 등 화석 연료의 사용 증가
ㅁ. 바닷물의 온도 상승으로 인한 대보초 파괴

① ㄱ, ㄴ, ㄷ   ② ㄱ, ㄷ, ㅁ   ③ ㄱ, ㄹ, ㅁ
④ ㄴ, ㄷ, ㄹ   ⑤ ㄴ, ㄹ, ㅁ

2. ㉠에 들어갈 말은?

• 온실 가스 가운데 지구 온난화에 가장 큰 영향을 미치는
것은 (㉠)이다.
• (㉠)을/를 흡수하고 저장하는 기능을 가진 숲을 무분별하게
파괴하는 것도 지구 온난화를 가속화하는 요인이 된다.

① 메탄   ② 아산화질소
③ 과불화 탄소   ④ 이산화탄소
⑤ 수소 불화 탄소

3. 기후 변화에 대해 옳은 것만을 〈보기〉에서 고른 것은?

〔 보 기 〕

ㄱ. 최근의 기후 변화는 자연적 요인의 영향이 크다.
ㄴ. 화석 연료의 사용은 기후 변화의 속도를 늦추고 있다.
ㄷ. 화산 활동에 따른 화산재 분출은 자연적 요인이다.
ㄹ. 지구의 연평균 기온은 지난 100년 동안 급격하게 상승했다.

① ㄱ, ㄴ   ② ㄱ, ㄷ   ③ ㄴ, ㄷ
④ ㄴ, ㄹ   ⑤ ㄷ, ㄹ

기후 변화의 영향

※ 다음은 지구의 연평균 기온 변화를 나타낸 것이다. 이를 보고 물음에
답하시오.

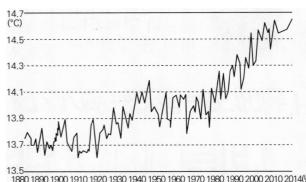

(지구 정책 연구소 데이터 센터,2010)

4. 위와 같은 지구의 연평균 기온 변화로 인해 나타나는 생태계의 변화에 대한 설명으로 옳지 않은 것은?

① 식물의 개화 시기가 늦어진다.
② 고산 식물의 경우 분포 범위가 줄어든다.
③ 특정 지역에서만 발생하던 질병이 다른 지역으로 퍼질 수도있다.
④ 모리, 파리 등 전염병을 옮기는 매개체가 살기에 더 좋은환경이 만들어진다.
⑤ 수온 변화에 적응이 어려운 물고기들이 죽는 등 해양 생태계에 변화가 일어난다.

기후 변화 해결을 위한 노력

기후 변화를 해결하기 위한 노력에 대한 설명으로 옳지 않은 것은?

○ 파리 협정 채택
○ 교토 의정서 채택
○ 기후 변화 협약 채택
○ 브라질 리우 환경 개발 회의 개최
○ 특정 국가에 한정하여 온실가스 감축 노력 필요

파리 기후 변화 협정에 관한 설명으로 옳지 않은 것을 고르면?

○ 2015년 프랑스 파리에서 열린 제21차 국제 연합 기후 변화 협약임.
○ 197개국이 합의했고, 187개국이 자발적으로 온실가스 감축 목표를 제출함.
○ 지구 평균 온도 상승 폭을 산업화 이전과 비교해 2℃ 이내로 제한하고 가능한 1.5℃까지 제한하기로 함.
○ 교토 의정서와의 차이점은 선진국 뿐 아니라 협정 모든 국가에 의무를 줌.
○ 온실가스 감축 발안을 의무적으로 제출하고 국제법상 구속력을 가져 실시하게 함.

7. **온실가스를 감축하기 위한 제도 및 방법에 대한 내용으로 옳은 것은?**

① 경제 성장이 시급한 개발도상국은 온실가스 감축의 책임이 없다.
② 세계 각국은 화력 발전소의 비중을 점차 확대시키려는 노력이 필요하다.
③ 온실가스 배출권 거래제를 시행하면 온실가스 배출량이 더 늘어날 수 있다.
④ 파리 협정은 교토 의정서와는 다르게 선진국의 온실가스 감축 의무를 규정하였다.
⑤ 탄소 성적 표지 제도는 온실가스 배출량을 이산화탄소로 환산하여 표기하는 제도이다.

매일!! 쉬는시간 7분!! 공부근육 빵빠라빵빵

차근차근헬스장

운동 1일차 [환경 문제 유발 산업의 국제적 이동(1)]

01. 환경 문제 유발 산업의 이동

밑줄친 단어 고치기 o(^-^)o

(1-1) 공해 유발 산업을 이전시키는 선진국에서는 환경 규제가 **느슨**하다.

→ 수정 후 : ＿＿＿＿＿＿

(1-2) 공해 유발 산업이 이전되는 개발도상국에서는 **경제 성장보다 환경**을 우선한다.

→ 수정 후 : ＿＿＿＿＿＿

(1-3) 최근에는 전자 제품의 사용 주기가 **길어**지면서 전자 쓰레기 양이 증가하였다.

→ 수정 후 : ＿＿＿＿＿＿

사고력 UP (ง ˘_˘)ง

(2) ㉠과 ㉡에 들어갈 단어를 〈보기〉에서 찾아 쓰시오.

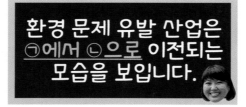

환경 문제 유발 산업은 ㉠에서 ㉡으로 이전되는 모습을 보입니다.

〈보기〉
• 선진국   • 개발도상국

〈㉠ :＿＿＿＿＿＿ / ㉡ :＿＿＿＿＿＿〉

02. 지구온난화

객관식 MASTER \ (^0^*)/

(3-1) **(가)**에 들어갈 말로 **옳지 않은** 것을 고르시오.

이곳은 개발도상국이야. 환경 문제 유발 산업의 이전 결과 ＿＿(가)＿＿

① 일자리가 창출돼.
② 환경 오염이 발생해.
③ 주민의 건강에 위협이 가해져.
④ 친환경적인 쓰레기 처리가 가능해.

(3-2) **전자 쓰레기**에 대해 **옳게** 말한 사람 누구인가?

갑 : 전자 쓰레기장에서 일하는 사람은 수은, 납 중독이 될 수 있어.

을 : 환경 규제가 느슨한 선진국으로 이전하고 있어.

〈갑〉   〈을〉

① 갑   ② 을

20분 공부하고 5분 동안 잠시 누워있는다던지!!
또는 선생님의 경우는 2시간 일하고 10분간 학생들을 위해 성경보며 기도한단다!! ㅎㅎ 멋지쥬?
여하튼 너희들이 생각할 때 정말 쉼이 되거나 보상이 되는 것과 공부를 반복해서 하는거야!
그게 바로 루틴 공부법이란다!! 공부 시간은 처음에는 정말 집중력있게 할 수 있는 만큼만!
즉, 20분이면 20분! 30분이면 30분! 1시간이면 1시간!! 이렇게 정해봐!! →

·정답:01.(1) (1-1) 엄격 / (1-2) 환경보다 경제 성장 / (1-3) 짧아   (2) ㉠:선진국 ㉡:개발도상국
(3) (3-1) ④ / (3-2) ①

01. 농업의 이전과 환경 문제

키워드 빈칸 <(・∀・")>

〈보기〉
- 선진국
- 개발도상국
- 일자리
- 돗자리
- 물
- 음료수

(1-1) [　　　　　]에서 **인건비 절감**을 위해 → [　　　　　]으로 농장을 이전하는 경향이 있다.

(1-2) 농업 이전의 **긍정적 영향** → 외화 수입의 증가, [　　　]창출 ⇒ **지역 경제 활성화**

(1-3) 농업 이전의 **부정적 영향** → 관개 용수 남용 ⇒ [　　　] 부족

객관식 MASTER (•ᴗ•)

(2) 다음 지역카드는 케냐의 장미 농장의 나쁜점을 기록한 것이다. (가)에 들어갈 내용으로 **옳지 않은** 것은?

(케냐장미농장)

좋은점 : ~~~~
나쁜점 : **(가)**

(앞면)　　　　**(뒷면)**

① 고정적인 수입이 생겼다.

② 예전보다 잡히는 물고기 수가 줄었다.

③ 호수에서 살균제와 제초제 성분이 검출되고 있다.

사고력 UP (ɔˆ_ˆ)ɔ

(3) 다음은 **농업 이전에 따른 영향**을 나타낸 것이다. **긍정적 영향**과 **부정적 영향**을 옳게 연결하시오.

긍정적 영향	**부정적 영향**
●	●

●	●
화학 비료 및 농약 사용으로 수질이 오염된다.	**외화 수입의 증가로 지역경제가 활성화 된다.**

서술형 MASTER (๑•ㅁ•๑)

(4) **〈보기〉**의 **이유**를 **서술**하여라.

〈보기〉
네덜란드 화훼 산업이 케냐로 이전하여 케냐의 화훼 농장이 발전하였다.

→ _____

_____

처음에는 공부 시간을 딱 집중 할 수 있는 만큼만 정했다가, 서서히 늘려가면 돼!
쌤도 마음에 어려운 일로 집중력을 잃어버렸던 3년의 시간이 있었어! 그런데 이 루틴 공부법으로 처음엔 40분간 업무 보고 10분 기도하는 것으로 했다가 지금은 2시간 업무하고 10분 기도하는 것으로 성장했단다!!
그만큼 집중력과 효율성이 빡 올라가!! 기억할 것은 절대 쉬지 않고 달리기만 할 수는 없어!
1시간 공부했다면 최소 10분~15분은 좋아하는 보상을 받고 그다음 공부로 다시 돌입하면 반드시 좋은 성과가 있을 것이란다!! 알았지?? 알라뷰:)

·정답: 01.(1) (1-1) 선진국 / (1-2) 개발도상국 / (1-3) 물　　(2) ①　　(3) X 모양
(4) 선진국(=네덜란드)에서 탄소 배출과 인건비 절감을 위해 개발도상국(=케냐)으로 농장을 이전하였다.

01. 환경 문제의 지역적 불평등

맞는 단어에 O표시 하기

(1-1) 선진국은 환경 문제 유발 산업 (**유입**/**유출**)지역이다.

(1-2) 선진국은 개발보다는 쾌적한 환경에 대한 요구가 (**높**/**낮**)다.

(1-3) 개발도상국은 환경 문제 유발 산업의 (**유입**/**유출**)지역이다.

(1-4) 환경 문제의 지역적 불평등을 해결하기 위해 국제 사회는 (**바젤**/**바지**)협약을 체결하였다.

객관식 MASTER (๑•̀ω•́)۶

(2-1) **그림과 관련된 탐구 주제**로 가장 **적절한** 것은?

> 개발도상국을 '유해 폐기물'로부터 보호합시다.

유해 폐기물

① 바젤 협약   ② 멕시코 협약

③ 쿠바 협약   ④ 웨스트민스터 협약

(2-2) **(가)**에 들어갈 내용으로 **옳지 않은** 것을 고르시오.

바젤 협약 카드
* 협약 내용 : ___(가)___
1234 5678 1234 1234
12/30   PKSD BANK

① 유해 폐기물을 적절히 관리할 수 없는 국가에 수출해서는 안 된다.

② 가능한 한 유해 폐기물이 발생한 장소에서 먼 곳에서 처리하여야 한다.

사고력 UP (づ ｡•́‿•̀｡)づ

(3) (가)에 들어갈 내용을 **한가지만** 쓰시오.

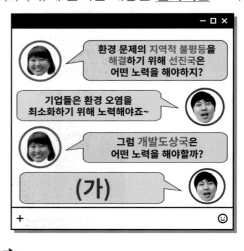

> 환경 문제의 지역적 불평등을 해결하기 위해 선진국은 어떤 노력을 해야하지?

> 기업들은 환경 오염을 최소화하기 위해 노력해야죠~

> 그럼 개발도상국은 어떤 노력을 해야할까?

> **(가)**

➡ _____

> 공부 명언: "나는 위대하고 고귀한 임무를 완수하기를 열망한다. 하지만 나의 주된 임무이자 기쁨은 작은 임무라도 위대하고 고귀한 임무인 듯 완수해나가는 것이다."
> -헬렌켈러-

정답: 01.(1) (1-1) 유출 / (1-2) 높(다) / (1-3) 유입 / (1-4) 바젤   (2) (2-1) ① / (2-2) ②
(3) 기업에 대한 환경 규제와 감시를 강화해야 한다. 등..

거기 너, 다 먹을 수 있을 것처럼 왕창 퍼온 다음에
배불러서 버린 음식이 지금까지 얼마나되지?
이곳은 절제하고 아끼는 법을 가르치는 곳이니 잘 따르도록 해라.
그래야 환경이 지켜지고 미래가 있다. 듣기 싫은 놈들은 가까이 와 봐.

I.오늘은 두뇌퀴즈 스페셜! 맞추면 천재 대인정!

① 짝을 찾아라!

빡공고등학교 친구들이 오래간만에 모임을 가졌습니다.

| 남자 1호 | 남자 2호 | 남자 3호 | 여자 1호 | 여자 2호 | 여자 3호 |

이들은 사실 커플들입니다. 다음의 단서를 보고 누구와 누구가 남친여친인지 맞춰보세요.

1. 남자 1호의 여친과 여자 1호의 남친은 처음 보는 사이입니다.
2. 여자 1호의 남친과 여자 3호도 초면입니다.
3. 남자 3호는 모든 참석자를 다 알고 있습니다.

자, 이제 누가누가 커플인지 알겠죠? 정답 :

② 저세상 레벨의 연산퀴즈

나의 호순이는 어디에?

환경 문제 유발 산업의 국제적 이동

1. 다음 낱말을 보고 공통적으로 연상되는 개념으로 가장 적절한 것은?

• 폐전자 제품   • 금속 자원 채취 • 유해물질 배출   • 선진국의 불법 수출

① 전자 쓰레기   ② 무해 폐기물
③ 저탄소 제품   ④ 자원 재활용
⑤ 친환경 산업

2. 전자 쓰레기에 대한 설명으로 옳지 않은 것은?

① 전자 쓰레기는 주로 개발도상국에서 배출된다.
② 전자 쓰레기의 부품 분리로 금속 자원을 채취할 수 있다.
③ 전자 쓰레기를 수입하는 국가는 유해 물질로 인한 환경 오염
　이 나타날 수 있다.
④ 첨단 기능을 갖춘 전자 제품이 등장하면서 전자 쓰레기의
　발생이 증가하고 있다.
⑤ 개발도상국은 경제적 이익을 얻을 수 있다는 점에서 선진국
　의 전자 쓰레기를 수입하고 있다.

3. 다음 중 ㉠,㉡에 해당하는 나라를 바르게 짝지은 것은?

유럽에서 팔리는 장미의 절반 이상은 아프리카의 (㉠)에서 재 배되고 있다. 장미 농장에서 호수의 물을 과도하게 사용하면서 호수의 수위가 낮아졌으며, 농장에서 사용한 농약이 주변 농경 지를 오염시키고 있다. (㉡)최대의 의류 산업 도시인 티루푸르에서는 의류공장에서 흘러나온 폐수로 강물이 오염되었고, 이로 인한 피해는 해당 지역 주민들이 받고 있다.

　　㉠   ㉡
① 가나   인도
② 가나   필리핀
③ 케냐   인도
④ 케냐   인도네시아
⑤ 나이지리아   인도네시아

4. 다음은 방글라데시 치타공 해안 지역 주민과의 인터뷰 내용이다. 물음에 대한 답으로 적절하지 않은 것은?

▲ 방글라데시 치타공 해안의 폐선박들

Q) 기자 : 항구에 있는 폐선박들은 어디에서 왔나요?
A) 주민 : _____(가)_____
Q) 기자 : 폐선박을 해체하는 이유는 무엇입니까?
A) 주민 : _____(나)_____
Q) 기자 : 폐선박들을 해체하는 과정에서 어려운 점은 없나요?
A) 주민 : _____(다)_____
Q) 기자 : 이곳의 선박 해체장이 들어서기 전의 모습을 기억
　　하고 있나요?
A) 주민 : _____(라)_____

① (가) - 아시아나 아프리카에서 온 배들입니다.
② (나) - 배 안에 있는 부품들을 빼내 팔기도 합니다.
③ (나) - 해체하는 과정에서 나오는 고철을 얻기 위해서입니다
④ (다) - 작업 도중 파이프 속에 남아있던 기름이 폭발할 수
　　있어 상당히 위험합니다.
⑤ (라) - 우리 마을은 해산물이 풍부한 곳이었어요.

환경 문제의 지역적 불평등

5. 환경 문제의 지역적 불평등과 관련 된 내용 중 틀린 것은?

① 환경 문제 유발 산업의 국제적 이동은 환경 문제의 지역적
　불평등을 심화한다.
② 선진국에서 잘 실시되는 환경 규제가 개발도상국에서는 잘
　이뤄지지 않을 가망성이 크다.
③ 개발도상국에서는 일자리 창출과 경제 성장을 위해 환경 기준
　을 강화하였다.
④ 개발도상국은 공해 유발 산업의 유치로 경제적 효과를 얻을
　수는 있지만 주민의 건강과 안전을 위협 받을 수도 있다.
⑤ 개발도상국에서는 기업에 대한 환경 규제와 감시를 강화
　해야 한다.

6. 다음과 같은 내용을 담은 국제 협약으로 옳은 것은?

·각국은 유해 폐기물의 발생을 최소화해야 한다. ·가능한 한 유해 폐기물이 발생한 장소 가까운 곳에서 처리 해야 한다. ·유해 폐기물을 적절히 관리할 수 없는 국가에 수출해서는 안된다.

① 바젤 협약   ② 람사르 협약   ③ 파리 협정
④ 교토 의정서   ⑤ 기후 변화 협약

01. 우리 주변의 환경 관련 이슈(1)

키워드 빈칸 ◁(ˊ˵・ω・˵ˋ)▷

〈보기〉
- 자연적
- 인위적
- 일회용품
- 다회용품
- 로컬 푸드
- 유전자 변형 식품

(1-1) 미세먼지 발생의 [   ] **원인**

= 흙먼지 + 꽃가루

(1-2) 미세먼지 발생의 [   ] **원인**

= 매연+날림 먼지

(1-3) **쓰레기 증가 원인**

= [   ] **사용** 증가

(1-4) [   ] = 유전자 변형

→ 새로운 성질의 유전자를
지니도록 개발된 식품

복합형 MASTER ٩(•ө•๑)۶

(2) **사회 신문**의 일부이다. 다음 물음에
답하시오.

사회② 신문

△△군 'ㄱ운동' 유행으로 퍼져...

ㄱ운동은 지역에서 생산된 농산물을
지역에서 소비하자는 운동입니다.
...(중략)
ㄱ운동은 ㄴ의 효과를 가져옵니다.

(2-1) ㄱ에 들어갈 **운동**은 무엇인가?

→ (   )운동

(2-2) ㄴ에 들어갈 **내용**을 **한가지만**
적어보시오.

→ _____

객관식 MASTER (•̀ω•́)

(3) 다음 중 람보쌤의 질문에 가장
적절한 대답을 한 사람은 누구인가?

GMO식품에 대해
반대하는 사람들에 대한
의견을 얘기해 볼까요?

민지

GMO식품은 생물 다양성을
파괴하고 생태계를
교란시킨다고 주장할 수
있을 것 같습니다.

재훈

적은 노동력으로도
대량 생산이 가능하다고
주장할 수 있을 것 같습니다.

답

"작은 것에 충성한 사람만이 세상을 다스릴 수 있다!!"
-람보쌤-

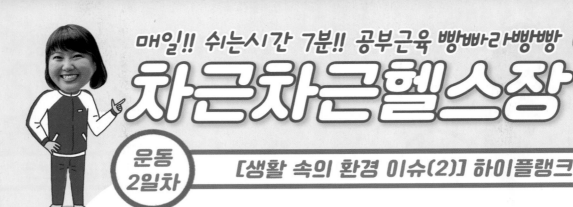

01. 우리 주변의 환경 관련 이슈(2)

키워드 빈칸&덧셈 Q_Q

〈보기〉
- 방부제   · 방향제
- 돈가스   · 온실가스   · 이동거리

(1-1) **로컬 푸드 운동의 배경**

= [   ]의 과다사용으로

→ 안전성 의심

= **수송과정**에서의 막대한

(1-2) [   ] 배출

(1-3) **푸드마일리지**

= [   ] X 식품의 수송량

우리
득근하자!

객관식 MASTER s(−▽−)v

(2) 다음 **밑줄 친 상황의 대안으로
등장한 식품**에 대한 설명으로
적절한 것은 무엇인가?

> 푸드 마일리지는 먹을거리가 생산되어
> 소비자 식탁에 오르기까지의 이동 거리(km)에
> 식품 수송량(t)을 곱한 값으로
> 수입 농산물은 푸드 마일리지가 높고
> 안전성 보장이 어렵다.

① 운송 과정 중 온실가스 배출량을
줄일 수 있다.

② 대량 생산이 가능해 가격이 저렴한
편이다.

사고력 UP (ง •̀_•́)ง

(3) 다음은 **로컬 푸드 운동**의 **소비자,
생산자, 환경적 측면**에서의 **이로운
점**을 순서없이 나타낸 것 이다.
각 측면에서의 이로운 점을
올바르게 연결해 보자.

소비자 ·	· 안정적인 소득을 얻을 수 있다.
생산자 ·	· 안전한 식품을 제공 받을 수 있다.
환경적 ·	· 온실가스 배출량이 줄어든다.

02. 환경 이슈를 해결하기 위한 노력

O/X 퀴즈 (˘▽˘)/

(1-1) **지구촌의 지속 가능성을 최우선**
으로 하여 다양한 집단의 의견
을 검토할 필요가 있다.

---------------- (O/X)

(1-2) **환경 이슈**를 **해결**하기 위하여
생활속에서 **일회용품 사용**을
권장하고 **고탄소 제품**을 사용한다.

---------------- (O/X)

안녕^^ 오늘도 잘 지냈어? 선생님은 잘 지냈어^^
선생님은 아이스크림 중에 앙꼬바를 가장 좋아해!!ㅎㅎ
뭔가 이름이 맛없음이 충만하지만 그러나 겁나 JMT야!!
우리 동네에 아이스크림 백화점이 있는데 거기서 늘 사먹어!!ㅎㅎ
쌤한테 놀러와!! 우리 같이 앙꼬바도 먹고 투게더도 먹자!! 네가 정말 정말 소중해! 알라뷰

·정답: 01.(1) (1-1) 방부제 / (1-2) 온실가스 / (1-3) 이동거리   (2) ①   (3) X 모양, ㅡ
02.(1) (1-1) O / (1-2) X

초롱이네 놀이방

헬스장의 귀염둥이, 애완호랑이랑 놀자!

초롱 초롱

환경을 지키려면 생활'습관' 자체가 절약으로 바뀌어야 하듯,
공부를 잘하려면 시간되면 딱 공부하는 '습관'이 들어있어야 하지.
핸드폰만 주구장창 보고있으니 습관이 잡힐까?
폰 내려놓고 오늘부터 다시 시작해! 솔직히 이거 재밌잖아?

1.무려 1,200년 전에 만들어졌다는 강 건너기 퀴즈

얼른 넘어와!ㅋㅋ

한 농부가 배를 이용해 염소,양배추,늑대를 반대편 강가로 나르려고 합니다.
배에는 농부 외에 딱 1가지 동식물만 태울 수 있는데요,
문제는! 농부가 곁에 없으면 염소는 양배추를, 늑대는 염소를 먹어치운다는 것입니다.
어떻게 하면 모두가 안전하게 최소 횟수로 강을 건널 수 있을까요?

2. 친구랑 같이 하는 삼각형 땅따먹기 게임

〈게임방법〉 ①번갈아가며 점과 점을 잇는 선을 한 줄씩 긋습니다.
②자기 차례에 삼각형이 완성되면 내가 완성했다는 표시를 합니다(★,○ 등등)
(개꿀팁)한 번에 여러개도 완성 가능합니다!
③더 이상 만들 삼각형이 없을때까지 진행하여 더 많이 만든 사람이 승리!

어우 난
환공포증이

(번안에 가능!) 먼저 염소를 데리고 가고, 혼자 돌아오고, 양배추를 가져 가고, 염소와 함께 다시 돌아오고, 늑대(를 데려가고, 혼자 돌아오고, 염소를 데려다면 끝!

1. 로컬 푸드에 대한 설명으로 옳은 것은?

① 신선도를 유지하기 위하여 방부제를 많이 쓴다.
② 운송 과정에서 온실가스가 많이 배출되는 문제가 있다.
③ 생산성 향상으로 인해 식량 부족 문제를 해결할 수 있다.
④ 가까운 지역에서 생산된 음식 재료와 농산물 등을 의미한다.
⑤ 안전성이 검증되지 않았고, 생물 다양성에 부정적인 영향을 미친다.

2. 미세 먼지의 이동 경로와 발생 원인에 대한 설명으로 옳은 것은?

① 편서풍을 타고 대륙 내부에서 우리나라로 불어온다.
② 조력 발전이 주된 발생 원인 중 하나로 손꼽히고 있다.
③ 어린이, 청소년, 노인들은 미세 먼지로 인한 피해가 적다.
④ 산업·공장 연료로 석탄을 사용하는 일본에서 주로 발생한다.
⑤ 일상생활 속 오염물질은 영향이 크지 않으므로 원인으로 보기 힘들다.

3. GMO농산물에 찬성하는 사람은?

> • 기업가 : 우리가 개발한 콩은 해충에 강하기 때문에 농약을 사용할 필요가 없습니다.
> • 환경 단체 : 생물 다양성을 파괴하고 생태계를 교란할 위험이 있습니다.
> • 생산자 : 추위에도 잘 견디고 무르지도 않아 수확량이 많이 증가했어요.
> • 소비자 : 인간에게 어떤 영향을 미치는지 알 수 없습니다.

① 기업가, 생산자　　　② 기업가, 환경 단체
③ 생산자, 소비자　　　④ 환경 단체, 생산자
⑤ 환경 단체, 소비자

4. 유전자 변형 식품(GMO)에 대해 틀린 설명은?

① 유전자 변형 식품은 인체에 미치는 안전성이 검증되었다.
② 유전자 변형 식품은 대량 생산이 가능하다.
③ 유전자 변형 식품은 세계 식량 문제 해결에 이바지 할 수 있다.
④ 유전자 변형 식품은 해충과 잡초에 강한 품종 개발이 가능하다.
⑤ 유전자 변형 식품은 생태계를 교란 시킬 수 있다.

서술형

5. 밑줄 친 ㉠을 통해 얻을 수 있는 긍정적 효과를 두 가지만 서술하시오.

> 최근 지역에서 생산된 농산물을 지역에서 소비하자는 ㉠ 로컬 푸드(Local Food) 운동이 펼쳐지고 있다.

01. 영역이란?

키워드 빈칸&덧셈 (♻o♻)

〈보기〉
- 영토 • 주권 • 영공 • 영해
- 3(해리) • 12(해리) • 15(해리)

(1-1) **영역** = 한 국가의 [   ]이 미치는 공간적 범위

(1-2) **영역**의 **구성**

= [   ] :한 국가의 **육지의 범위**

= [   ] :영토 **주변의 바다**

= [   ] :영토+영해의 수직 상공

(1-3) **영해** = **기선**에서부터 [   ] **해리**까지의 바다

단답형 MASTER ≪(•̀ᴗ•́)≫

(2) ㉠과 ㉡에 들어갈 단어를 〈보기〉에서 골라 쓰시오.

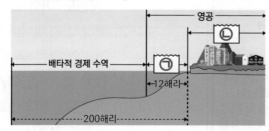

〈보기〉
- 영토 • 영공 • 영해

㉠ (   ) / ㉡ (   )

02. 우리나라의 영역

밑줄친 단어 고치기 (*˘ᵕ˘*)

(1-1) 간척 사업을 하면 **영해**가 더 커진다.

➜ **수정 후** : _____

(1-2) 우리나라는 삼면이 바다인 **내륙국**이다.

➜ **수정 후** : _____

키워드 빈칸 (ﾉ˙◡˙)ﾉ

〈보기〉
- 서해안 • 대한해협 • 동해안

(2-1) [   ] = 직선기선에서 12해리

(2-2) [   ] = 통상기선에서 3해리

(2-3) [   ] = 직선기선에서 3해리

용어 MASTER ⊂(ᵔᴥᵔ)⊃

(3) 다음 **빈칸에 들어갈 단어**는 무엇인지 고르시오.

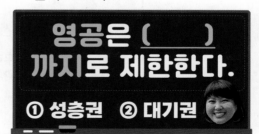

영공은 ( ) 까지로 제한한다.

① 성층권 ② 대기권

정답은... ( )번 입니다.

희망 명언: "낙관주의는 성공으로 인도하는 믿음이다. 희망과 자신감이 없으면 아무것도 이루어질 수 없다."
-헬렌켈러-

·정답:01.(1) (1-1) 주권 / (1-2) 영토, 영해, 영공 / (1-3) 12   (2) ㉠:영해, ㉡:영토
02.(1) (1-1) 영토 / (1-2) 반도국   (2) (2-1) 서해안 / (2-2) 동해안 / (2-3) 대한해협   (3) ②

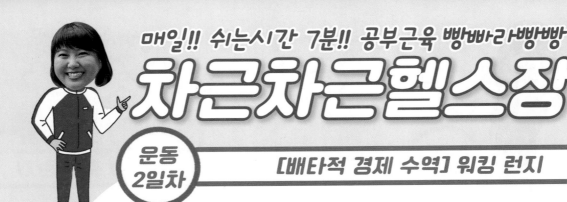

우리
득근하자!

01. 배타적 경제 수역

키워드 빈칸 (๑˙ω˙๑)و

〈보기〉
• 영공 • 영해
• 100(해리) • 200(해리)
• 공업 • 어업 • 반도체 산업

(1-1) **배타적 경제 수역**이란?
: ☐☐☐☐ **기선**으로부터 →
☐☐☐☐ **해리**에 이르는 수역
중 영해를 제외한 바다이다.

(1-2) 연안국 = ☐☐☐☐ **활동**과 같은
경제적 권리를 보장 받는다.

객관식 MASTER ٩(๑˙∇˙๑)۶

(2) 다음 중 ㉠에 들어갈 지역은?

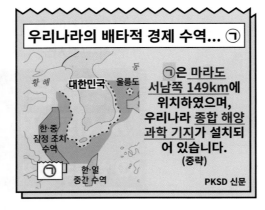

우리나라의 배타적 경제 수역... ㉠

㉠은 마라도
서남쪽 149km에
위치하였으며,
우리나라 종합 해양
과학 기지가 설치되
어 있습니다.
(중략)

PKSD 신문

① 이어도 ② 제주도 ③ 강원도

O/X 퀴즈 (๑•o•๑)

(3-1) **배타적 경제 수역**은 기선으로
부터 **200해리**까지의 바다를
의미한다.
---------------- (O/X)

(3-2) 우리나라의 최남단의 섬인
마라도는 **배타적 경제 수역**에
들어간다.
---------------- (O/X)

(3-3) **배타적 경제 수역**은 **해양 자원**을
탐사하고 개발할 수 있다.
---------------- (O/X)

(3-4) **연안국 이외의 국가**는 **인공섬**을
만들거나 시설물을 설치할 수 **없다**.
---------------- (O/X)

맞는 단어에 O표시 하기

(4-1) 우리나라 종합 해양 과학 기지는
(**강원도/이어도**)에 있다.

(4-2) 배타적 경제 수역에서는 연안국
이외의 다른 국가가 시설물을
설치 할 수 (**있다/없다**).

(4-3) 이어도는 우리나라의 마라도
서남쪽 (**49/149**)km에 있다.

(4-4) 중국, 일본과 어업 질서의 혼란을
막기 위해 (**농업/어업**) 협정을
체결하였다.

사랑하는 얘들아!! 일단은 자신감을 가져!
너 정말 훌륭한 사람이고, 아주 괜찮은 사람이야! 네가 매우 노력하는거 알아!
진짜 진짜 알아!! 벌써 11단원까지 왔잖아!!
그리고 사실 차근 차근 헬스장을 푸는 것 자체가 훌륭해! 왜냐하면 많은 친구들이 본문만 하기도
바쁠텐데 너는 부록까지 열심히 하는거 보니 정말 정말 매우 훌륭한 아이로구나!! 매우 훌륭해!!

·정답: 01.(1) (1-1) 영해, 200 / (1-2) 어업   (2) ①   (3) (3-1) X / (3-2) X / (3-3) O / (3-4) O
(4) (4-1) 이어도 / (4-2) 없다 / (4-3) 149 / (4-4) 어업

매일!! 쉬는시간 7분!! 공부근육 빵빠라빵빵

차근차근헬스장

운동 3일차 [다양한 가치를 지닌 독도(1)] 워킹 런지

01. 독도의 지리적 특색

키워드 빈칸

〈보기〉
- 경상 · 충청 · 전라
- 난류 · 난로 · 한류
- 만둣국 · 우산국 · 산유국

(1-1) 독도 위치 = ☐☐☐ **북도**
울릉군 울릉읍 독도리

(1-2) 독도 = ☐☐☐ **의 영향**
➜ **해양성 기후**가 나타남

(1-3) 독도 = 신라가 ☐☐☐ **을 편입**
➜ **우리나라의 영토**가 됨

객관식 MASTER (˘ω˘)

(2) 다음 〈**지도**〉를 보고 알 수 있는
내용으로 **옳은** 것은?

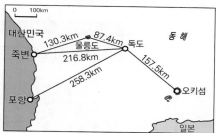

① 독도는 일본에 더 가깝구나.
② 독도는 우리나라에 더 가깝구나.

밑줄친 단어 고치기 (≥ㅁ≤)

(3-1) 독도는 **강원도** 소속이다.
➜ **수정 후** : _____

(3-2) 독도는 **대륙성 기후**가 나타난다.
➜ **수정 후** : _____

02. 독도의 가치

사고력 UP (͝๑•̀_•́)ง

(1) 〈**보기**〉의 내용을 '**영역적 가치**',
'**경제적 가치**', '**생태적 가치**'로
구분하여 번호를 적어보자.

〈보기〉
❶ 독도는 군사적 요충지의 역할을
하기도 한다.
❷ 독도는 섬 전체가 천연 보호
구역으로 지정되어 있다.
❸ 독도의 해저에는 메탄하이드레
이트와 같은 자원이 풍부하다.

진구의 일기장
- 2024년 5월 5일 **SUN**

오늘은 독도의 가치에 대해 조사해 보았다.
독도의 가치는 3가지로 구분할 수 있었다.

첫째, 영역적 가치로서 ▭
둘째, 경제적 가치로서 ▭
셋째, 생태적 가치로서 ▭

오늘은 참 많은 것을 배웠다.

▬ : 번호를 써 넣어보자^^

'졌잘싸' 라는 신조어 아니? 말랑카우에 써있어서 알게 되었는데,
그 뜻이 정말 아주 괜찮더라!
"졌지만 잘싸웠다!!" 그래 그래!! 당장 결과가 안좋다고 해도 일단 최선을 다했다면
정말 정말 잘 싸웠어!!
반드시 필요한 때에 정확히 열매를 맺을 것이란다!! 알았지!!? 그러니깐 힘내!! 파이팅!!!^^

·정답: 01.(1) (1-1) 경상 / (1-2) 난류 / (1-3) 우산국 (2) ② (3) (3-1) 경상도 / (3-2) 해양성 기후
02.(1) (영역적 가치:①/경제적 가치:③/생태적 가치:②)

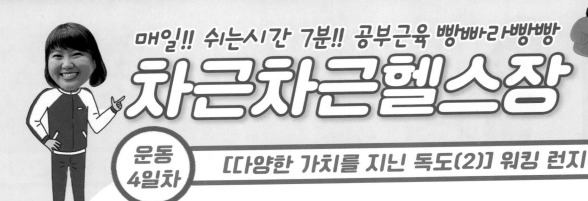

우리 득근하자!

01. 역사 속의 독도

키워드 빈칸&맞는 단어에 O표

〈보기〉

• 삼국사기 • 백제 • 신라
• 승정원일기 • 세종실록지리지
• 팔도총도 • 삼국접양지도

(1-1) 「_____」 = _____ 가
우산국을 정벌 → 우리 영토가
되었다고 기록됨.

(1-2) 「_____」
➔ "**울릉도**와 **독도**는 거리가
멀지 않아 **날씨가 맑으면**
바라볼 수 있다."라는
기록이 있다.

(1-3) 「_____」
➔ 일본 지리학자 **하야시**가 그림
➔ **독도**와 **울릉도**를 **조선**과
(**같은/다른**)색으로 표시!

쉬어가는 TIME

빡친 친구들아 ^^!
매년 **10월 25일**은 **독도의 날**이란다!
꼭 기억하고,
영토를 수호하자!!

독도는 우리땅

고문서 MASTER ㅇ ˘ ㅇ

(2-1) 〈**보기**〉에서 설명하는 **고문서**는
무엇인지 고르시오.

[보기]

📌'**신증동국여지승람**'에 수록된 지도
📌 '**독도**'와 '**울릉도**'를 표기함.

① 세종실록지리지 ② 팔도총도

(2-2) 〈**보기**〉에서 설명하는 **고문서**는
무엇인지 고르시오.

[보기]

✔**일본**의 하야시가 그린 지도
✔ **독도와 울릉도를 조선**과
같은색으로 그려넣음

① 삼국사기 ② 삼국접양지도

단답형 MASTER (˘ ◡ ˘)

(3) 다음 **지도**의 이름은?

울릉도,독도 표시

📌 정답은... (_____) 입니다.

대기만성이라는 말이 있어!!
대기만성이란? 큰그릇이 만들어지기 위해서는 시간이 오래걸린다는 뜻이야!! :)
뭔가 공부를 열심히 하는데도 성과가 잘 안나와 속상하다면!!
아마도 너는 '대기만성!!' 즉, 큰 그릇일꺼야!!^^
낙심하지마^^ 왜냐하면 눈에 보이지 않을 뿐 지금도 너의 실력은 자라나고 있단다!! 진짜 진짜!!
너는 큰그릇이야!! 그래서 공부만 담는 것이 아니라, 다른 사람을 살릴 수 있는 인내와 소망과 희망을
담을 것이란다!! 힘내!! 파이팅!! :)

·정답: 01.(1) (1-1) 삼국사기, 신라 / (1-2) 세종실록지리지 / (1-3) 삼국접양지도, 같은 (2) (2-1) ② / (2-2) ②
(3) 팔도총도

초롱 초롱

헬스장의 귀염둥이, 애완호랑이랑 놀자!
초롱이네 놀이방

남에게 나눠주는 마음도 중요하지만, 남의 것을 탐내는 욕심을 누르는 것도 중요하니라. 그런 의미에서 영역을 넘는 자들에게는 내 이빨자국을 선물할 예정이지 후후. 특히나 역사가 증명하는 우리의 땅을 넘보는 자들이 있다면 당장 눈을 깔아주시길 권하노라.

1.독도는 우리땡! 맞춰봐, 독도 초성퀴즈!

Q1. 독도에 있는 이 바위의 이름은?

Q2. 독도를 대표하는 이 새의 이름은?

Q3. 독도의 옛 이름은?

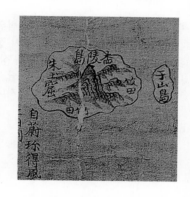

ㅊ	ㄷ	ㅂ	ㅇ		ㄱ	ㅇ	ㄱ	ㄱ	ㅁ	ㄱ		ㅇ	ㅅ	ㄷ

Q4. 조선 후기의 인물로 일본에 직접 찾아가 독도와 울릉도가 우리 영역임을 인정받은 인물은? ▶ ㅇ ㅇ ㅂ

Q5. 고종 황제가 독도를 울릉도의 부속 섬으로 제정한 일을 기념하여 만든 '독도의 날'은 언제? ▶ 00월 00일

Q6. 일본의 야만적인 남획으로 멸종된, 바다사자를 지칭하는 독도 주변의 대표적인 포유동물은? ▶ ㄱ ㅊ

2. 내 땡은 내가 지킨다! 영토 나누기 퀴즈!

멀티버스가 열리면서 수많은 람보쌤과 초롱이, 그리고 응가가 쏟아져나왔다 으악!! 이 혼돈을 잠재울 용사는 오직 당신 뿐이다!

Q.정사각형 두개를 그려 4개의 분리된 공간을 만들어라. 단, 각 공간에는 람보쌤/초롱이/응가가 하나씩 포함되어야 한다.

혼란하다 혼란해

대바위 / 괭이갈매기 / 우산도 / 안용복 / 10월25일 / 강치!
닝 방지를 위해 다음 초롱이네헬스장 페이지 정답지에 공개!

---------------- 영역의 의미와 구성 ----------------

유형1 그림 도표 문제

1. 그림은 한 나라의 영역을 나타낸 것이다. 옳은 것은?

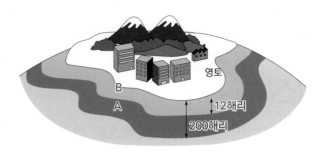

① A는 한 나라의 주권이 미치는 범위이다.
② 영토를 기준으로 영해와 영공이 정해진다.
③ 영공은 영토에서 A까지의 수직 상공을 의미한다.
④ 우리나라의 영토는 '휴전선 이남 지역'으로 표현한다.
⑤ B는 영해로 다른 나라의 배가 지나가는 것이 자유롭다.

---------------- 우리나라의 영역과 배타적 경제 수역 ----------------

유형1 영해

2. 그림에 표시된 ㉠~㉢에 대한 설명으로 옳은 것은?

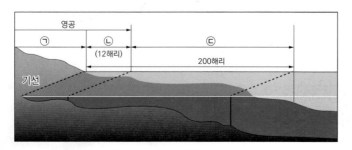

① 우리나라의 ㉠은 삼면이 바다로 둘러싸인 내륙국이다.
② ㉡ 설정 기준이 되는 최저 조위선은 밀물 때의 해안선이다.
③ 대한 해협은 직선 기선에서 3해리까지만 ㉡으로 설정되었다.
④ 서·남해안의 간척사업을 진행한 결과 ㉠과 ㉡이 넓어졌다.
⑤ ㉠~㉢은 한 나라의 주권이 미치는 범위로 국민의 생활이
   이루어지는 공간이다.

※ 지도를 보고 물음에 답하시오.

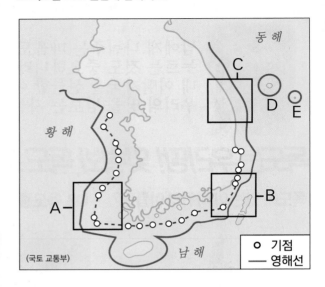

3. 다음 설명에 해당하는 지역을 지도의 A~E에서 고르면?

우리나라와 일본이 인접한 지역으로 예외적으로 3해리까지만 영해로 설정하였다.

① A   ② B
③ C   ④ D
⑤ E

4. 지도의 A~E 중 통상 기선을 적용하여 영해를 정한 지역을 있는 대로
   고르면?

① A, C   ② B, D
③ A, B, C   ④ C, D, E
⑤ A, B, D, E

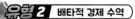 **유형 2** 배타적 경제 수역

5. 다음 글의 밑줄 친 ㉠에 대한 설명으로 옳지 <u>않은</u> 것은?

우리나라의 ㉠배타적 경제 수역(EEZ)에서 무허가 불법으로 조업하던 중국어선이 해경에 나포됐다. 불법 조업 현장을 발견한 해경은 어선에 접근해 정선 명령을 했지만 중국 어선은 이를 무시한 채 달아났다. 해경은 즉시 해상 특수기동대를 투입해 8km 가량 추격 끝에 중국 어선을 나포했다.

① 이어도는 국제법상 우리나라의 ㉠에 포함된다.
② 연안국은 해양 자원을 탐사하고 개발할 수 있다.
③ 다른 국가의 선박은 연안국의 허가 없이 통항이 불가능하다.
④ 연안국은 인공섬을 만들거나 바다에 시설물을 설치할 수 있다.
⑤ 영해를 설정한 기준선으로부터 200해리까지의 바다에서 영해를 제외한 바다이다.

※ 아래의 그림을 보고 물음에 답하시오.

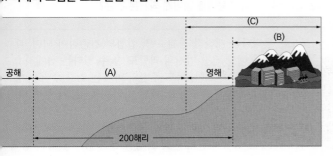

6. (A)에 대한 설명으로 옳지 <u>않은</u> 것은?

① 이어도는 우리나라의 (A)에 포함된다.
② (A)의 연안국은 인공 섬을 만들 수 있다.
③ 누구나 (A)에 시설물을 설치하여 활용할 수 있다.
④ (A)의 연안국은 해양 자원을 탐사하고 개발할 수 있다.
⑤ (A)는 영해를 설정한 기준선으로부터 200해리까지의 바다에서 영해를 제외한 부분이다.

유형 3 복합

7. 우리나라 영역에 대한 설명으로 옳지 <u>않은</u> 것은?

① 삼면이 바다로 둘러싸인 반도국이다.
② 남북으로 형태가 길어 다양한 기후가 나타난다.
③ 황·남해와 동해안은 직선 기선으로부터 12해리이다.
④ 대한 해협에서는 직선 기선에서 3해리까지만 우리 영해이다.
⑤ 제주도, 울릉도, 독도는 통상 기선을 적용하여 영해를 설정한다.

━━━━━━━━ **다양한 가치를 지닌 독도** ━━━━━━━━

8. 독도에 대한 옛 문헌이나 지도에 대한 설명으로 옳은 것을 〈보기〉에서 고른 것은?

┌─────── **보 기** ───────┐

ㄱ. 프랑스 지리학자 당빌이 그린 삼국접양지도에는 동해에 독도가 나타나 있다.
ㄴ. 연합국 최고사령관 각서 677호에서 독도를 일본의 통치·행정 범위에서 제외하였다.
ㄷ. 어부였던 안용복은 일본에 건너가 독도가 우리나라 땅임을 확인하는 문서를 받아왔다.
ㄹ. 팔도총도에는 울릉도와 독도가 우리나라와 동일한 노란색으로 표시되어 있다. 그리고 그 옆에 "조선의 소유다"라고 적혀있다.

└──────────────────────┘

① ㄱ, ㄴ   ② ㄱ, ㄷ   ③ ㄴ, ㄷ
④ ㄴ, ㄹ   ⑤ ㄷ, ㄹ

※ 지도를 보고 물음에 답하시오.

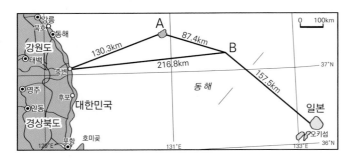

9. A, B 섬에 대한 설명으로 옳지 않은 것은?

① A와 B 모두 화산섬이다.
② A와 B는 우리나라의 영역이다.
③ A와 B는 행정 구역상 강원도에 속한다.
④ B는 우리나라 영토의 가장 동쪽에 위치한다.
⑤ 세종실록지리지에는 "A와 B는 날씨가 맑으면 바라볼 수 있다."라고 기록되어 있다.

10. B 섬에 대한 설명으로 옳지 않은 것은?

① 화산 지형으로서 지질학적 가치가 뛰어나다.
② 사람이 살지 않는 무인도로서 희귀 동식물이 서식하고 있다.
③ 동해의 중심지 역할을 하고 있어 군사·안보적 측면에서 중요하다.
④ 주변 바다는 한류와 난류가 만나는 조경 수역으로 수산 자원이 풍부하다.
⑤ 수심 300m 이상의 깊은 바다에 메탄하이드레이트가 많이 매장되어 있다.

11. 다음에서 설명하는 지도는?

이것은 1785년 일본 지리학자가 그린 것으로 일본을 둘러싼 세 나라를 색깔로 구분하였다. 조선과 같은 색으로 표현한 울릉도와 독도에 일본어로 '조선의 것'이라고 적어, 울릉도와 독도가 명백한 우리 영토임을 표시하였다.

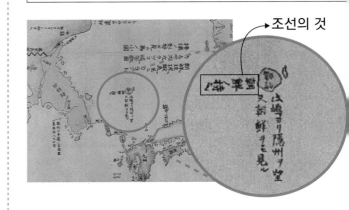

➤조선의 것

① 팔도총도　　　　　　② 삼국사기
③ 삼국접양지도　　　　④ 세종실록 지리지
⑤ 신증동국여지승람

12. ㉠~㉢에 들어갈 용어를 알맞게 짝지은 것은?

독도는 우리나라 배타적 경제 수역 설정의 기준점이 되며, 태평양을 향한 해상 전진 기지의 역할도 할 수 있다는 점에서 (㉠)가치를 지닌다. 또한, 독도 주변의 바다는 조경 수역을 형성하여 어족 자원이 풍부하고, 메탄 하이드레이트가 주변 바다에 매장되어 있어 (㉡)가치 역시 뛰어나다. 그리고 독도 전체는 천연 보호 구역으로 지정될 만큼 다양한 동식물이 서식하고 있는데, 해저 화산의 진화 과정을 살펴볼 수 있다는 점에서 (㉢)가치를 지니고 있다.

	㉠	㉡	㉢
①	경제적	영역적	환경·생태적
②	경제적	환경·생태적	영역적
③	영역적	경제적	환경·생태적
④	영역적	환경·생태적	경제적
⑤	환경·생태적	경제적	영역적

01. 세계화 시대의 지역화

맞는 단어에 O표시 하기

(1-1) **(세계화/지역화)**란, 특정 지역이 세계의 정치·경제·사회의 주체가 되는 현상을 의미한다.

(1-2) 지역화가 등장하게 된 배경은, 세계화로 인한 지역 간 경쟁이 **(약화/심화)**되었기 때문이다.

(1-3) 지역화를 통해 각 지역은 지역 경쟁력을 **(낮춰/높여)**야 한다.

(1-4) 지역화 전략이란, 다른 지역과 **(차별화/동일화)**하는 계획이다.

객관식 MASTER (๑•ᴗ•๑)

(2) 다음 중 **지역화 전략이 필요한 이유**로 옳은 것은?

① 관광 수입이 증대되기 때문

② 자연환경이 보존되기 때문

02. 지역화 전략이란?

키워드 빈칸 s(￣ヘ￣)z

〈보기〉
- 세계화 전략
- 지역화 전략
- 동일화
- 차별화

(1) ☐ = **지역**의 **경쟁력**을 **높이**기 위해 ➡ 다른 지역과 ☐ 할 수 있는 계획을 마련하는 것을 의미한다.

밑줄친 단어 고치기 ^ᴗ^

(2-1) 지역화 전략은 지역의 가치를 **낮추기** 위해 필요하다.
➡ 수정 후 : _____

(2-2) 지역화 전략으로 주민의 자긍심이 **감소**하는 결과를 초래한다.
➡ 수정 후 : _____

(2-3) 지역화 전략으로 일자리가 **줄어들고**, 관광 수입이 증가하는 효과를 가져온다.
➡ 수정 후 : _____

얘들아 뭔가 열심히 하지만 성과가 없으면 너무 힘들지?? ㅠㅠ
얼마나 힘들겠어.. 그런데 쌤한테도 그런 시기가 있었어!!
정말 열심히 하는데 뭘해도 성과가 나지 않고 오히려 계속 바닥으로 내려가는 느낌이었어.
정말 너무 너무 좌절스러웠지.. 그런데 그때 마침 한분이 내게 이런 이야기를 해줬는데
쌤의 눈에서 눈물이 났어!! 그건 바로!! ➡

·정답: 01.(1) (1-1) 지역화 / (1-2) 심화 / (1-3) 높여 / (1-4) 차별화　(2) ①
02.(1) (1-1) 지역화 전략, 차별화　(2) (2-1) 높이기 / (2-2) 향상(=증가) / (2-3) 창출되고(=늘어나고)
[검사결과] 붕어빵을 고른 당신은.. 결단력과 추진력을 가진 리더💪　꼬치어묵을 고른 당신은.. 도전정신이 강한 인물💜
호떡을 고른 당신은.. 인내심이 좋은 인물 >.<

[다양한 지역화 전략(2)] 버피테스트

우리 득근하자!

01. 지역화 전략의 종류

키워드 빈칸 ૧(•◡•)

〈보기〉
- 지역 브랜드
- 장소 마케팅
- 장소 소개팅
- 지리적 표시제

(1-1) ☐ =**상표**(브랜드 개념)

➡ 지역에 적용한 것!

(1-2) ☐ =**장소 자산**이나

랜드마크를 활용하여

➡ 지역을 홍보하는 것!

(1-3) ☐ =**원산지 지명**을

상표권으로 **인정**해 주는 제도

훼이크 극복 (づ ﹡‿﹡)づ

(2) 지역화 전략 중 '**지리적 표시제**'에 해당하는 것은 무엇인가?

①

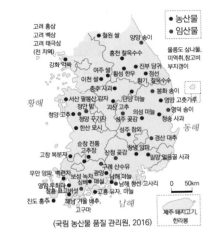
②

(국립 농산물 품질 관리원, 2016)

사고력 UP ✍

(3) 다음은 **지역화 전략의 종류**와 그에 따른 **사례**를 순서 없이 나열한 것이다. 지역화 전략과 그에 해당하는 사례를 **바르게 연결**하여 보자.

지역브랜드 •

장소마케팅 •

지리적표시제 •

• 함평의 나비 축제

• HAPPY700 평창
강원도 평창

• 보성 녹차

"성장에는 양적 성장도 있지만!! 질적 성장도 있다"는 말이었단다!!
그때 쌤은 깨달을 수 있었어!! "아~ 내가 눈으로 보이진 않지만 질적 성장을 하고 있구나!!
어쩌면 이것이 더 큰 성장이겠구나!!" 그래 그래 사랑하는 얘들아^^
지금 뭔가 너희들의 상황이 멈춰있는 듯 하지만 사실은 지금도 성장하고 있고 반드시 아주 위대한
사람이 될것이란다!! 알았지? 그러니 힘내고 용기내!! 너무 너무 소중하고 사랑해!! 알라븅:)

·정답: 01.(1) (1-1) 지역 브랜드 / (1-2) 장소 마케팅 / (1-3) 지리적 표시제   (2) ②   (3) X 모양, —

매일!! 쉬는시간 7분!! 공부근육 빵빠라빵빵
차근차근헬스장

운동 3일차 [우리나라의 위치와 국토 통일] 버피테스트

01. 우리나라의 위치

맞는 단어에 O표시 하기

(1-1) 우리나라는 유라시아 대륙 (**서쪽/동쪽**)에 위치하였다.

(1-2) 우리나라는 유라시아 대륙과 (**태평양/대서양**)으로 진출하기에 유리하다.

(1-3) 우리나라는 동아시아 각국을 연결하는 (**주변부/중심부**)에 위치하였다.

O/X 퀴즈 (ⓧoⓞ)

(2-1) 우리나라는 **항공 교통**이 유리하다.
------------------ (O/X)

(2-2) 우리나라는 **대륙**과 **해양**으로 **진출**하기에 **유리**하다.
------------------ (O/X)

02. 국토 통일의 중요성

키워드 빈칸 (づ •_•)づ

> ⟨보기⟩
> • 연결 • 단절 • 손절
> • 분단 비용 • 자취 비용

(1-1) **국토 분단에 따른 문제점** 👍
= 대륙·해양 진출의 통로가
☐ 되었다.

(1-2) 국토 분단에 따른 문제점 ✌

= 과도한 군사비 지출과 같은
☐ 발생

객관식 MASTER (๑•ㅁ•๑)

(2) 다음 중 **국토 통일**이 필요한 이유는?

① ②

민족의 동질성 하락 | **경제적 상승 효과**

03. 통일 한국의 미래

그래프 MASTER (•ω•)

(1) 다음 그래프를 보아 **통일이 이루어졌을 때의 상황**으로 **옳은** 것은?

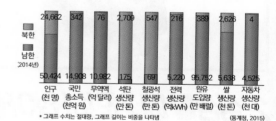

	인구(천 명)	국민총소득(천억 원)	무역액(억 달러)	석탄생산량(만 톤)	철광석생산량(만 톤)	전력생산량(억kWh)	원유도입량(만 배럴)	쌀생산량(천 톤)	자동차생산량(천 대)
북한	24,662	342	76	2,709	547	216	389	2,626	4
남한(2014년)	50,424	14,908	10,982	175	69	5,220	95,752	5,638	4,525

* 그래프 수치는 절대량, 그래프 길이는 비중을 나타냄 (통계청, 2015)

① 환경 파괴 속도가 줄어들 것이다.

② 한반도의 균형 발전이 이뤄질 것이다.

대박사건!!!
통일로 끊겼던 교통망이 서로 연결되면! 시베리아 횡단 철도와 서로 이어질 수 있어!!

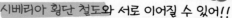

중간 고사를 못봤다고 기말고사 또한 못본다는 것은 없어!
중간 고사 못봤다고 속상하지는 않니?ㅠㅠ
근데 쌤이 희망 줄까?? 절대 너는 못하는 사람이 아니야!
지금부터 계획을 잘 세워서 차근 차근 잘 해나가면 기말고사 충분히 잘 할 수 있어!!
계획 세우면 돼! 우리 계획 세우고 그 계획을 잘 지켜서 꼭 승리하자! 알라븅 :)

·정답: 01.(1) (1-1) 동쪽 / (1-2) 태평양 / (1-3) 중심부   (2) (2-1) X / (2-2) O
02.(1) (1-1) 단절 / (1-2) 분단 비용   (2) ②
03.(1) ②

헬스장의 귀염둥이, 애완호랑이랑 놀자!
초롱이네 놀이방

나같이 남한에 사는 호랑이의 위시리스트 중에 하나는
얼른 통일이 되어서 북한 호랑이랑 맞짱 한 번 떠보는거야!
누가 최강자인지 가려보는거지! 넌 누가 이길거라고 생각해?
잘 생각해서 대답하도록. 아참, 요즘 자꾸 이빨이 간지럽더라.

1.우리나라 국민이면 꼭 알아야 하는 지명 위치 맞추기!

Q. 다음 보기에 제시된 지명의 위치를 찾아 왼쪽 백지도에 번호로 표시하시오

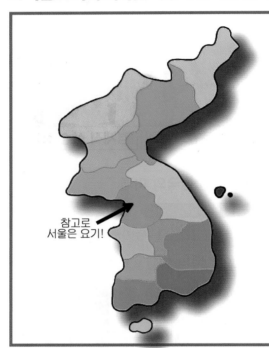

참고로 서울은 요기!

〈보기〉

① 울산광역시
② 강원도 춘천시
③ 전북 전주시
④ 평양시(북한)
⑤ 광주광역시
⑥ 부산광역시
⑦ 충북 청주시
⑧ 대구광역시
⑨ 함경남도 함흥시(북한)
⑩ 대전광역시

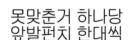

못맞춘거 하나당
앞발펀치 한대씩

2. 심심할 때 가만히 앉아 풀기좋은 스도쿠 게임

5	3			7				
6			1	9	5			
	9	8					6	
8				6				3
4			8		3			1
7				2				6
	6					2	8	
			4	1	9			5
				8			7	9

▶규칙◀

1.가로줄과 세로줄에 각각 1에서 9까지 숫자를 한번만 써야 함
2.큰 정사각형 안에 3x3의 작은 정사각형이 총 9개인데
  그 안에서도 1에서 9까지 숫자를 한번만 써야 함!

*스도쿠 정답은 컨닝방지를 위해 다음 놀이방 페이지 정답란에 써두겠습니다 후후-

〈지도퀴즈 정답〉   〈지난회차 정답〉

다양한 지역화 전략

. 밑줄 친 A에 들어갈 말로 가장 적절한 것은?

- A 은/는 한 지역을 다른 지역과 차별화 합니다.
- A 은/는 많은 관광객을 불러 모아 경제적 이득을 얻을 수 있습니다.

① 공연시설　　　　② 랜드마크
③ 국제기구　　　　④ 다국적 기업
⑤ 젠트리피케이션

. (가)에 해당하는 지역을 지도에서 고른 것은?

우리나라의 대표적인 지역 브랜드로는 'HAPPY 700'이 있다. 'HAPPY 700'은 사람이 살기에 가장 쾌적하다는 평균 해발 고도 700m에 있는 지리적 특성을 살면서 만든 지역 브랜드이다. [(가)]은/는 험준한 산지가 펼쳐져 있는 지역에 위치하여 농사지을 수 있는 땅이 부족하고, 산업도 발달하지 못하였다. 이러한 자연환경을 오히려 장점으로 부각하는 지역 브랜드를 만들었고, 농산물 브랜드, 관광 산업 등 다양한 분야에서 활용하여 큰 효과를 거두고 있다.

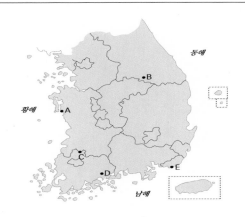

① A　　　　② B　　　　③ C
④ D　　　　⑤ E

3. 지역화 전략에 대한 설명으로 옳지 <u>않은</u> 것은?

① 지역 브랜드는 로고,슬로건 등으로 표현된다.
② 지역화 전략은 그 지역의 이미지를 향상시킬 수 있다.
③ 장소 마케팅은 지역 특산물을 증명하고 표시하는 제도이다.
④ 함평의 나비 축제는 대표적인 장소 마케팅이다.
⑤ 우리나라 지리적 표시제 1호는 보성 녹차이다.

4. 다음은 무엇과 관련 있는 지도인가?

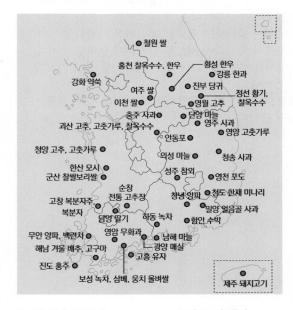

① 지리적 표시제　　　　② 장소 마케팅
③ 지역 브랜드　　　　④ 랜드마크
⑤ 지역 상징 이미지

국토 통일과 통일 한국의 미래

5. 통일이 필요한 이유가 <u>아닌</u> 것은?

① 군사비 부담을 줄이기 위해
② 전쟁에 대한 불안감을 떨치기 위해
③ 물자의 흐름을 원활하게 하기 위해
④ 반도국의 위치적 장점을 활용하기 위해
⑤ 남북한 간의 이질화를 심화시키기 위해

6. 통일 이후 우리 생활의 변화 예측으로 옳지 않은 것은?

① 버스타고 북쪽의 고구려와 발해 유적지를 방문할 것이다.
② 시베리아 횡단 열차타고 철도로 유럽까지 여행할 것이다.
③ 건설과 무역이 확대되어 새로운 일자리가 늘어날 것이다.
④ 아시안 하이웨이가 개통되어 집에서 내 차를 몰고 러시아
　까지 갈 것이다.
⑤ 육로 교통으로만 연결되었던 대륙이 해상과 항공 교통으로
　도 연결될 것이다.

7. 다음 표는 남북한의 언어 비교표이다. 이것을 통해 알 수 있는 것은?

남한말	북한말	남한말	북한말
볶음밥	기름밥	도넛	가락지빵
달걀	닭알	주스	과일단물
달걀찜	닭알두부	도시락	곽밥
달걀말이	색쌈	족발	발쪽찜
수제비	뜨더국	잡곡밥	얼럭밥

① 주민간에 이질감이 심화되었다.
② 민족의 동질성이 확대되었다.
③ 다양한 사고 방식을 갖추었다.
④ 경제적 발전이 있었다.
⑤ 막대한 군사비가 지출되었다.

8. 다음중 맞는 말을 고르시오.

① 분단으로 인해 막대한 군사비를 지출하는 등의 통일 비용이
　발생한다.
② 통일이 되면 남한의 자원과 북한의 자본이 결합되어 경제적
　이익이 증대될 것이다.
③ 통일이 되면 북한과 남한의 균형 있는 국토 개발이 가능할
　것이다.
④ 통일이 되면 남한 중심의 경제 발전을 해야한다.
⑤ 통일이 되면 북한의 인권과 기아 문제는 더욱 심각해질 것
　이다.

01. 지구상의 지리적 문제

O/X 퀴즈 (😊o😡)

(1-1) **지구상의 지리적 문제**란,
사람들이 살아가는 **지구**에서
발생하는 문제이다.
---------------- (O/X)

(1-2) **지리적 문제**의 대표적인 **사례**로
영역 분쟁, 기아 문제가 있다.
---------------- (O/X)

(1-3) **지리적 문제**는 **특정 지역에서만**
발생한다.
---------------- (O/X)

(1-4) **지리적 문제**를 **해결**하기 위해
국가 간 경쟁이 필요하다.
---------------- (O/X)

사고력 UP🎵

(2) 지구상에 발생하고 있는 **지리적**
문제에 대한 설명으로 **옳은 것**을
모두 찾아 **기호에 O표시** 해보자.

보기　📖 Hint. 정답 2개

ㄱ. 기아 문제, 생물 다양성 감소,
영역 분쟁 등이 있다.
ㄴ. 지리적 문제는 특정 대륙이나
지역에서만 나타난다.
ㄷ. 지리적 문제를 해결하기 위해
서는 국가간 협력이 필요하다.

02. 기아문제

키워드 빈칸 & 맞는 단어 O표

보기　📖 빈칸에 알맞은 단어를 골라 써보자고~~

• 식량 부족	• 식량 낭비
• 자연적　• 인위적　• 지리적	
• 유럽　• 아프리카　• 러시아	

(1-1) **기아 문제** = [　　　　　]으로
충분한 영양을 섭취하지
못하는 현상

(1-2) **기아 문제의 발생원인** ✌

❶ [　　　　] **요인** = 가뭄,
홍수, 태풍 등 자연재해

❷ [　　　　] **요인** =
개발도상국의 급격한 인구
(증가/감소)로 인한 수요 증가

(1-3) **대륙 중** 가장 많은 기아 문제가
발생하는 대륙은 [　　　　]이다.

객관식 MASTER (•ᴗ•)

(2) **기아 문제**가 발생하는 **원인**이
아닌 것은?

| ① 식량 생산량의 증대 | ② 식량 분배의 국제적 불균형 |

낙심될 때 명언: "만약 세상에 즐거움만 있다면
우리는 결코 인내하는 법을 배울 수 없을 것이다."
-헬렌켈러-

85

정답: 01.(1) (1-1) O / (1-2) O / (1-3) X / (1-4) X 　(2) ㄱ,ㄷ에 O표시
02.(1) (1-1) 식량부족 / (1-2) 자연적, 인위적, 증가 / (1-3) 아프리카 　(2) ①

우리
득근하자!

01. 생물 다양성 감소

사고력 UP🏋️

(1) 다음 중 **생물 다양성 감소**의 원인을 **모두** 골라보자.

보기 📖 Hint. 정답 2개

ㄱ. 농경지 축소
ㄴ. 열대우림의 파괴
ㄷ. 외래종의 감소
ㄹ. 무분별한 남획

➡ 정답 : (_____ , _____)

밑줄친 단어 고치기 ^ᴗ^

(2-1) 생물 다양성 감소의 원인은 **냉대** 우림의 파괴이다.

➡ 수정 후 : _____

(2-2) 생물종 다양성 감소 문제를 위해 UN은 **생태계 협약**을 체결하였다.

➡ 수정 후 : _____

(2-3) 생물 다양성 감소로 인해 생태계의 자정 능력이 **증가**하였다.

➡ 수정 후 : _____

(2-4) **고위도** 지방은 생물종의 개체수가 다양하다.

➡ 수정 후 : _____

02. 영역을 둘러싼 분쟁(1)

키워드 빈칸 ๑•̀ㅁ•́๑

보기 📖 빈칸에 알맞은 단어를 골라 써보자고~~

• 아프리카   • 인도네시아
• 팔레스타인   • 카슈미르

(1-1) [_____] = 독립 이후 국경과 부족의 경계가 다름

➡ 분쟁과 내전이 발생

(1-2) [_____] = 제2차 세계 대전 이후 팔레스타인에 이스라엘 건국

➡ 영토 분쟁 시작

객관식 MASTER ๑•ω•

(2) **[보기]**와 같은 영토 문제가 발생하는 지역은 어디인가?

보기 📖 여긴 어디일까?

과거 유럽 강대국들이 이해관계에 따라 설정해 놓은 국경선으로 인해 독립 이후 국경과 **부족의 경계가 달라 영역 갈등이 끊임없이 일어난다.**

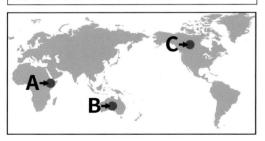

① A   ② B   ③ C

자신감 명언: "절대로 고개를 떨구지 말라! 고개를 치켜들고 세상을 똑바로 바라보라!!"
-헬렌켈러-

·정답: 01.(1) ㄴ,ㄹ   (2) (2-1) 열대 / (2-2) 생물 다양성 / (2-3) 감소 / (2-4) 저위도
02.(1) (1-1) 아프리카 / (1-2) 팔레스타인   (2) ①

01. 영역을 둘러싼 분쟁(2)

빡친 친구들아! 이 파트는 지도로도 섬문제에 잘 등장한단다!! 그런 진상 학교들을 위해 오늘은 지도 특훈이다!!

지도 CLEAR ㅇ‿ㅇ

(1) [보기]를 참고하여 **지도의 번호**에 **알맞은 단어**를 골라 적어보자.

[보기]
- 팔레스타인
- 카슈미르
- 쿠릴 열도
- 센카쿠 열도
- 난사 군도
- 아프리카

정답 📖 여기에 정답을 적어보아요 ^.^

❶ _____ ❷ _____

❸ _____ ❹ _____

❺ _____ ❻ _____

지도 MASTER ☞().()

(2) **A와 B가 어디인지 쓰고**, 각 지역에서 일어나는 **영해 분쟁**을 옳게 **연결**하여 보자.

정답 📖 여기에 정답을 적어보아요 ^.^

A는 _____ 열도
B는 _____ 군도입니다.

A ·
· ·막대한 석유 매장
·일본 VS 중국 VS 타이완

B ·
· ·중국,필리핀, 브루나이, 말레이시아 베트남 분쟁
·석유와 천연가스 매장

객관식 MASTER (>‿<)

(3) [보기]에서 **설명하는 곳**은 어디인가?

보기 📖 여긴 어디일까?

제 2차 세계대전 이후 이스라엘이 건국되면서 4차례의 전쟁 발발하였다.

① 아프리카 　② 카슈미르

③ 튀르키예 　④ 팔레스타인

진짜 쌤이 차근차근 헬스장 만들면서 헬렌켈러가 정말 대단하는 것이 느껴졌어!! 이렇게나 수많은 명언을 제조하다니!! 너희들도 알다시피 헬렌켈러는 눈도 안보이고 귀도 안들리고, 말도 하지 못하는 그 고난속에 살았잖아! 그 고난이 헬렌켈러를 이렇게 훌륭하게 만들었어!! 만약 너희들의 삶에 어려움이 반복된다면 어쩌면 너는 헬렌켈러처럼 온 인류를 살리는 그런 자랑스런 개척자가 될 것이란다!! 너무 너무 훌륭해!! 그리고 사랑해!! 알라뷩 :)

·정답: 01.(1) ① 팔레스타인, ② 카슈미르, ③ 아프리카, ④ 쿠릴 열도, ⑤ 센카쿠 열도, ⑥ 난사군도
　　　(2) 센카쿠(열도), 난사(군도), = 표시　(3) ④

초롱이네 놀이방

나처럼 겨우겨우 살아남은 호랑이도 있지만, 사실 수많은 생물들이 환경오염속에 사라지고 말았다. 이걸 어쩔겨? 책임질겨?
자, 지금이 마지막 기회라고 생각하고 이제라도 환경오염을 막아야겠지?
밥부터 남기지말고 싹 먹어라.

1. 알쏭달쏭 역대 〈환경슬로건〉 맞추기

매년 6월 5일은 UN이 정한 세계 환경의 날입니다. 매년 환경의 날이 올 때마다 매번 다른 슬로건(주제)이 발표되는데요, 1997년 한국에서 주최한 세계 환경의 날 슬로건은 '지구상의 모든 생명을 위해' 였습니다.
자 그렇다면 문제입니다! 어지럽게 놓인 글자들을 모아 각 연도별 환경슬로건을 맞춰보세요!

하	의	구	구	복	발
지	괴	기	대	오	뿐
기	퇴	게	개	스	는
염	라	나	지	오	에
없	치	퇴	원	플	를
인	틱	회	염	치	파

1974년 하 □ □ □ □ 구

1978년 □ 괴 □ □ 개 □

2002년 □ □ □ □ □ 원 □ □ □ 틀

2019년 □ □ □ □ □

2023년 □ □ □ □ □ □

2. 답을 알면 어이없어지는 그림퀴즈 - 제목을 맞혀라!

Q1. 다음 그림의 제목은 무엇일까?

Q2. 네 글자 제목을 가진 이 그림은?

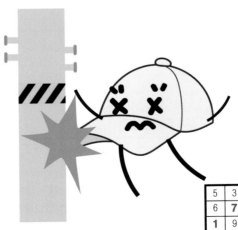

5	3	4	6	7	8	9	1	2
6	7	2	1	9	5	3	4	8
1	9	8	3	4	2	5	6	7
8	5	9	7	6	1	4	2	3
4	2	6	8	5	3	7	9	1
7	1	3	9	2	4	8	5	6
9	6	1	5	3	7	2	8	4
2	8	7	4	1	9	6	3	5

지구상의 지리적 문제

지구상에 발생하고 있는 지리적 문제만 〈보기〉에서 고른 것은?

보 기

ㄱ. 기아 문제
ㄴ. 공적 개발 원조
ㄷ. 생물 다양성의 감소
ㄹ. 세계 국가 간 균형 발전

① ㄱ, ㄴ ② ㄱ, ㄷ ③ ㄴ, ㄷ
④ ㄴ, ㄹ ⑤ ㄷ, ㄹ

기아 문제

기아 문제가 발생하는 원인이 아닌 것은?

① 가뭄, 홍수 등의 자연 재해
② 식량 분배의 국제적인 불균형
③ 잦은 분쟁에 따른 식량 공급의 어려움
④ 인구 급증에 따른 식량 수요 증가
⑤ 과학 기술의 발달로 식량 작물 생산 증가

기아 문제에 대한 설명으로 옳은 것을 고르시오.

보 기

ㄱ. 주로 유럽과 앵글로 아메리카에서 발생한다.
ㄴ. 가장 많이 발생하는 대륙은 아프리카이다.
ㄷ. 주로 인구 증가율이 높은 대륙에서 발생한다.
ㄹ. 식량을 충분히 섭취 할 때 발생한다.

① ㄱ, ㄴ ② ㄱ, ㄷ ③ ㄴ, ㄷ
④ ㄴ, ㄹ ⑤ ㄷ, ㄹ

생물 다양성 감소

생물 다양성 감소에 대한 설명으로 옳지 않은 것은?

① 열대 우림의 파괴는 생물 다양성 감소의 주범이다.
② 생물종 보호를 위해 바젤 협약을 체결하였다.
③ 저위도 지방의 열대 우림은 생물종 개채수가 많다.
④ 외래종의 유입이 증가하면서 생물 다양성이 감소하고 있다.
⑤ 생물 다양성 감소는 생태계의 자정 능력 감소를 가져왔다.

영역을 둘러싼 갈등

5. 다음 글의 (가)에 해당하는 지역은?

제2차 세계대전 이후 (가) 지역에 유대교를 믿는 이스라엘이 건국하면서 주변 아랍 국가들과의 갈등이 시작되었다. 네 번에 걸친 전쟁으로 이스라엘이 (가) 지역의 대부분을 차지했는데 그전에 살던 (가) 사람들이 영토를 회복하기 위해 저항하면서 전쟁이 계속되고 있다.

① 수단 ② 코소보 ③ 카슈미르
④ 소말리아 ⑤ 팔레스타인

6. 다음 영역 분쟁에 대한 설명으로 옳지 않은 것을 고르면?

① 영역 분쟁은 보통 한가지 이유로 분쟁한다.
② 아프리카는 강대국에 의한 인위적인 국경선 설정 때문에 분쟁이 발생한다.
③ 아프리카는 분쟁으로 인해 난민이 발생한다.
④ 힌두교와 이슬람교의 대립으로 카슈미르 분쟁이 발생한다.
⑤ 유대인과 팔레스타인 사람들 사이에서 팔레스타인 분쟁이 발생하고 있다.

7. 지도의 (가) 분쟁 지역에 대한 설명으로 옳은 것은?

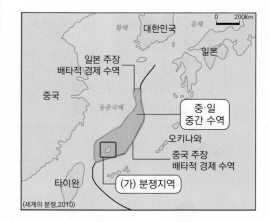

① 힌두교와 이슬람교의 갈등이 깊다.
② 중국이 실효적으로 지배를 하고 있다.
③ 석유 매장이 확인된 후 갈등이 심해졌다.
④ 국경선 설정이 모호하여 발생한 분쟁이다.
⑤ 다양한 언어로 인한 문화적 충돌을 겪고 있다.

운동 1일차 【발전 수준의 지역 차이~저개발 국가의 빈곤 문제 해결】

01. 발전 수준의 지역 차이

키워드 빈칸&맞는 단어 O표

보기 📖 빈칸에 알맞은 단어를 골라 써보자고~~

• 선진국   • 개발도상국
• 지역화   • 세계화

(1-1) [   ] = 18C 산업혁명
이후 산업화를 이룸

➜ (예) : (서부유럽/아프리카)

(1-2) [   ] = 20C 이후부터
산업화가 진행되고 있음.

➜ (예) : (서부유럽/아프리카)

(1-3) [   ]로 인해 **발전 수준**의
지역차는 더 **심해**졌다.

사고력 UP

(2) 다음 중 **선진국에서 더 높게**
나타나는 현상을 **모두** 고르시오.

보기 📖 Hint. 3개입니다^^:

ㄱ. 기대 수명
ㄴ. 성인 문맹률
ㄷ. 합계 출산율
ㄹ. 인간 개발 지수
ㅁ. 1인당 국내 총생산
ㅂ. 교사 1인당 학생 수

➜ 정답 : (,   ,   )

단답식 MASTER

(3) 다음 보기에서 설명하는 것은?

보기 📖 '이것'은 무엇일까요?

이것은 국제 연합 개발 계획이
**매년 각국의 국민 소득 분만
아니라, 교육 수준, 기대 수명**
등을 기준으로 국가별 **국민의 발전
수준 등을 평가하는 지표**이다.

➜ 정답 : (   )

02. 저개발 국가의 빈곤 문제 해결 ☆

객관식 MASTER

(1-1) 다음 중 **저개발 국가의 빈곤
퇴치**를 위한 노력이 **아닌** 것은?

① 교육과 고용 창출에 투자   ② 출산 장려 정책

(1-2) **역사교육을 강화**하고 **인재
육성**에 **집중 투자**한 나라는?

① 대한민국   ② 르완다

내가 죽은 뒤에 나의 뼈를 하얼빈 공원 옆에 묻어두었다가 나라를 되찾거든 고국으로
옮겨다오. 나는 천국에 가서도 마땅히 우리나라 독립을 위해 힘쓸 것이다.
대한독립의 소리가 천국에 들려오면 나는 마땅히 춤추며 만세를 부를 것이란다!
다음세대 개척자들아!!
-도마 안중근-

·정답: 01.(1) (1-1) 선진국,서부유럽 / (1-2) 개발도상국,아프리카 / (1-3) 세계화 (2) ㄱ,ㄹ,ㅁ (3) 인간 개발 지수
02.(1) (1-1) ② / (1-2) ②

우리 득근하자!

01. 지역 간 불평등 완화 ✏️

키워드 빈칸 & 맞는 단어 O표

보기 📖 빈칸에 알맞은 단어를 골라 써보자고~~

- 유엔 난민 기구 • 유엔 아동 기금
- 세계 보건 기구 • 유엔 평화 유지군
- 공적 보호 기구 • 공적 개발 원조

(1-1) ☐☐☐☐ = 세계의 **질병**

문제를 **해결**하기 위한 기구

(1-2) ☐☐☐☐ = **난민 보호** 및

난민 문제 해결하기 위한 기구

(1-3) ☐☐☐☐ = **아동 구호**와

아동 복지 향상을 위한 기구

(1-4) ☐☐☐☐ = 선진국의 정부가

(저개발/개발) 국가를 공식적

으로 지원하는 것

객관식 MASTER (✪o✪)

(2) 다음 **[보기]**에서 설명하는 **기구**를

고르시오.

보기 📖 '이 기구'는 무엇일까요~?

이 기구는 세계적인 문제를 해결하기

위한 **민간 단체**로 **그린피**스가 있다.

① 개발 원조 위원회(DAC)

② 경제 협력 개발 기구(OECD)

③ 국제 비정부 기구(NGO)

사고력 UP 👆

(3) **산하 기구**와 그 **역할**을 바르게

연결하여 보자.

유엔 평화 유지군	•	•	분쟁 지역의 질서 유지 및 주민 안전 보장
유엔 세계 식량 계획	•	•	기아와 빈곤으로 고통받는 지역에 식량 지원

♥

02. 공정무역 📖

서술형 MASTER (˚◡˚)

(1) 아래 질문을 읽고 **물음**에 답하시오.

> ㉠**은 선진국과 저개발 국가 사이의 불공정한 무역을 개선하여 저개발 국가의 생산자에게 정당한 가격을 지급하는 무역 방식이다**

(1-1) ㉠이 무엇인지 쓰시오.

➡️ 정답 : (   )

(1-2) ㉠**으로 나타나는 성과**를

한가지만 쓰시오.

➡️ 정답 : _____

_____

사랑하는 다음세대 개척자들아! 여기까지 오느라 정말 정말 수고 많았어!!
와!!축하해!! 어느순간 너희들의 어깨에 근육이 붙었네!! 바로 '안중근'말이야!! 안중근처럼
이 세상에 빛이 되는 존재가 되었어!! 차근차근 헬스장을 끝까지 완주한 너!! 그 꾸준함과
인내가 이 세상의 빛이 되는 존재로 만들어줬구나!! 정말 너무 너무 축하해!!
너는 이 세상을 밝히는 빛과 소금이란다!! 알라븅 :)

·정답: 01.(1) (1-1) 세계 보건 기구 / (1-2) 유엔 난민 기구 / (1-3) 유엔 아동 기금 / (1-4) 공적 개발 원조,저개발
    (2) ③   (3) = 모양
02.(1) (1-1) 공정무역 / (1-2) 생산 지역의 빈곤이 완화된다. 저개발 국가 생산자의 경제적 자립을 기대할 수 있다. 등

발전 수준의 지역차

1. 지역별 발전 수준의 차이에 대한 설명으로 옳은 것을 고르면?

① 세계 각 지역은 자연 환경이나 자원 보유량, 기술 등의 영향으로 발전 수준에 차이가 없다.
② 세계화의 확산으로 발전 수준의 지역 차는 줄어들고 있다.
③ 개발도상국은 주로 아프리카와 남아시아, 라틴 아메리카에 분포한다.
④ 선진국은 아프리카와 앵글로 아메리카에 분포한다.
⑤ 개발도상국일수록 인간 개발 지수가 높다.

2. 그래프의 A, B에 들어갈 항목으로 틀린 것은?

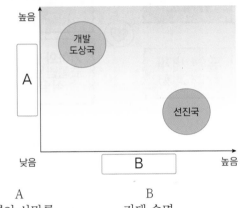

     A   B
① 영아 사망률   기대 수명
② 성인 문맹률   성인 문자 해독률
③ 행복 지수   인간 개발 지수
④ 성 불평등 지수   성인 문자 해독률
⑤ 교사 1인당 학생수 국내 총생산

저개발 국가의 빈곤 문제 해결을 위한 노력

3. 저개발 지역의 빈곤 문제 해결을 위한 자체적 노력에 해당하지 않는 것은?

① 출산 장려 정책을 펼쳐 인구 밀도를 높인다.
② 다양한 적정 기술을 도입한다.
③ 수확량이 많은 품종을 개량한다.
④ 교육과 고용 창출을 위한 투자를 늘린다.
⑤ 사회 간접 자본을 구축한다.

4. 빈곤 문제 해결을 위한 각 나라의 노력으로 틀린 것은?

① 르완다는 역사 교육을 강화하고 인재를 육성하여 아프리카의 신흥 강국으로 성장하였다.
② 보츠와나는 장미 농장 거부를 통해 경제적 독립을 이뤄냈다.
③ 보츠와나는 아프리카 내륙국의 수출 불리에도 불구하고 다이아몬드 광산 개발을 통해 경제 성장하고 있다.
④ 에티오피아는 정치적 안정 및 외국 자본을 유치하며 경제 성장하고 있다.
⑤ 보츠와나는 다이아몬드 광산 개발로 얻은 이익으로 교육 및 기반 시설에 투자하였다.

지역 간 불평등 완화를 위한 노력

5. 다음에 해당하는 국제기구로 옳은 것은?

> 아동 구호와 아동 복지 향상을 위해 노력하는 국제 기구

① 세계 식량 계획 경제
② 협력 개발 기구
③ 국제 연합 난민 기구
④ 국제 연합 아동 기금
⑤ 국제 연합 평화 유지군

6. 공적 개발 원조를 하는 국가와 받는 국가에 대한 설명으로 옳은 것을 고르면?

〈 보 기 〉

ㄱ. 경제 협력 개발 기구(OECD) 산하의 개발 원조 위원회(DAC)가 주도한다.
ㄴ. 공적 개발 원조를 하는 나라에는 미국, 콩고 등이 있다.
ㄷ. 우리나라는 공적 개발 원조를 받는 국가에서 하는 국가가 되었다.
ㄹ. 공적 개발 원조는 하는 국가들은 주로 개발도상국이다.

① ㄱ, ㄴ   ② ㄱ, ㄷ   ③ ㄴ, ㄷ
④ ㄴ, ㄹ   ⑤ ㄷ, ㄹ

7. 다음과 같은 효과를 얻을 수 있는 국제 사회의 노력과 가장 관계가 깊은 것은?

> · 중간 유통 과정을 생략하여 생산자들이 정당한 노동의 대가를 얻을 수 있고, 쾌적하고 깨끗한 환경에서 일할 수 있게 된다.
> · 소비자들은 개발도상국의 어려운 사람들을 직접 도울 수 있고, 친환경적인 제품을 이용할 수 있다.

① 그린피스의 환경 보호
② 공정 무역을 통한 상품 거래
③ 개발 원조 위원회의 복지 증진
④ 국경 없는 의사회의 의료 서비스
⑤ 한국 국제 협력단을 통한 개발도상국 지원

고등학교 사회/역사/수능 걱정된다면

빡공시대 고등강좌로!

www.ppakong.com

고등 과정도 람보쌤과 함께라면 쉽고 즐거울 예정!

😊 중학교 강의의 재미와 성적상승 '그대로' 고등강좌에 담았어요:)

고등한국사

고등통합사회

수능한국사

-유쾌한 텐션의 람보쌤 고등학교 가서 절대 못잃죠! 성적은 당연히UP!

😊 빡공시대 새 홈페이지에서 언제 어디서나 더욱 쉽게 수강해요!

-강의/교재구매/학습질답/강의 다운로드/배속재생까지 한번에 OK!

😎 람보쌤이 직접 만든 끝내주는 교재도 준비되어 있어요! 올레!

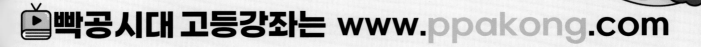
빡공시대 고등강좌는 www.ppakong.com

⚠ 경 고

이 해설지는 과외선생님의 설명을 능가하는
완~전 자세한 해설지임.

Ⅶ 인구 변화와 인구 문제

1. 인구분포

반복유형1차 정답

015쪽 ~ 018쪽

01.⑤   02.⑤   03.③   04.④   05.⑤   06.①   07.②

08.②

09.(1) 온화한 기후, 평야나 해안가, 물을 구하기 쉬운 곳 등에 인구가 밀집한다.

　　(2) 산업이 발달해 일자리가 풍부한 곳, 교통이 편리한 곳, 각종 시설이 잘 갖추어진 곳에 인구가 밀집한다.

10.⑤

11.②   12.③   13.④   14.④   15.③   16.③   17.⑤

18.①

---

01. 정답은 ⑤ 이야♡

★오답설명

오스트레일리아의 인구 밀도가 가장 낮은 거 알쥐? 알라븅~^^

02. 정답은 ⑤ 이야♡

★오답설명

아시아와 유럽에 인구가 밀집해 있고, 오세아니아는 인구 밀도가 쫄이야! ㅋㅋ 알라븅~^^

03. 정답은 ③ 이야♡

★오답설명

대륙별로는 아프리카는 인구 밀도가 높은게 맞지만, 오세아니아는 인구가 겁나 적어! 알라븅~^^

04. 정답은 ④ 이야♡

★오답설명

캐나다 북부 지역은 너무 추워서 인구 밀도가 낮아! 그래서 정은 옳지 않아. 알라븅~^^

05. 정답은 ⑤ 이야♡

미국 북동부 지역은 경제 수준이 높고, 교통 및 문화 시설을 잘 갖추고 있는게 맞아. 알라븅~^^

★오답설명

① C는 인구 밀집 E는 인구 희박 지역이야.

② A, D는 인구 밀집 지역, B는 인구 희박이야.

③ 고온 다습하여 인간 거주에 불리한 곳은 E 같은 열대지역이야.

④ 북반구, 중위도, 해안지역에 인구가 많이 분포해.

06. 정답은 ① 이야♡

A는 북서부 유럽, B는 사하라 사막, C는 동남부 아시아, D는 캐나다 북부, E는 아마존 분지 지역이야.

이 중 (가)는 사하라 사막, (나)는 동남부 아시아에 해당하는 지역이야. 알라븅~^^

07. 정답은 ② 이야♡

ㄱ은 벼농사, ㄴ은 한대지역이야! 쉽지? 알라븅~^^

08. 정답은 ② 이야♡

A는 서부 유럽, B는 사하라 사막, C는 인도지역, D는 북극 지역, E는 동남부 아시아, F는 미국 북동부, G는 아마존 분지 지역이야.

인구 분포에 영향을 미치는 요인 중 자연적 요인은 C, E이고 인문 사회적 요인은 A, F이 해당해. 알라븅~^^

09. 해답 참고

10. 정답은 ⑤ 이야♡

서부 유럽, 일본, 미국 북동부 지역의 공통된 특징을 찾는 문제야! 이 지역들은 일자리가 풍부하고 교육, 문화 시설이 잘 갖추어져 인구가 드글드글~ 그래서 정답은 5번이야. 알라븅~^^

11. 정답은 ② 이야♡

자연적 요인은 넓은 평야, 건조 기후, 높은 기온, 산악지역, 풍부한 자원이 해당하고, 인문적 요인은 편리한 교통, 산업기업 발달, 국제 분쟁 발생이 해당해. 그래서 정답은 2번! 알라븅~^^

12. 정답은 ③ 이야♡

자연환경에는 지형, 기후, 토양 등이 포함되는게 맞아. 인문 환경에는 산업, 문화, 경제 발달 정도 등이 포함돼. 산업화 이후 세계의 인구 분포는 자연환경보다 인문 환경의 영향을 더 크게 받고 있단다! 그래서 정답은 ㄱ, ㄴ, ㄷ이야. 알라븅~^^

★오답설명

ㄹ. 과학 기술이 발달하면서 인문 환경이 인구 분포에 미치는 영향력은 더욱 커지고 있고, 자연환경의 영향은 적어지고 있지! 쭈구리~

13. 정답은 ④ 이야♡

1940년대 상황을 보면 벼농사에 유리한 지역에 인구가 많이 분포하고 있어. 알라븅~^^

★오답설명

① 남서부 지역의 인구 밀도가 높아.

② 이촌향도 현상은 1960년 이후야! 아직 아님! ㅋㅋ

③ 평야 지역 위주로 인구 밀집 지역이 형성되고 있어.

⑤ 1940년의 인구 분포는 자연 요인의 영향을 크게 받았어.

14. 정답은 ④ 이야♡

지도를 보면 산업이 발달한 도시 지역에 인구가 집중되는 걸 알 수 있어. 알라븅~^^

★오답설명

① 인구가 지역별로 고르게 분포하지 않아.

② 산업이 발달한 지역에 인구가 집중돼.

③ 인문 사회적 영향을 많이 받았어.

⑤ 북동부 지역보다 남서부 지역에 인구가 집중된 것은 1940년대 이전!

15. 정답은 ③ 이야♡

(가)시기는 1960년대 이전이고 인구 분포가 기후와 지형 등 자연적 요인의 영향을 크게 받던 시절이지~ (나)시기는 1960년대 이후로 이때는 수도권과 남동 임해 공업 지역의 인구 밀도가 높아. 그래서 정답은 ㄴ, ㄷ이야. 알라븅~^^

★오답설명
ㄱ. (가) 시기는 남서부 지역의 인구 밀도가 높아.
ㄹ. (가)보다 (나) 시기에 이촌향도 현상이 크게 나타났어.

16. 정답은 ③ 이야♡
산업화 이전에는 북동부 지역보다 남서부 지역의 인구가 많았어!
알라뷰~^^🐟

★오답설명
① 현재 수도권 지역의 인구는 급격히 증가하고 있어.
② 산업화 이전에는 자연적 요인의 영향을 크게 받았어.
④ 산업화가 진행되면서 울산, 포항, 광양, 여수 등의 인구는 증가하고 있어.
⑤ 산업화가 진행되면서 이촌향도 현상으로 농어촌 지역의 인구는 감소하고 있어.

17. 정답은 ⑤ 이야♡
2015년에는 수도권과 대도시, 공업 도시를 중심으로 인구가 밀집해 있어. 알라뷰~^^🐟

★오답설명
① 1966년의 인구 분포는 아직까진 자연환경의 영향을 더 받았어!
② 1966년에는 평야가 발달한 남서부 지역에 인구가 밀집했어.
③ 2015년의 인구 분포는 인문 사회환경의 영향을 크게 받아.
④ 2015년에는 우리나라 전체적으로 인구가 고르게 분포하지 않음!

18. 정답은 ① 이야♡
A는 수도권, B는 강원도 산간 지역, C는 전라도 농어촌 지역, D는 남동 임해 공업 단지야.
수도권은 우리나라의 정치.경제.문화의 중심지로 인구 밀도가 높고, 강원도는 전체 면적의 90% 이상이 산지로 인구 밀도가 낮아. 그래서 정답은 ㄱ, ㄴ이야. 알라뷰~^^🐟

★오답설명
ㄷ. C는 농어촌 지역으로 농업 활동이 활발한 지역이야.
ㄹ. D는 산업 활동이 활발한 지역으로 인구 밀도가 높아.

반복유형2차 정답
006쪽 ~ 008쪽

01.⑤	02.③	03.④	04.④	05.④	06.④
07.②	08.①	09.②	10.③	11.③	

---

01. 정답은 ⑤ 이야♡
★오답설명
① 세계의 인구는 특정한 곳에 집중하고 있어! 절대 고르게 분포하지 않아!! :)
② 인구 밀도는 총인구가 아니라 한 면적에 얼마나 많은 사람들이 있는 가? 빽빽하게 있는가? 아니면 듬성 듬성 있는가의 이야기란다.
③ 적도 부근이나 극지방의 인구 밀도는 낮단다.
④ 아프리카에 인구가 많이 거주하는 것은 맞지만, 오세아니아는 인구가 가장 적게 분포한단다. 알라뷰~^^🐟

02. 정답은 ③ 이야♡
★오답설명
③ 가장 많은 인구가 거주하는 곳은 아시아이다!! 알라뷰~^^🐟

03. 정답은 ④ 이야♡
★오답설명
㉠ 서부 유럽은 인구 밀집 지역으로 산업이 발달하여 경제 성장을 이룬 곳이란다.
㉡ 캐나다 북부는 인구 희박 지역으로 연평균 기온이 낮아 농업 활동이 어려운 지역이란다.
㉢ 아마존 분지는 인구 희박 지역으로 고온 다습하고 밀림이 우거져 있단다. 오호!!! 타잔!!
㉣ 중국 동남부는 인구 밀집 지역으로 벼농사가 발달해 쌀 생산량이 많은 지역이란다. ㅎㅎ

04. 정답은 ④ 이야♡
A. 서부 유럽(인구 밀집) B.사하라 사막(인구 희박)
C.동남부 아시아(인구 밀집) D. 미국 북동부 대서양 연안(인구 밀집)
E. 아마존 분지(인구희박)

★오답설명
① B. 사하라 사막에 대한 설명이야.
② E. 아마존 분지에 대한 설명이야.
③ A. 서부 유럽에 대한 설명이야.
⑤ C. 동남부 아시아에 대한 설명이야 :)

05. 정답은 ④ 이야♡
갑: 아마존 분지(열대 기후 지역) : 인구 희박
을: 동남부 아시아(계절풍 기후-벼농사 유리) : 인구 밀집
병: 사하라 사막(건조 기후) : 인구 희박
정: 서부 유럽(경제 발달) : 인구 밀집

06. 정답은 ④ 이야♡
서부 유럽, 미국 북동부, 일본의 태평안 연안은 경제 성장으로 인해 2,3차 산업이 발달하여 일자리가 많고 각종 문화 시설과 교통이 편리하여 인구가 밀집하였단다. 알라뷰~^^🐟

07. 정답은 ② 이야♡
ㄱ.넓은 평야(자연적 요인) ㄴ.풍부한 물(자연적 요인)
ㄷ.산업과 교통(인문적 요인) ㄹ.온화한 기후(자연적 요인)
ㅁ.풍부한 일자리(인문적 요인) ㅂ.교육·문화·정치(인문적 요인)
알라뷰~^^🐟

08. 정답은 ① 이야♡
★오답설명
② 산업화 이후 포항,울산,광양,여수 등의 남동 임해 공업 단지의 인구가 증가하였어.
③ 1960년대 이전에는 농업화 사회로 이촌향도가 일어나지 않았단다. 이촌 향도는 1960년대 이후에 발생하였어:)
④ 산업화 이전에는 농경 사회로 평야가 많은 남서부 중심으로 인구가 많이 분포하였단다.
⑤ 산업화 이전의 우리나라 인구 분포는 자연적 요인의 영향을 많이 받았단다:) 알라뷰~^^🐟

09. 정답은 ② 이야♡
★오답설명
ㄴ. 1960년대 이후 진행된 산업화로 인해 수도권과 남동 임해 지역의 인구가 증가하였단다.
ㄹ. 산간 지역은 농사가 힘들어서 남서부 평야를 중심으로 인구가 모여 살기 시작하였어:) 알라뷰~^^🐟

10. 정답은 ③ 이야♡
A. 수도권(인구 밀집) B. 강원도(인구 희박) C. 전라남도(인구 희박)
D. 남동 임해 공업 단지(인구 밀집) 알라뷰~^^🐟

★오답설명
ㄴ. 강원도는 산간 지역으로 농어촌 지역이라 인구가 밀집하지 않고,

인구 희박 지역이야.
ㄷ. C지역은 농어촌 지역이란다!!:)

11. 정답은 ③ 이야♡

★오답설명
③ (나)는 오늘날의 인구 분포 모형인데, 예나 지금이나 우리나라의
인구 분포는 고르게 분포하고 있지 않아. ㅠㅠ 알라뷰~^^🐟

Ⅶ 인구 변화와 인구 문제

2. 인구 이동

반복유형1차 정답   025쪽 ~ 031쪽

01.②	02.⑤	03.②	04.②	05.②	06.⑤	07.①
08.②	09.③,⑤	10.⑤	11.①	12.②	13.①	14.②
15.②	16.③	17.⑤	18.②	19.②	20.④	21.②
22.②						

01. 정답은 ② 이야♡
이런 스타일은 시험에 잘 나오는 문제야! 인구 흡인 요인으로는 풍부한
일자리, 좋은 교육, 의료, 문화 시설이 있어. 그래서 정답은 ㄴ, ㅁ이야.
알라뷰~^^🐟
★오답설명
ㄱ,ㄷ,ㄹ은 모두 배출 요인이야!

02. 정답은 ⑤ 이야♡
종교 박해와 내전과 분쟁은 배출 요인이고, 안전한 생활 환경과 풍부한
고용 기회는 흡인 요인이므로 바르게 연결된 것은 5번이야!
알라뷰~^^🐟

03. 정답은 ② 이야♡
이주자의 의지에 따라 자발적 이동과 강제적 이동으로 구분 하는게 맞
고, 이동 목적에 따라 경제적 이동, 정치적 이동, 종교적 이동 등으로 구
분하는 것도 맞아. 그래서 정답은 다, 라로 2번이야! 알라뷰~^^🐟
★오답설명
가. 국내 이동과 국제 이동은 '범위'로 구분해.
나. 이동 '기간'에 따라 일시적 이동과 영구적 이동으로 구분해.
바. 풍부한 일자리와 좋은 교육 및 문화 시설, 쾌적한 환경 등은 인구
　유입 지역에서 볼 수 있는 특징이야.

04. 정답은 ② 이야♡
경제적 이동은 대부분 개발도상국에서 선진국으로 이동하는게 맞고!
서부 유럽과 미국은 각각 주변국 또는 다양한 지역으로부터 이민을 받
아들이는 대표적인 나라니까 ㄱ, ㄹ이 맞는 내용이야.
알라뷰~^^🐟
★오답설명
ㄴ. 우리나라는 중국, 베트남 등 아시아 국가보다 유럽이나 미국 등으로

인구 유출이 일어나지!
ㄷ. 높은 임금이나 풍부한 일자리, 쾌적한 환경 등이 흡인 요인으로
　작용하는거야!ㅎㅎ

05. 정답은 ② 이야♡
(가)는 경제적 이유, 자발적 이동, (나)는 강제적 이동, (다) 경제적 이유,
자발적 이동, (라)는 정치적 이동, 강제적 이동으로 정리할 수 있어.
경제적 인구 이동에 해당하는 것은 일자리를 찾아 이동하는 (가), (다)의
내용이 해당하니까 답은 2번! 알라뷰~^^🐟

06. 정답은 ⑤ 이야♡
★부연설명
이거랑은 완전 상관없는 지도야! 꽥! 알라뷰~^^🐟

07. 정답은 ① 이야♡
제시된 내용에서 알 수 있는 이동의 유형은 국제적 이동, 정치적 이동
이야. 그래서 정답은 1번! 알라뷰~^^🐟

08. 정답은 ② 이야♡
㉠은 정치적 이동 ㉡은 국제 이동 ㉢은 자발적 이동으로 바르게 연결된
것은 2번이야. 알라뷰~^^🐟

09. 정답은 ③, ⑤ 이야♡
1960년 이후 산업화가 진행되면서 농촌의 인구가 도시로 이동한 것은
국내이동이고 여름 휴가철을 맞아 기후가 따뜻하고 고대 유적이 풍부
한 지중해로 여행을 떠난 것은 일시적 이동이야! 그래서 정답은 3번, 5
번! 알라뷰~^^🐟
★오답설명
①, ②는 모두 자발적 이동이야!
④ 농장의 부족한 노동력을 보충하기 위해 유럽인들이 아프리카의
　흑인들을 아메리카로 이주시킨 것은 국제 이동이야.

10. 정답은 ⑤ 이야♡
경기도에서 서울시로 이사 온 건 국내 이동, 베트남보다 임금이 높은
대한민국으로 온건 국제 이동, 멕시코를 떠나 미국의 오렌지 농장으로
일자리를 구하러 온 건 경제적 이동으로 ㄱ, ㄹ, ㅁ이 바르게 연결되었
어. 알라뷰~^^🐟
★오답설명
ㄴ. 여름이면 프랑스 남부로 여행을 떠나는 건 일시적 이동이야.
ㄷ. 내전 때문에 도망쳐 다른 나라로 온 건 강제적 이동이야.

11. 정답은 ① 이야♡
미국 내에서 동부에서 서부로 이동하는 것은 따뜻한 기후와 쾌적한 환
경에 대한 필요 때문이지 아 따뜻~하다! 알라뷰~^^🐟

12. 정답은 ② 이야♡
영국에 사는 우리 가족은 여름이면 프랑스 남부로 여행을 다녀온 것은
국제 이동, 자발적 이동이 모두 해당되는게 맞아. 부모님이 오래전에
멕시코를 떠나 미국의 오렌지 농장으로 일자리를 구하러 온 것은 국제
이동, 자발적 이동이 모두 적용돼. 그래서 정답은 ㄱ, ㄷ의 2번이야.
알라뷰~^^🐟
★오답설명
㉡ 이것은 국내 이동, 자발적 이동이야.
㉢ 이것은 국제 이동, 강제적 이동이야.

13. 정답은 ① 이야♡
모로코에서 프랑스로 인구가 이동하는 이유는 풍부한 일자리와 식민
지배로 인해 언어 습득이 되어 있어서야! 그래서 정답은 ㄱ, ㄴ이야.
알라뷰~^^🐟
★오답설명
ㄷ. 모로코는 북아프리카 국가로 EU에 가입할 수 없어.

ㄹ. 히스패닉에 대한 개방 정책 추진은 미국의 내용으로 관련 없는 얘기야!

14. 정답은 ② 이야♡
모로코에서 유럽 지역으로 인구 이동은 경제적 이유로, 국가 간 임금 차이인 것 같다는 선호의 의견이 맞아. 그래서 정답은 2번이야. 알라뷩~^^🐟

15. 정답은 ② 이야♡
인구 유입이 활발한 지역은 저임금의 노동력을 확보할 수 있고, 인구 유입국으로의 이동은 경제적 목적이 대부분인게 맞아. 원주민과 이주민 간의 문화적 차이로 인한 갈등이 발생하기도 해. 그래서 맞는 내용은 ㄱ, ㄴ, ㅁ이야. 알라뷩~^^🐟
★오답설명
ㄷ. 개발도상국에서 선진국으로 많이 이동해.
ㄹ. 청장년층 인구와 고급 기술 인력이 늘어나게 돼.

16. 정답은 ③ 이야♡
다양한 종교를 믿는 사람들이 기독교 사회로 유입되는 것으로 종교적 갈등이 나타날 수 있어. 알라뷩~^^🐟
★오답설명
① 노동력은 늘어나게 돼.
② 일자리 경쟁이 심화 될 수 있어.
④ 외국인에 대한 복지비용이 증가할 수 있어.
⑤ 남성의 유출로 성비 불균형이 심해지는 것은 유출 국가에서 나타나는 현상이야.

17. 정답은 ⑤ 이야♡
유럽에서 일하는 모로코인이 많아지면서 모로코로 송금되는 외화가 늘어나 경제가 일시적으로 활성화 될 수 있어. 그래서 정답은 5번이야. 알라뷩~^^🐟
★오답설명
① 모로코 내의 노동력은 감소해.
② 사회 통합 문제와 인종 차별 문제는 유입 지역에서 나타나.
③ 새로운 문화가 유입되어 문화적 다양성이 증가하는 것은 유입된 지역에서 나타나.
④ 모로코의 청장년층이 유출되어 경제 성장이 어려워.

18. 정답은 ③ 이야♡
모로코 출신 이주자의 이주로 인해서 문화의 다양성이 증가하고, 종교 및 인종 갈등은 심화 될 수 있어. 그래서 맞는 내용은 ㄴ, ㄷ이야. 알라뷩~^^🐟
★오답설명
ㄱ. 노동력은 늘어나지!
ㄹ. 외화 증가로 인한 경제 활성화는 유출 지역에서 나타나는 현상이란다!

19. 정답은 ③ 이야♡
(가)는 일제강점기 (나)는 6.25 피란시기 (다)는 1960-80년대 (라)는 광복직후야.
시기순으로 나열하면 (가)-(라)-(나)-(다) 순이 맞고, (가)는 지하자원 개발과 신흥 공업의 노동력 확보를 위해 북부 지방으로 이동한게 맞아. (나)는 피란민들의 부산 집중이 두드러진 시기야. 그래서 맞는 내용은 ㄱ, ㄴ, ㄷ이야. 알라뷩~^^🐟
★오답설명
ㄹ. (다) 시기는 대도시로 인구가 집중되는 형상이 일어나!
ㅁ. 촌락의 인구가 도시로 이동하는 이촌향도 현상이 뚜렷하게 나타나는 시기는 (다) 시기란다!

20. 정답은 ④ 이야♡
(가)는 1960-80년대 (나)는 1990년 이후라는 걸 알고 풀어야겠지?^^
★부연설명

수도권과 신흥 공업 도시로의 인구 유입이 많은 시기는 (가) 시기야!

21. 정답은 ② 이야♡
우리나라 인구 이동에서 국제 이동은 일제 강점기에 본격 시작된게 맞아. 1960~1970년대에는 일자리를 찾아 독일과 미국, 서남아시아 등지로 떠난 청장년층 인구가 많지! 그래서 맞는 내용은 ㄱ, ㄷ이야. 알라뷩~^^🐟
★오답설명
ㄴ. 1990년대 이후 쾌적한 생활 환경을 찾아 '도시 주변'으로 이동하는 현상이 나타났어!
ㄹ. 1990년대부터는 취업이나 결혼을 위해 중국이나 동남아에서 '들어오는' 사람이 많아졌지!ㅎㅎ

22. 정답은 ② 이야♡
(가)는 우리나라에서 경제적 이유로 외국으로 나가는 상황 (나)는 외국인 근로자가 우리나라로 유입되는 상황이야!
(가)로 인해 유입된 외화는 당시 우리나라 경제 발전에 이바지 한게 맞아. (나)와 같이 유입된 외국인 근로자는 주로 노동 집약적 업종에 종사했어. 그래서 맞는 내용은 ㄱ, ㄷ이야. 알라뷩~^^🐟
★오답설명
ㄴ. 우리나라 인구의 외국 유학이나 고급 인력의 해외 취업이 많아지는 것은 1990년대 이후로 (가) 시기는 아니야!
ㄹ. 중동 건설 붐으로 인한 우리나라 건설 기술자들의 이동이 이루어진 시기는 1970년대로 (나) 시기는 아니지!

반복유형2차 정답

014쪽 ~ 017쪽

01.④	02.④	03.②	04.①	05.③,⑤	06.③
07.④	08.⑤	09.④	10.③	11.③	12.②
13.②	14.②	15.④			

01. 정답은 ④ 이야♡
• 흡인 요인:ㄴ,ㄹ,ㅂ
• 배출 요인:ㄱ,ㄷ,ㅁ
이정도는 쉽지?ㅋㅋ 알라뷩~^^🐟

02. 정답은 ④ 이야♡
★오답설명
(가) 국제 이동, (나) 일시적 이동, (다) 강제적 이동, (마) 흡인 요인
알라뷩~^^🐟

03. 정답은 ② 이야♡
★오답설명
(가) 중국에 사시는 아버지가 일자리를 구하기 위해 미국으로 이동하신 것이기 때문에 이것은 돈을 벌기 위한!! 경제적 이동이얌!!:)
(나) 아프리카에서 노예 생활 하기 위해 '강제적으로 이동'을 당한 것이구나.. ㅠㅠ 슬포~ 알라뷩~^^🐟

04. 정답은 ① 이야♡
그림을 보면 오늘날 국제 이동은 개발도상국에서 선진국인 앵글로 아메리카와 서부 유럽으로 이동하는 것을 알 수 있어!! 왜 선진국으로 이동할까? 그건 모두 높은 임금과 풍부한 일자리 때문이란다!!

알라뷰~^^ 🐟

05. 정답은 ③, ⑤ 이야♡

★오답설명
① 아프간인들의 이동은 강제적 이동이야.
② 아프간인들은 우리 나라에 잠시 여행하러 온 것이 아니라 아예 살려고 온것이기 때문에 일시적 이동이라고는 볼 수 없어.
④ 이동 목적은 아프간에서 일어나는 내전, 즉, 전쟁을 피한 정치적 이동이얌 ㅠㅠ

06. 정답은 ③ 이야♡

★부연설명
③ 개발도상국은 선진국으로 돈을 벌기 위해 많이 떠나기 때문에 인구 유출 지역이란다. 알라뷰~^^ 🐟

07. 정답은 ④ 이야♡

★오답설명
ㄱ. 이촌향도 현상은 개발도상국에서 일어나는 현상이야. 미국은 선진국으로 오히려 역도시화 현상이 일어난단다:)
ㄹ. 선진국에서 주로 일어나는 역도시화 현상이얌:) 알라뷰~^^ 🐟

08. 정답은 ⑤ 이야♡

겨울 방학에 가족들이 서울에서 제주도로 여행을 간 것은 '국내 이동'이면서 '자발적 이동'이면서 잠시 여행갔다가 돌아오는 '일시적 이동'이얌!! :) 알라뷰~^^ 🐟

09. 정답은 ④ 이야♡

북부 아프리카 모로코에서 프랑스 등의 서부 유럽 국가로 국제 이동이 활발해! 그러다보니 유럽에서는 서로 다른 문화간에 갈등이 일어나고 특히 크리스트교도와 이슬람교도들 사이에 갈등이 많이 일어난단. ㅠㅠ 알라뷰~^^ 🐟

10. 정답은 ③ 이야♡

★오답설명
ㄷ. 배출 요인은 프랑스와 같은 선진국이 아니라 알제리와 같은 개발도상국이 가지고 있는 것이란다.
ㄹ. 일자리 경쟁이 심각한 것은 인구 유입 지역에 대한 설명이얌:) 알라뷰~^^ 🐟

11. 정답은 ③ 이야♡

★부연설명
③ 인구 유입 지역에서 발생하는 문제는 현지인들과 이주민들 사이에서 문화 갈등이 발생해. 알라뷰~^^ 🐟

12. 정답은 ② 이야♡

(가) 일제 강점기   (나) 1990년대 이후
(다) 1970년대~80년대   (라) 6·25 전쟁
그러므로 순서는 (가)→(라)→(다)→(나)란다! 알라뷰~^^ 🐟

13. 정답은 ② 이야♡

★부연설명
② 이촌향도 현상이 뚜렷한 것은 (다)시기에 대한 설명이야 :)
알라뷰~^^ 🐟

14. 정답은 ② 이야♡

★오답설명
① 이동 시기가 빠른 순으로 나열하면 ㄴ-ㄱ-ㄹ-ㄷ
③ 일제 강점기때는 매우 가난했어. ㅠㅠ
④ 경제적 이유 때문이야!
⑤ 대부분 중국이나 동남아시아와 같은 개발도상국에서 우리나라로 돈을 벌기 위해 유입하는 경우가 많단다!! 알라뷰~^^ 🐟

15. 정답은 ④ 이야♡

★오답설명
④ 이것은 난민들의 이야기가 아니라 우리나라에서 돈을 벌기 위한 경제적 목적으로 국제 이동한 동남아시아 사람들에 대한 이야기란다. 알라뷰~^^ 🐟

Ⅶ 인구 변화와 인구 문제

3. 인구 문제

039쪽 ~ 044쪽

반복유형1차 정답

01.④ 02.④ 03.③ 04.③ 05.① 06.④ 07.⑤
08.⑤ 09.③

10.(1) 65세 이상 인구 비율이 전체 인구의 7% 이상인 경우
(2) 65세 이상 인구 비율이 전체 인구의 20%이상인 경우이다

11.③

12. 가족계획 사업 등의 산아 제한 정책을 실시한다.
농업 기술 개발과 산업 발전을 통해 인구 부양력을 높인다.

13.① **14.**① **15.**① **16.**③ **17.**⑤ **18.**② **19.**③

20.③ **21.**④

22.(1) 여성의 사회 진출 증가, 결혼과 자녀에 대한 가치관 변화, 육아 및 교육비 부담 증가, 결혼 연령 상승, 개인주의 가치관 확산 등으로 인해 출산율이 낮아지고 있다. (중 3가지)
(2) 정년을 연장하고 노인 일자리를 확충한다. 연금 제도를 확대한다. 복지 시설 및 복지 제도를 확충한다. 실버산업을 발전시킨다. (중 2가지)

01. 정답은 ④ 이야♡

(나)는 선진국으로 인구 문제는 출산 장려 정책과 노인 복지 정책 등으로 해결하는게 맞아. 알라뷰~^^ 🐟

★오답설명
① (가)는 개발도상국 (나)는 선진국이야.
② 저출산으로 인구가 감소하는 문제를 겪고 있는 곳은 (나)야.
③ (나)는 노년층을 부양해야 하는 청장년층의 부담이 증가해.
⑤ (나)보다 (가)의 유소년층의 인구 비율이 높고 노년층의 비율이 낮아.

02. 정답은 ④ 이야♡

★오답설명
(가)개발도상국 (나)선진국이지? 막대 그래프가 길수록 높은 비율을 차지하며 성별, 연령별 구조를 파악할 수 있어! 알라뷰~^^ 🐟

03. 정답은 ③ 이야♡

독일의 출생률, 사망률은 낮고, 평균 수명은 길고, 인구 증가율은 낮고, 노년 인구 비율은 높아. 앙골라의 출생률, 사망률은 높고, 평균 수명은 짧고, 인구 증가율은 높고, 노년 인구 비율은 낮아. 그래서 맞게 연결된 것은 병이야. 알라뷰~^^🐟

04. 정답은 ③ 이야♡
(가)는 개발도상국 (나)는 선진국이야. 이걸 기억하면서 풀어주면 되는 거야. 선진국은 현재 인구 증가 속도가 완만하거나 정체되어 있는게 맞아. 알라뷰~^^🐟
★오답설명
① (가)는 개발도상국, (나)는 선진국에 해당해.
② 산업 혁명 이후부터 인구가 천천히 성장한 건 선진국이야!
④ 영아 사망률이 감소하면서 세계 인구가 증가하기 시작했어.
⑤ 개발도상국이 제2차 세계 대전 이후 짧은 시간 동안 인구가 빠르게 증가했어.

05. 정답은 ① 이야♡
선진국에서는 출산율을 높이고자 출산 장려금을 지급하는 게 맞아. 정년을 연장하거나 다양한 노인 복지 제도를 도입하는 것도 맞아. 그래서 ㄱ, ㄷ이 옳은 내용이야. 알라뷰~^^🐟
★오답설명
ㄴ. 인구 증가를 막고자 출산 억제 정책을 시행하는 것은 개발도상국이야.
ㄹ. 인구 부양력을 높이기 위해 경제 성장 정책과 식량 증산 정책을 시행하는 것은 개발도상국이야.

06. 정답은 ④ 이야♡
선진국에 관한 내용으로 남성의 육아 참여를 위한 정책을 확대하는 건 맞는 내용이야. 알라뷰~^^🐟
★오답설명
①,②,⑤ 이건 개발도상국과 관련이 있어!
③ 노인 복지를 위한 재정 지출은 늘려야해!

07. 정답은 ⑤ 이야♡
세계의 인구 증가 시기와 과정은 경제 발전 수준에 따라 지역별로 차이가 크게 나타나. 의학 기술의 발전 및 생활 수준의 향상으로 평균 수명이 연장되어 세계 인구가 증가하기 시작했어. 그래서 맞는 내용은 ㄷ, ㄹ이야. 알라뷰~^^🐟
★오답설명
ㄱ. 선진국의 인구는 산업 혁명 이후 완만하게 증가했어.
ㄴ. 개발도상국의 인구는 제2차 세계 대전 이후부터 급격하게 증가했어.

08. 정답은 ⑤ 이야♡
[자료1]의 선진국은 생산 가능 인구가 감소하여 경제 성장이 둔화되는 문제가 나타날 수 있어. 그래서 정답은 5번이야. 알라뷰~^^🐟
★오답설명
① [자료1]에 비해 [자료2]의 나라들은 합계 출산율이 높아.
② [자료2]는 개발도상국의 인구 과잉 문제를 보여주고 있어.
③ [자료2]의 나라들은 인구 부양력은 낮고 인구가 지속적으로 증가해.
④ 식량 확보와 경제 발전을 위한 정책은 개발도상국에서 필요해.

09. 정답은 ③ 이야♡
중국의 인구 문제는 성비 불균형이 맞아, 일본의 인구 문제는 고령화 현상으로 인한 노인 빈곤 문제야. 프랑스의 인구 문제는 저출산 문제가 맞아. 그래서 ㄱ, ㄴ, ㄹ이 맞는 내용이야. 알라뷰~^^🐟
★오답설명
ㄷ. 나이지리아의 인구 문제는 인구 급증으로 인한 낮은 인구 부양력 문제야.
ㅁ. 일본과 프랑스와 같은 선진국은 급감하는 인구 문제에 대한 일에 힘을 쏟아야 해.

10. 해답 참고

11. 정답은 ③ 이야♡
(가)는 고령화 (나)는 고령 (다)는 초고령이 맞는 내용이야. 그래서 정답은 3번이야. 알라뷰~^^🐟

12. 해답 참고

13. 정답은 ① 이야♡
결혼 연령 상승으로 저출산 현상이 뚜렷하게 나타나서 갑은 맞는 내용이고, 저출산과 고령화로 사회 복지 비용이 증가할 수 있어서 병도 맞는 내용이야. 그래서 정답은 1번이야. 알라뷰~^^🐟
★오답설명
을: 우리나라의 총인구 자체는 증가해.
정: 초고령 사회로의 진입은 다른 선진국에 비해 빠른 편이야.ㅠㅠ

14. 정답은 ① 이야♡
미래에 노동력 부족 문제가 나타날 수 있고, 노인 소외, 노인 인구 부양비 증가 문제가 나타나. ㄱ, ㄴ이 옳은 내용이야. 알라뷰~^^🐟
★오답설명
ㄷ. 인구가 감소하는 문제가 나타나.
ㄹ. 장기적으로 인구가 감소해서 출산 장려 정책의 필요성이 커져.

15. 정답은 ① 이야♡
★오답설명
가족 계획을 실시해 인구 증가를 억제하는 정책을 펴면 안돼 바보야!ㅠ 인구 증가 정책이 필요해. 알라뷰~^^🐟

16. 정답은 ③ 이야♡
부모의 육아 휴직을 확대해서 해결할 수 있어. 그래서 정답은 3번이야. 알라뷰~^^🐟
★오답설명
① 출산 장려 정책을 실시해야지!
② 여성의 사회 참여를 억제할 수는 없어!ㅋㅋ
④ 식량 증산을 통해 인구 부양력을 높이는 건 인구가 증가하는 나라에 해당해.
⑤ 전혀 관련없는 대책이야!

17. 정답은 ⑤ 이야♡
여성의 사회 진출 증가, 자녀에 대한 가치관 변화가 원인으로 작용 하는게 맞아. 그래서 ㄷ, ㄹ이 맞는 내용이야. 알라뷰~^^🐟

18. 정답은 ② 이야♡
★오답설명
노령 인구가 증가하고 있어서 이 부분에 대한 재정 지출을 확대해야해. 알라뷰~^^🐟

19. 정답은 ③ 이야♡
정년 연장과 주택 연금 확대 등이 필요한게 맞고, 노년층에 대한 인구 부양 비용이 증가하는 게 맞아. 그래서 ㄴ, ㄷ이 옳은 내용이야. 알라뷰~^^🐟
★오답설명
ㄱ. 2025년 이후에 초고령 사회로 진입해.
ㄹ. 생산 가능 인구는 감소해.

20. 정답은 ③ 이야♡
자녀의 수가 많은 쪽에서 적은 순으로 줄어들다가 다시 많이 낳아보자는 식으로 변화해 그래서 순서대로 연결하면 ㄴ-ㄷ-ㄱ-ㄹ로 정답은 3번이야. 알라뷰~^^🐟

21. 정답은 ④ 이야♡
우리나라는 6.25 전쟁 이후 지금까지 출생률은 높아지고 사망률은 낮아지고 있다는 X가 맞아.
1960년대부터 인구 증가율을 낮추기 위한 산아 제한 정책을 추진한다는 O가 맞아.
1990년대 이후 사교육비 증가, 개인주의 가치관의 확산 등으로 저출산 현상이 뚜렷해지고 있다는 O가 맞아.
우리나라는 2000년대에 고령화 사회에 진입했다는 O가 맞아. 그래서 1, 3, 4 문항이 맞아서 점수는 3점으로 정답은 4번이야. 알라븅~^^🐟

22. 해답 참고

반복유형2차 정답
022쪽 ~ 025쪽

01.② 02.⑤ 03.② 04.③ 05.⑤
06. 한 국가에서 (65세)이상 인구가 전체 인구의 (7%) 이상을 차지하는 사회를 고령화 사회라고 한다
07. (1) 청장년층의 노년층 부양 부담이 증가한다.
　　노동력 부족으로 경제 성장이 둔화된다.
　　노년층의 빈곤이나 소외 문제가 발생한다.
　　(2) 노인 일자리를 개발하고, 정년을 연장한다.
　　사회 복지 제도와 복지 시설을 확충하고,
　　연금을 확대 실시한다. 실버산업을 육성한다.
08. 인구 급증으로 인해 기아, 빈곤,등의 문제가 발생하고, 일부 아시아 국가에서는 성비 불균형 문제가 나타난다.
09.② 10.③ 11.② 12.④
13. (1) 저출산
　　(2) 출산 및 양육비 지원, 보육 시설 확충 등 국가의 보육 지원을 늘리고 남성의 육아 참여를 확대한다.

---

01. 정답은 ② 이야♡
(가) 개발도상국, (나) 선진국
★오답설명
ㄴ. 개발도상국은 현재 인구가 급증하기 때문에 오히려 노동력이 넘쳐나고 있단다.
ㄹ. 이것은 개발도상국에 대한 설명이야! 알라븅~^^🐟

02. 정답은 ⑤ 이야♡
(가) 개발도상국, (나) 선진국
★오답설명
ㄱ. 서로 바꿔서 이야기 했어!!ㅎㅎ
ㄴ. 합계 출산율은 개발도상국이 선진국보다 높게 나타난단다. 알라븅~^^🐟

03. 정답은 ② 이야♡
이 그래프는 '선진국'의 인구 피라미드입니다 :)
★오답설명
① 선진국이 의학 기술의 발달로 인해 평균 수명이 연장되고 사망률이

감소하는 것이 맞지만, 출산율이 낮기 때문에 인구가 증가하기 보다는 정체하는 경우가 많아. :)
③ 선진국은 출산율이 낮기 때문에 점점 생산 가능 인구가 줄어들고 있어!!ㅜㅜ
④ 합계 출산율은 한 여성이 일평생동안 낳는 자녀의 수로 이것은 영아 사망률과는 아예 관련이 없단다!
⑤ 가족 계획은 인구가 폭발하는 개발도상국에서 실시하는 것이란다!! 선진국은 오히려 인구를 늘려야돼!!ㅎㅎ 알라븅~^^🐟

04. 정답은 ③ 이야♡
③ 이것은 개발도상국에 대한 설명이란다!! 알라븅~^^🐟

05. 정답은 ⑤ 이야♡
★오답설명
ㄱ. 선진국은 출산율이 낮기 때문에 출산 장려 정책을 펼쳐야 돼! :) 가족 계획은 개발 도상국에서 실시하는 정책이란다.
ㄴ. 이것 또한 인구가 급증하는데 비해 인구 부양력이 떨어지는 개발도상국에서 해야하는 정책이란다!! 알라븅~^^🐟

06. 해답 참고

07. 해답 참고

08. 해답 참고

09. 정답은 ② 이야♡
★부연설명
② 우리나라는 출산율이 낮아지고 노인 인구 비율이 증가했어. 그래서 인구가 증가한다기 보다는 앞으로 정체하거나 감소할 가망성이 크단다. 인구가 증가하는 것이 문제인 것은 개발도상국이야. 우리나라는 선진국의 인구 모형을 가지고 있단다. 알라븅~^^🐟

10. 정답은 ③ 이야♡
★부연설명
③ 10번 문항은 도표를 통해 우리나라의 합계 출산율이 낮은 것을 표현함으로서 우리나라의 저출산 문제를 얘기하고 있다. 그런데 ③은 고령화에 대한 대책이다. ㅜㅜ 알라븅~^^🐟

11. 정답은 ② 이야♡
★부연설명
② 고령화가 되고 노인 인구의 비율이 많아질수록 노인의 삶을 보장하는 주택 연금과 같은 연금은 확장되어야만 한단다!! 그러니깐 축소가 아니라 확장!! 알긋지? 알라븅~^^🐟

12. 정답은 ④ 이야♡
★오답설명
① 1960~80년대는 출산 억제 정책을 적극적으로 실시하던 때란다. :)
② 우리나라는 기본적으로 유교를 바탕으로 하는 남아선호사상이 강한 나라였단다. ㅜㅜ
③ 고령화 문제는 1990년대부터 나오기 시작했어!! :)
⑤ 2000년대에는 고령화 사회에 들어서면서 출산을 장려하는 분위기가 되었지! 알라븅~^^🐟

13. 해답 참고

Ⅷ 사람이 만든 삶터, 도시

1. 세계 다양한 도시~2. 도시의 다양한 경관

반복유형1차 **정답**

057쪽 ~ 061쪽

01.⑤	02.⑤	03.⑤	04.③	05.④	06.②	07.④
08.⑤	09.①	10.①	11.①	12.⑤	13.⑤	14.⑤
15.⑤	16.③	17.①	18.①	19.②	20.②	21.③
22.③	23.①					

24.(1) 도심
(2) 고층 건물이 밀집해 있다. 대기업의 본사, 관공서, 금융 기관, 고급 상점 등이 모여 중심 업무 지구를 형성하고 있다.

01. 정답은 ⑤ 이야♡

★부연설명

도시와 촌락의 특징에서 도시는 주변 지역에 재화·서비스를 공급하는 역할을 하고 반대로 촌락은 주변 지역으로부터 공급받아! 그래서 정답은 5번이야. 알라븅~^^

02. 정답은 ⑤ 이야♡

★부연설명

도시는 주로 2, 3차 산업에 종사하는 사람들이 많고, 토지 이용은 집약적으로 나타나. 그래서 정답은 5번이야. 알라븅~^^

03. 정답은 ⑤ 이야♡

도시는 고층 건물이 많은 편이고, 토지를 집약적으로 이용하는게 맞아. 2·3차 산업에 종사하는 사람들이 우글우글~ 그러므로 ㄴ, ㄷ, ㅁ은 맞는 내용으로 정답은 5번이야 알라븅~^^

★오답설명
ㄱ. 인구 밀도가 높아.
ㄹ. 인문 환경의 영향을 크게 받아.

04. 정답은 ③ 이야♡

중세의 도시는 상업이 발달하면서, 교역이 발달한 시장을 중심으로 상업 도시가 발달한 것이 맞아. 근대의 도시는 18세기 후반 산업 혁명이 전개되면서, 석탄 산지를 중심으로 공업 도시가 발달했지! 그래서 ㄴ, ㄷ이 맞는 내용으로 정답은 3번이야. 알라븅~^^

★오답설명
ㄱ. 최초의 도시는 기원전 3,500년경 '농업'에 유리했던 문명의 발상지에서 발달했어.
ㄹ. 현대의 도시는 공업 기능과 정보·통신, 서비스업, 교육, 문화 등의 여러 기능을 수행해! 바쁘다 바빠! 헥헥~

05. 정답은 ④ 이야♡

프라이부르크, 쿠리치바는 대표적인 생태 환경 도시! 그래서 정답은 4번이야. 알라븅~^^

★오답설명
① 아테네, 로마는 역사문화 도시야.
② 나폴리, 시드니는 항구 도시야.
③ 뉴욕, 런던, 도쿄는 국제 금융 세계 도시야.
⑤ 바르셀로나, 리우데자네이루는 아름다운 건축물의 도시야.

06. 정답은 ② 이야♡

시안, 로마, 아테네, 이스탄불은 역사가 오래된 도시야. 그래서 정답은 2번이야. 알라븅~^^

07. 정답은 ④ 이야♡

상파울루는 커피 재배 및 커피 거래로 성장한 남아메리카 경제의 중심지가 맞아. 카이로는 나일강 하류에 위치하고 천 년이 넘는 역사를 간직한 아프리카 최대의 도시이지! 도쿄는 증권 거래소를 비롯한 각종 금융 기관이 밀집한 아시아 최대의 금융 중심지야! 그래서 ㄴ,ㄷ,ㄹ이 맞는 내용으로 정답은 4번이야. 알라븅~^^

★오답설명
ㄱ. 북대서양 조약 기구(NATO)와 유럽 연합(EU)본부가 있는 곳은 브뤼셀이야.
ㅁ. 국제 연합(UN)본부가 있으며 정치·경제·문화 등 여러 분야에서 세계적으로 큰 영향을 끼치는 도시는 뉴욕이야.

08. 정답은 ⑤ 이야♡

㉠은 케이프타운으로, 테이블처럼 편평한 산과 그 아래로 펼쳐진 도심과 푸른 바다로 유명하지! ㉣은 오로라 관측 성공률이 높은 고위도에 위치한 오로라의 수도 옐로나이프가 맞아. ㉤는 잉카 문명의 중심지로 세계 유산에 등재되어 보호받는 쿠스코가 맞아. 그래서 정답은 5번이야. 알라븅~^^

★오답설명
ㄴ. ㉡은 이스탄불로 동서양의 역사, 종교 등이 어우러져 있으며, 유럽과 아시아에 걸쳐 있는 도시야.
ㄷ. ㉢은 홍콩으로 세계적인 중계 무역의 중심지로 화려한 야경이 매력적인 도시야.

09. 정답은 ① 이야♡

런던, 도쿄, 뉴욕의 공통점은 세계 경제, 문화, 정치의 중심지 라는거야! 다른 도시들과 서로 연계되어 겁나 상호 작용 중이지~ 그래서 ㄱ,ㄴ이 맞는 내용으로 정답은 1번이야. 알라븅~^^

★오답설명
ㄷ. 세계적 영향력을 가진 금융 기관, 다국적 기업의 본사 등의 활동이 많아.
ㄹ. 오늘날 다양한 도시들의 성장으로 다른 도시에 미치는 영향력은 늘어나고 있어.

10. 정답은 ① 이야♡

내용은 세계 도시에 관한 내용이야. 그래서 정답은 1번이야. 알라븅~^^

11. 정답은 ① 이야♡

설명하고 있는 도시는 뉴욕에 관한 내용이야. 그래서 정답은 1번이야. 알라븅~^^

12. 정답은 ⑤ 이야♡

㉠은 시드니로 유럽인이 건설한 도시로, 남태평양의 중요한 무역 중심지야. 그래서 정답은 5번이야. 알라븅~^^

13. 정답은 ⑤ 이야♡

고산 도시에 대한 설명으로 해당 지역은 E.키토야. 그래서 정답은 5번이야. 알라븅~^^

★오답설명
A는 뉴욕, B는 프라이부르크, C는 중국, D는 시드니

14. 정답은 ⑤ 이야♡
그림은 리우데자네이루야. 예수님 보이지?ㅎㅎ 그래서 정답은 5번이야. 알라븅~^^

15. 정답은 ⑤ 이야♡
(가)는 이스탄불 (나)는 바르셀로나야. 그래서 정답은 5번이야. 알라븅~^^

16. 정답은 ③ 이야♡
A는 도심, B는 부도심, C는 개발 제한 구역, D는 위성 도시, E는 주변 지역이야. 개발 도시의 무질서한 팽창을 막기 위해 개발 제한 구역을 지정하는 거지! 그래서 정답은 3번이야. 알라븅~^^
★오답설명
① 주택과 학교, 공장 등이 섞여 나타나는 곳은 주변 지역이야.
② 대도시의 주거, 공업, 행정 등과 같은 기능을 분담하는 곳은 위성 도시야.
④ 기업의 본사, 백화점 등이 모여 중심 업무 지구를 형성하는 곳은 도심이야.
⑤ 업무와 상업 기능의 집심 현상이 나타나는 곳은 도심이야.

17. 정답은 ① 이야♡
㉠은 인구 공동화 현상이지? 이게 나타나는 지역은 도심으로 A에 해당해. 그래서 정답은 1번이야. 알라븅~^^

18. 정답은 ① 이야♡
A는 도심, B는 부도심, C는 중간지역, D는 개발제한구역, E는 위성 도시, (가)는 집심 현상 (나)는 이심 현상이야.
도심은 접근성이 좋아서 지가가 가장 높은 곳이야! 그래서 정답은 A! 1번이야. 알라븅~^^
★오답설명
② 도시와 촌락의 모습이 함께 나타나는 곳은 주변 지역이야.
③ 개발 제한 구역이 지정된 곳은 D지역이야.
④ 대도시의 기능을 분담하고 있는 것은 위성 도시야.
⑤ 도심과 주변 지역을 연결하는 교통의 요지는 부도심이야.

19. 정답은 ② 이야♡
(가)는 집심현상으로 상업 기능이 내부로 집중되는 현상이 맞아. (나)는 이심현상으로 학교의 학생 수가 적은 도심 속 미니 학교의 등장과 관련이 있어. 그래서 정답은 2번이야. 알라븅~^^
★오답설명
ㄴ. 주택, 학교, 공장 등이 넓은 토지를 찾아 떠나는 현상은 이심현상이야.
ㄹ. (가)는 집심 현상, (나)는 이심 현상이야.

20. 정답은 ② 이야♡
A는 도심, B는 중간지역, C는 부도심, D는 주변지역 도심은 인구의 공동화 현상이 나타나는게 맞아. 부도심은 도심과 주변 지역을 연결하는 교통의 요지에 형성되지! ㄱ, ㄷ이 맞는 내용으로 정답은 2번이야. 알라븅~^^
★오답설명
ㄴ. 도심의 기능을 분담하는 건 부도심이야.
ㄹ. 주변 지역은 부도심보다 접근성이 낮은 곳은 맞지만 고층 빌딩이 밀집하는 곳은 아니야.

21. 정답은 ③ 이야♡
ㄱ은 접근성, ㄴ은 지대, ㄷ은 인구 공동화에 해당해. 그래서 정답은 3번이야. 알라븅~^^

22. 정답은 ③ 이야♡
지역 분화의 원인은 지역의 접근성이 다르고 이에 따라 땅값도 달라지기 때문이야! 그래서 정답은 3번이야. 알라븅~^^
★오답설명
① 도심에서 주변 지역으로 나갈수록 대체로 건물의 높이가 낮아져.

② 땅값이 비싼 지역일수록 상업 기능이 강화되고 주거 기능이 약화해.
④ 인구가 증가하고 산업이 발달하여 도시가 성장하면 상업, 주거, 업무 기능이 분화된단다.
⑤ 도시의 무분별한 팽창을 막고 주변 지역과의 조화로운 발전을 위해 도시 주변에 '개발제한구역'을 설정하기도 해.

23. 정답은 ① 이야♡
도시 내부의 지역 분화에 영향을 미치는 것은 지가와 접근성이야. 그래서 정답은 1번이야. 알라븅~^^

24. 해답 참고

반복유형2차 정답 031쪽 ~ 033쪽

01.③ 02.④ 03.③ 04.③ 05.④ 06.③ 07.⑤
08.⑤ 09.④ 10.③ 11.③ 12.① 13.③ 14.①
15.(나) 중심 업무 지구를 형성하고 있으며, 인구 공동화 현상이 발생한다.

01. 정답은 ③ 이야♡
★오답설명
①②④⑤번은 도시와 촌락의 설명이 서로 바뀌어 있어!!
그러니깐 바꿔~ 바꿔~ ㅎㅎ 모든걸 다 바꿔!!(이건 24년전 유행한 이정현 언니의 바꿔라는 노래야!! ㅎㅎㅎㅎ세대차이 쩔지!?)
알라븅~^^

02. 정답은 ④ 이야♡
★오답설명
① 도시는 촌락에 비해 인구밀도가 겁나 높아!! 끄억!!
② 도시는 2,3차 산업에 주로 종사해!! ㅎㅎ
③ 도시는 인문 경관이 발달했단당!!:)
⑤ 각 나라의 도시들은 모두 모두 다르게 생겼어!! 절대 도시들은 컨트롤c+컨트롤v가 아니란다!! ㅎㅎ 알라븅~^^

03. 정답은 ③ 이야♡
도시발달의 순서 ㄴ. 농업 도시(문명의 발상지) → ㄹ. 상업 도시 → ㄱ. 공업 도시 → ㄷ. 다양한 기능 도시
알라븅~^^

04. 정답은 ③ 이야♡
③ 환경 생태 도시는 브라질의 쿠리치바와 독일의 프라이부르크얌!! ㅎㅎ 알라븅~^^

05. 정답은 ④ 이야♡
알라븅~^^

06. 정답은 ③ 이야♡
ⓐ 케이프타운 ⓑ 이스탄불 ⓒ 광저우 ⓓ 옐로나이프 ⓔ 쿠스코
★오답설명
② 케이프타운 ④ 이스탄불 ⑤ 뉴욕

알라븅~^^🐟

07. 정답은 ⑤ 이야♡
도쿄, 런던, 뉴욕 = 세계 도시
★오답설명
ㄱ. 모두 휴양 도시는 아니다. 지도의 도시들은 모두 세계의 정치, 경제, 금융을 이끌고 있는 세계도시입니다.:)
ㄴ. 세계도시는 북반구에 위치하고 있어!! :) 알라븅~^^🐟

08. 정답은 ⑤ 이야♡
A: 브뤼셀 B: 뉴델리(인도) C: 베이징 D: 시드니 E: 뉴욕
알라븅~^^🐟

09. 정답은 ④ 이야♡
ⓐ 브뤼셀 ⓑ 카이로 ⓒ 싱가포르 ⓓ 뉴욕 ⓔ 상파울루
알라븅~^^🐟

10. 정답은 ③ 이야♡
알라븅~^^🐟

11. 정답은 ③ 이야♡
Ⓐ개발제한구역 ⑧ 주변 지역 Ⓒ도심 ⑪ 부도심 Ⓔ 위성 도시
★오답설명
① 이것은 주변 지역에 대한 설명이다.
② 이것은 도심에 대한 설명이야!!
④ D는 부도심이야.
⑤ E는 개발 제한 구역이야!! :) 알라븅~^^🐟

12. 정답은 ① 이야♡
ㄱ: 집심현상, ㄴ: 이심현상
★오답설명
ㄴ. 집심에 의해 업무와 상업 기능은 도심으로 모여들어:)
ㄷ. 이심에 의해 주택,학교,공장 등은 주변지역으로 빠져나간단다.
알라븅~^^🐟

13. 정답은 ③ 이야♡
③주거 지역은 지대 지불 능력이 낮아 이심 현상이 일어나는 곳이란다:) 알라븅~^^🐟

14. 정답은 ① 이야♡
알라븅~^^🐟

15. 해답 참고

Ⅷ **사람이 만든 삶터. 도시**
3. 도시화와 도시 문제~4. 살기 좋은 도시

반복유형1차 정답

070쪽 ~ 073쪽

01.① 02.⑤ 03.⑤ 04.④

05.1) A: 초기 단계, B: 가속화 단계, C: 종착 단계
2) 이촌 향도 현상으로 도시화 속도가 매우 빠르다.
2,3차 산업이 발달한다.

06.② 07.⑤ 08.④ 09.③ 10.⑤ 11.⑤ 12.②,③

13.③ 14.① 15.④ 16.③ 17.③ 18.⑤ 19.②

01. 정답은 ① 이야♡
도시화는 도시적 생활 양식이 확산되는 과정이야! 도시화가 진행됨에 따라 2, 3차 산업이 발달하지~ 그래서 맞는 내용은 ㄱ,ㄴ로 정답은 1번이야. 알라븅~^^🐟
★오답설명
ㄷ. 도시에 거주하는 인구 비율이 높아지는 과정이야.
ㄹ. 산업이 발달한 유럽의 도시화율은 높지만 아프리카는 아직 아니야.

02. 정답은 ⑤ 이야♡
★부연설명
도시화 과정은 초기 단계, 가속화 단계, 종착 단계의 순서로 진행해.
알라븅~^^🐟

03. 정답은 ⑤ 이야♡
A는 초기 단계, B는 가속화 단계, C는 종착 단계야.
도시화는 A에서 C단계로 갈수록 1차 산업에 종사하는 인구 비율은 감소하는게 맞아. 그래서 정답은 5번이야. 알라븅~^^🐟
★오답설명
① 선진국의 경우 C단계에 해당하는 나라가 많아.
② 역도시화 현상은 C단계에서 나타나.
③ B단계에서 이촌 향도 현상이 활발하게 나타나.
④ 선진국의 도시화는 200여 년에 걸쳐서 천천히 진행되었단다!

04. 정답은 ④ 이야♡
A는 초기 단계, B는 가속화 단계, C는 종착 단계야.
B단계에서는 산업화가 빠르게 진행되어 이촌향도 현상이 발생하게 돼. 그래서 정답은 4번이야. 알라븅~^^🐟
★오답설명
① C단계에서 역도시화 현상이 나타나.
② A는 초기 단계, B는 가속화 단계, C는 종착 단계야.
③ 개발도상국은 선진국보다 B 단계를 더 늦게 경험해.
⑤ B단계 곡선은 개발도상국의 곡선이 기울기가 더 급해.

05. 해답 참고

06. 정답은 ② 이야♡
A는 선진국, B는 개발도상국의 도시화 곡선이 맞아. B의 가속화 단계에서는 이촌향도 뿐만 아니라 인구의 자연 증가도 함께 이루어지는게 맞아. 그래서 맞는 내용은 ㄱ, ㄹ로 정답은 2번이야. 알라븅~^^🐟

★오답설명
ㄴ. B가 20세기 중반 이후 급속하게 진행되었어.
ㄷ. A가 18세기 후반 산업 혁명 이후 점진적으로 진행되었어.

07. 정답은 ⑤ 이야♡
(가)는 영국, (나)는 중국, (다)는 니제르야.
(가) 국가에서는 도시의 인구가 쾌적한 거주 환경을 찾아 도시 주변으로 이주하기도 해. 그래서 정답은 5번이야. 알라뷰~^^🐟

★오답설명
① (가) 국가의 도시화율이 가장 높아.
② (가) 국가의 주된 산업 형태는 2,3차 산업이야.
③ (나), (다) 국가는 다 개발도상국이야.
④ (다) 국가의 인구 절반 이상이 촌락에 거주하고 있어.

08. 정답은 ④ 이야♡
(가)는 영국, (나)는 니제르, (다)는 중국이야.
(가)는 현재 도시화의 종착 단계에 해당하는게 맞아.
그래서 정답은 4번이야. 알라뷰~^^🐟

★오답설명
① (가)에 해당하는 국가는 A야.
② (나)에 해당하는 국가는 C야.
③ (다)에 해당하는 국가는 B야.
⑤ (나) 제2차세계대전 이후 급격한 도시화가 진행되어 현재는 가속화 단계야.

09. 정답은 ③ 이야♡
★부연설명
(가)에서 특정 도시로 인구가 집중하면서 주택, 상하수도 시설 등과 같은 도시 기반 시설이 부족하게 돼. 알라뷰~^^🐟

10. 정답은 ⑤ 이야♡
★부연설명
도심 지역에 불량 주거 지역 형성되는 것은 선진국에서 나타나!
알라뷰~^^🐟

11. 정답은 ⑤ 이야♡
★부연설명
짧은 기간 내에 도시 인구가 급증하여 도시 문제가 더욱 심각하게 나타나는 곳은 개발도상국이야. 알라뷰~^^🐟

12. 정답은 ②,③ 이야♡
우리나라는 1960년대 이후 산업 발달로 도시화가 가속화 되는게 맞아.
1970년대부터는 우리나라 인구 절반 이상이 도시에서 살게 되었어. 그래서 정답은 2, 3번이야. 알라뷰~^^🐟

★오답설명
① 우리나라는 현재 도시화의 종착 단계에 해당해.
④ 1960년대 이전에는 1차 산업 종사자가 가장 높게 나타나.
⑤ 1960년에 비해 2015년 우리나라의 농경지, 삼림 면적은 감소해.

13. 정답은 ③ 이야♡
A는 종착단계, B는 가속화 단계, C는 초기 단계야.
1960년대 이전까지 C단계에 머물러 있었어. 그래서 정답은 3번이야.
알라뷰~^^🐟

★오답설명
① 현재 A단계에 도달했어.
② 20-30년의 짧은 기간에 진행되었어.
④ 일제 강점기는 C단계에 해당해.
⑤ 급격한 산업화로 B단계를 건너뛰어 A단계에 도달 할 수는 없어.

14. 정답은 ① 이야♡
쿠리치바는 굴절 버스 도입으로 교통 문제 해결한게 맞아. 빌바오는 세

계적인 미술관 유치로 침체한 지역 경제 문제를 해결했지! 그래서 맞는 내용은 ㄱ,ㄴ으로 정답은 1번이야. 알라뷰~^^🐟

★오답설명
ㄷ. 벵갈루루가 소프트웨어 산업 육성 정책을 시행하여 일자리 부족을 해결했어.
ㄹ. 그라츠는 동서 지역을 잇는 인공 섬을 건설하여 지역 간 분리 문제를 해결했어.

15. 정답은 ④ 이야♡
(가)는 벵갈루루에 관한 내용이고 (나)는 빌바오에 관한 내용이야. 그래서 정답은 4번이야. 알라뷰~^^🐟

16. 정답은 ③ 이야♡
★오답설명
제조업의 쇠퇴는 다른 산업 발전을 개발하여 해결해야지!! 공장 증설은 맞지 않아. 알라뷰~^^🐟

17. 정답은 ③ 이야♡
설명하고 있는 도시는 순천이야. 그래서 정답은 3번이야.
알라뷰~^^🐟

18. 정답은 ⑤ 이야♡
★오답설명
소득을 높이는 것도 중요하지만 삶의 질과 같은 것도 중요해.
알라뷰~^^🐟

19. 정답은 ② 이야♡
살기 좋은 도시는 일자리가 풍부하고, 문화 및 의료 시설을 잘 갖추어져 있어 그래서 맞는 내용은 ㄱ,ㄷ으로 정답은 2번이야.
알라뷰~^^🐟
★오답설명
ㄴ. 전쟁과 테러의 위험이 크면 살기 좋은 도시가 아니야.
ㄹ. 녹지 공간도 많아야 살기 좋은 도시야.

반복유형2차 정답
039쪽 ~ 041쪽

01. ④   02. ③   03. ③

04. C: 종착 단계, 역도시화 현상이 나타나 도시 인구가 주변 지역이나 농촌으로 이동하여 도시 인구가 감소한다.

05. ⑤   06. ④   07. ②   08. ③   09. ④   10. ①   11. ③

12. ②   13. ②

01. 정답은 ④ 이야♡
알라뷰~^^🐟

02. 정답은 ③ 이야♡
★오답설명
③ 도시화는 선진국일수록 많이 진행되었어! 그러니깐 개발도상국인 아시아와 특히 아프리카는 도시화 진행이 많이 진행되지 못했단다. ㅠㅠ

03. 정답은 ③ 이야♡

(가) 초기 단계, (나) 가속도 단계, (다) 종착 단계

★오답설명
① (나) 시기는 도시화 속도가 가장 빠른 가속도 단계야!! 즉 증가세가 가장 활발해!! ①번은 완전 뻥구라!!ㅎㅎ
② 이촌향도는 촌락을 떠나 도시로 가는 현상인데 이것은 (나)단계에서 가장 활발하단다!
④ (가)시기는 산업화 이전의 시기로 사람들의 대다수가 촌락에서 거주해:)
⑤ 선진국이 개발도상국에 비해 (가)~(다) 시기가 점진적으로 오랜시간에 걸쳐 안정적으로 이뤄졌단다 끼옷! 알라뷰~^^🐟

04. 해답 참고

05. 정답은 ⑤ 이야♡
A: 선진국 도시화 그래프 B: 개발 도상국 도시화 그래프
★오답설명
⑤ 이것은 A(선진국)에 대한 설명이얌^^ 알라뷰~^^🐟

06. 정답은 ④ 이야♡
(가) 영국, (나) 중국
★오답설명
④ (나) 중국은 개발도상국으로 2000년에도 가속화 단계이기 때문에 2000년 이후 종착 단계인 (가) 영국에 비해서 도시화 속도가 빨라 :) 알라뷰~^^🐟

07. 정답은 ② 이야♡
선진국의 도시 문제의 특징은 오래전에 도시화가 진행되어 이미 도시 자체가 너무 노후화 되었다는 것이 문제!! 그래서 ㄱ,ㄹ이 선진국의 문제가 돼!^^
개발도상국의 도시 문제는 갑자기 도시화가 진행되면서 인구가 도시로 폭발적으로 몰려서 도시 기반 시설이 부족한 ㄴ,ㄷ이 문제가 된단다. 알라뷰~^^🐟

08. 정답은 ③ 이야♡
★오답설명
③ 개발도상국은 인구가 폭발적으로 몰리기 때문에 인구 감소가 문제가 안돼:) 이것은 선진국에 대한 설명이야!! 알라뷰~^^🐟

09. 정답은 ④ 이야♡
★오답설명
④ 우리나라는 도시 발달 자체가 특정 도시를 중심으로 도시화를 진행했기 때문에 지역간의 격차가 크단다!! ㅠㅠ 잘사는 도시는 잘살고, 못사는 도시는 못살아! ㅠㅠ

10. 정답은 ① 이야♡
알라뷰~^^🐟

11. 정답은 ③ 이야♡
★오답설명
③ 도시 과밀화란? 도시에 너무 많은 인구가 과하게 몰리는 현상이야! 그런데 업무 및 주거 기능이 도시에 집중 강화되면 더욱 도시로 몰리게 되니 이것은 좋은 해결책이 아니야ㅠㅠ 알라뷰~^^🐟

12. 정답은 ② 이야♡
쿠리치바, 프라이부르크, 순천은 모두 모두 자연과 인간이 공존하는 생태 도시란다!! :) 알라뷰~^^🐟

13. 정답은 ② 이야♡
★오답설명
ㄱ. 누가봐도 이건 무슨 악마도 아니고 소득 수준에 따라 사는 지역을 분리한다는게 말이 되냐고.. ㅠㅠ

ㄷ. 소득 수준이 높은 이유가 장시간 노동 때문이라면 이건 완전 나락이네!! ㅠㅠ
ㅁ. 교통 체증... 진짜 완전 헬게이트!! 이건 살기 좋은 도시가 아니라 살기 개힘든 도시.. ㅠㅠ 알라뷰~^^🐟

Ⅸ 글로벌 경제 활동과 지역 변화

1. 농업 생산의 기업화와 세계화

반복유형1차 정답 081쪽 ~ 083쪽

01.③	02.⑤	03.④	04.④	05.④	06.④	07.①
08.②	09.②	10.①	11.③	12.①	13.④	14.②
15.③	16.③	17.①	18.④			

01. 정답은 ③ 이야♡
(가)는 자급적 농업, (나)는 상업적 농업이야. 상업적 농업의 대표적인 예로 낙농업, 원예농업, 기업적 곡물 농업을 들 수 있어. 그래서 정답은 3번이야. 알라뷰~^^🐟
★오답설명
① (가)는 자급적 농업, (나)는 상업적 농업을 말한다.
② 상업적 농업의 대표적인 예로 미국의 기업적 목축이 있어.
④ 경제활동의 세계화가 진행되고 상업적 농업이 발달하면서 자급적 농업은 줄어들어.
⑤ 교통과 통신의 발달로 지역 간 교류가 증가하면서 (가)에서 (나) 농업의 형태로 변화하고 있어.

02. 정답은 ⑤ 이야♡
★오답설명
플랜테이션 농업은 선진국의 자본과 기술을 중심으로 대규모 농장으로 운영되는거야. 알라뷰~^^🐟

03. 정답은 ④ 이야♡
기업적 농업을 설명하는 키워드는 대규모, 농기계와 화학비료, 경제활동의 세계화, 가격 경쟁력 확보가 들어가서 모두 4개로 정답은 4번이야. 알라뷰~^^🐟

04. 정답은 ④ 이야♡
★오답설명
교통과 통신의 변화로 지역 간 교류가 증가하고 있어. 알라뷰~^^🐟

05. 정답은 ④ 이야♡
★오답설명
기업적 농업은 곡물을 소규모로 재배하여 직접 소비하는 자급적 농업과는 관계가 없어. 알라뷰~^^🐟

06. 정답은 ④ 이야♡
상업적 농업의 결과 농업 생산의 다각화가 이루어지고 있는 게 맞아 낙농업, 원예농업, 대규모 곡물 재배 및 목축 등이 상업적 농업에 해당해. 농작물의 상업적 이윤을 극대화하기 위해 농업의 기업화 현상이 확

대되고 있어. 그래서 맞는 내용은 ㄱ,ㄴ,ㄷ으로 정답은 4번이야.
알라븅~^^

★오답설명
ㄹ. 세계 무역 기구(WTO) 체제 출범과 자유 무역 협정(FTA)체결 등은
농업의 세계화와 관련이 있어.
ㅁ. 벼, 밀, 옥수수 등의 곡물을 소규모로 재배하여 직접 소비하는 자급적
농업은 이전으로 현재는 아니야.

07. 정답은 ① 이야♡

★오답설명
좁은 농업 지역이 아닌 넓은 지역에서 이루어지는 거야.
알라븅~^^

08. 정답은 ② 이야♡
농업 생산의 세계화에 관한 내용인 것을 알 수 있어. 알라븅~^^

09. 정답은 ② 이야♡

★오답설명
베트남은 벼농사가 줄고 커피 농장이 늘어나고 있어. 알라븅~^^

10. 정답은 ① 이야♡
농업 생산의 기업화 세계화는 소비 지역의 식량 자급률을 낮추는 요인
이 되기도 해. 외국 농산물의 수입은 지역의 음식 문화를 다양하게 만드
는 것이 맞아. 생산 지역에서 단일 작물의 대규모 재배로 생태계를 교란
하기도 해. 그래서 맞는 내용은 ㄱ, ㄴ, ㄷ으로 정답은 1번이야.
알라븅~^^

★오답설명
ㄹ. 부정적 변화도 같이 일어나!
ㅁ. 소비지역 아니고 생산지역이야!
ㅂ. 저렴한 외국 농산물의 수입은 생산 지역의 상당수 농가에서 농업
소득을 증가시키는 효과가 있어.
ㅅ. 인도네시아에 관련된 내용이야!

11. 정답은 ③ 이야♡

★오답설명
세계화에 따라 농업 경쟁력을 높이기 위해 상업적 농업 위주의 재배가
증가하고 있어. 알라븅~^^

12. 정답은 ① 이야♡

★오답설명
최근 농작물 소비 특성의 변화로 쌀 소비량은 감소하고 있어.
알라븅~^^

13. 정답은 ④ 이야♡
패스트푸드의 보편화로 쌀 소비량은 감소하고 있어. 밀을 재배하던 지
역이 바이오 에너지의 원료가 되는 옥수수 재배 지역으로 변화하고 있
는 게 맞아. 그래서 맞는 내용은 ㄴ,ㄹ로 정답은 4번이야.
알라븅~^^

★오답설명
ㄱ. 커피, 차 등 기호 작물의 재배가 증가하고 있어.
ㄷ. 육류 소비량이 증가하면서 옥수수, 콩 등 재배 지역이 늘어나고
있어.

14. 정답은 ② 이야♡

★오답설명
우리나라는 국제 곡물 시장의 변화에 민감해. 알라븅~^^

15. 정답은 ③ 이야♡

★오답설명
값싼 농산물 수입으로 식량 자급률은 '낮아지고' 식량 부족 문제는 해
결 가능해. 알라븅~^^

16. 정답은 ③ 이야♡

★오답설명
아시아, 아프리카 등 개발도상국에서 다국적 기업의 플랜테이션 농장
이 발달해. 알라븅~^^

17. 정답은 ③ 이야♡
커피 생산의 확대로 인해 열대 우림이 파괴되고 있고, 각종 환경 문제가
심각해지고 있어. 화학 비료와 농약의 사용이 늘어나는게 맞아. 그래서
들어갈 수 있는 내용은 ㄱ,ㄷ,ㄹ로 정답은 3번이야. 알라븅~^^

★오답설명
ㄴ. 식량의 생산과 수출은 감소해.
ㅁ. 특정 작물이 재배되고, 토양이 황폐해져.

18. 정답은 ④ 이야♡
상품성이 높은 한두 가지 농작물을 대규모로 재배되고 있는 상황을 볼
수 있어. 그래서 정답은 4번이야. 알라븅~^^

★오답설명
① 기업의 농업 투자 규모는 증가해.
② 외국산 농산물에 대한 의존도는 증가해.
③ 상품성이 높은 품종만을 대량 생산해.
⑤ 상업적 목적으로 생산되는 농산물을 선호해.

반복유형2차 정답

046쪽 ~ 047쪽

| 01.⑤ | 02.① | 03.③ | 04.② | 05.① | 06.⑤ | 07.⑤ |
| 08.① | 09.③ | | | | | |

01. 정답은 ⑤ 이야♡

★부연설명
ㄱ. 기업화 농업은 기계화가 기본이기 때문에 소규모 작물이 아니라
대규모 대량 생산 작물이야!! ㅎㅎ
ㄴ. 기업화는 대량 농업이기 때문에 기계를 이용해!
가족 노동력 가지고는 안된단다. ㅠㅠ 그럼 가족이 죽어!!
알라븅~^^

02. 정답은 ① 이야♡
농업의 세계화로 인해 전세계의 다양한 농산물로 파전을 만들었어.
알라븅~^^

★오답설명
ㄴ. 산업이 발달할수록 전세계적으로 농업 인구는 줄어 드는거야!
ㄹ. 국가 간 무역 분쟁이 심하면 서로 무역을 하기 힘들겠지??
그러면 농산물의 세계화를 저해하는 요소가 되는거야 ㅠㅠ
ㅁ. 사실 농산물의 세계화로 생산되는 농작물들은 대다수가 상업적
농산물이기 때문에 비료와 농약을 너무 많이 쳐서 그 안전성이
너무 떨어져.. ㅠㅠ

03. 정답은 ③ 이야♡

★오답설명

ㄱ. 기업적 농업은 선진국에서만 이뤄지는 것이 아니라 개발도상국에서도 일어나고 있어!! 꺄악!!^^

ㄹ. 기업화와 세계화는 여러 농작물이 아닌 돈이 되는 상업적인 농작물을 선택하여 걔만 대량 생산하는거야! 즉, 소품종 대량생산이란다!! 그러니깐 이건 겁나 구라!! :) 알라븅~^^🐟

04. 정답은 ② 이야♡
이 지문은 농산물의 세계화가 일어나는 배경에 대한 글이란다!! 그래서 정답은 ②야!! :) 알라븅~^^🐟

05. 정답은 ① 이야♡
★오답설명
① 농업의 기업화는 대량 생산이기 때문에 가족 노동력따위로는 도저히 진행이 어려워!! 그러면 가족이 죽어!! 알라븅~^^🐟

06. 정답은 ⑤ 이야♡
★오답설명
① 육류의 소비량은 꾸준히 올라가고 있어!! 고기 싸롱 맛있어~
② 기호 식품의 소비량은 마구 마구 증가하고 있어!!
③ 생활수준의 향상으로 채소와 과일의 소비량은 마구 마구 증가하고 있어!!ㅎㅎ
④ 옥수수와 콩 등은 사료 작물로 그 소비가 마구 마구 증가하고 있어!! 그래서 정답은 ⑤번 뿐이야!! ㅎㅎ 알라븅~^^🐟

07. 정답은 ⑤ 이야♡
★오답설명
① 두류는 콩인데 콩의 자급도는 6.4%로 매우 낮은 것을 볼 수 있어!! ㅎㅎ 이런 의미로 밥 지을 때 콩은 넣지 맙시다!! (콩밥 싫어하는 람보쌤의 개취)
② 우리 나라는 유일하게 쌀은 자급이 돼! 쌀이 부족한 국가가 아니라 쌀이 넘쳐나는 국가란다!!잇힝^^
③ 옥수수와 밀은 우리나라가 생산하기 좋은 토지가 아니라서 앞으로도 다른 나라에서 수입 의존할 가망성이 크지^^
④ 쌀은 자급률이 매우 높아!!!

08. 정답은 ① 이야♡
★오답설명
① 전통적인 자영농들은 농업의 기업화와 세계화로 인해 줄어들었단다. 대신 그 자리를 다국적 농업 기업들이 채운거야..ㅠㅠ

09. 정답은 ③ 이야♡
★오답설명
(나), (라) 일자리 증가는 인도네시아에서 팜유 농장이 만들어짐으로서 당연한 현상이지만, 이것은 문제점이 아니라 장점이기 때문에 답이 안돼!! 도리도리~ 안돼!!
지역 경제 활성화도 마찬가지!!! ㅎㅎ 도리 도리 안돼!!

Ⅸ 글로벌 경제 활동과 지역 변화

2. 다국적 기업의 발달
~3. 세계화에 따른 서비스업의 변화

반복유형1차 정답

092쪽 ~ 096쪽

01.② 02.② 03.③ 04.③ 05.③ 06.② 07.④
08.① 09.⑤ 10.④

11.(가) 지가가 낮고 저렴한 노동력이 풍부하여 생산 비용이 절감되기 때문이다.
(나) 시장을 확대하고 무역 장벽을 극복하기 위해서이다.

12.(1) 산업 공동화 현상이 나타난다. 실업률이 증가하고 경기가 침체된다.
(2) 일자리가 늘어나고 자본이 유입되어 지역 경제가 활성화된다. 선진국의 기술 이전을 받을 수 있다. 환경오염이 증가하고, 이윤이 해외로 유출된다.

13.②

14. 일자리가 늘어나고 자본이 유입되어 지역 경제가 활성화된다. 선진국의 기술 이전을 받을 수 있다.

15.① 16.④ 17.① 18.④ 19.⑤ 20.③ 21.③
22.②

01. 정답은 ② 이야♡
다국적 기업의 성장 과정은 우선 국내에 소규모의 단일 공장을 세우고, 국내의 다른 지역에 생산 및 판매를 확장하고, 외국으로 제품을 판매하거나 해외에 공장을 세워. 그리고 여러 국가에 공장, 연구소, 판매 지점 등을 세우는 것으로 ㄱ, ㄴ, ㄹ, ㄷ의 순서로 진행된단다!
알라븅~^^🐟

02. 정답은 ② 이야♡
무역 장벽의 관세와 다국적 기업의 수는 주로 반비례 관계야. 그래서 정답은 2번이야. 알라븅~^^🐟

03. 정답은 ③ 이야♡
최근에는 과거와 달리 제조업 이외 서비스, 금융 등에서도 다국적 기업이 증가하고 있어. 그래서 정답은 3번이야. 알라븅~^^🐟

04. 정답은 ③ 이야♡
다국적 기업의 제품 생산은 교통, 통신의 발달, 자유 무역의 확대가 배경이 되었어. 그래서 ㄴ, ㄷ이 맞는 내용으로 정답은 3번이야.
알라븅~^^🐟
★오답설명
ㄱ. 무역 장벽는 약화되어야 해.
ㄹ. 노동의 국가 간 이동 규제는 다국적 기업 생산과는 맞지 않아.ㅠㅠ

05. 정답은 ③ 이야♡
다국적 기업의 공간적 분업에 있어 연구소는 주로 교육 수준이 높고 전문 인력이 많은 선진국에 입지하고, 소비 시장의 확보, 무역 장벽의

극복을 위해 선진국에 공장을 짓기도 해. 그래서 옳은 것은 ㄴ, ㄷ으로 정답은 3번이야. 알라븅~^^

★오답설명
ㄱ. 기업의 본사, 연구소, 공장 등이 여러 국가에 분산해 있어.
ㄹ. 제품 구매력이 높아 수요가 많은 지역에 위치하는 것은 판매 지점이야!

06. 정답은 ② 이야♡
다국적 기업의 공간적 분업에 있어 생산 공장은 임금과 지대가 저렴한 개발도상국에 주로 입지하는게 맞아. 연구소는 연구와 개발을 위해 연구 시설과 전문 인력이 풍부한 선진국에 입지해. 인구가 많거나 소득이 높아 제품을 많이 구매할 것으로 예상되는 지역에 판매 지점을 위치시키는 것이 맞아. 그래서 옳은 것은 ㄱ, ㄷ, ㅁ으로 정답은 2번이야. 알라븅~^^

★오답설명
ㄴ. 관세나 수입량 제한 등의 규제가 심해서 현지에 입지시키는 것은 생산 공장이야.
ㄹ. 효과적인 의사결정을 위해 정보 수집과 자본 확보가 유리한 선진국에 본사가 입지해.

07. 정답은 ④ 이야♡
다국적 기업의 본사, 연구소, 판매 지점의 입지 조건에 따라서 ㉠은 연구소 ㉡은 판매지점 ㉢은 본사가 해당해. 그래서 정답은 4번이야. 알라븅~^^

08. 정답은 ① 이야♡
생산 공장이 들어서는 지역인 (가)는 일자리가 증가하고 공장이 정리된 지역인 (나)는 지역 경제 침체가 나타나. 그래서 정답은 1번이야. 알라븅~^^

★오답설명
② 자본 유입, 도로, 철도망 확충은 모두 (가)에 대한 내용이야.
③ 지역 경제 침체, 실업자 증가는 모두 (나)에 대한 설명이야.
④ 대규모 실업 사태는 (나), 고용 창출은 (가)에 대한 설명이야.
⑤ 이윤의 해외 유출, 관련 산업 발달은 모두 (가)에 대한 설명이야.

09. 정답은 ⑤ 이야♡
생산 공장을 개발도상국에 두는 가장 적절한 이유는 지가가 낮고 저렴한 노동력이 풍부하기 때문이야. 그래서 정답은 5번이야. 알라븅~^^

10. 정답은 ④ 이야♡
개발도상국이 아닌 지역에 생산 공장을 두는 주요 이유는 무역 장벽 극복이야. 그래서 정답은 4번이야. 알라븅~^^

11. 해답 참고

12. 해답 참고

13. 정답은 ② 이야♡
기업에서 발생한 이윤의 상당 부분은 기업의 본사로 들어가서 해외로 유출돼. 정답은 2번이야. 알라븅~^^

14. 해답 참고

15. 정답은 ① 이야♡
정보통신의 발달로 업무 수행에 따른 시·공간적 제약이 '약화'되면서 서비스 산업이 공간적으로 분산되고 있어. 정답은 1번이야. 알라븅~^^

16. 정답은 ④ 이야♡
전자 상거래 활동에 적용될 수 있는 사례지!ㅎㅎ 그래서 정답은 4번이야. 알라븅~^^

17. 정답은 ① 이야♡

★오답설명
서비스업의 세계화는 사람이 직접 만나는 서비스업의 기본 특성을 약화시켜. 그래서 정답은 1번이야. 알라븅~^^

18. 정답은 ④ 이야♡
해외 직접 구매를 통해서 현지 가격으로 저렴하게 살 수고, 항공 화물, 택배 산업 규모가 증가하게 돼. 국내에서 판매하지 않는 물건도 살 수 있는게 맞아. 그래서 정답은 4번이야. 알라븅~^^

★오답설명
ㄱ. 상품의 교환·환불은 편리하지 않아.
ㄹ. 국내 가방 업체의 매출은 감소해.

19. 정답은 ⑤ 이야♡
내용을 보면 A사는 W마트보다 전 세계의 모든 사람이 쉽게 접속할 수 있고 상품의 검색이 편리한 게 맞아. W마트보다 A사가 상품 전시 공간을 자유롭게 확보할 수 있어 더욱 다양하고 많은 상품을 판매할 수 있어. 기존의 대형 오프라인 매장 중심지이었던 유통 체계가 온라인 쇼핑과 물류 센터 중심으로 바뀌고 있는 것을 보여주는게 맞아. 그래서 맞는 내용은 ㄷ, ㄹ, ㅁ으로 정답은 5번이야. 알라븅~^^

★오답설명
ㄱ,ㄴ 둘 다 A사에 관련된 내용이야!

20. 정답은 ③ 이야♡
(가)는 기존 방식 (나)는 전자상거래에 대한 내용이야.
온라인은 상품의 유통 단계가 줄어들고, 상품 구입의 시간적 제약이 작아지지! 그래서 맞는 내용은 ㄴ, ㄷ으로 정답은 3번이야. 알라븅~^^

★오답설명
ㄱ. 상품의 판매 범위는 넓어.
ㄹ. 상품의 대면 거래 비중은 낮아.

21. 정답은 ③ 이야♡
관광 산업으로 인해 지역의 소득은 증가해. 그래서 정답은 3번이야. 알라븅~^^

22. 정답은 ② 이야♡
(가)는 공정 여행에 관한 내용이야. 여행지의 생활 방식과 종교를 존중하고 문화를 체험하며, 현지인이 운영하는 숙소와 음식점, 대중교통 등을 이용하는거야. 그래서 맞는 내용은 ㄴ, ㄷ으로 정답은 2번이야. 알라븅~^^

★오답설명
ㄱ. 현지 동물을 이용한 쇼나 투어에 참여하는 건 공정여행이 아니야!
ㄹ. 대규모 골프장과 놀이공원 등의 위탁 시설에서 여가를 즐기는 것도 공정 여행이 아니지!

反 막힌 돌대가리를 뚫어주는
금대가리 해설지 해답 & 해설

053쪽 ~ 055쪽

반복유형2차 정답

053쪽 ~ 055쪽

01.③ 02.⑤ 03.② 04.⑤ 05.③ 06.②,④

07.(1) 일자리가 증가한다.

(2) 지역 경제가 활성화 된다.

(3) 기술 이전으로 관련 산업이 발달한다.

08.① 09.③ 10.② 11.④ 12.② 13.② 14.①

01. 정답은 ③ 이야♡

02. 정답은 ⑤ 이야♡

★오답설명
① 다국적 기업의 영향력은 교통과 통신의 발달에 따라 점점 확대되고 있어^^
② 다국적 기업은 일반 기업 보다 경제 활동의 공간 범위가 넓어! 겁나 넓어!!ㅎㅎ
③ 과거에는 제조업 중심으로 다국적 기업이 성장하였으나 요즘은 가공, 유통·금융 서비스 등 다양한 분야에서 성장하고 있단다. 잇힝!
④ 다국적 기업!! 즉, 국적이 다양하기 때문에 다양한 국가의 자본, 노동력,기술 등을 이용한단다.ㅎㅎ 알라븀~^^🐟

03. 정답은 ② 이야♡

★오답설명
ㄴ. 다국적 기업이 성장하려면 국가 간 교역 규모가 증가해야해^^
ㄹ. 해외 투자를 규제하면 다국적 기업이 성장 할 수 없어ㅜㅜ

04. 정답은 ⑤ 이야♡

★오답설명
ㄱ. 다국적 기업의 본사와 연구소는 주로 선진국에 입지한단다:)
ㄴ. 높은 기술 수준을 갖춘 지역에 입지하는 것은 연구소에 대한 설명이야 :) 알라븀~^^🐟

05. 정답은 ③ 이야♡

06. 정답은 ②, ④ 이야♡

★오답설명
①③⑤ 이것은 모두 이전한 지역에서 발생하는 것들이야:) 알라븀~^^🐟

07. 해답 참고

08. 정답은 ① 이야♡

★오답설명
ㄷ. 산업 공동화 현상은 다국적 기업의 생산 공장이 들어서 있다가 빠진 곳에서 발생하는 현상이란다 :)
ㄹ. 멕시코에 다국적 기업의 생산 공장이 들어서면서 외국 자본이 쏟아지게 되기 때문에 멕시코는 다국적 기업에 대한 의존도가 높아지게 되고 말아ㅜㅜ 알라븀~^^🐟

09. 정답은 ③ 이야♡

★오답설명

ㄹ. 다국적 기업의 콜센터가 자유롭게 다른 나라로 옮길 수 있기 때문에 필리핀의 장기적 고용 안정에는 늘 불안요소가 된단다. 필리핀에 둔 다국적 기업의 콜센터가 만약 이전한다면 필리핀은 대량 실업을 맛보게돼.. ㅜㅜ 알라븀~^^🐟

10. 정답은 ② 이야♡

★부연설명
② 정보화로 관광회사가 만든 관광 상품에 의존하기 보다는 관광객 스스로가 인터넷에 접속하여 관광 상품을 스스로 예약한단다. 알라븀~^^🐟

11. 정답은 ④ 이야♡

★오답설명
ㄱ. 해외 직구는 온라인으로 상품을 구매하기 때문에 상품의 판매 범위가 확대 된단다:)
ㄷ. 해외 물품 수입 업체간에는 해외 직구가 활발해지면서 더욱 치열한 경쟁을 하게 된단다:) 알라븀~^^🐟

12. 정답은 ② 이야♡

★오답설명
① 온라인 쇼핑몰은 상품 전시 공간의 확보가 매우 쉬워^^
③ 전자 상거래가 늘어가면서 대형 매장 중심에서 물류 센터 중심으로 변화되고 있어!! :)
④ 이것은 온라인 쇼핑몰에 대한 설명이야:)
⑤ 오프라인 쇼핑몰 자체가 소비자로 하여금 직접 경험을 하게 한다는 이 말 자체는 맞지만, 이것은 오프라인 쇼핑몰의 장점으로 오프라인 쇼핑몰이 고전하는 이유로는 적합하지 않아!! :) 알라븀~^^🐟

13. 정답은 ② 이야♡

(가) 기존의 상거래 (나) 전자 상거래

★오답설명
ㄴ. 택배 산업의 발달은 (나)로인해 발생했단다:)
ㄹ. (나)는 (가)보다 유통 단계가 보다시피 더 단순해졌어!! :) 알라븀~^^🐟

14. 정답은 ① 이야♡

★오답설명
① 공정 여행은 현지의 동식물 등을 파괴하지 않아! 즉, 동물 공연을 관람하지 않는단다.^^

X 환경 문제와 지속 가능한 환경

1.전 지구적 차원의 기후 변화

반복유형1차 정답

105쪽 ~ 107쪽

01.② 02.④ 03.① 04.①

05.(1) 지구 온난화 현상,
(2) 화석 연료의 사용 증가와 무분별한 삼림 개발로 대기 중 온실가스 농도가 증가해, 온실효과가 과도하게 발생하기 때문이다.

06.① 07.① 08.② 09.④ 10.① 11.② 12.⑤

13.⑤ 14.⑤

1. 정답은 ② 이야♡
기후 변화를 일으키는 인위적인 요소는 산업화와 화석 연료 사용 증가가 있어. 그래서 맞는 내용은 ㄱ, ㄹ로 정답은 2번이야. 알라뷰~^^
★오답설명
ㄴ, ㄷ. 둘 다 자연적 요인이야!

2. 정답은 ④ 이야♡
★부연설명
'지구의 허파'로 불리는 '열대림'을 무분별하게 벌목하면 온실가스를 배출하는 자연의 능력도 떨어지지! 그래서 정답은 4번이야. 알라뷰~^^

3. 정답은 ① 이야♡
이것은 지구 온난화 그래프! 지구 온난화에 영향을 주는 것은 석탄 사용량 증가, 도시 면적의 증가가 맞아. 그래서 맞는 내용은 ㄱ, ㄷ으로 정답은 1번이야. 알라뷰~^^
★오답설명
ㄴ. 삼림 면적의 감소야.
ㄹ. 자동차 사용 증가야.

4. 정답은 ① 이야♡
그래프를 통해서 대기 중 온실 가스 농도가 올라가고 있다는 것을 알 수 있어. 그래서 정답은 1번이야. 알라뷰~^^
★오답설명
② 지구의 평균 기온은 계속해서 올라가고 있어.
③ 이산화탄소 배출량과 지구 기온은 관련이 있어.
④ 지구의 평균 기온과 이산화탄소의 농도 변화는 비례해.
⑤ 1980년에 비해 2013년에는 지구의 평균 기온이 0.5℃이상 상승했어.

5. 해답 참고

6. 정답은 ① 이야♡
지구 온난화로 고산 식물의 분포 범위가 감소하고 멸종 위험이 커질 수 있어. 그래서 정답은 1번이야. 알라뷰~^^
★오답설명

② 폭우, 홍수, 태풍 등의 기상 이변의 발생 빈도가 증가해.
③ 해수면의 상승으로 해안 지역의 인간 거주 공간이 점차 감소해.
④ 식물의 개화 시기가 빨라지고 파리, 모기 등의 개체수가 증가해.
⑤ 낮은 수온을 선호하는 해양 생물의 분포 범위가 고위도로 확대해.

07. 정답은 ① 이야♡
지구 온난화로 홍수와 가뭄의 빈도수가 증가해. 그래서 정답은 1번이야. 알라뷰~^^
★오답설명
② 북극 항로의 운항이 점점 쉬워져. 얼음이 녹으니깐!
③ 아열대 과일의 재배 지역이 확대돼.
④ 열대우림의 축소는 위 현상을 심화시켜.
⑤ 오스트레일리아의 산호 서식지가 축소돼.

08. 정답은 ② 이야♡
제시된 그림은 사막화를 나타내는 것으로 사하라 사막 주변을 지도에서 찾으면 B지역에 해당해. 그래서 정답은 2번이야. 알라뷰~^^

09. 정답은 ④ 이야♡
빙하가 후퇴하고 영토가 녹는 현상은 지구 평균 기온이 상승하면서 나타나는 거야. 그래서 정답은 4번이야. 알라뷰~^^

10. 정답은 ① 이야♡
D지역은 국토가 점점 바닷물에 잠기고 있어. 그래서 정답은 1번이야. 알라뷰~^^

11. 정답은 ② 이야♡
제시된 내용은 파리 협정에 관한 내용이야. 그래서 정답은 2번이야. 알라뷰~^^

12. 정답은 ⑤ 이야♡
환경 문제 해결에 대해 자율성만 보장하면 기후 변화 문제를 해결하기 어려워서 강제성이 적절히 필요해. 그래서 정답은 5번이야. 알라뷰~^^

13. 정답은 ⑤ 이야♡
파리협정은 개발도상국과 선진국에 모두 온실 가스 감축 의무를 부여하고 있어. 그래서 정답은 5번이야. 알라뷰~^^

14. 정답은 ⑤ 이야♡
기후 변화 협약, 교토 의정서, 파리 협정은 모두 온실가스 배출량 감축을 위한 것이야. 그래서 정답은 5번이야. 알라뷰~^^

반복유형2차 정답

060쪽 ~ 061쪽

01.④ 02.④ 03.⑤ 04.① 05.⑤ 06.⑤ 07.⑤

01. 정답은 ④ 이야♡
★오답설명
ㄱ. 로컬 푸드는 지역에서 나는 음식으로 그 지역에서 생산되는 로컬 푸드를 많이 먹으면 운송으로 인해 발생하는 탄소 배출을

방지할 수 있으므로 기후 변화를 감소 시키는 역할을 한단다!!
그러니깐 우리도 로컬 푸드를 많이 먹어야돼!!:)
특별히 안양에는 오뚜기 공장이 있어!!ㅎㅎ 오뚜기 3분 카레 짜웅!!
ㅁ. 바닷물의 온도 상승으로 인한 대보초(큰 산호 무리) 파괴는
기후 변화의 원인이 아니라 결과란다 알라븅~^^🐟

02. 정답은 ④ 이야♡

03. 정답은 ⑤ 이야♡

★오답설명
ㄱ. 최근의 기후 변화는 인위적 요인의 영향을 많이 받고 있단다 ㅠㅠ
ㄴ. 화석 연료의 사용은 기후 변화의 속도를 증가시키고 있어!! ㅠㅠ
석탄, 석유의 사용을 전 지구인들이 모두 모두 줄일 수 있도록
노력해야돼!!:) 알라븅~^^🐟

04. 정답은 ① 이야♡

★부연설명
① 그래프는 지구 온난화 그래프잖아!! 지구 온난화가 나타나면 기후가
뜨거워지기 때문에 식물의 개화 시기는 빨라진단다 더버~~ ㅠㅠ
알라븅~^^🐟

05. 정답은 ⑤ 이야♡

★오답설명
⑤ 지구 온난화는 특정 국가에게만 해당되는 문제가 아니라 전지구적
차원의 문제이기 때문에 전 지구가 온실 가스를 감축하기 위해 노력
해야 한단다. 알라븅~^^🐟

06. 정답은 ⑤ 이야♡

★오답설명
⑤ 파리 협정은 각 나라가 온실 가스를 감축하기로 약속한 협정이야!!
그러나 온실 가스 감축을 약속한대로 하지 않았다고 해서 국제법상
으로 구속력(법에 의해 속박하는 것)을 가지거나 하지 않아.
만약 지키지 않은 국가에 대해 법적인 구속력을 가지려면
사실 그것은 경제적인 압박이나 전쟁이 될텐데..
그렇게까지 국제 사회에서는 무리수를 둘 수는 없단다.
그래서 정답은 ⑤야!! 알라븅~^^🐟

07. 정답은 ⑤ 이야♡

★오답설명
① 온실 가스 감축 의무는 선진국 뿐만 아니라 개발도상국도 의무를
가지고 있어:)
② 화력 발전소는 온실 가스를 많이 배출하기 때문에 친환경적인
신재생 에너지 사용이 시급해!! :)
③ 온실가스 배출권 거래제를 실시하면 온실가스 배출량은 줄어들어:)
④ 파리 협정은 교토 의정서와 다르게 선진국의 온실 가스 감축 의무
뿐만 아니라 개발도상국의 온실가스 감축 의무도 규정하고 있단다
알라븅~^^🐟

Ⅹ 환경 문제와 지속 가능한 환경
2.환경 문제 유발 산업의 이동

반복유형1차 정답　　　　112쪽 ~ 113쪽

01.⑤　**02.**⑤　**03.**③　**04.**④　**05.**⑤　**06.**③

01. 정답은 ⑤ 이야♡
바젤 협약은 유해 폐기물을 친환경적으로 처리할 수 없는 국가에 수출
을 금지하는 내용을 담고 있어! 그래서 정답은 5번이야.
알라븅~^^🐟

★오답설명
① 전자 쓰레기 처리 산업도 공해 산업이야.
② 주로 선진국에서 개발도상국으로 유입되는거야.
③ 유출 지역은 환경 보전을 더 중시해.
④ 유입 지역은 기업에 대한 환경 규제와 감시가 느슨한 편이야!ㅠㅠ

02. 정답은 ⑤ 이야♡
전자 쓰레기장에서 일하는 사람은 수은, 납 중독이 될수도 있어!ㅠㅠ
무의 말이 맞는 내용이야. 그래서 정답은 5번이야. 알라븅~^^🐟

★오답설명
① 갑-미국, 노르웨이는 유출국가야.
② 을-전자제품 사용 주기는 줄어들고 있어.
③ 병-환경규제가 느슨한 개발도상국으로 이전해.
④ 정-주로 선진국에서 발생해.

03. 정답은 ③ 이야♡
개발도상국은 경제 성장을 우선으로 하고 있고, 선진국에서 개발도상
국으로 석면 산업이 이동하고 있어! 그래서 맞는 내용은 ㄴ, ㄷ으로 정
답은 3번이야. 알라븅~^^🐟

★오답설명
ㄱ. 선진국은 환경보호에 더 관심이 있어.
ㄹ. 개발도상국은 공해 유발 산업을 규제하는 법적 장치를 갖추고 있지
않아!ㅠㅠ

04. 정답은 ④ 이야♡

★부연설명
네덜란드보다 생산비가 '싸고', 기후 조건이 적합해서 케냐에서 장미를
생산해. 그래서 정답은 4번이야. 알라븅~^^🐟

05. 정답은 ⑤ 이야♡

★부연설명
개발도상국이 폐가전제품을 받음으로써 환경 문제의 지역적 불평등이
더 악화될 수 밖에 없어.ㅠㅠ 그래서 정답은 5번이야. 알라븅~^^🐟

06. 정답은 ③ 이야♡

★부연설명
가능한 한 유해 폐기물이 발생한 장소에서 '가까운 곳'에서 처리하는게
좋아. 그래서 정답은 3번이야. 알라븅~^^🐟

반복유형2차 정답 066쪽

01.① **02.**① **03.**③ **04.**① **05.**③ **06.**①

01. 정답은 ① 이야♡

02. 정답은 ① 이야♡

★**부연설명**

① 전자 쓰레기는 산업이 발달한 선진국에서 주로 배출이 된단다!!
ㅜㅜ 알라븅~^^🐟

03. 정답은 ③ 이야♡

케냐의 장미 농장은 잘알고 있지?^^ 인도의 의류 산업으로 인한 피해
도 기억은 해두도록 해용:) 알라븅~^^🐟

04. 정답은 ① 이야♡

★**부연설명**

① 항구에 있는 폐선박들은 다~ 선진국에서 온 쓰레기 선박이야!!
그러니깐 아시아 아프리카가 아닌 유럽이나 앵글로 아메리카가
맞는 말이란다. 알라븅~^^🐟

05. 정답은 ③ 이야♡

★**부연설명**

③ 개발도상국은 기업에 대한 환경 감시 및 규제가 매우 약해서 지금도
환경 오염이 대규모로 발생하고 있어. 개발도상국은 일자리 창출과
경제 성장을 위해 환경 기준이 약하단다. ㅜㅜ 알라븅~^^🐟

06. 정답은 ① 이야♡

특히 유해 폐기물과 관련된 협약은 바젤 협약이라는 것을 반드시 기억
해야돼!! 알라븅~^^🐟

X 환경 문제와 지속 가능한 환경

3.생활 속의 환경 이슈

반복유형1차 정답 119쪽 ~ 120쪽

01.④ **02.**④ **03.**② **04.**③ **05.**② **06.**②

07.(1) 소비자 : 안전한 식품을 제공 받을 수 있다.
　(2) 생산자 : 안정적인 소득을 얻을 수 있다.
　(3) 지구·환경적 : 온실가스 배출량이 줄어 환경문제에
　　　도움이 된다.

08.⑤ **09.**②

---

01. 정답은 ④ 이야♡

하나의 환경 문제를 두고 서로의 입장에 따라 다양한 의견이 대립하기
도 한단다! 그래서 정답은 4번이야. 알라븅~^^🐟

★**오답설명**

① 환경 이슈는 전 지구적 규모로 나타나는 기후 변화 문제 이외에도
　여러 환경문제를 포함하고 있어.
② 환경 문제는 현재 사회 활동 전반에까지 영향을 뻗치고 있어!
③ 쓰레기 소각장의 건립 문제도 환경 문제 및 환경 이슈에 포함돼!
⑤ 환경에 주는 영향을 줄이기 위해 개인의 소비 습관과 기업의 규제를
　둘 다 중시해야해.

02. 정답은 ④ 이야♡

푸드 마일리지는 식품의 무게가 무겁고 수송 거리가 길수록 증가하는
게 맞아. 그래서 정답은 4번이야. 알라븅~^^🐟

★**오답설명**

① 푸드 마일리지가 높을수록 친환경과 멀어져!ㅜㅜ
② 푸드 마일리지가 많이 쌓일수록 안전성이 높진 않아.
③ 푸드 마일리지는 쌓일수록 나쁜거야!
⑤ 먹을거리가 생산되어 소비자의 식탁에 오르기까지 소요된 총 시간은
　포함되지 않아.

03. 정답은 ② 이야♡

★**오답설명**

대량 생산이 가능해 가격이 저렴한 편인 것은 GMO 및 대기업제품이 해
당해서 로컬푸드는 아니야. 그래서 정답은 2번이야. 알라븅~^^🐟

04. 정답은 ③ 이야♡

각종 호흡기 질환 유발, 반도체 산업 등 불량률 증가, 비행기나 여객선
운항에 지장을 유발하는 것은 미세먼지야. 그래서 정답은 3번이야.
알라븅~^^🐟

05. 정답은 ② 이야♡

GMO에 반대하는 입장을 찾는 문제야! 재배 과정에서 환경과 생물 다
양성을 위협하고, 인체에 관한 안전성이 충분히 확보되지 않았다는 것
이 반대의 근거야! 그래서 정답은 2번이야. 알라븅~^^🐟

★**오답설명**

ㄱ, ㄴ, ㅁ은 찬성 입장이란다!ㅎㅎ

06. 정답은 ② 이야♡

유전자 변형 식품은 재배 과정에서 국내 고유종을 파괴한다는 문제점
이 있어. 유전자 변형 식품은 기아 문제를 해결할 수 있는 대안 중 하나
인게 맞아. 그래서 맞는 내용은 ㄴ, ㄷ으로 정답은 2번이야.
알라븅~^^🐟

★**오답설명**

ㄱ. 유전자 변형 식품은 해충과 질병에 강해. 스트롱~
ㄹ. 재배 과정에서 많은 노동력이 필요없고 비용이 적게 들어.

07. 해답 참고

08. 정답은 ⑤ 이야♡

★**부연설명**

비가 내리고 바람이 부는 날에는 미세먼지가 흩어지기 때문에 농도가
낮아질 수 있어. 그래서 정답은 5번이야. 알라븅~^^🐟

09. 정답은 ② 이야♡

★**부연설명**

식품을 구매할 때 가급적 로컬 푸드를 소비하도록 노력해야해. 그래서
정답은 2번이야. 알라븅~^^🐟

막힌 돌대가리를 풀어주는
금대가리 해설지 해답 & 해설

반복유형2차 정답

070쪽

01.④　02.①　03.①　04.①

05.소비자는 안전한 먹을거리를 제공받을 수 있다.
생산자는 안정적인 소득을 얻을 수 있다.
지역 경제가 활성화된다.
이동 과정에서 환경에 주는 부담이 적다. (중 2가지)

01. 정답은 ④ 이야♡
★오답설명
① 로컬 푸드는 그 지역에서 나는 식품이기 때문에 방부제 처리를
거의 하지 않은 친환경적 식품이야!!:)
② 이것은 해외에서 생산된 수입 식품에 대한 설명이야:)
③⑤ 이것은 유전자 변형 식품에 대한 설명이야:)

02. 정답은 ① 이야♡
★오답설명
② 조력 발전은 미세 먼지의 주된 원인에 들어가지 않아. 미세 먼지는
자연적으로는 꽃가루, 흙먼지 때문이고 인위적으로는 자동차 배기
가스, 화석연료를 태울 때 나오는 매연 때문이야!!
그러니깐 화력 발전소는 미세먼지가 나오지만 바다를 이용한 조력
발전은 미세먼지를 만들어내지 않아:)
③ 미세 먼지로 인해 어린이,청소년,노인들과 같이 노약자들이 안좋은
영향을 받는단다 ㅠㅠ
④ 우리 나라에 영향을 주는 국가는 일본이 아니라 중국이란다 :)
⑤ 일상생활속에서 배출되는 오염 물질 중 대표적으로 자동차 배기 가스의
경우 미세 먼지 발생의 원인이된단다 알겠지?^^

03. 정답은 ① 이야♡

04. 정답은 ① 이야♡
★오답설명
① 유전자 변형 식품은 현재 인체에 미치는 안전성이 검증되지가 않아서
아직은 불안한 식품이란다 ㅠㅠ

05. 해답 참고

XI 세계 속의 우리나라

1. 우리나라의 영역과 독도

반복유형1차 정답

131쪽 ~ 133쪽

01.④　02.②　03.④　04.⑤　05.③

06.A는 직선 기선으로부터 12해리까지의 바다를 영해로
설정한다.
B는 직선 기선으로부터 3해리까지의 바다를 영해로
설정한다.
C는 통상 기선으로부터 12해리까지의 바다를 영해로
설정한다.

07.③　08.④　09.①　10.②　11.③　12.③　13.⑤

14.①　15.④　16.③　17.②

01. 정답은 ④ 이야♡
A는 영공, B는 영토, C는 영해, D는 배타적 경제수역, E는 공해야.
D(배타적 경제수역)에서는 다른 나라의 여객선이 자유롭게 지나다닐
수 있는 게 맞아. 그래서 정답은 4번이야. 알라븅~^^
★오답설명
① A(영공)는 영토와 영해의 수직 상공이며 대기권까지로 제한해.
② B는 영토로 우리나라의 경우 간척 사업으로 영토가 넓어지면 영해는
좁아져.
③ C는 영해로 주권의 범위야!
⑤ E는 배타적 경제 수역이 아니라 공해야.

02. 정답은 ② 이야♡
A(영공)는 일반적으로 지표면에서 대기권까지의 하늘이 맞아. C(영해)
는 일반적으로 최저 조위선으로부터 12해리까지가 맞아. 그래서 맞는
내용은 ㄹ, ㅁ로 정답은 2번이야. 알라븅~^^
★오답설명
ㄱ. D(배타적 경제수역)는 영해에 포함되지 않아.
ㄴ. A(영공)는 B(영토)+C(영해)의 수직 상공이야.
ㄷ. A(영공), B(영토), C(영해)까지만 한 국가의 영역에 포함돼.

03. 정답은 ④ 이야♡
A는 영공, B는 영토, C는 영해가 맞아. 그래서 정답은 4번이야.
알라븅~^^
★오답설명
① A(영공)는 B(영토)+C(영해)의 상공이야.
② B(영토)에 섬은 포함돼.
③ 우리나라는 C(영해)가 B(영토)보다 좁아.
⑤ B의 영토는 남한보다 북한의 면적이 더 넓어.

04. 정답은 ⑤ 이야♡
(가)는 직선 기선 (나)는 통상 기선이야.
★부연설명
대한 해협에서는 (가)와 같은 직선기선에서 3해리를 영해로 설정해.

그래서 정답은 5번이야. 알라븅~^^🐟

05. 정답은 ③ 이야♡

해리는 바다 위에서의 거리를 나타내는 단위가 맞아. 그래서 정답은 3번이야. 알라븅~^^🐟

★오답설명

① 영해를 정하는 기준선은 기선이야.

② 영해는 보통 기선으로부터 12해리야.

④ 통상 기선은 바닷물이 가장 많이 빠졌을 때의 해안선을 기준으로 영해를 설정하는 기선이야.

⑤ 직선 기선은 가장 바깥쪽에 위치한 섬들을 직선으로 연결한 선을 기준으로 영해를 설정하는 기선이야.

06. 해답 참고

07. 정답은 ③ 이야♡

A는 영공 B는 영토 C는 영해, D는 배타적 경제 수역이야.

★부연설명

B가 넓어지면 C는 좁아져. 그래서 정답은 3번이야. 알라븅~^^🐟

08. 정답은 ④ 이야♡

D(배타적 경제수역)에서는 해양 자원을 탐사하고 개발할 수 있는게 맞아. 우리나라는 중국, 일본과 가까워 D의 설정에 어려움이 많아. 그래서 맞는 내용은 ㄴ, ㄹ로 정답은 4번이야. 알라븅~^^🐟

★오답설명

ㄱ. 경제적 주권을 행사할 수 있어.

ㄷ. 마라도는 우리나라의 '영토'에 포함돼!

09. 정답은 ① 이야♡

배타적 경제 수역은 기선으로부터 200해리까지의 바다 중에서 영해를 제외한 부분이야. 그래서 정답은 1번이야. 알라븅~^^🐟

10. 정답은 ② 이야♡

대한 해협은 직선 기선에서 3해리까지를 영해로 설정하는 게 맞아. 우리나라의 영공은 영토와 영해의 상공이며, 수직적 한계를 대기권까지로 정하고 있어. 그래서 맞는 것은 ㄱ, ㄷ으로 정답은 2번이야. 알라븅~^^🐟

★오답설명

ㄴ. 우리나라 영토는 '남북'으로 형태가 길어 다양한 기후가 나타나.

ㄹ. 동해안에는 통상 기선이 적용되며, '최저' 조위선으로부터 12해리까지를 영해로 설정해.

11. 정답은 ③ 이야♡

일본은 독도 문제를 국제 사법재판소를 통해 해결하려고 해. 그래서 정답은 3번이야. 알라븅~^^🐟

12. 정답은 ③ 이야♡

독도는 경상북도 울릉군에 속한 섬으로 신라 때부터 우리나라의 영토야. 그래서 정답은 3번이야. 알라븅~^^🐟

13. 정답은 ⑤ 이야♡

영해와 배타적 경제수역을 설정하는 데 중요한 기점으로 영역적 가치가 매우 커. 그래서 정답은 5번이야. 알라븅~^^🐟

★오답설명

① 경상북도 울릉군에 속하는 섬이야.

② 우리나라 동쪽 맨 끝에 있는 섬이야.

③ 동도와 서도 2개의 섬, 그리고 89개의 바위섬으로 이루어져 있어.

④ 독도에서 가장 가까운 섬은 울릉도야.

14. 정답은 ① 이야♡

A는 독도야. 난류의 영향으로 기후가 따뜻한 편이야.

그래서 정답은 1번이야. 알라븅~^^🐟

15. 정답은 ④ 이야♡

경제적 가치로는 주변 바다에 메탄하이드레이트가 매장되어 있는 게 맞아. 난류와 한류가 만나서 조경수역을 형성하는 곳으로 어족 자원이 풍부해. 그래서 맞는 내용은 ㄴ, ㄹ로 정답은 4번이야. 알라븅~^^🐟

★오답설명

ㄱ. 태평양을 향한 해상 전진 기지 역할은 영역적 가치야.

ㄷ. 다양한 동식물이 서식하여 천연 보호 구역으로 지정되는 건 환경·생태적 가치야.

16. 정답은 ③ 이야♡

★오답설명

인근 해역의 지하자원으로는 주변 바다에 메탄하이드레이트가 매장되어 있어. 그래서 정답은 3번이야. 알라븅~^^🐟

17. 정답은 ② 이야♡

독도의 영역적 가치는 배타적 경제 수역 설정의 기준점이 될 수 있는 게 맞아. 태평양을 향한 해상 전진 기지 역할을 할 수 있어. 그래서 맞는 내용은 B, C로 정답은 2번이야. 알라븅~^^🐟

★오답설명

A. 해저 화산의 진화 과정을 살펴볼 수 있는 건 환경·생태적 가치야.

D. 난류와 한류가 만나 조경수역을 형성하여 어족 자원이 풍부한 건 경제적 가치야.

E. 독도 전체가 천연 보호 구역으로 설정되어 다양한 동식물이 서식하는 건 환경·생태적 가치야.

반복유형2차 정답   076쪽 ~ 078쪽

01.②	02.③	03.②	04.④	05.③	06.③	07.③
08.③	09.③	10.②	11.③	12.③		

01. 정답은 ② 이야♡

A: 배타적 경제 수역 B: 영해

★오답설명

① 이것은 영역에 대한 설명이야. 영역은 영토+영해+영공을 의미해:)

③ 영공은 영토에서 영해까지의 수직 상공을 의미한단다.

④ 우리나라의 영토는 한반도 전체와 그 부속도서야!!ㅎㅎ

⑤ 영해는 우리나라 영역이기 때문에 우리나라의 허락없이 배가 자유롭게 다닐 수 없어. 알라븅~^^🐟

02. 정답은 ③ 이야♡

㉠: 영토, ㉡: 영해, ㉢: 배타적 경제 수역

★오답설명

① 내륙국이 아니라 반도국이야!! :)

② 최저 조위선은 밀물이 아니라 썰물이야.

④ 간척 사업을 하면 영토만 넓어져!! 그러니깐 ㉠만 넓어져!!:)

⑤ ㉢은 배타적 경제 수역으로 우리나라의 영역에는 안들어가:) 알라븅~^^🐟

03. 정답은 ② 이야♡

A: 서해안 B: 대한해협 C: 동해안 D: 울릉도 E: 독도

04. 정답은 ④ 이야♡

★오답설명
A, B: 직선기선 적용

05. 정답은 ③ 이야♡

★오답설명
③ 배타적 경제 수역은 우리나라의 영역은 아니기 때문에 경제적인 활동만 하지 않는다면 다른 나라의 선박, 항공기 등이 자유롭게 다닐 수 있어!! :) 알라븅~^^🐟

06. 정답은 ③ 이야♡
A: 배타적 경제 수역, B: 영토, C: 영공

★오답설명
③ 배타적 경제 수역에 시설물을 설치하는 것은 누구나가 아니라 연안국만 가능해!! 알라븅~^^🐟

07. 정답은 ③ 이야♡

★오답설명
③ 황남해안은 직선 기선이 맞지만, 동해안은 통상 기선 적용이란다:) 알라븅~^^🐟

08. 정답은 ③ 이야♡

★오답설명
ㄱ. 삼국접양지도는 일본 지리학자 하야시가 그린것이란다.:)
ㄹ. 이것은 삼국접양지도에 대한 설명이란다.ㅠㅠ 알라븅~^^🐟

09. 정답은 ③ 이야♡
A: 울릉도 B: 독도

★오답설명
③ 울릉도와 독도는 행정 구역 상 경상도에 속한다. 알라븅~^^🐟

10. 정답은 ② 이야♡

★오답설명
② 독도는 분명 사람이 살고 있는 곳이란다! 그러니깐 무인도라고 그러면 겁나 안돼 ㅠㅠ 알라븅~^^🐟

11. 정답은 ③ 이야♡
알라븅~^^🐟

12. 정답은 ③ 이야♡
알라븅~^^🐟

XI 세계 속의 우리나라

2.우리나라 여러 지역의 경쟁력
~3.국토 통일과 통일 한국의 미래

138쪽 ~ 139쪽

반복유형1차 정답

01.③	02.②	03.①	04.①	05.②	06.⑤	07.④
08.③	09.③	10.⑤	11.④	12.①		

01. 정답은 ③ 이야♡

★오답설명
세계화로 인해 지역간 경쟁이 더욱 심화되고 있어!
그래서 정답은 3번이야. 알라븅~^^🐟

02. 정답은 ② 이야♡
A는 지역 브랜드, B는 지리적 표시제, C는 장소 마케팅이야. 전주시의 '한바탕 전주, 세계를 비빈다.'는 지역 브랜드가 맞아. 그래서 바르게 연결된 것은 2번이야. 알라븅~^^🐟

★오답설명
가. 진주의 남강 유등 축제는 장소 마케팅이야.
나. 평창군의 'HAPPY 700'은 지역 브랜드야.
다, 라. 지리적 표시제야!

03. 정답은 ① 이야♡
제시된 것들은 로고, 슬로건 등으로 상표 개념을 지역에 적용한 것이야. 그래서 정답은 1번이야. 알라븅~^^🐟

★오답설명
②,③ 장소마케팅에 대한 설명이야!
④,⑤ 지리적 표시제에 대한 설명이군!ㅎㅎ

04. 정답은 ① 이야♡
지역화 전략을 하는 이유는 지역의 가치를 높이고 경쟁력을 확보하기 위함이야! 그래서 정답은 1번이야. 알라븅~^^🐟

05. 정답은 ② 이야♡
지역 브랜드는 지역의 고유한 특성을 반영하는 것이 맞아. 그래서 정답은 2번이야. 알라븅~^^🐟

★오답설명
① 지역에서 개최되는 축제를 홍보하는 건 장소 마케팅이야.
③ 모든 지역에서 공통적으로 사용하는 건 아니야.
④ 지역의 생활 수준을 보여주는 것은 아니야.
⑤ 그 지역의 특색으로 하는 거야.

06. 정답은 ⑤ 이야♡
보성 녹차를 이용한 지역화 전략은 지리적 표시제에 해당해. 그래서 정답은 5번이야. 알라븅~^^🐟

07. 정답은 ④ 이야♡
분단 이후 남한은 '대륙'으로 진출할 수 있는 길이 차단되었어. 그래서 정답은 4번이야. 알라븅~^^🐟

08. 정답은 ③ 이야♡

문화적 동질성이 '훼손'되는거야.ㅠㅠ 그래서 정답은 3번이야.
알라븅~^^◀

09. 정답은 ③ 이야♡

남한의 자본과 기술, 북한의 지하자원을 교류하는 방법을 통해 협력하는
게 좋아! 그래서 정답은 3번이야. 알라븅~^^◀

10. 정답은 ⑤ 이야♡

주변국과 교류하는데 유리해. 그래서 정답은 5번이야. 알라븅~^^◀

11. 정답은 ④ 이야♡

★오답설명
해양과 대륙 교통의 중심지가 될 가능성이 커. 그래서 정답은 4번이야.
알라븅~^^◀

12. 정답은 ① 이야♡

통일 이후 남북한은 균형 발전을 이룰 수 있어. 그래서 정답은 1번이야.
알라븅~^^◀

★오답설명
② 통일 이후 남북한의 정치적 안정에 대한 내용은 제시되어 있지
   않아.
③ 통일 이후 남북한은 해양과 대륙 교통의 요지가 될 수 있어.
④ 통일 이후 '북한의 자원'과 '남한의 자본'이 결합하여 경제적 안정을
   누릴 수 있어.
⑤ 통일 이후 민족의 이질감 해결 부분은 제시되어 있지 않아.ㅠㅠ

반복유형2차 정답   083쪽 ~ 084쪽

01.② 02.② 03.③ 04.① 05.⑤ 06.⑤ 07.①

08.③

01. 정답은 ② 이야♡

알라븅~^^◀

02. 정답은 ② 이야♡

A: 보령 B: 평창 C: 담양 D: 순천 E: 부산
알라븅~^^◀

03. 정답은 ③ 이야♡

★부연설명
③ 지역 특산물을 증명하고 표시하는 제도는 지리적 표시제란다 :)
알라븅~^^◀

04. 정답은 ① 이야♡

알라븅~^^◀

05. 정답은 ⑤ 이야♡

★부연설명
⑤ 우리가 통일을 하려고 하는 이유는 민족의 이질감을 줄이기 위해서
   란다:) 알라븅~^^◀

06. 정답은 ⑤ 이야♡

★부연설명
⑤ 통일이 되었을 때 육로 교통과 해양 교통이 유리해지는 거지,
   항공 교통이 유리한것과는 관련이 없어:) 알긋지? 알라븅~^^◀

07. 정답은 ① 이야♡

남북한 언어가 이렇게까지 다르고 안통하는 것으로 봤을 때 주민간의
이질감이 심화되었다는 것을 알 수 있어.ㅠㅠ 알라븅~^^◀

08. 정답은 ③ 이야♡

★오답설명
① 군사비를 지출하는 것은 통일 비용이 아니라 '분단 비용'이란다.
② 통일이 되면 남한의 자본과 기술, 북한의 자원과 노동력이
   결합되어 경제적 이익이 증대될 것이야!!:)
④ 통일이 되면 남한 중심만이 아니라 남북한 중심의 경제 발전을 해서
   국토의 균형있는 발전이 중요할 것이란다.:)
⑤ 통일이 되면 국토의 균형있는 발전을 통해 북한의 인권과 기아 문제가
   해결될 것이란다:) 그러니깐 우리모두 통일하자!! 알겠지? 사랑해!!
   알라븅~^^◀

XII 더불어 사는 세계

1. 지구상의 지리적 문제

반복유형1차 정답   147쪽 ~ 148쪽

01.② 02.③ 03.④ 04.④ 05.③ 06.② 07.①

08.③ 09.⑤ 10.③ 11.④

01. 정답은 ② 이야♡

지구상에 발생하고 있는 지리적 문제는 기아 문제, 생물 다양성 감소,
영역 분쟁 등이 있어! 지리적 문제를 해결하기 위해서는 국가간 협력이
필요해. 그래서 맞는 내용은 ㄱ,ㄷ으로 정답은 2번이야.
알라븅~^^◀

★오답설명
ㄴ. 지리적 문제는 특정 대륙이나 지역에서만 나타나는 게 아니라
    전지구적 문제야.
ㄹ. 문제 해결을 위해 국가 간 협력이 필요해!

02. 정답은 ③ 이야♡

식량 생산량의 증대는 기아 문제의 발생 원인이 아니야. 그래서 정답은
3번이야. 알라븅~^^◀

03. 정답은 ④ 이야♡

주로 아프리카와 일부 아시아에서 심하게 나타나! 그래서 정답은 4번
이야. 알라븅~^^◀

04. 정답은 ④이야♡

생물 다양성의 감소 원인으로는 열대우림의 파괴가 맞아. 무분별한 남획도 원인이 맞아. 그래서 맞는 내용은 ㄴ,ㄹ로 정답은 4번이야. 알라븅~^^🐟

★오답설명
ㄱ. 농경지의 '확대', ㄷ. 외래종의 '증가'가 생물 다양성 감소의 원인이야!

05. 정답은 ③이야♡

★부연설명
'생물 다양성 협약'을 유엔에서 체결했어. 바젤협약은 훼이크야!
그래서 정답은 3번이야. 알라븅~^^🐟

06. 정답은 ②이야♡

A는 팔레스타인, B는 아프리카, C는 카슈미르 지역, D는 난사군도, E는 아르헨티나-영국의 대립 지역이야.
제시된 내용은 아프리카에 관한 내용으로 지도에서는 B에 해당해. 그래서 정답은 2번이야. 알라븅~^^🐟

07. 정답은 ①이야♡

제시된 내용은 이스라엘과 팔레스타인에 대한 것으로 지도에서는 A에 해당해. 그래서 정답은 1번이야. 알라븅~^^🐟

08. 정답은 ③이야♡

제시된 내용은 인도와 파키스탄 사이의 분쟁으로 지도에서는 C에 해당해. 그래서 정답은 3번이야. 알라븅~^^🐟

09. 정답은 ⑤이야♡

A는 센카쿠 열도, B는 난사군도, C는 쿠릴열도야.
A는 센카쿠 열도로 석유가 매장된 사실이 알려지면서 갈등이 심해지고 있는 게 맞아. 자원과 배타적 경제 수역을 둘러싼 분쟁이 있지! 그래서 맞는 내용은 ㄷ,ㄹ로 정답은 5번이야. 알라븅~^^🐟

★오답설명
ㄱ. 지금 현재 일본이 실효 지배 중이야.
ㄴ. 일본, 중국, '타이완'이 분쟁하고 있어.

10. 정답은 ③이야♡

B는 난사군도로 인도양과 태평양을 잇는 해상 교통의 중심지가 맞아. 주변 바다에 석유와 천연가스가 많이 매장되어 있어 분쟁이 발생하고 있어. 그래서 맞는 내용은 ㄴ,ㄷ으로 정답은 3번이야. 알라븅~^^🐟

★오답설명
ㄱ. 일본, 중국, 타이완 분쟁은 센카쿠 열도에 관한 내용이야.
ㄹ. 자원으로 인한 분쟁이야.

11. 정답은 ④이야♡

C는 쿠릴열도로 일본과 러시아가 분쟁 당사국이 맞아. 현재 러시아가 실효 지배 중이야. 그래서 맞는 내용은 ㄴ,ㄹ로 정답은 4번이야. 알라븅~^^🐟

★오답설명
ㄱ. 이슬람교와 힌두교의 대립은 카슈미르에 관한 내용이야.
ㄷ. 일본과 중국, 타이완이 분쟁 당사국인 것은 센카쿠 열도에 관한 내용이야.

반복유형2차 정답

089쪽

01.② 02.⑤ 03.③ 04.② 05.⑤ 06.① 07.③

01. 정답은 ②이야♡

★오답설명
ㄴ. 공적 개발 원조, ㄹ. 세계 국가 간 균형 발전은 지리적 문제가 아니라 오히려 잘되고 있는 모습이란다!! 알라븅~^^🐟

02. 정답은 ⑤이야♡

★부연설명
⑤ 과학 기술의 발달로 식량 작물 생산이 증가하면 오히려 기아 문제는 줄어들게 될꺼야!!^^ 알라븅~^^🐟

03. 정답은 ③이야♡

★오답설명
ㄱ. 기아 문제는 주로 아프리카와 라틴 아메리카에서 발생한단다.ㅠㅠ
ㄹ. 기아는 식량을 섭취하지 못해 영양에 불균형 문제가 발생했을 때 발생하는 문제란다. ㅠㅠ 알라븅~^^🐟

04. 정답은 ②이야♡

★부연설명
② 생물종 보호를 위해 '생물 다양성 협약'을 체결하였단다.^^ 잇힝!!
알라븅~^^🐟

05. 정답은 ⑤이야♡

알라븅~^^🐟

06. 정답은 ①이야♡

★부연설명
① 영역 분쟁은 여러 가지 원인들이 복합되어 나타나는 현상이야!! :)

07. 정답은 ③이야♡

(가) 분쟁 지역: 센카쿠 열도

★오답설명
① 카슈미르 지역
② 센카쿠 열도는 일본이 실효 지배 중이다.
④ 국경선 때문에 분쟁이 일어나는 곳은 아프리카이다.
⑤ 자원의 문제로 영역 분쟁하고 있다.

XII 더불어 사는 세계

2. 저개발 지역의 발전을 위한 노력
~3. 지역 간 불평등 완화를 위한 노력

반복유형1차 정답
153쪽 ~ 154쪽

| 01.③ | 02.④ | 03.④ | 04.② | 05.① | 06.② | 07.④ |
| 08.⑤ | 09.①,③ | 10.① | 11.② | | | |

01. 정답은 ③이야♡

세계화의 확산으로 발전 수준의 지역 차는 늘어나고 있어. 그래서 정답은 3번이야. 알라뷰~^^🐟

02. 정답은 ④이야♡

설명하고 있는 내용은 인간 개발 지수에 대한 내용이야. 그래서 정답은 4번이야. 알라뷰~^^🐟

03. 정답은 ④이야♡

개발도상국은 A가 높고 선진국은 B가 높아. 그렇게 보면 A에는 성 불평등 지수가, B에는 성인 문자 해독률이 들어갈 수 있어. 그래서 정답은 4번이야. 알라뷰~^^🐟

★오답설명
① 기대 수명, 국내 총생산 모두 선진국이 높아.
② 국내 총생산과 인간 개발 지수 모두 선진국이 높아.
③ 기대 수명은 선진국이, 영아 사망률은 개발도상국이 높아.
⑤ 행복 지수는 선진국이, 성인 문맹률은 개발도상국이 높아.

04. 정답은 ②이야♡

1인당 국내 총생산과 행복 지수가 높고, 인간 개발 지수가 높은 지역이라면 앵글로 아메리카와 서부 유럽으로 맞는 내용은 ㄱ, ㄷ으로 정답은 2번이야. 알라뷰~^^🐟

05. 정답은 ①이야♡

글에 나타난 보츠와나의 노력은 시설과 산업에 대한 투자가 경제 성장을 꾀하고 있는 부분이 맞아. 그래서 정답은 1번이야. 알라뷰~^^🐟
★오답설명
② 빈곤 문제 해결을 위한 '국가의' 노력을 강조하고 있어.
③, ④, ⑤. 이런 내용은 글에 나와 있지 않아^^;

06. 정답은 ②이야♡

빈곤 문제 해결을 위한 자체적 노력에 출산 장려 정책은 적절하지 않아. 인구가 늘어나면 더 문제가 될 수 있지.ㅠㅠ 그래서 정답은 2번이야. 알라뷰~^^🐟

07. 정답은 ④이야♡

적정기술에 관한 내용으로 많은 에너지를 사용해야 하는 기술은 아니야. 그래서 정답은 4번이야. 알라뷰~^^🐟

08. 정답은 ⑤이야♡

설명하고 있는 내용은 국제 연합 평화 유지군에 대한 것이야. 그래서 정답은 5번이야. 알라뷰~^^🐟

09. 정답은 ①, ③이야♡

공적 개발 원조를 하는 국가에는 미국, 프랑스 등 선진국이 주를 이루고 있어. 경제 협력 개발 기구(OECD) 산하의 개발 원조 위원회(DAC)가 주도하는게 맞아. 그래서 정답은 1, 3번이야. 알라뷰~^^🐟
★오답설명
② 우리나라는 공적 개발 원조를 받는 나라에서 주는 나라가 되었어.
④ 공적 개발 원조를 '주는' 나라는 독일, 캐나다 등이 있어.
⑤ 공적 개발 원조를 '주는' 지역은 주로 유럽과 앵글로 아메리카에 위치해.

10. 정답은 ①이야♡

지역 간 경제적 불평등 해소를 위해 노력하는 기구들이야. 그래서 정답은 1번이야. 알라뷰~^^🐟

11. 정답은 ②이야♡

★오답설명
공정 무역 상품을 다국적 기업의 유통망을 통해 유통하지 않아. 그래서 정답은 2번이야. 알라뷰~^^🐟

반복유형2차 정답

092쪽

| 01.③ | 02.③ | 03.① | 04.② | 05.④ | 06.② | 07.② |

01. 정답은 ③이야♡

★오답설명
① 세계 각 지역은 여러 가지 요인에 따라 발전 수준에 차이를 가지고 있단다. ㅠㅠ 그래서 가난한 나라와 부자 나라가 생기는거야. ㅠㅠ
② 세계화로 인해 발전 수준의 차이가 더 심해지고 있어!ㅠㅠ
④ 선진국은 주로 서부 유럽과 앵글로 아메리카에 분포한단다.^^
⑤ 인간 개발 지수는 얼마나 인간들이 개발되어 있냐라는 뜻으로 개발 도상국 보다는 선진국이 그 수치가 높아!!^^ 알라뷰~^^🐟

02. 정답은 ③이야♡

★부연설명
③ 행복지수는 선진국일수록 높고, 인간 개발 지수도 선진국일수록 높단다!!:) 알라뷰~^^🐟

03. 정답은 ①이야♡

★부연설명
① 저개발 국가에서 빈곤 문제가 발생하는 원인은 인구가 너무 많아서 발생하는거야! 그렇기 때문에 출산 억제 정책을 펼쳐야지 출산 장려 정책을 펼치면 안된단다! ㅠㅠ 알라뷰~^^🐟

04. 정답은 ②이야♡

★부연설명
② 장미 농장과 관련된 나라는 다들 알겠지만, 케냐에 대한 설명이란다!!^^

05. 정답은 ④이야♡

알라뷰~^^🐟

06. 정답은 ②이야♡

★오답설명
ㄴ. 콩고는 공적 개발 원조를 받는 나라란다.
ㄹ. 공적 개발 원조를 하는 국가들은 주로 선진국이야!! :)

07. 정답은 ②이야♡
알라븅~^^🐟

중등사회2 실전고사
정답과 해설

빡공시대 편찬위원회

Ⅶ 인구 변화와 인구 문제

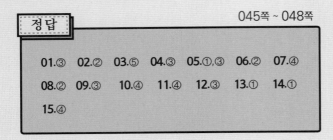

정답 045쪽 ~ 048쪽

01.③ 02.② 03.⑤ 04.③ 05.①,③ 06.② 07.④
08.② 09.③ 10.④ 11.④ 12.③ 13.① 14.①
15.④

01. 정답은 ③ 이얌^^
[오답정리]
③ 너무 더운 적도 부근이나 추운 극지방, 내륙의 사막 지역에는
인간이 거주하기에 불리하므로 인구가 적단다! 알라뷩~^^ 🐟

02. 정답은 ② 이얌^^
세계의 인구는 ㉠남반구보다 북반구에 많으며, 산업 혁명 이후부터
인구 분포에 ㉣자연적 요인보다 인문.사회적인 요인이 더 큰 영향력
을 주고 있단다! 알라뷩~^^ 🐟
[오답정리]
㉡ 세계 인구의 60%가 아시아에 거주하고 있어!^^
㉢ 내륙 지역에 비해 해안 지역이 외부와의 교류에 유리하기 때문에
인구가 많아!^^

03. 정답은 ⑤ 이얌^^
A.서부 유럽, B.사하라 사막, C.아시아 지역에서 중국과 인도, D.미국 북
동부, E.브라질의 아마존강 유역이야!
㉤미국의 북동부 지역은 2, 3차 산업이 발달하여 일자리가 풍부하고 교
육과 문화 시설이 잘 갖추어져 있기 때문에 인구가 밀집되어 있어! 반
면에 E는 ㉤브라질의 아마존강 유역으로 연중 고온 다습하고 빽빽한
밀림으로 인해 인구가 거주하기에 매우 불리한 곳이란다!
알라뷩~^^ 🐟
[오답정리]
㉠ A는 2, 3차 산업이 발달하여 일자리가 풍부하고 교통이 편리하기
때문에 인구가 밀집되어 있어!^^
㉡ 아프리카의 사하라 사막은 너무 덥고 건조한 곳이어서 인구가
살기 어려워!^^
㉢ 혼합 농업과 공업, 서비스업 등이 발달하여 인구가 밀집된 것은
A야!^^

04. 정답은 ③ 이얌^^
(가)지역은 서부 유럽 지역으로 산업이 발달하여 일자리가 풍부하기
때문에 인구가 많단다! 알라뷩~^^ 🐟
[오답정리]
① 연중 서늘한 기후가 나타나!^^
② 혼합 농업이 이루어지고 벼농사가 아닌 밀 농사를 해!^^
④ 강수량이 풍부한 곳이야!^^
⑤ 계절풍이 아니라 편서풍의 영향을 받는 곳이야!^^

05. 정답은 ①, ③ 이얌^^
[오답정리]
산업화가 진행되면서,
①자연적 요인보다는 인문 · 사회적 요인이 인구 분포에 더욱 많은
영향을 주고 있으며,
③1960년대 산업화 이후부터 2차 산업등이 발달하면서 도시화율이

급격히 상승하였단다!^^

06. 정답은 ② 이얌^^
인구를 흡인 한다는 것은 인구가 살기 좋은 곳이라는 뜻이지! 그래서
좋은 조건들을 찾아보면 이런 문제는 정말 쉬워! 그래서 ㄴ.종교의
자유와 ㄹ.풍부한 일자리 등은 인구가 살기 좋은 조건이므로 인구 이
동의 흡인 요인으로 볼 수 있단다!
알라뷩~^^ 🐟

07. 정답은 ④ 이얌^^
자료의 지문을 보면 가장 중요한 단어인 '내전'이 있지?
내전, 분쟁 등에 따른 난민의 이동은 정치적 이동으로 볼 수 있단다!
그래서 정답은 정답은 ④번이야. 정말 쉽지?
알라뷩~^^ 🐟

08. 정답은 ② 이얌^^
㉠난민은 정치적 이동, ㉡중국인들이 동남아시아로 이동하여 등장한
것이 화교이지? 화교는 경제적 이동이야!
㉢ 청교도들이 아메리카로 이주한 것은 종교적인 자유를 찾아서 이
주한 것이므로 순서대로 찾으면 ②번이야! 알라뷩~^^ 🐟

09. 정답은 ③ 이얌^^
[오답정리]
③ 프랑스는 지리적으로 모로코에서 가깝기 때문에 젊은 청장년층의
모로코 사람들이 프랑스로 많이 이동을 해!
이들은 주로 낮은 임금을 받고 사람들이 힘들어하는 일에 종사
하였단다! 그래서 프랑스인에 비해서 더 많은 차별을 받았으므로
③번은 옳지 않아!^^ 알라뷩~^^ 🐟

10. 정답은 ④ 이얌^^
가는 1990년대 이후, 나는 일제강점기, 다는 광복 후, 라는 1960년대
산업화 이후 이므로 순서대로 나열하면 나, 다, 라, 가이므로 정답은
④! 이런 지도 문제는 자주 출제되므로 꼭 알아두자!!
알라뷩~^^ 🐟

11. 정답은 ④ 이얌^^
고령화, 저출산 등은 선진국의 인구 문제이고, 성비 불균형, 기아와
빈곤 등은 개발도상국의 문제란다! 그래서 정답은 ④!! 너무 쉽지?
ㅎㅎ 알라뷩~^^ 🐟

12. 정답은 ③ 이얌^^
알제리의 사람들은 일자리 등의 문제로 인해서 프랑스로 많이 이주
하고 있어! 그렇기 때문에 알제리 지역의 ㄱ.노동력이 부족해질 수
있고, 개발도상국이므로 ㄹ.성비 불균형 등의 문제가 발생할 수 있단
다! 알라뷩~^^ 🐟
[오답정리]
ㄴ.일자리가 많지 않지만 많은 사람들이 프랑스로 이주하면서
일자리 경쟁이 심하지는 않아!^^
ㄷ.알제리에서 프랑스로 이주했으므로 프랑스 국민과 알제리에서
프랑스로 이주한 사람으로 인해 문화 간의 충돌은 프랑스에서
발생할 수 있어!^^

13. 정답은 ① 이얌^^
유소년층의 인구 비율이 낮고, 노년층의 인구 비율이 높으므로 정답
은 ①번이야! 이러한 구조는 선진국에서 주로 나타난단다!
알라뷩~^^ 🐟
[오답정리]
②유소년층의 인구 비율은 낮으며, ③출생률 또한 낮아!
그래서 ④생산 가능 인구 비율이 감소하고 있으므로 ⑤인구 증가 억
제 정책이 아니라 인구 증가 장려 정책을 실시해야 해!^^

14. 정답은 ① 이얌^^
고령인구 비율이 7%를 넘으면 고령화사회, 14%를 넘으면 고령사회

20% 이상이면 초고령사회로서 자료를 보면 15%에 이르므로 우리나라는 이미 고령 사회란다! 알라븅~^^

15. 정답은 ④ 이얌^^

㉠공공 교육 서비스의 제공을 늘리고, ㉡각종 교육비 지원을 늘려 사교육비에 대한 부담을 줄여주고 ㉣부모가 사회 활동과 육아를 함께할 수 있는 보육시설을 확충하면 출산율이 늘어나면서 저출산.고령화 문제를 해결할 수 있어! 알라븅~^^

[오답정리]
㉢정년을 줄일 것이 아니라 늘려야 해!^^

Ⅷ 사람이 만든 삶터, 도시

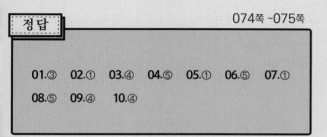

정답
074쪽 ~075쪽

| 01.③ | 02.① | 03.④ | 04.⑤ | 05.① | 06.⑤ | 07.① |
| 08.⑤ | 09.④ | 10.④ |

01. 정답은 ③ 이얌^^

도시는 ㉠인구 밀도가 높은 편으로 ㉡사람들의 직업과 생활 모습이 다양하게 나타나며 ㉣자연 환경과 인문 환경에 따라 다양한 경관이 나타나는 특징을 가지고 있단다! 알라븅~^^

[오답정리]
ㄷ. 도시는 주로 2차와 3차 산업에 종사하는 인구의 비율이 높고 1차 산업에 종사하는 인구의 비율이 높은 것은 촌락이야!^^

02. 정답은 ① 이얌^^

(가)는 독일의 프라이부르크, (나)는 미국의 뉴욕이야! 독일의 프라이부르크는 생태 환경이 잘 보존되어 있어서 인간과 자연이 공존할 수 있는 체계를 갖춘 생태 도시로서 태양광 에너지 활용을 극대화하고 있어! 미국의 뉴욕의 가장 큰 특징은 국제 연합 본부가 있다는 것이야! 국제연합의 본부가 있다는 지문은 자주 출제되므로 뉴욕을 꼭 알아두자! 알라븅~^^

03. 정답은 ④ 이얌^^

뉴욕, 런던, 도쿄는 모두 세계도시야! 세계도시는 ㉠세계적인 중심지 역할을 하는 도시로서 ㉢교통과 통신의 급격한 발달로 인해 서로 연계되어 상호 작용을 하고 있으며 ㉣금융기관, 다국적 기업의 본사, 각종 국제 기구의 활동이 이루어지는 곳이란다! 알라븅~^^

[오답정리]
㉡ 고대, 중세, 그리고 르네상스 시대의 유산을 잘 간직하고 있는 곳은 그리스와 이탈리아야!^^
㉤ 미국의 수도는 워싱턴이야!^^

04. 정답은 ⑤ 이얌^^

A도심, B부도심, C중간지역, D주변지역, E위성도시야!^^

[오답정리]
⑤ 도심의 기능을 분담하는 부도심은 B야!^^ 알라븅~^^

05. 정답은 ① 이얌^^

대기업 본사, 백화점, 관공서, 행정, 금융기관 등이 모여 있어서 출퇴근 시간에 교통 혼잡 문제가 발생하는 곳은 도심이야! 그래서 정답은 ①!! 알라븅~^^

[오답정리]
㉡ 도심의 무질서한 팽창을 막고 녹지 공간을 확보하기 위해 설정한 곳은 개발제한구역이야!^^
㉢ 대도시의 기능을 분담하는 곳은 위성도시야!^^
㉣ 교통이 편리하여 고층 건물이 밀집되어 있는 곳은 도심이야!^^
㉤ 도심은 주간에는 인구가 많지만 야간에 유동 인구가 주거 지역으로 빠져나가면서 주.야간의 인구밀도 차이가 커!^^

06. 정답은 ⑤ 이얌^^

도시화는 도시에 인구가 집중하면서 전체 인구에서 도시 인구가 차지하는 비율이 높아지고 도시적 생활 양식이 확산되는 것을 도시화라고 해! 기본적인 것을 출제하는 경우가 종종 있으니까 이런 기본 개념은 절대 잊지 말자!! 알라븅~^^

07. 정답은 ① 이얌^^

A는 가속화 단계, B는 종착단계야! 도시화 속도가 느리게 나타나는 것은 B의 종착단계란다! 종착 단계는 도시화율이 80%가 넘기 때문에 도시의 성장 속도가 느려지고 역도시화 현상이 나타나는 특징을 가지고 있어! 알라븅~^^

08. 정답은 ⑤ 이얌^^

급속한 산업화로 인해서 환경문제, 실업, 범죄 문제를 유발시키고 있는 것은 선진국보다는 개발도상국에서 나타나는 문제이므로 정답은 ⑤!! 선진국과 개발도상국을 비교하는 문제는 자주 출제되는 부분이니 확실히 구분해서 알아두자!! 알라븅~^^

09. 정답은 ④ 이얌^^

인도 남서부의 휴양 도시로 일자리 부족과 빈곤 문제가 심각하게 나타나고 있었지만 1980년대 정부의 소프트웨어 산업 육성 정책으로 인재 양성을 위해 노력한 도시는 벵갈루루란다! 알라븅~^^

10. 정답은 ④ 이얌^^

살기 좋은 도시를 만들기 위해서는 경제 발전을 통해 도시의 자립성을 갖추고 많은 사람들이 생산 활동에 참여할 수 있어야 해! 그러기 위해서는 경제적 수준, 성별, 연령, 인종, 종교와 상관없이 도시가 제공하는 혜택을 누려야 하지! 그래서 인구 증가로 인한 교통과 환경 문제 개선을 위해 대중 교통 이용률을 높이는 것은 살기 좋은 도시를 만들기 위한 노력으로 볼 수 있어! 알라븅~^^

[오답정리]
① 일자리 부족과 빈곤 문제를 해결하기 위해서는 경제 발전을 이루어야 해!^^
② 지역 간 빈부 격차를 극복하기 위해서는 경제 발전을 이루어야 해!^^
③ 경제 침체와 친환경 에너지 사용 정책과는 전혀 관련이 없어!^^
⑤ 친환경 생태 도시를 만들기 위해서는 정부와 자치 단체의 주도보다도 지역 사회와 시민의 노력이 매우 중요해!^^

Ⅸ 글로벌 경제 활동과 지역 변화

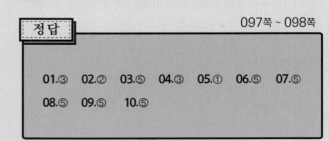

정답
097쪽 ~ 098쪽

| 01.③ | 02.② | 03.⑤ | 04.③ | 05.① | 06.⑤ | 07.⑤ |
| 08.⑤ | 09.⑤ | 10.⑤ |

01. 정답은 ③ 이얌^^

산업화와 도시화가 진행되면서 ⓒ기업들이 많은 자본과 기술을 농업에 투입하였고, ⓔ기업화된 농업은 미국, 캐나다, 오스트레일리아 등 넓은 평원이 있는 국가에서 이루어지는데 밀, 옥수수 등의 곡물뿐만 아니라 육류도 그 대상이 되고 있단다! 알라븅~^^ 🐟

[오답정리]

㉠ 상업적 농업이 주를 이루고 있어!^^
ⓛ 플랜테이션 농장은 주로 개발도상국에 위치하고 있어!^^

02. 정답은 ② 이얌^^

㉠경제 성장으로 ⓒ생활 수준이 향상되면서 다양한 농산물에 대한 수요가 증가하고 교통과 통신의 발달로 지역간 교류가 증가하면서 농업의 세계화가 진행되었단다! 알라븅~^^ 🐟

[오답정리]

ⓛ 교통과 통신의 발달로 지역 간 교류가 증가하고 있어!^^
ⓔ 다양한 농산물에 대한 수요가 증가하였어!^^

03. 정답은 ⑤ 이얌^^

[오답정리]

⑤개발도상국은 외국계 농기업의 진출로 곡물 자급률이 감소하고 있어!^^ 알라븅~^^ 🐟

04. 정답은 ③ 이얌^^

최근에는 ⓛ채소, 과일, 육류의 소비량이 급증하였으며 ⓒ다양한 외국산 농산물을 쉽게 구입할 수 있게 되었단다! 알라븅~^^ 🐟

[오답정리]

㉠ 육류의 소비량은 꾸준히 증가하고 있어!^^
ⓔ 쌀의 소비량은 점차 감소하고 있어!^^

05. 정답은 ① 이얌^^

세계 각지에서 생산되는 다양한 농산물을 쉽게 구입할 수 있게 되면서 값싼 식량을 전 세계에 공급할 수 있게 되었단다! 알라븅~^^ 🐟

[오답정리]

② 소규모 농가의 경쟁력은 낮아지고 대규모 기업적 농가가 성장하고 있어!^^
③ 상품성이 높은 기호작물 재배 위주로 변하면서 작물이 고르게 생산되고 있지 않아!^^
④ 농산물 이동 과정에서 사용한 화학 약품 등의 안전성 문제가 제기되고 있어!^^
⑤ 국가별 빈부 격차가 커지고 있어!^^

06. 정답은 ⑤ 이얌^^

[오답정리]

다국적 기업은 경영의 효율성을 높이고 이윤을 극대화하기 위해 기업의 기획 및 관리, 연구, 생산, 판매 기능을 각각 적합한 지역에 분리하여 배치하므로 본사와 연구소는 주로 선진국에 입지하지만 생산공장은 개발도상국에 주로 입지하고 있단다! 알라븅~^^ 🐟

07. 정답은 ⑤ 이얌^^

다국적 기업이 진출하는 곳에서는 ㄱ.단순 노동 일자리 증가로 인한 기술 습득의 어려움을 겪을 수 있으며 ㄴ.생산 공장에서 발생하는 유해물질로 인한 환경오염이 발생할 수 있단다! 또, ㄷ.이익의 대부분이 다국적 기업의 본사로 흡수되면서 경제 발전을 기대하기 어려울 수 있고 ㄹ.생산비가 저렴한 곳으로 다시 이동하게 되면 결과적으로 지역 경제의 위기를 가져올 수 있으므로 ⑤번이 정답이야! 알라븅~^^ 🐟

08. 정답은 ⑤ 이얌^^

의사 결정을 하는 ㄱ은 본사, 생산 기능을 담당하는 ㄴ은 생산 공장, 연구 개발 기능을 하는 곳은 ㄷ.연구소이므로 정답은 ⑤!! 알라븅~^^ 🐟

09. 정답은 ⑤ 이얌^^

㉠본사, ⓛ생산 공장, ⓒ은 연구소야! 국내의 생산 공장을 해외로 이전하게 되면 생산 공장이 있던 기존 지역은 경기 침체가 나타날 수 있는 문제점이 있어! 알라븅~^^ 🐟

[오답정리]

① 지가와 임금이 싼 개발도상국에 입지하는 것은 ⓛ생산 공장이야!^^
② 기술을 갖춘 고급 인력이 풍부한 지역에 입지하는 곳은 ⓒ은 연구소야!^^
③ 생산비를 절감하기 위해 ⓛ생산 공장을 국내에서 해외로 이전하기도 해!^^
④ 다양한 정보와 자본을 확보하는데 유리한 지역에 입지하는 것은 ㉠본사야!^^

10. 정답은 ⑤ 이얌^^

서비스업의 세계화로 인해 ㄷ.오프라인 상점은 축소되고 배달 위주의 매장이 발달하고 있으며, ㄹ.운송이 유리한 지역에 대규모 물류 창고가 발달하게 된단다! 그래서 정답은 ㄷ과 ㄹ이므로 ⑤야! 알라븅~^^ 🐟

[오답정리]

ㄱ. 유통 산업은 성장하고 있어!^^
ㄴ. 소비 활동의 범위가 확대되고 있어!^^

X 환경 문제와 지속 가능한 환경

정답

121쪽 ~ 123쪽

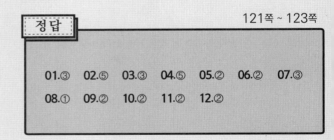

| 01.③ | 02.⑤ | 03.③ | 04.⑤ | 05.② | 06.② | 07.③ |
| 08.① | 09.② | 10.② | 11.② | 12.② | | |

01. 정답은 ③ 이얌^^

화산 활동에 따른 화산재 분출은 기후를 변화시킨단다! 알라븅~^^ 🐟

[오답정리]

① 기후는 자연적 요인 뿐만 아니라 인위적인 요인에 의해서도 변화해!^^
② 화석 연료의 사용은 기후 변화의 속도를 빠르게 하고 있어!ㅠㅠ
④ 기후 변화는 계속되어 왔지만 산업 혁명 이후에는 더욱 급격하게 변화되었어!^^
⑤ 축산과 농업 활동은 기후를 변화시키는 인위적 요인이야!^^

02. 정답은 ⑤ 이얌^^

최근의 기후 변화는 자연적 요인보다 ㄷ.무분별한 삼림 개발과 ㄹ.과다한 화석 연료 사용 등의 인위적인 요인의 영향이 더 크단다! 알라븅~^^ 🐟

[오답정리]

ㄱ.화산재 분출과 ㄴ.태양 활동의 변화는 기후 변화에 영향을 미치는 자연적 요인이야!^^

03. 정답은 ③ 이얌^^

지구 온난화 방지를 위한 협약으로는 기후 변화 협약과 교토 의정서,

파리 협정 등이 있고, (나)오존층 파괴 문제를 해결하기 위한 조약으로는 몬트리올 의정서가 있으므로 바르게 연결한 것은 ③번이야! 국제 환경 협약과 관련된 문제들은 자주 출제되는 부분이니까 꼭 정리해서 알아두자! 알라뷰~^^ 🐟

04. 정답은 ⑤ 이얌^^

[오답정리]
ㄱ. 기후변화 협약은 기후 변화 문제 해결을 위한 국제적 차원의 노력이야!^^
ㄴ. 환경 보호 시민 단체 활동은 개인적 차원의 노력에 해당한단다!^^

05. 정답은 ② 이얌^^

기후 변화의 심각성을 알리고자 진행되는 지구촌 불끄기 행사는 매년 3월 마지막 주 토요일에 진행되고 있단다!
ㄱ..기후 변화에 대처하는 노력의 일환으로 세계 자연 보호 기금(WWF)에서 기후 변화의 위험성을 알리고 ㄷ.탄소 배출량 감축을 알리기 위한 환경 캠페인 행사야! 알라뷰~^^ 🐟

[오답정리]
ㄴ. 국제적 차원의 노력이지만 국제 연합이 주관하는 것이 아니라 세계 자연 보호 기금(WWF)에서 진행하고 있어!^^
ㄹ. 가정과 기업의 자발적인 참여가 필요한 행사일 뿐 강제성은 없단다!^^

06. 정답은 ② 이얌^^

환경 문제를 유발하는 석면과 같은 (가)공해 산업은 주로 환경 규제가 엄격한 (나)선진국에서 (다)개발도상국으로 유입된단! 그래서 정답은 ②!! 알라뷰~^^ 🐟

07. 정답은 ③ 이얌^^

[오답정리]
일반적으로 공해 유발 공장은 환경 관련 규제가 엄격하지 않고 오히려 환경보다는 경제 발전을 중요시하는 개발도상국으로 이동하게 된단! 그래서 옳지 않은 것은 ③이야! 알라뷰~^^ 🐟

08. 정답은 ① 이얌^^

자료를 보면 농약, 유독 가스 등 유해 화학 물질에 대해서 설명하고 있어! 이런 유해물질 유통을 규제하기 위해서 국제 사회에서는 유해 화학 물질의 유통을 규제하기 위한 협약을 체결하는 방법이 있단다! 알라뷰~^^ 🐟

09. 정답은 ② 이얌^^

공해 유발 산업의 이동을 통해서 선진국은 저임금 노동력을 활용하여 ⓔ노동력 부족 문제를 해결하였고 그와 동시에 ⓒ환경 오염 문제를 해결하게 되었으므로 정답은 ②이야! 알라뷰~^^ 🐟

10. 정답은 ② 이얌^^

협약과 관련된 문제는 기출문제로 정말 자주 출제되는 부분이란다! 그러므로 협약은 공식처럼 꼭 외우도록 하자!! 유해 물질과 산업 폐기물의 유통을 규제하기 위한 협약은 바젤 협약이란! 바르는 젤리는 폐기시키자! 이런식으로 암기하면 정말 쉽지? 알라뷰~^^ 🐟

11. 정답은 ② 이얌^^

[오답정리]
푸드 마일리지는 식품이 이동한 총거리에 식품의 중량을 곱한 값으로 나타내는 것으로 먹을 거리의 이동 거리가 길수록 푸드 마일리지가 높아진단다! 로컬푸드 운동은 지역에서 생산된 농산물을 지역에서 소비하자는 것이야! 푸드마일이지의 값이 적게 돼! 그래서 옳지 않은 것은 ②번이야! 알라뷰~^^ 🐟

12. 정답은 ② 이얌^^

[오답정리]

환경 문제 해결을 위해 글로벌 푸드를 소비하고자 하는 운동이 아니라 로컬 푸드 운동을 하도록 노력하고 있어! 식품의 운송 과정에서 많은 온실가스가 배출되고 신선도 유지를 위한 방부제가 과다 사용되면서 식품의 안전성 확보와 환경에 대한 부담을 줄이기 위해 지역에서 생산된 농산물을 지역에서 소비하자는 운동이 로컬 푸드 운동이야! 알라뷰~^^ 🐟

XI. 세계 속의 우리나라

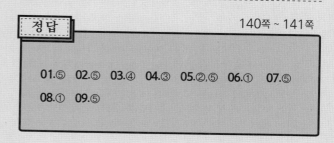

01.⑤   02.⑤   03.④   04.③   05.②,⑤   06.①   07.⑤
08.①   09.⑤

01. 정답은 ⑤ 이얌^^

영역은 ㄷ.한 국가의 주권이 미치는 공간적 범위를 말하며 ㄹ.대부분의 국가는 최저조위선에서부터 12해리까지의 바다를 영해로 한단다! 알라뷰~^^ 🐟

[오답정리]
ㄱ. 영공은 영토와 영해의 수직 상공 뿐만 아니라 일반적으로 대기권 내로 범위를 제한하고 있어!^^
ㄴ. 간척사업 등으로 확대되는 사례도 있어!

[부연설명]
최저 조위선은 썰물로 바닷물이 가장 많이 빠져나갔을 때 육지와 바다가 만나는 선을 말해^^

02. 정답은 ⑤ 이얌^^

복잡한 서해안이나 남해안에서는 해안에서 12해리를 연결하면 중첩되는 부분이 발생하게 돼! 그래서 이곳은 아예 바깥쪽에 있는 해안이나 섬들을 연결한 가상의 선을 연결해야 하는데 이 선을 직선기선이라고 한단다! 알라뷰~^^ 🐟

03. 정답은 ④ 이얌^^

A는 배타적 경제수역이야! 배타적 경제 수역은 영역에는 포함되지 않아서 다른 국가의 선박과 항공기가 자유롭게 통행할 수 있단다! 배타적 경제 수역의 특징들은 문제에 자주 출제되니 꼭 알아두자! 알라뷰~^^ 🐟

04. 정답은 ③ 이얌^^

해저의 저온.고압 상태에서 천연가스와 물이 결합하여 형성된 고체 에너지로 주로 300m깊은 바다에서 발견되며 불을 붙이면 타는 성질을 가지고 있어 '불타는 얼음'이라고 불리며 미래의 에너지로 주목받는 이 에너지는 메탄 하이드레이트야! 이런 귀한 에너지가 독도 주변에 매장되어 있다니 정말 다행이지? ㅎㅎ 알라뷰~^^ 🐟

05. 정답은 ②,⑤ 이얌^^

독도의 가치는 영역적 가치, 경제적 가치, 환경 및 생태적 가치로 구분할 수 있어! 보기 중에서 ②항공 및 방어 기지로서 군사적인 요충지이며, ⑤배타적 경제 수역 설정과 관련하여 중요한 기점이 되는 가치는 영역적 가치란! 알라뷰~^^ 🐟

[오답정리]
① 독도는 1999년 섬 전체가 천연 보호 구역으로 지정되었는데 이것은 환경 및 생태적 가치야!^^
③, ④ 메탄 하이드레이트 자원이 풍부한 것과 수산 자원이 풍부한

것은 경제적 가치야!^^

06. 정답은 ① 이얌^^

그림은 지역브랜드야! 지역 브랜드는 상표 개념을 지역에 적용한 것이므로 정답은 ①!! 알라븅~^^ 🐟

[오답정리]
② 원산지의 지명을 상표권으로 인정한 것은 지리적 표시제야!^^
③ 지역화 전략은 지역의 고유한 특성이 드러나도록 개발해야 해!^^
④ 농산물 생산자가 안정적인 생산 활동을 할 수 있도록 하는 것은 지리적 표시제야!^^
⑤ 장소성이나 장소 자산을 활용하여 지역을 판매하는 것은 장소 마케팅이야!^^

07. 정답은 ⑤ 이얌^^

상품의 품질과 명성, 특성 등이 근본적으로 해당 지역에서 비롯한 경우 지역 생산품임을 증명하고 표시하는 제도를 지리적 표시제라고 해! 우리나라는 2002년 보성의 녹차를 시작으로 순창의 전통 고추장 등 많은 상품들이 정부의 지리적 표시제 인증을 받았단다! 그래서 (가)는 지리적 표시제, (나)는 보성, (다)는 순창이므로 정답응 ⑤!! 알라븅~^^ 🐟

08. 정답은 ① 이얌^^

[오답정리]
우리나라는 유라시아 대륙 동쪽 끝에 위치하여 태평양과 인접해 있는 반도국이야! 그래서 대륙과 해양 진출 모두 유리한 곳에 위치하였지만 남북 분단으로 인해 현재는 대륙으로 진출하는 통로가 단절되었단다! 알라븅~^^ 🐟

09. 정답은 ⑤ 이얌^^

통일이 되면 남한의 자본과 기술, 북한의 지하자원을 이용하여 국가 경쟁력을 높이고 대륙과 해양을 연결하는 물류 중심지로 성장할 수 있단다! 또한 동아시아 지역의 평화 유지에도 기여할 수 있으므로 옳게 대답한 사람은 다희와 라희야! 알라븅~^^ 🐟

[오답정리]
가희 : 국방비가 줄어들어 막대한 분단 비용을 줄일 수 있어^^
나희 : 남북한 주민의 문화적 차이가 줄어들 수 있어!^^

XII 더불어 사는 세계

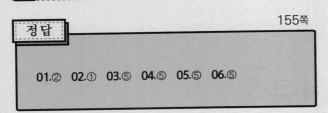

정답   155쪽

01.②   02.①   03.⑤   04.⑤   05.⑤   06.⑤

01. 정답은 ② 이얌^^

[오답정리]
지리적 문제는 종교, 자원, 민족, 언어 차이 등의 다양한 원인으로 발생하고 있단다! 종교가 지리적 문제의 원인이 되는 것은 종교가 유사한 지역이 아니라 다양한 지역에서 발생하고 있는데 대표적으로 카슈미르, 팔레스타인, 북아일랜드 등이 있어! 알라븅~^^ 🐟

02. 정답은 ① 이얌^^

[오답정리]
기아 문제가 가장 심각하게 나타나는 대륙은 아시아가 아니라 아프리카 대륙이야! 아프리카는 자연재해, 분쟁, 빈곤, 농업 시설의 부족, 식

량 가격의 불안정, 식량 분배의 불평등이 원인이 되어 기아 문제가 가장 심각하단다! 알라븅~^^ 🐟

03. 정답은 ⑤ 이얌^^

자료와 관련된 분쟁 지역은 센카쿠 열도야! 센카쿠 열도는 일본이 실효적으로 지배하고 있지만 중국이 영유권을 주장하면서 분쟁이 발생하고 있단다! 알라븅~^^ 🐟

04. 정답은 ⑤ 이얌^^

분쟁 지역에 파견되어 질서를 유지하고 주민들의 안전을 지키기 위해서 노력하는 국제 기구는 국제 연합 평화 유지군이란다! 알라븅~^^ 🐟

[오답정리]
① 세계 식량 계획은 기아로 고통받는 지역에서 식량을 지원해주는 국제 기구야!^^
② 경제 협력 개발 기구는 공적 원조를 통해서 개발 도상국의 경제적인 부분을 돕고 있어!^^
③ 국제 연합 난민 기구는 난민 문제 해결을 위해서 노력하고 있어!^^
④ 국제 연합 아동 기금은 아동 구호를 위해 노력하고 있어!^^

05. 정답은 ⑤ 이얌^^

불평등의 원인과 영향을 미치는 범위가 어느 한 지역에만 국한되는 것이 아니고 소득 수준, 교육 환경, 노동 및 무역 조건, 보건 문제, 환경 문제 등 여러 문제들이 서로 연관되어 있어서 다양한 측면에서 해결해야 하기 때문에 세계 여러 지역에서 발생하는 불평등을 해결하기 위해서는 무엇보다 국제적인 협력이 필요해! 그래서 정답은 ⑤!! 알라븅~^^ 🐟

06. 정답은 ⑤ 이얌^^

[오답정리]
① 저개발국에서 생산된 제품을 정당한 가격을 지불하고 소비하는 무역 방식이 공정무역이야!^^
② 중간 상인의 개입을 줄여서 유통 비용을 낮추고자 하는 것이 목적이야!^^
③ 농약과 화학 비료를 사용하지 않고 친환경적으로 재배된 농작물을 주로 거래하고 있어!^^
④ 어린이와 여성 노동력의 노동착취를 방지하고자 해!^^